젠더화된 몸의 기술

Technologies of the Gendered Body: Reading Cyborg Women
by Anne Balsamo

Copyright (c) 1995 by Duke University Press.
All rights reserved.
Korean translation Copyright (c) 2012 by Arche Publishing House.

이 책의 한국어판 저작권은 Duke University Press와 독점 계약한 도서출판 아르케에 있습니다.
저작권법에 의해 한국 내에서 보호받는 저작물이므로 무단 전제와 무단 복제를 금합니다.

젠더화된 몸의 기술 ― 사이보그 여성 읽기

1판 1쇄 인쇄 2012년 10월 10일
1판 1쇄 발행 2012년 10월 15일
지은이 앤 마리 발사모(Anne Marie Balsamo)
옮긴이 김경례
펴낸이 이형진
펴낸곳 도서출판 아르케
출판등록 1999. 2. 25. 제2-2759호
주소 강원도 홍천군 내촌면 와야리 300-4
대표전화 (02)336-4784~6 | **팩스** (02)6442-5295
E-Mail arche21@gmail.com | **Homepage** www.arche.co.kr

값 25,000원

ISBN 978-89-5803-120-8 93300

젠더화된 몸의 기술
- 사이보그 여성 읽기

앤 마리 발사모(Anne Marie Balsamo) 지음

김경례 옮김

【일러두기】

1. 영어 인명과 책 제목은 처음에 나올 때에만 본문에 병기하였으며 중요한 개념어, 이해를 돕기 위해 필요할 경우에는 각 장에서 처음 나올 때에만 원어나 한자를 괄호 안에 병기하였다.
2. 원서에 이탤릭체나 진하게 표기하여 강조한 것은 역서에 진하게 표시하였다.
3. 책, 학술지, 영화, 신문·잡지 제목은 『 』, 논문 제목은 「 」, 기관이나 단체명은 < >로 표기하였으며 원어를 괄호 안에 병기하였다.
4. 원서에서는 인용기호로 " "를 사용하였으나 역서에서는 개념어나 짧은 인용구는 ' '로, 문장 인용은 " "로 표기하였다.
5. 원서에 인용한 책들이 국내에 번역되어 있는 경우에는 [제목, 역자, 출판사, 년도] 순으로 소개하였다.
6. 원서의 주석은 미주로, 역자주는 각주로 처리하였다.

■ 옮긴이의 글

몸들은 문화적 재현이자 실천이다
: 과학기술문화에서 사이보그 여성 읽기

I

과학기술의 발전과 함께 몸의 변형은 다양한 방식으로 이루어지고 있다. 인공의족에서부터 인공장기, 성형수술, 의료기술을 이용한 성전환에 이르기까지 유기체와 인공물이 결합된 혼성체인 사이보그들이 포스트모던 문화 곳곳에서 출몰하고 있다. 앤 발사모(Ann Marie Balsamo)는 1996년에 출간된 이 책에서 바로 이 '사이보그 육체들', 특히 사이보그 여성들에 관심을 갖는다. 그녀는 몸이 더 이상 단일하고 고정된 유기체적 몸이 아니라 기술적으로, 문화적으로 끊임없이 구성/재구성된다는 점에서 '몸들'이라는 복수의 용어를 주로 사용한다.*

---

* 발사모는 몸, 여성, 기술 등을 언급할 때 주로 복수로 사용했지만 역서에서는 가독성을 위해 단수로 번역한 부분이 많음을 밝혀둔다.

과학, 의료, 기술이 발전된 하이테크놀로지 시대가 여성과 젠더관계에 미치는 영향을 탐색하고자 했던 페미니즘의 흐름을 거칠게 '사이버 페미니즘들'이라 명명할 때, 발사모의 논의는 하이테크놀로지가 여성들을 더욱더 가부장적 질서 및 남근중심적 상징체계에 종속되게 만들 것이라는 비관론적 입장과 그것들에 균열을 가하고 해방적 잠재력을 가질 것이라는 낙관론적 관점의 경계에 위치한다.

즉 하이테크놀로지 시대에 사이보그로서의 여성의 몸들이 기술에 종속되어 있다거나 기술을 매개로 해방될 것이라는 게 아니라 어떻게 문화적으로 구성되는가가 이 책 전체를 관통하는 주제이다. 특히 비트와 바이트로 환유되는 사이버 세계에서 몸의 물질성이나 정체성과 관련된 몸의 표식들, 즉 인종, 젠더, 계급, 섹슈얼리티 등은 사라지는가에 대해 발사모는 사라지는 것이 아니라 새롭게 구축된다고 답변한다.

그녀는 하이테크놀로지 시대에 기술적으로 몸이 변형되고 재구성되는 것이 가능하지만 여성의 몸들은 여전히 '자연적인 것', '성적인 것', '재생산적인 것'으로 문화적으로 코드화되고 있다고 설명한다. 발사모는 특히 몸들과 기술들이 젠더와 맺고 있는 관계를 탐색하는데, 몸도 기술도 젠더화되어 있으며 젠더 역시 몸의 문화적 구성 및 기술적 개조를 통해 재구축되어 가고 있음을 설명하기 위해 푸코와 육체 페미니스트들의 논의를 끌어들여 와 '젠더화된 몸의 기술'(techonologies of the gendered body)이라는 용어를 도입한다.

그녀는 젠더화된 몸의 기술로 인해 여성의 몸이 어떻게 문화적으로 구축되고 있는지를 추적하면서 새로운 기술들이 '자연적인' 인간의 몸을 기술적으로 개조하고 있으며, 젠더 역시 재구축되어가고 있다고 설명한

젠더화된 몸의 기술: 사이보그 여성 읽기

다. 그녀에게서 몸들과 기술들은 문화적 재현이자 실천이며 구성 중인 과정에 놓여 있다. 여기서 젠더는 기술적 배치를 결정하는 문화적 조건이자 동시에 기술적 배치의 사회적 결과이다. 발사모는 젠더화된 몸을 강조하고 물질적인 몸과 새로운 기술의 상호작용에 분석의 초점을 맞춘다. 이 책의 목적은 젠더적 이해관계의 작동에 의해 특정한 기술이 이데올로기적으로 어떻게 형성되는지, 그리고 그 결과 기술이 전통적인 젠더화된 권력과 권위양식을 어떻게 재강화하는지를 살펴보는 것이다. 그녀는 영화, 신문 등의 대중매체뿐만 아니라 소설, 미용성형수술, 사이버 공간까지 이를 제도분석과 결합해 하이테크놀로지 시대의 젠더화된 몸의 재현방식을 검토한다. 나아가 몸에 대한 담론을 작성하는 것과 그것에 대한 해석을 구성하는 것을 동시에 고려함으로써, 단순히 텍스트 또는 매체에 나타난 젠더화된 몸의 재현만이 아니라 '몸을 젠더화하는' 구체적인 문화적 실천을 독해하고자 한다.

II

발사모는 서문에서 각 장의 내용을 친절하고 상세하게 설명하고 있다. 1장은 문제제기 및 이론적 배경격의 글로서 과학기술이 발전한 현대문화 속에서 여성의 몸들은 사이보그로 존재한다는 점과 사이보그로서의 여성의 '몸 읽기'의 쟁점을 검토한다. 사이보그 이미지는 기계와 인간의 암묵적인 대립을 구축하는 동시에 유사성을 억압하고 구별을 강조한다. 하지만 사이보그는 기계와 인간 모두의 '본성'을 동시에 체현하기 때문에 순수한 인간도 순수한 기계도 아니다. 따라서 사이보그 이미지는 인간/기계의 이분법의 안정적인 의미를 붕괴시킴으로써, 실재/현상, 진리/환상, 남성/여성 등의 이분법을 붕괴시킬 수 있는 잠재력을 갖는다. 또한 사이보그는 자연 대 문화의 대립을 대체하기도 한다. 발사모는 사이보그 몸 이미지가 갖는 이러한 잠재력을 인정하지만 그렇다고 사이보그 몸 이미지가 곧바로 몸의 소멸이나 탈물질화로 연결되는 것은 아니라고 주장한다. 이런 점에서 사이보그적 몸은 젠더화된 체현의 형식에 새로운 쟁점을 제기한다. '몸들'은 결코 백지상태가 아니기 때문에 몸의 소멸이나 탈물질화를 주장하는 탈근대주의자들의 논의는 오류이며 나아가 오히려 이런 논의에 저항하는 것이 필요하다고 주장한다. 물질적인 몸은 탈근대성 속에서도 페미니즘적 실천에 결정적인 장소로 여전히 남아있다는 것이다.

    2장부터 6장까지는 몸만들기 기술, 미용성형수술, 신생식기술, 정보통신기술이 각각 여성의 몸들을 어떻게 문화적으로 재현하고 있으며 문화적 텍스트, 기술, 제도 등이 몸의 재현과정 및 해석에 어떻게 개입하고 있는지에 대해 다양한 사례를 통해 분석한다.

    2장에서는 여성보디빌더들을 사례로 몸만들기 기술과 운동이 전통적인 여성의 몸들과는 다른 근육질의 몸들로 변형시키지만 그러한 여성의 몸들은 매체를 통해 새로운 성적 매력으로 재현되고 있으며 새로운 여성 몸의 이상으로 그려지고 있다고 비판한다. 여성 보디빌더들의 운동능력보다는 성적 매력을 강조하는 것은 여성성의 지배적인 이상을 상징적으로 재생산하고 있는 것이다.

    3장에서는 미용성형수술에서 사용하는 새로운 시각화 기술들이 물질적인 몸을 가시적인 매개체로 변형시키는 과정에서 어떻게 젠더화된 몸을 생산하고 있는지를 탐색한다. 미용성형의 과정에서 몸은 분절되고 파편화되며 변형 가능하지만 여성의 외모에 대한 문화적이고 이데올로기적인 기준들에 의해 재구축된다. 이때 여성의 이상적인 외모는 인종이나 계급의 영향을 받으며 미용성형수술 과정은 이러한 여성의 이미지를 구성하기 위한 담론적 장소일 뿐만 아니라 실천적 도구가 된다. 따라서 미용성형수술이 여성들의 몸을 기술적으로 재구축한다 하더라도 기술의 적용을 통해 만들어진 몸 이미지와 몸은 여전히 젠더화된 몸이라는 것이다.

4장에서는 임신한 여성의 몸에 대한 매체의 재현방식을 통해 어떻게 여성의 몸이 공적 감시와 공중보건의 위협으로 의미화되는지를 탐색한다. 체외수정 시술, 복강경 기법 등의 신생식기술의 발전이 야기하는 배아의 보관권 등의 사회적 문제뿐만 아니라 여성의 몸에 대한 문화적 감시기제로 작동하는 과정을 분석한다. 또한 공중보건의 텍스트를 통해 공중보건이 가임기 여성의 몸을 어떻게 훈육하고 감시하는지를 설명한다. 이러한 기술의 문화적 재현 및 실천은 몸의 변형가능성에도 불구하고 여성의 몸을 여전히 잠재적으로 모성적인 몸으로, 통제되기 어렵고 공중보건을 위협할 수 있는 몸으로 재생산하고 있다는 것이다.

5장에서는 가상공간에서의 육체의 문제를 다룬다. 가상공간에서 물리적 몸은 사라질 것이라는 탈근대주의자들의 논의에 반해 몸은 가상현실 장치와의 인터페이스 속에서도, 기술적인 생산 체계 속에서도 물질적으로 사라지지 않는다고 주장한다. 가상공간의 주인공들은 정체성이 분명하게 나타나지 않는 것 같지만 맥락적으로 성별과 인종을 확인할 수 있다는 것이다. 그런 점에서 사이버공간은 사실상 젠더화되고

옮긴이의 글

인종표시적인 몸을 기술적이자 관습적으로 각인하기 위한 또 다른 장소로서 활용된다. 발사모는 가상현실 기술의 발전과 그 기술의 대중적인 결합을 연구함으로써 몸에 대한 전통적인 서사들이 여전히 사회적으로 그리고 기술적으로 재생산되는 지점을 포착할 수 있다고 본다.

6장에서는 컴퓨터 기술의 발전 과정에서 여성이 수행해온 역사적 역할, 컴퓨터 통신에서 나타나는 남성과 여성의 젠더화된 구별, 그리고 기술이 상이한 인종의 여성들에게 미치는 차별적인 정치적 결과를 분석한다. 이는 가상공간을 젠더 중립적이고 인종 중립적인 민주적 교환 공간으로 찬양하는 지배적인 가상공간 신화에 도전하는 것이기도 하다.

발사모는 과학과 기술에 대한 페미니즘 문화연구의 일환으로 이 책을 썼으며 그 쟁점들로 정보의 정치학, 전지구적인 기술적 노동 분업, 여성의 재생산에 대한 착취를 들고 있다. 그리고 이러한 쟁점들은 기술들뿐만 아니라 문화적인 서사들, 사회적·경제적·제도적인 힘들 사이의 절합을 통해 발생한다고 설명한다. 발사모에게서 몸은 몸에 대한 담론과 몸이 지닌 물질성 사이의 구성적인 상호작용의 장소이며 과학기술문화를 독해하는 데뿐만 아니라 페미니즘 논의에서 '다름'을 사유하기 위한 중요한 장소이기도 하다.

Ⅲ

이 책은 발간된 지 10여 년이 흘렀지만 한국사회에서 과학기술의 발전과 인간, 사회의 관계에 대한 학제간 연구가 비교적 최근에 시작되었고 관련 연구자가 그리 많지 않은 점을 감안하면 다양한 분야에 활용될 수 있을 것으로 생각된다. 과학기술에 대한 인문사회과학적 또는 문화적 접근을 시도해 보고자 하는 연구자들뿐만 아니라 일반인들, 페미니즘이나 몸의 문제에 관심을 갖고 있는 독자들에게도 유용하게 쓰일 수 있기를 조심히 기대해 본다.

이 번역서는 옮긴이의 이름으로 출판되었지만 옮긴이의 노력만으로 이루어진 것이 아니라 전남대 사회학과 대학원의 학문공동체가 이루어낸 성과이다. 전남대 사회학과 대학원생이며 여성연구소 재생산연구회팀의 성원인 박주희, 추주희님은 이 책의 초역과 수정작업을 오랜 시간 함께 수행해 주었다. 이 두 사람이 없었다면 이 번역서는 세상에 나오지 못했을 것이다. 또한 손호종님은 바쁜 시간을 쪼개어 초역과정에 도움을 주었고 김지영님과 서정우님은 초역본을 함께 읽어가며 수정해 주었다. 오창민님과 이소영님은 이 책의 퇴고과정에서 여러 번 읽으며 가독성을 높이기 위해 애써주었다. 이외에도 대학원 수업을 통해 이 책의 초역본을 함께 읽어 준 전남대 사회학과 대학원생들과 NGO 차세대 여성정책 전문가 양성과정 원우님들에게도 감사드린다. 그리고 여러 우여곡절 속에서도 오랜 시간을 기다려주고 독려해 준 아르케 출판사와 최창신 선생님께도 감사의 말씀을 전한다. 하지만 이 책의 오역과 비가독성의 책임은 옮긴이에게 있음을 밝힌다.

마지막으로 이 책은 2004년부터 2008년까지 길다면 길고, 짧다면 짧은 기간 동안 페미니즘의 불모지였던 전남대학교 사회학과에 부임해서 많은 가르침을 주고 안타깝게 우리 곁을 떠나신 (고) 오장미경 교수님께 바친다. 교수님은 이 번역서의 감수를 해 주기로 하셨으나 초역본도 보지 못한 채 병환을 이기지 못하고 우리 곁을 떠나셨다. 그래서 우리의 번역작업은 너무 더디고 힘겨웠으며 오랜 시간을 흘려보내야 했다. 역자의 개인적인 사정과 게으름으로 이제야 번역서를 내면서 한편으로는 죄스러움을 느낀다. 하지만 다른 한편으로는 기특해하며 환한 미소를 지으실 교수님의 얼굴을 떠올려 보게 된다.

2012년 9월 빛고을에서
김경례

젠더화된 몸의 기술 — 사이보그 여성 읽기

옮긴이의 글   5

서문   15

Chapter 1   사이보그 읽기, 페미니즘 쓰기
            — 현대문화 속에서 몸 읽기   41

Chapter 2   페미니즘적 보디빌딩   77

Chapter 3   최첨단 기술에 관하여
            — 미용성형수술과 새로운 이미지화 기술들   99

Chapter 4   공적 임신과 감시의 문화적 서사   135

Chapter 5   사이버공간의 가상적인 몸   191

Chapter 6   치료 불가능한 정보중독자를 위한 페미니즘   221

에필로그   과학과 기술에 대한 페미니즘 문화연구에서 몸의 역할   259

부록

주석   271

찾아보기   322

감사의 글   326

서문

『라이프』(*Life*)지 1989년 2월호(그림 1)에는 2000년과 그 이후를 전망하는 특집기사, '미래의 비전'이 실렸다. 이 기사는 심장박동기(pacemaker),* 팔꿈치와 무릎관절, 힘줄과 인대 등 1990년대부터 이용해왔거나 미래에 사용될 만한 인공보형물에 대한 내용을 다뤘다.[1] 이 기사를 보면, 극소전자공학과 조직공학의 발전에 힘입어 후대의 인공 '장치'가 어느 정도까지 정교해질지를 가늠해볼 수 있다. 이를테면, 머지않아 안경은 전자망막으로 대체되고, 심장박동기는 생체공학적 심장으로 대체되며, 이미 사용하고 있는 하이테크 인슐린 제조기는 곧 폐기되고, 유기적으로 성장하는 바이오 하이브리드 체계를 인공 췌장으로 사용할 수 있을 것이다. 이렇게 인간의 몸을 인공적인 기관과 조각으로 다시 만들어 보려는 시도 속에서 무수한 벤처기업이 양산되었다. 인공심장 자빅 7(Jarvik 7)의 '아버지'로 불리는 자빅(Robert Jarvik)은 '공생'(symbiosis)과 '생체공학'(bionic)을 합성한 이름인 <심비온>(Symbion)사의 사장이며, 이 회사는 몸과 기술의 인터페이

---
* 심장박동조절장치.

그림 1
특집기사 '미래의 비젼'을 실은 『라이프』지 (1989년 2월). 사진: Duane Michals.

스와 관련된 연구와 상품개발을 지원한다. 1987년 30억 달러가 넘는 수입을 올린 자빅의 인공심장은 비영리법인인 <휴마나>(Humana)재단과의 공동연구로 개발되었다.2

보디빌딩, 컬러 콘택트렌즈, 지방흡입술 등의 기술 혁신은 '자연적인' 몸이라고 간주되는 것의 범위와 표지(marker)를 모호하게 만들고 있다. 기술과학이 몸의 부분들을 대체하는 현실적인 가능성을 제공하는 바로 그 순간, 사람들은 불멸에 대한 환상과 삶과 죽음을 통제할 수 있으리라는 생각을 가질 수 있다. 하지만 기술적인 몸의 미래의 '삶'에 대한 그러한 믿음은 항생 물질에 내성을 가진 바이러스, 방사능 오염, 살을 파먹는 박테리아와 같이 통제할 수 없고 극적인 몸에 대한 위협들로부터 죽음과 절멸의 공포를 감지함으로써 상쇄된다. 몸을 변형하는 신기술의 보급은 육체의 재구축(reconstruction)과 신체의 불멸성에 대한 새로운 희망과 꿈을 유포하고 있다.* 하지만 그것은 물질적인 몸에 가해지는 새로운 긴장과 위협에 대한 우리의 인식을 억압하고 혼란스럽게 하기도 한다.

이 책은 문자 그대로 몸과 기술이 결합되는 현대의 문화적 국면을 서술한다. 이런 국면에서 기계는 유기체적 기능을 하는 것으로 상정되며 몸은 새롭게 개발된 기술의 적용을 통해 물질적으로 재설계된다. 내가 이 책에서 검토하는 사건들(events)은 인간 몸의 살(flesh) 위에 직접적으로 작동하는 각인(inscription) 및 합리화의 프로그램과 전략에 해당하는 것들이다. 그것은 과학적 생체권력(scientific biopower)이 행사되는 사례라 할 수 있으며, 해러웨이(Donna Haraway)가 '지배의 정보학'이라고 명명한 관계의 네트워크(network of relations)의 일부이기도 하다. 즉, 이 책에서 검토하는 사건들은 탈근대성 속에서 몸이 생산되고 각인되고 모사되는 방식, 그리고 일상적으로 훈육되는 방식을 보여준다.

어떤 의미에서, 나의 목적은 페미니즘의 관점으로 현대문화의 몸에

---

* 이 책에서는 몸과 관련된 다양한 용어가 등장한다. body(bodily), corporeality(corporeal), physicalness (physical)가 그것이다. 이 용어들은 몸, 육체, 신체로 혼용하여 번역되지만 대체로 몸의 물리적 측면뿐만 아니라 사회문화적인 측면을 동시에 다룰 때는 body로, 몸의 물리적인 측면을 좀 더 부각시킬 때는 corporeality, physicalness로 쓴다. 이 책에서는 body를 몸으로, corporeality와 physicalness는 각각 육체와 신체로 번역하였다. 또한 corporeality와 physicalness의 경우, 명사형보다는 주로 형용사형인 corporeal과 physical을 많이 쓰는데, 맥락에 따라 physical은 '신체의, 신체적인' 또는 '물리적인'으로 번역하였다.

몸에 대한 최근의 연구들은 몸이 더 이상 유기체적인 자연이거나 물리적인 것만이 아니라 사회적, 문화적으로 구성되는 과정 중에 있음을 밝히면서 유기체/기계, 자연/사회(문화), 육체/정신 등의 이분법을 문제시하고 있다. 발사모가 각 용어에 대한 명백한 개념 규정을 제시하고 있지는 않지만 내용상 몸에 대한 이러한 연구의 흐름을 담고 있다. 그래서 젠더(gender)와 몸(body)은 이러한 이분법의 경계에 있는 실체로 정의된다. 또한 이 책에서 몸은 고정되고 단일한 실체가 아니라는 점에서 몸들이라는 복수형을 주로 쓰고 있지만 가독성을 위해 단수형으로 번역한 부분이 많음을 밝혀둔다.

대한 '심도 깊은 인지'(thick perception)를 발전시키는 데 기여하는 것이다.[3] 페어(Michel Feher)에 따르면 이러한 인지과정은 '인간의 몸에 대한 상이한 구축 양식'을 분석하는 것을 포함한다. 그는 「몸과 기술에 관하여」(*Of Bodies and Technologies*)에서 몸의 역사를 다음과 같이 설명한다.

> [몸의 역사는] 몸에 대한 과학지식의 역사도, 몸을 (잘못)재현하는 이데올로기의 역사도 아니다. 오히려 몸의 역사는 '몸 만들기'(body building), 즉 인간의 몸에 대한 상이한 구축 양식들의 역사이다. 이러한 방식으로 인식된 몸은 유기체에 대한 실증주의적 서술을 통해 밝혀질 수 있는 실재도 아니고 억압 형식으로부터 벗어날 수 있는 초역사적인 일련의 욕구와 욕망도 아니다. 그 대신 이러한 몸은 끊임없이 생산되는 실재이자 특정한 몸짓과 자세, 감정과 느낌을 고취시키는 기법들의 효과이다. 우리는 이러한 몸의 구축 양식들을 추적하는 과정 속에서만 현재의 '몸의 상태'에 대해 심도 깊은 인지에 이를 수 있다(159).

따라서 '심도 깊은 인지'는 몸이 상이한 문화적 담론들 내에서 개념화되고 절합(articulation)*되는 방식을 이해하기 위한 푸코의 기법이다. 몸을 자연적 대상으로서가 아니라 사회적 구축물로 여기는 것은 현혹되기 쉬운 단순한 질문을 불러일으킨다. 즉 '자연적인 것'으로서의 몸이 어떻게 '문화적 기호'로 변형되는가? 이 책에서 내가 검토한 연구들은 '몸'이 사회적이고 문화적이며 역사적인 생산물이라는 가정으로부터

---

* 절합(articulation)은 '분절적 접합'의 줄임말로 사물을 마디로 나눈다는 의미의 분절과 한데 이어 붙인다는 의미의 접합이 결합한 단어이다. 절합은 사회구조를 이루는 요소들이 관계를 이루는 양상을 지칭하는 것인데, 절합 양상은 요소들 간의 기존 관계가 그대로 표현되는 것이 아니라 절합 방식에 따라 새로운 관계가 표출되며 기존의 관계가 바뀔 수 있다는 것을 함의한다. 포스트모던 페미니스트들은 이 단어를 서로 이질적인 요소가 결합하여 새로운 요소를 만들어낸다는 의미로 사용한다.

출발한다. 여기서 '생산'은 [생]산물과 생산과정 모두를 의미한다. 하나의 **산물**로서 몸은 (무엇보다도) 각색된 개인적 정체성, 미(美), 건강을 수행하는 것일 뿐만 아니라 민족적, 인종적 정체성 그리고 젠더 정체성의 물질적 체현이기도 하다. 하나의 **과정**으로서 몸은 '자아'를 인식하고 표시하는 방식일 뿐만 아니라 세계를 인식하고 표시하는 방식이기도 하다.

더 구체적으로는 일상생활에 대한 텍스트들뿐만 아니라 SF, 영화, 그 밖의 대중매체(popular media)를 면밀히 독해하고 그것을 제도분석과 결합해 1980년대와 1990년대 초까지의 미국문화에서 나타난 젠더화된 몸의 재현방식을 검토하는 것이다. 현대문화에서 잘 알려진 몸에 대한 '인지'를 정교화하는 과정은 몸에 대한 담론을 작성하는 것과 그것에 대한 해석을 구성하는 것이 동시에 이루어져야 한다. 문화적이고 해석적인 실천으로서의 '독해'는 나의 담론적 생산의 핵심 메커니즘이다. 그러나 내가 독해하는 것은 텍스트 또는 매체에 나타난 젠더화된 몸의 **재현**만이 아니라 좀 더 구체적으로는 '몸을 젠더화하는' 문화적 **실천**에 관한 것이다.[4]

우선 별개의 텍스트 유형들을 연결하여 근본적으로 통합하는 것은 입증된 경험적인 '사실'이 아니라 정교하게 가공된 코드라는 점을 이해하는 것으로부터 출발한다. 나아가 그러한 주요 코드들은 선험적인 '의미들'이 아니라 구성된 것이며 역사적으로 특수한 이해체계이다. 다시 말하면, 그것은 내가 문화적으로 결정된 것을 독해하는 실천이라고 이해한 것이다. 코드의 정교화는 매개과정, 또는 제임슨(Fredric Jameson)이 말한 '횡단코드화'(transcoding)* 과정을 포함한다. 그것은 대상이나 텍스트 유형들 사이의 관계가 절합되는 것을 통해 이루어진다. 하나의 담론

체계 내에 있는 모든 텍스트는 특정한 역사적 국면의 문화적 몰두(preoccupations)를 보여주는 상징적인 제정(enactment)이다. 텍스트들이 서로 맺고 있는 관계는 변증법적이다. 어떠한 독립적인 연구나 텍스트의 이해가능성은 그것을 '이해하는' 한도 내에서 항상 담론에 의지하며 동시에 텍스트는 바로 그 담론을 부분적으로 구성한다는 점에서 그렇다. '담론을 분명하게 만들기'로서의 독해 행위는 특정한 방식으로 결정되어 온 인지의 능동적인 실천을 제시하는 것이다. 나는 다양한 종류의 텍스트들에서 젠더화된 몸의 문화적 구축과정을 파악하려고 노력하면서 이러한 독해방식이 무의식적으로 훈련되었고 또한 의식적으로 배웠으며 회유당하기도 하고 공격당하기도 했다. 이 프로젝트는 철저하게 몸에 관한 현대의 학문적 논의들에 근거하고 있기는 하지만 현재의 시점에서 완전하게 형성된 독해는 아니다. 몸에 관한 현대의 논의들은 단일한 담론으로 읽을 수 없으며 마찬가지로 몸을 단일한 것으로 쓸 수도 없다.[5]

그 대신에 나는 몸에 관한 학문적인 이론 연구들뿐만 아니라 몸에 대한 대중문화도 포함하는 담론들의 연속체(continuum of discourses)에 초점을 맞추려고 한다. 그렇게 함으로써, 나는 이러한 담론들에 의해 설명된 주체로서뿐만 아니라 그것을 해석하는 이론들을 훈련받은 학생으로서 독해한다. 궁극적으로 나는 현대문화의 몸과 기술에 관한 이러한 담론들에 대해 상황적 독해(situated reading)를 제안한다. 그것은 노동계급 주체로서의 나의 과거와 페미니스트 학자이자 백인 중간계급 교수로서의 나의 현재에 의해 표시되는 독해이다. 노동자계급으로서 나는

---

* 횡단코드화(transcoding)는 텍스트와 사물이 절합되어 새로운 코드를 만들어내는 것을 말하는 제임슨의 용어이다. 코드화(coding)는 사물에 일정한 의미나 규칙을 부여하여 규정짓는 것을 말한다.

그 상태를 벗어나기 위해 독해하며 페미니스트이자 교수로서의 나는 '구제불능의 정보중독자'일 수밖에 없는 위치에 놓여 있기 때문에 독해한다('구제불능의(치료불가능한) 정보중독자'에 관해서는 6장을 보라).

내가 일상생활에서 접하기 쉬운 매체(신문, 광고, TV프로그램, 잡지)에서 뽑아낸 사례들은 '자연적인' 몸이 육체에 대한 새로운 기술의 적용을 통해 극적으로 개조되어 온 방식을 보여주기 위한 것이다. 매체에 나타난 이러한 사례들은 생체공학적 몸이 다반사인 공상과학적 미래와 현재 사이의 시간적 거리가 무너지고 있다고 알려준다. 일부 학자들은 생명기술이 고대부터 실재하는 관행이라고 믿기도 하지만 또 다른 학자들은 생명기술을 DNA구조가 발견된 1953년을 기점으로 지난 반세기 만에 출현한 것으로 여긴다.6 그래도 논란이 덜한 것은, 1980년대 말 무렵에 생물적인 것과 기술적인 것의 결합이라는 아이디어가 서구 문화의 상상력에 침투해왔으며, 이러한 서구 문화에서 '기술적 인간'(technological human)은 탈근대적인 주체의 친숙한 형상이 되었다는 사실이다. 이러한 결합은 여러 가지 함의가 있을 수 있겠지만 인간의 몸을 '테크노-바디'(techno-body)로 재개념화하는 것을 필요로 한다. '테크노-바디'는 적어도 이전에는 양립불가능하다고 여겨졌던 두 개의 의미체계('유기체적인 것/자연적인 것, 그리고 기술적인 것/문화적인 것')에 동시에 속하는 경계적 형상(boundary figure)이다. 몸이 고정된 자연의 일부가 아니라 경계의 개념으로 재개념화되는 지점에서 우리는 경쟁하는 의미체계들 사이의 이데올로기적인 주도권다툼을 목격한다. 그것은 물리적인 몸들의 물질적 투쟁을 포함하며 부분적으로는 그것을 규정한다.

테크노-바디는 건강하고 개선되었으며 완전히 기능적이다. 그것은

서문
21

실제보다 더 실제적이다. 몸에 적용되는 신기술들은 삶의 질을 높여주고 심지어 생명을 구제하는 것이라고 자주 홍보되며 합리화된다. 잘 알려져 있지 않은 것은 이러한 기술들의 훈육하고 감시하는 효과이다. 즉 기술적 형성과정의 생체정치(biopolitics)는 잘 알려져 있지 않다. 기술이 과도하게 개입된 우리의 기술문화 속에서 몸을 인식한다는 것은 우리가 무엇을 아는지뿐만 아니라 어떻게, 왜 알아야 하는지 그리고 그 결과가 무엇인지에 대해 기술적으로 자세히 설명되는 것이다. 근대 의료담론은 우리에게 설탕, 카페인, 소금, 지방, 콜레스테롤, 니코틴, 알코올, 스테로이드, 햇빛, 마취약, 바르비투르산염,* 그리고 아스피린처럼 처방전 없이 구입할 수 있는 약을 소비하는 것이 안전한지를 점검하게 하였다. 이러한 소비는 전자저울, 당뇨테스트기, 혈압기, 지방 캘리퍼스**와 같은 장치들을 통해 기술적으로 추적 관찰된다. 다양한 새로운 시각화 기술들은 몸을 기관, 체액 그리고 유전자코드로 분절화(fragmentation)하는 것에 기여하고 결국 몸을 극도의 감시와 통제의 대상으로 만드는 자의식적인 자기감시를 촉진시킨다. 이러한 '너의 몸을 알라'라는 강박증은 현대 미국 문화에서 다양한 방식으로 나타난다. 예를 들면, 종교적 숭배에 가까운 개인의 위생 실천, 감염으로 인한 죽음에 대한 조증적(manic) 공포, 그리고 몸의 이미지와 연관된 질환들 속에서 확인할 수 있다.[7] 그러한 강박들은 몸을 감시하는 문화적 장치의 일부이다. 몸을 감시하는 문화적 장치는 10대 고등학생과 성인 노동자들을 대상으로 한 무작위 소변 검사, HIV(인체면역결핍바이러스, 에이즈바이러스)를 진단하기 위해 은밀하게 행해

---

* 수면제에 들어가는 성분 중 하나.
** 지방측정기계.

젠더화된 몸의 기술 : 사이보그 여성 읽기

지는 혈액검사, 그리고 유전자지문* 분석과 같은 실천들도 포함된다.[8] 새로운 진단법과 장비를 이용해 (보통 국가가 임명한) 익명의 '건강' 관리자들은 유아의 코카인 중독 가능성을 밝히기 위해 자궁 내 태아의 혈액 성분을 검사한다. 파편화된 몸의 부분들은 감염의 매개자, 코카인을 음용한 어머니, 마약 복용자라는 문화적 정체성을 구성하는 요소들로 여겨진다. 그래서 분리된 몸의 부분들은 우리도 모르게 탈체화된 (disembodied) 기술적 시선의 연구대상이 되며 우리의 몸들은 우리의 정보를 누설한다. 우리의 몸들에서 우리 자신을 감출 수 있는 곳은 아무 데도 없으며 우리는 완전히 순응하며 사는 것 외에는 선택의 여지가 없다. 그래서 순응적인(docile) 사람들은 안전한 섹스를 생활화하거나 자멸하는 것을 선택할 수밖에 없다.

젠더화된 몸의 기술들

인간의 몸이 기관, 체액, 유전자 코드로 분리될 때, 젠더 정체성에는 어떤 일이 일어날까? 몸이 기능적인 부분과 분자적인 코드로 분리될 때, 젠더는 어디에 놓여 있는 것일까? 재구축된 몸의 부분들과 젠더 정체성 사이에는 어떤 관계가 있을까?『라이프』지에 실린 삽화와 같이 '미래의 몸'에 대한 이미지들은 남성의 몸과 여성의 몸이 생식 및 성적인 기능과 관련해 어떻게 상이하게 구축되는지를 보여준다.[9]『라이프』지의

---

* genetic fingerprinting은 특히 범인을 규명하기 위해 쓰이는 유전자 패턴 분석법을 말한다.

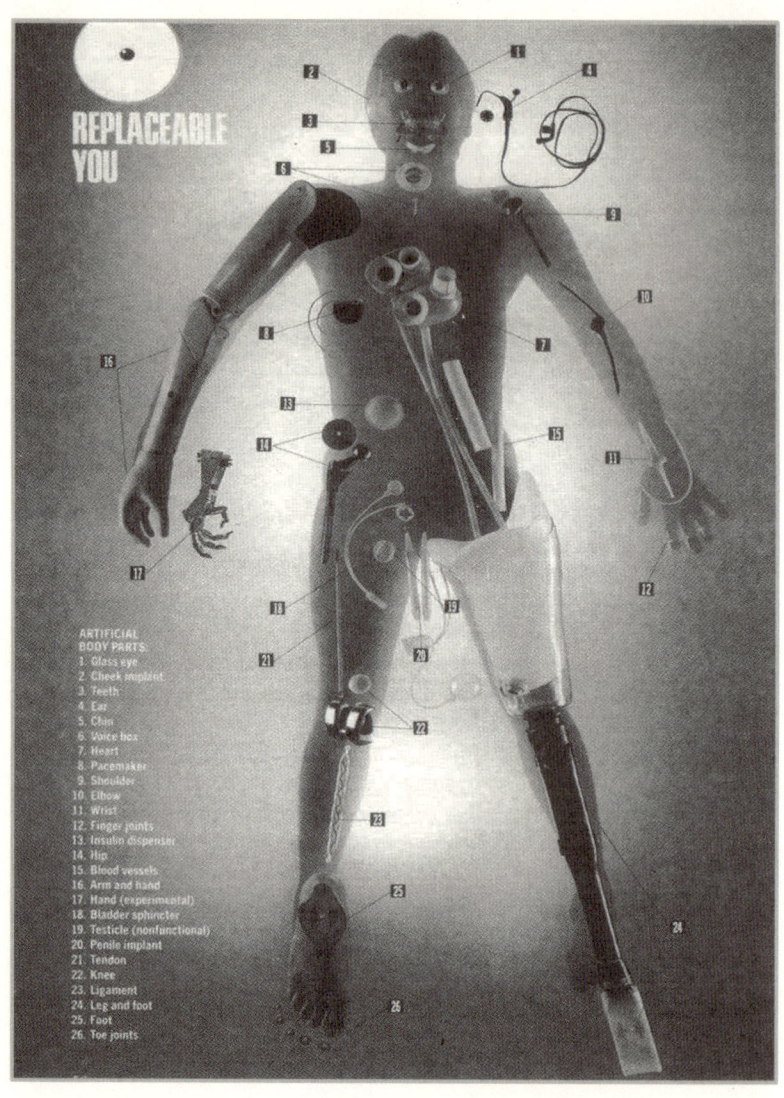

그림 2 "대체가능한 당신", 몸 부분 교체물의 목록. 『라이프』지 특집기사 '미래의 비전'(1989년 2월)에서. 사진: Henry Groskinsky.

젠더화된 몸의 기술: 사이보그 여성 읽기

기사에서 묘사된 대체 가능한 몸은 플라스틱 음경 임플란트와 기능이 없는 플라스틱 고환 사진을 통해 젠더화된다(그림 2). 비록 그 기사가 '<시어스>(Sears)사의 몸 옵션 카달로그'를 통해 미래에 널리 이용될 인공보형물을 예측해 보는 것이라 해도, **지금 현재** 이용할 수 있는 인공유방보형물이 소개되지 않았다는 것은 분명 아이러니한 일이다(그림 3).[10] 인공유방보형물은 그것의 상징적인 기능과 궁극적으로는 헤게모니적인 기능 때문에 신랄한 비판의 대상이 되어 왔음에도 불구하고 근치유방절제술*을 받은 여성들에게 널리 이용되고 있다.[11] 『라이프』지의 사진은 현실에서 아직 이식되지 않고(예컨대, 팔·손 장치) 기능도 없는(플라스틱 고환) 여러 가지 인공보형물들을 보여주지만 마찬가지로 이식되지 않고 기능이 없는 인공유방보형물은 보여주지 않는다. 이는 미래의 몸이 의도하는 젠더를 은연중에 드러내는 것이다. 『라이프』지의 사진에 직접 묘사되지는 않았지만 해당 기사에서 여성의 몸은 인공 자궁의 발전을 언급하는 부분에서 간접적으로 나타난다. 여성의 몸을 자궁과 연결시키는 것은 여성의 몸을 일차적으로 생식하는 몸으로 규정하는 지배적인 문화의 표현이다. 그렇지만 그러한 환유(換喩)적 관계 설정이 책임이 없는 것은 결코 아니다. 미래의 비전에서 남성의 몸은 완전한 몸을 가진 사람을 나타내는 기호로 표시되는 반면 여성의 몸은 오직 인공자궁으로만 표시된다. 그러므로 이러한 의미화는 기술적인 미래사회에서 여성의 가상적인 위치에 관해 불길한 경고를 제공하는 것이다. 그렇다

---

* 근치유방절제술(radical mastectomy)은 유방암에 걸렸을 때 유방을 절제하는 수술방법으로, 암에 이환된 유방과 큰가슴(pectoralis major), 작은가슴근(pectoralis minor)과 겨드랑 림프절 등을 모두 절제하는 방법이다.

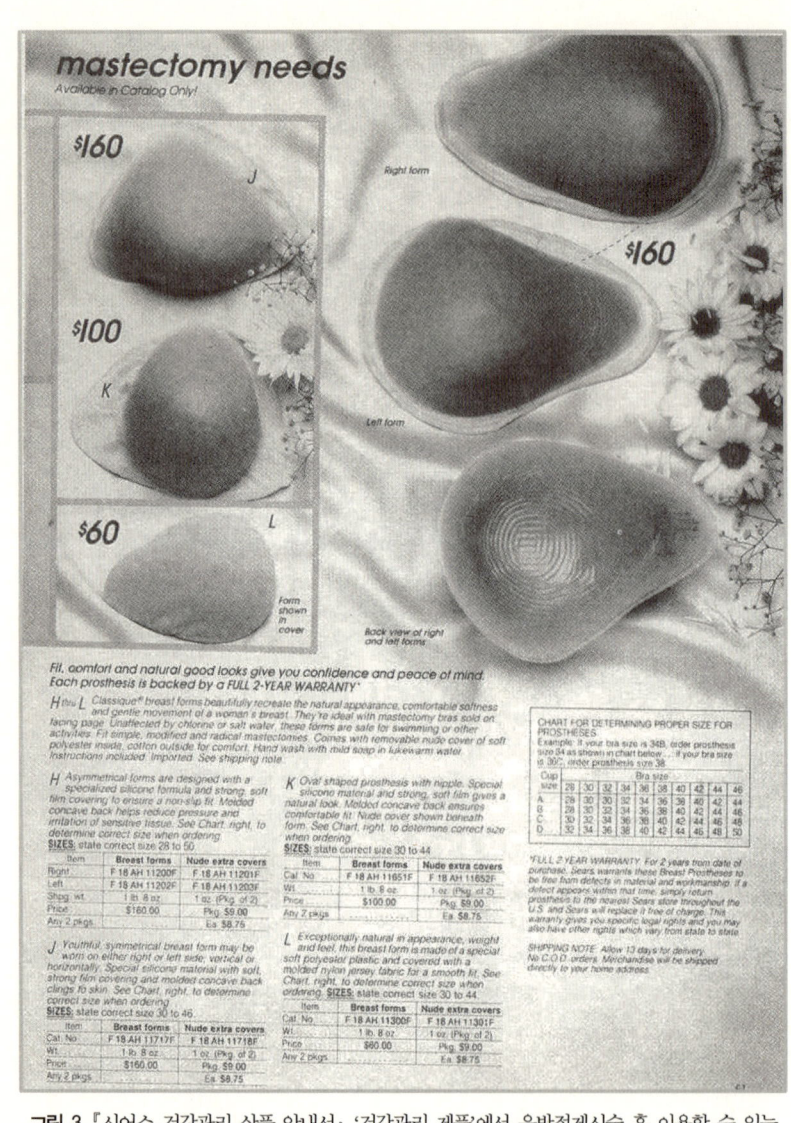

그림 3 『시어스 건강관리 상품 안내서』 '건강관리 제품'에서 유방절제시술 후 이용할 수 있는 상품들. (시어스, 로벅, 1988), 61쪽.

젠더화된 몸의 기술: 사이보그 여성 읽기

해도 이와 같은 문화적 투사들(projections)의 의미를 우리가 어떻게 해석할 것인지는 중요한 문제가 된다.

몸처럼 젠더도 경계적 개념이다. 젠더는 인간 몸의 생리적인 성적 특성(자연적인 몸의 질서)과 몸이 '이해되는' 문화적 맥락에 동시에 관련된다.12 '자연적인' 인간의 몸에 대한 광범위한 기술적 개조는 젠더 역시 재구축될 필요가 있음을 시사한다. 생식*기술의 진전은 이미 성교행위로부터 출산을 분리시켰다. 복강경 검사는 태아의 발달과정을 평가하는 데 있어서 중요한 역할을 수행해왔다. 복강경 검사로 인해 '태아의 몸'은 여성 몸과의 자연적인 결합으로부터 은유적으로(그리고 때로는 말 그대로) 분리되었으며, 현재는 새로운, 그리고 중요한 산과(産科)환자로 선언되는 결과를 가져왔다. 이러한 기술의 발전은 젠더의 문화적 규정에 어떤 영향을 미칠까? 기술 혁신으로 인해 겉보기에 확고한 경계들(인간/인공물, 삶/죽음, 자연/문화)이 대체되는 것이 흔한 일이 되었지만 또 다른 경계들은 더욱 철저하게 보증되기도 한다. 실제로, 남성과 여성 사이의 젠더화된 경계는 물리적 몸을 살에 재기입하는 새로운 기술적 방식에도 불구하고 철저하게 보증된 채로 남아 있는 하나의 경계이다. 생명기술 및 의료담론을 검토해 보면 몸은 자연보다는 오히려 문화적 질서에 속하는 것으로 재코드화되는 반면, 젠더는 여전히 인간의 정체성을 표현하는 자연적인 표지로 남아 있다는 것이 분명해진다.

몸을 재구성하는 것이 기술적으로 가능해졌음에도 불구하고 생명기

---

* 원서의 reproduction은 맥락에 따라 생식 혹은 재생산으로 혼용하여 번역하였다. 주로 생물학적인 임신, 출산이나 출산을 보조하는 의료기술 용어로 사용되었을 때는 생식으로, 경제적 또는 사회문화적 재생산의 의미로 확장해 설명되고 있다고 판단되었을 때에는 재생산으로 번역하였다.

술 담론에서 여성의 몸은 여전히 '자연적인' 것, '성적인' 것, '재생산적인' 것이라는 문화적 기호로 코드화된다. 예를 들면, 자궁은 모성의 몸이 여성의 몸의 본질적인 정체성임을 재강화하는 방식으로 여성의 젠더를 의미화한다. 이런 의미에서 젠더는 몸과 기술 사이의 다양한 관계에서 분명히 나타나는 권력관계를 조직화하는 장치이다. 나는 몸과 기술의 이러한 상호작용을 묘사하는 하나의 방식으로 '젠더화된 몸의 기술들'(technologies of the gendered body)이라는 용어를 제안한다.[13] 이러한 도식에서 젠더는 기술적 배치를 결정하는 문화적 조건이자 동시에 기술적 배치의 사회적 결과이다. 다음 장에서는 현대의 기술 담론이 기본적인 조직화의 틀로서 이분법적인 젠더-정체성 논리에 의존하는 방식을 조명할 것이다. 이러한 기본적인 구조는 우리가 새로운 기술과 관계 맺는 것을 가능하게 하기도 하고 제약하기도 한다. 많은 경우 이러한 기술적 결합의 **일차적인** 효과는 전통적인 이원론적 젠더-정체성 논리를 재생산하는 것이며, 이는 새로운 기술이 전통적인 이분법을 수정할 수 있는 잠재력을 상당 부분 제한한다.

자연과 문화 사이의 경계를 구축하는 것은 몇 가지 이데올로기적인 목적에 복무한다. 그것은 주로 문화를 자연보다 우위에 두는 위계제의 확립과 이를 위한 수사학적 틀을 제공한다. 이렇게 사회적으로 구성된 위계제는 문화와 결합된 남성이 자연과의 교전에서 승리할 것이라는 기술적으로 과도하게 고무된 상상력을 공고히 하는 기능을 한다. 이러한 경계를 설정하는 과정에서 젠더화된 몸의 역할은 중요하다. 젠더화된 몸은 '사물의 고유한 질서'에 대한 열망이 발생하고 결국에는 이데올로기적으로 관리되는 장소로서의 역할을 하기 때문이다. 물질적인 몸과 새로운 기술의 상호작용을 연구하는 것은 진행 중인 이데올로기의 임무를 설명하는 것이기도 하다. 이데올로기의 작동 속에서 새로운 기술의 문화적인 함의는 지배적인 문화적 서사를 증가시킨다는 점에 있다. 텍스트, 서사, 제도적 구조, 경제적 힘, 몸의 실천 그리고 그 이외의 물질적인 결과들의 복잡한 배치 또는 절합은 새로운 기술의 의미를 생산한다.14 이렇게 생산된 의미는 다시 새로운 기술의 좀 더 진전된 발전과 전개를 위한 일련의 가능성을 열어 놓는 효과를 갖고, 이러한 가능성은 끊임없는 이데올로기적 투쟁이 발생하게 한다.

와츠맨(Judy Wajcman)이 『페미니즘과 기술』(Feminism Confronts Technology)에서 상기시키는 것과 같이, "기술은 일련의 물리적인 대상 혹은 인공물 그 이상의 것이다. 기술은 특정 종류의 지식, 믿음, 욕망 그리고 실천으로 구성된 문화나 일련의 사회적 관계를 기본적으로 포함하는 것이다."15 이 책의 목적을 와츠맨의 어구를 빌려서 이야기하자면 젠더적 이해관계의 작동에 의해 특정한 기술이 이데올로기적으로 어떻게 형성되는지, 그 결과 전통적으로 젠더화된 권력과 권위의 양식을 재강화하는 데 기술이 어떻게 기여하는지를 설명하는 것이다. 버틀러(Judith Butler)는 젠더화된 몸을 "실체[물질]의 모습을 드러내기 위해 시간이 지나면서 굳어진 고도로 경직된 규제의 틀 안에서 반복되는 일련의 행위들"로 묘사한다. 반면에 그녀는 새로운 기술적 형성물의 일부로서 '자연화된' 젠더 정체성이 사회적, 문화적으로 재생산되는 과정을 이해하는 방식을 제안하기도 한다.16 이것은 내가 새로운 기술적 형성물의 젠더화된 측면을 탐색하는 데 있어서 기술의 사용과 사회적 차별체계를 지지하는 제도화의 형태들을 구체화하기 위해 노력했다는 점을 말하는 것이다.

서문

사회적 차별체계는 기술에 대한 개인의 참여, 권리 그리고 책임을 구조화한다. 독립적으로 작성된 각 장은 서로 다른 기술들을 설명하는데, 각 장에서 다룬 기술들은 젠더를 규정하는 틀로서 또는 가상현실 응용프로그램의 경우에 가장 극명하게 나타나듯이 젠더를 규정하는 장(stage)으로서 문화적으로 기능한다.

Chapter 1 사이보그 읽기, 페미니즘 쓰기

이 장은 대중문화에 나타난 유명한 사이보그들에 대한 검토로 시작한다. 우리는 사이보그 이미지를 두 가지 방식으로 읽을 수 있다. 즉, 인간 존재와 전자장치 혹은 기계장치 사이의 결합으로서, 또는 사이버네틱(cybernetic) 정보체계 내에 배태된 유기체의 정체성으로서 읽을 수 있다. 첫 번째 의미에서 인간과 기계의 결합은 몸 그 자체 내에 놓여 있다. 즉, 물질적인 몸과 인공적인 기계 사이의 경계는 외과적으로 다시 그어진다. 하지만 두 번째 의미에서 몸과 기술 사이의 경계는 사회적으로 각인되며, 분명치 않고 자의적이기는 하지만 마찬가지로 기능적이다. 베이트슨(Gregory Bateson)이 주장했듯이, 사이보그의 몸은 "피부에 의해 경계 지워지는 것이 아니라 정보가 여행할 수 있는 모든 외부 경로를 포함한다."[17] 사이보그는 전적으로 기술적인 것도 완전히 유기체적인 것도 아닌 혼성체(hybrid entity)이다. 이것은 사이보그가 기술적으로 재주조된 몸과 자연적인 몸의 대립을 파괴한다는 것을 의미한다. 뿐만 아니라 사이보그는 몸을 물질체이자 담론적 과정으로 다시 사유할 수

젠더화된 몸의 기술: 사이보그 여성 읽기

있게 하는 잠재력도 지니고 있다. 이러한 몸은 다중적으로 구성된 사이버네틱 체계—우리가 지금 사회적이고 정보적인 네트워크로서 인식하는 것—의 일부이다. 사이보그의 몸은 자신들의 '구축된' 본성 때문이 아니라 오히려 혼성적 설계의 불확정성 때문에 지배적인 문화 질서를 명백하게 위반한다. 사이보그는 물질적인 몸의 문제와 문화적인 허구의 문제 둘 다에서 기술적으로 재형성되기 때문에 젠더 정체성을 연구할 수 있는 틀을 제공해 준다.

젠더화된 몸의 역사적 구축에 대한 다양한 페미니즘 연구들을 통해 푸코를 재해석함으로써 그리고 물질적인 몸을 생성적인 상징체계(generative symbolic system)로서 다루는 더글라스(Mary Douglas)를 재고찰함으로써, 나는 그로츠(Elizabeth Grosz)가 새로운 "육체 페미니즘"이라고 언급한 것이 지니는 근본적인 공리(axioms)를 정교화하고자 한다.[18] 아울러 이렇게 새롭게 등장한 비판적 틀은 보다 광범위한 페미니즘 문화 연구로부터 방법론과 해석적 실천을 끌어냄으로써 다음 세 가지를 제안한다. (1) 몸은 문화 연구의 중심적인 상징적 자원이다. (2) 담론적이고 상징적인 몸과 물질적인 몸은 서로를 규정하고 있다. (3) 젠더는 몸과 문화에 대한 많은 연구에서 자주 드러나지 않는 담론이다. 이 장의 두 번째 부분은 기술이 젠더화된 몸을 만들어가는 방식에 대해 분석하면서, 탈근대적 몸에 대한 크로커(Arther Kroker)의 설명에서 여성의 몸이 차지하는 역할을 좀 더 명백하게 논의하고자 한다. 이를 위해 위너(Norbert Wiener)의 사이버네틱스 이론과 맥루한(Marshall McLuhan)의 매체 분석을 끌어들일 것이다. 나는 물질적인 몸이 거의 사려졌다는 탈근대론의 견해에 이의를 제기한다. 단지 젠더화된 몸이 물질적(다시 말해, 자연적)인 것이 아니라 줄곧 물질성과 담론의 혼성적 구성물이었음을 주장함으로써 문화 연구 내에서 물질적인 몸 개념의 중요성을 강조한 일련의 페미니즘 연구에 대한 논의로 결론을 맺을 것이다. 이러한 주장을 정교화하기 위해 물질적인 여성의 몸이 담론에 의해 그리고 담론 내에서 실제 어떻게 구성되는지를 각기 상이한 방식으로 연구한 해러웨이, 블레이어(Ruth Bleier), 트라이쉴러(Paula Treichler)의 저작을 검토할 것이다.

Chapter 2 페미니즘적 보디빌딩

젠더화된 몸의 기계적 재구축을 분석하는 과정에서 여성의 몸은 '자연적인' 것을 문화적으로 재각인하기 위한 특권화된 장소로 남아 있다는 것이 명백해졌다. 이 장에서는 여성 보디빌딩이라는 하위문화(subculture)에 관심을 둔다. 현대문화에 완벽하게 적응한 여성 보디빌더는 사이보그 정체성의 기계적 꿈이다. 즉 체중, 저항력, 운동감각적 작업에 대한 과학을 이용하여 여성의 형태를 다시 만들어 낸 여성의 형태이다. 하지만 좀 더 면밀히 살펴보면 매체가 재현하는 규격화(normalizing) 권력이 근육과 신체 단련을 여성의 '새로운 성적 매력'으로 선전하면서 여성의 몸에 대한 새로운 이상을 만들어내고 있다는 것을 발견할 수 있다.[19] 이런 의미에서 여성 보디빌딩이라는 대중문화는 기술적으로 해체하고자 한 바로 그 젠더정체성 형태와 공모하는 것으로 볼 수 있다. 1980년대에 발전한 여성 보디빌딩 하위문화는 여자 운동선수의 몸이 다양한 형태의 의료적이고 도덕적인 훈육에 종속되었던 19세기 초의 여성과 스포츠에 대한 역사적 담론 내에서 부분적으로 만들어졌다. 최근의 텍스트에서 나타나는 유명 여자 운동선수들의 이미지는 그들의 운동 능력보다 성적인 매력을 강조하고 있다. 우리는 이러한 이미지화 속에서 여자운동 선수의 몸이 어떻게 대상화되고 에로틱화되는지를 알 수 있다. 여성 보디빌더들에 대한 유명한 컬트영화인 『펌핑 아이언 II: 여성들』(Pumping Iron II: The Women)은 경합 중인 여성성의 정의를 체현하고 있는 세 명의 여성 보디빌더를 주인공으로 한다. 이 장에서는 이 영화에 대한 면밀한 분석을 통해 이 영화가 여성성의 지배적인 이상을 상징적으로 재생산한다고 주장할 것이다. 또한 이 영화를 통해 여성의 몸을 일탈적인 것으로 만들어가는 것이 어떻게 연출되고 훈육되는지에 주목할 것이다.

Chapter 3 최첨단 기술에 관하여

새로운 시각화 기술들은 첫째, 여성의 몸을 대상화하고, 둘째, 여성의 몸을 규범적인 감시의 시선에 종속시키는 효과를 갖는 새로운 형태의 과학적 생체권력을 행사한다. 이 장에서는 미용성형외과 의사의 의료적인 시선이 기술적인 관점으로 변형되어 온 경로를 추적할 것이다. 그 결과 여성의 몸은 그 자체로 서구적인 미의 문화적 이상을 기입하기 위한 표면으로 변형된다는 것을 설명할 것이다. 미용성형수술은 이상적인 미의 문자적이고 물질적인 재생산을 검토할 수 있는 문화적인 의미의 형식을 보여주는 장소이다. 시각화 기술을 통해 몸의 부분들과 조각들을 비추면 외과수술은 실제로 살을 베어서 조작하고 재조각하는 절차를 밟는다. 이러한 방식으로 미용성형수술은 물질적인 몸을 문화적인 기호로 **말 그대로** 변형시킨다. 미용성형수술의 **담론**은 젠더화된 몸의 문화적 구축을 논의하기 위한 자극적인 소재를 제공한다. 한편으로 그러한 담론이 의도하고 선호하는 주체는 흔히 여성이지만 다른 한편으로 시술을 수행하는 몸들은 보통 남성이기 때문이다. 그렇다면 미용성형수술은 '여성의 이미지를 구성'하기 위한 담론적 장소일 뿐만 아니라 물리적인 여성의 몸이 신체적인 외모의 문화적이고 이데올로기적인 기준들에 따라 외과적으로 해부되고 잡아 당겨지며 잘려지고 다시 만들어지는 실질적인 물질적 장소이기도 하다.

Chapter 4 공적 임신과 감시의 문화적 서사

이 장에서는 매체에 나타난 공적 임신(public pregnancies)에 대한 설명방식들을 검토함으로써 '신생식기술의 정치학'(the politics of new reproductive technologies)에 대해 논의한다. 1980년대에 등장한 '대리모의 정치'와 '공적 임신의 스펙터클'에 대한 디스토피아적 가능성을 가장 잘 보여준 소설 가운데 앳우드(Margaret Atwood)의 『시녀 이야기』(*The Handmaid's Tale*)*가 있다. 이 소설은 사람들이 냉동 배아와 코카인에 중독된 어머니들에 대한 다양한 스펙터클에 눈길을 주던 차에 출간되었고 다가올 SF 같은 미래상의 충격을 끔찍하게 묘사했다. 앳우드의 소설은 신생식기

---

* 『시녀이야기』, 김선형 옮김, 황금가지, 2002.

술의 현대적인 적용과 관련해 여성이 처한 상황을 이해하는 데 유용한 하나의 틀을 제공해 준다. 나는 문화 연구의 핵심적인 문제설정 가운데 하나, 즉 여성의 삶에 대한 문화적 서사들과 물질적 조건들 사이의 관계라는 측면에서 이러한 분석틀을 명확하게 하고자 한다. 이 장의 두 번째 부분에서는 그것이 비록 소설을 위한 발판에 지나지 않더라도, 현재 가임기의 여성들이 겪는 생생한 경험 중에서 문제화되는 일련의 사건들을 검토함으로써 이 소설의 맥락을 설명하고자 한다. 그러한 사건들에는 **체외**수정 서비스에서 시각화 기법인 복강경 검사를 사용하는 것이 포함된다. 나는 이러한 기술들을 사용함으로써 발생하는 여러 문제를 짚어봄으로써 그러한 기술들이 문화적인 감시의 논리를 강화하는 방식을 구체화하려고 노력했다. 이러한 기술의 사용은 보호받아야 하는 사생활의 범위라든지 여성의 몸과 공중보건 사이의 관계에 대한 열띤 논쟁을 불러일으켰다. 이러한 권리들은 협상되고 판결이 내려짐으로써 기술적으로 각인된 특정한 정체성들이 제도화된다. 이렇듯 감시 장치는 모든 여성의 몸을 잠재적으로 모성적인 몸으로, 임신 중인 모든 몸을 본래 불성실하며 공중보건을 위협할 가능성이 있는 것으로 재규정하는 방식을 통해 젠더화된 몸을 다룬다.

Chapter 5 사이버 공간의 가상적인 몸

가상현실 응용프로그램과 하드웨어의 발전 속에서 몸은 기계 인터페이스로 재정의된다. 가상공간 또는 정보 매트릭스라고 부르는 전자 프론티어를 개척하려는 노력 속에서, 물질적인 몸은 억압되고 지식의 장소(locus)로부터 분리된다. 예를 들어, 하나의 가상현실 응용프로그램 속에서, 사용자의 물질적인 몸은 가상공간 여행자가 가상현실 장비(VR rig)로 모자를 쓴다는 점을 제외하고는 여행자의 탈체현된 유동적인 시점과는 아무런 관련이 없다. 가상현실 응용프로그램의 발전 속에서, '자연적인' 몸의 해체는 이제 완전히 자연스러운 현상이 되었다. 기술적 장치들이 지식의 매체로서의 감각 기관들을 대체함으로써, '몸'은 가상공간 여행자에게는 불필요한 짐 이상의 어떤 것도 아닌 쓸모없는 고깃덩어리가 된다. 이 장에서는 가상공간을 둘러싸고 발전한 그리고 가상공간 내에서 발전한 하위문화를 연구한다. 왜냐하면 가상공간이 가상적인 몸의 생체정치를 논의하기 위한 맥락을 제공하기 때문이다. 다양한 가상사이버세계(virtual cyber worlds) 곳곳을 여행하면서, 누구의 현실 혹은 누구의 관점이 가상공간에서 **재현**되는가를 질문하는 것은 더 이상 의미가 없다. 오히려 우리는 어떤 현실이 거기에서 창조되는지 그리고 이러한 현실은 기술, 몸, 서사 사이의 관계를 어떻게 절합하는지를 질문해야 한다. 몸은 가상세계들 속에서 재현적으로 사라질지 모른다. 실제 우리는 몸을 억압하고 몸의 준거적인 흔적들을 지워버리려고 최선을 다할지 모른다. 그러나 몸은 가상현실 장치와의 인터페이스 속에서도, 기술적인 생산 체계 속에서도 물질적으로 사라지지 않는다. 우리는 가상현실 기술의 발전과 그 기술의 대중적인 결합을 연구함으로써 정체성, 본성, 그리고 몸에 대한 신화들이 젠더화된 인종표시적인 몸과 새로운 기술들을 어떻게 재절합하는지 연구할 수 있다. 이러한 절합은 몸에 대한 전통적인 서사들이 사회적으로 그리고 기술적으로 재생산되는 것을 보증한다.

젠더화된 몸의 기술 : 사이보그 여성 읽기

Chapter 6 치료 불가능한 정보중독자를 위한 페미니즘

새로운 소통 기술들은 물질적인 몸을 위한 새로운 현실을 낳는다. 과학적인 연구는 육체적 정체성을 연출하기 위한 새로운 차원의 공간을 자세하게 묘사하는 SF소설에 의존한다. 이 장에서는 정보시대에 특징적이고 지배적인 기술적 체현의 형식들을 항목별로 기록한 카디건(Pat Cardigan)의 사이버펑크 소설 『시너스』(Synners)를 독해한다. 『시너스』는 등장인물들이 컴퓨터로 매개된 정보 교환의 비물질적 공간과 맺는 다양한 관계들에 대한 SF적인 이야기로서, 새로운 정보기술들이 간과한 차원―젠더와 인종이 표시된 물질적 몸의 지위―으로 우리의 관심을 돌린다. 나는 『시너스』에 대한 이와 같은 독해에 근거해 『먼도 2000』(Mondo 2000)에서 '최첨단'(new edge)이라고 부른 것의 문화적 형성과정에서 물질적인 몸의 역할에 대해 제기할 수 있는 질문들을 정교화할 것이다. 나는 컴퓨터 기술의 전개 과정에서 여성이 수행해온 역사적 역할, 컴퓨터 통신에서 나타나는 남성과 여성 사이의 젠더화된 구별, 그리고 그러한 기술의 전개 과정에서 상이한 인종의 여성들에게 미치는 차별적인 정치적 결과들에 주목하고자 한다. 요점은 가상공간을 젠더 중립적이고 인종 중립적인 탈체현된 민주적인 교환 공간으로서 찬양하는 지배적인 가상공간의 신화에 정면 도전하는 것이다.

에필로그
: 과학과 기술에 대한 페미니즘 문화 연구에서 몸의 역할

에필로그에서는 나의 접근이 과학과 기술에 대한 페미니즘 문화 연구들에 제공한 공헌을 개관한다. 또한 이 책의 독해들을 페미니즘적인 몸 프로젝트들과의 관련 속에서 자리매김하기 위해 '육체 페미니즘'이라는 개념에 관한 그로츠의 작업을 고찰한다. 나는 성차란 기본적이면서도 끊임없이 대체되는 '다름'의 한 형식이라는 그로츠의 통찰을 빌려와 다양한 기술적 실천들이 이러한 '다름'을 물질적인 몸을 위한 젠더 정체성으로 재생산하는 방식들을 추적할 것이다. 이 책에서의 독해들은 그로츠의 기획 목적인 젠더화된 몸의 섹스적인 차원들을 구체적으로 논의하지는 않지만, 나는 이 독해들이 오늘날의 '육체 페미니즘'에 대한 논의에 중요하게 공헌하기를 희망한다.

아울러 나는 몸과 기술 사이의 상호작용을 연구하면서 유사하지 않은 (담론적인) 형식으로 나타나고 있는 문화적인 형성물을 분석한다. 나의 분석은 서사들과 물질적 실천들, 권력관계와 대중 매체의 재현들에 대한 독해들을 포함하여 라클라우(Ernesto Laclau)와 무페(Chantal Mouffe)에게서 부분적으로 차용한 확장된 담론 개념에 의존하고 있다.[20] 나는 텍스트들과 이야기들에 대해서뿐만 아니라 사회적 관계들, 제도적 배치들, 대중문화의 이미지들, 논리 체계들에 대해서도 해석들을 제공한다. 이것들은 모두 젠더화된 몸들을 구축하는 문화적 장치의 일부이다. 최종적인 요점은 어떻게 담론적인 분석들이 역사적으로 특정한 물질적인 몸들의 생산을 정교화할 수 있는지를 설명하는 것이다. 이 부분에서 나는 페미니스트

학자들과 활동가들이 더욱 광범위하게 진행하고 있는 기획을 함축적으로 소개한다. 그것은 문화적 형식들에 대한 담론적인 연구들과 여성의 삶의 물질적인 조건들 사이의 관계를 설명하기 위한 분석틀을 발전시키는 것이다.

Chapter 1
사이보그 읽기, 페미니즘 쓰기
─현대문화 속에서 몸 읽기

나는 바디샵에 들러
점원에게 말했지.
이빨에 FM 라디오를 심고 싶어.
등에 있는 사마귀는 떼서
볼에 붙여주고.
그리고 내가 여기 있는 동안
굽 높은 발을 몇 개 줄 수 있을까?
― 로리 앤더슨(Laurie Anderson), '원숭이의 발'[1]

서구세계가 산업혁명을 통해 고도의 테크놀로지 시대로 발전해 가면서 1818년 출판된 셸리(Mary Shelly)의 『프랑켄슈타인』(*Frankenstein*)에서 『메트로폴리스』(*Metropolis*)(Lang, 1927)에 나오는 로봇 마리아, '프랑켄호커'(Frankenhoker)(1989년 비디오로 출시된 영화)에 이르기까지 휴먼하이브리드들(hybrids)의 가능성은 우리의 문화적 상상력에 불을 지펴왔다(그림 4). 특히 1980년대는 하이테크 휴먼하이브리드들이 SF 소설에서 벗어나 일상생활로 이동한 역사적 순간이라고 말할 수 있다. 1980년대는 여러

그림 4 랭(Fritz Lang)의 영화 『메트로폴리스』(Metropolis)에 나오는 로봇 마리아(1926).

면에서 사이보그의 10년이었다. 1986년, 맥스 헤드룸(Max Headroom)*은 미국 텔레비전과 『뉴스위크』(Newsweek)지 표지에 등장했다(그림 5). 같은 해에 밀러(Frank Miller)의 유명한 반영웅(antihero), 일렉트라 어쌔신 (Elektra Assassin)은 만화산업이 만들어온 완벽한 여걸이라는 시각에 도전 했다(그림 6). 1990년 크리스마스 때까지 트랜스포머(Transformers™)는 로보캅(RoboCop), 터미네이터(Terminator), 피카드 선장의 보그(Captain Picard's Borg)와 같은 인기 있는 사이보그 장난감들의 판매량을 근소하게 제치고, 명실 공히 지난 10년 동안 [대표적인] 장난감이 되었다. 1993년 크리스마스 시즌에 마이티 모핀스 파워레인저(Mighty Morphins Power-

---

* 맥스 헤드룸은 SF 소설을 토대로 만든 미국 TV 영화 시리즈의 주인공으로서 인공두뇌를 가졌다.

젠더화된 몸의 기술 : 사이보그 여성 읽기

그림 5 TV영화 시리즈 등장인물 맥스 헤드룸(Max Headroom)의 『뉴스위크』(Newsweek) 표지 (1987.4.20).
그림 6 엘렉트라 어쌔신(Elektra Assassin), Marvel Comics(1986. 8. 1권 1호). 이야기 Frank Miller, 삽화 Bill Sienkeiwicz.

Rangers™)는 미국의 토이저러스(Toys R Us)* 할인매장에서 불티나게 팔려나갔고 심지어 어떤 부모들은 비디오게임에 싫증 난 자녀를 위해 마이티 모핀스를 구하려고 장난감가게 점원에게 뇌물까지 주었다.

'사이버네틱 유기체'의 줄임말인 사이보그는 일반적으로 인간과 기계(human-machine)의 결합, 대체로 **남성**과 기계(man-machine)의 하이브리드를 묘사한다. 사이보그를 '인조인간'(androids), '복제물'(replicants), '생명공학적 인간'(bionic humans)으로 바꿔 부르기도 한다. 사이보그를

---

* 미국의 대표적인 장난감 전문 소매회사.

사이보그 읽기, 페미니즘 쓰기

뭐라고 부르든지 간에 사이보그는 미국 테크노-과학을 대중에게 알리는 대중문화에서 핵심적인 인물일 뿐만 아니라 탈근대성 속에서 탈인간적 정체성을 형상화한 것으로서 사용된다. 아이들의 장난감(plastic action figures)*에서 사이버펑크 선글라스(mirrorshades)에 이르기까지 사이보그 인공물들은 죽을 수밖에 없는 인간 운명의 한계와 기술 복제의 가능성에 사로잡혀 있는 특정 시대의 유물로서 지속될 것이다. 이 장에서는 우리의 기술적 상상력이 어떻게 특별해지고자 하는 인간의 오래된 갈망을 사이보그에게 불어 넣는지 논의할 것이다. 하지만 [본격적인 논의에 앞서] 우선 기나긴 우회로를 거쳐야 한다. 즉 본격적인 논의를 위해 나는 '사이보그 읽기'를 위한 틀을 구축하는 하나의 방식으로서 '몸 읽기'의 쟁점들을 재검토하고자 한다. 이 작업에는 몸을 문화적 텍스트로 해석하기 위한 틀을 만들고자 한 모든 페미니스트들뿐만 아니라 문화이론 내에서 푸코(Michel Foucault), 더글라스(Mary Douglas) 해러웨이(Donna Haraway)가 특정하게 전개한 논의들이 필요하다. 이러한 우회로가 반드시 필요한 이유가 또 있다. '몸 읽기'의 쟁점들을 재검토하는 것은 여성의 몸이 하나의 하이브리드의 사례로서 어떻게 역사적으로 만들어졌고, 그러한 혼성적인 여성의 몸이 최근 문화이론가들이 보급한 사이보그 정체성에 대한 견해와 어떻게 양립할 수 있는지를 드러내준다.

---

* action figure는 팔꿈치, 손목 등의 관절 부분이 자유자재로 움직이는 캐릭터 인형을 말한다.

몸 읽기

몸이 '각인되고', '그려지고', 혹은 '쓰여진'다고 말할 때, 그것은 '몸의 담론'에 대해 쓰는 것을 의미하고, 몸이 더욱 광범위한 문화적 결정에 따라 재현되는 정형화된 방식과 몸이 기호 및 문화적 의미의 담지체가 되는 방식을 의미한다. 푸코의 작업에 이어 터너(Bryan Turner), 갤러허(Catherine Gallagher), 라쿼(Thomas Laqueur), 그리고 마틴(Emily Martin)을 포함한 몇몇 학자들은 담론 속에 몸이 놓인 방식들을 열거하고자 몸, 문화 그리고 사회 사이의 관계를 다룬다.2 이들은 다양한 전략을 이용해 몸의 재현양식, 즉 몸의 도상학, 몸의 미학적이고 상징적인 기능, 또는 몸의 담론적인 억압에 대해 연구한다. 예를 들어, 터너는 몸에 대한 통치의 문제를 질서의 문제로 재구축하는 것에 관심을 둔 반면, 마틴은 생식과 월경을 포함한 여성들의 경험을 문화기술지적(ethnographic)으로 연구했다. 터너와 마틴은 서로 다른 몸 프로젝트를 제안했지만 둘 다 기호를 담지한 텍스트적 형태로 몸을 독해한다. 몸이 담론적 구축물이고, 이를 토대로 독해할 수 있다고 주장하는 것은 이미 몸의 자연적 지위를 해체하는 효과가 있다. 몸이 담론적 구축물이며 그래서 몸을 독해할 수 있다고 주장하는 것은 몸에 대한 심도 깊은 인지의 첫걸음이다.

푸코는 몸의 수준에서 진리의 효과를 생산하는 장치들에 대해서는 자세히 설명하지만, 몸의 진리에 대해서는 그리 큰 관심을 기울이지 않는다. 그의 관심은 몸에 관한 진리를 생산하는 담론체계를 기술하는 것이다. 그래서 푸코는 자신의 계보학적 프로젝트 속에서 몸을 담론적이고 사회적이며 정치적인 실천의 측면에서 의미를 지닌 대상/주체로 구축하면, 몸에 대한 이해가 가능하다고 말한다. 예를 들어,『성의 역사』(The History of Sexuality)에서 푸코는 전통적 질서에서 '과학적 생체권력'에 의해 구성된 질서로의 이행을 나타내는 네 가지 중심적 통제장치를 기술한다. 여기서 네 가지 통제장치란 (1) 여성 몸의 히스테리화, (2) 동성애의 구축, (3) 유아, 어린이, 청소년 섹슈얼리티 사이의 구별 창출, (4) 성도착 담론의 확립을 말한다. 이러한 장치들은 권력의 배치를 조직화한다. 정체성에 대한 몸의 실천과 몸의 표지(標識)가 지닌 의미를 문화적으로 변형시키는 것을 통해 통제가 이루어지기 때문이다. 요약하면, 이러한 장치들은 '연접'(conjunction), 또는 내가 몸에 관한 지식을 생산하는 '담론적 실천들의 절합'이라고 이해하는 것과 동일하다.

푸코는 계속해서 권력이 행사되는 **방식**을 묘사한다. 특히 푸코의 작업에서 핵심적인 것은 담론을 생산하는 방식이 지식이라고 주장하는 좀 더 모호한 구성과정을 포함한다고 설명하는 것이다. 예를 들어 과학적 생체권력이 조직화되고 구체화되는 하나의 방식으로서 (과학과 정신분석학에서의) 여성 몸의 히스테리화는 새로운 담론적 실천들의 실행, 제도화된 사회적 관계들(자본주의 하에서의 가족) 그리고 지식이라고 주장되는 것들(여성의 몸에 대한 의료화)을 통해 이루어졌다. 이는 여성의 몸을 히스테리에 걸리기 쉬운 육체적 존재인 '히스테리컬한 실체'로 의미화하는 것이며, 이러한 의미화는 담론적 실천들을 통해, 다시 말해 과학 및 의료담론 속에서뿐만 아니라 사회적 제도들의 확립을 통해 구축된다. 이러한 제도들은 전문가가 확립한 실천들을 통해, 그리고 의사의 교육과 사회화의 일환으로 특정한 지식이라고 주장하는 것들을 다시 재생산한다. 푸코는 담론적 실천들, 제도적 관계들, 물질적 효과들의 연결과정을 지칭하기 위해 초기에는 '장치'(apparatus)라는 용어를, 후기에는 '기술'(technology)이라는 용어를 제안한다. 이는 담론적 실천들, 제도적 관계들, 물질적 효과들은 함께 작동하면서 인간의 몸에 대한 의미화 또는 '진리 효과'(truth effect)를 생산한다는 것이다.

이런 의미에서 장치 혹은 기술은 권력관계들, 소통체계들, 그리고 생산적 활동들 또는 실천들을 절합한다. 여기서 '절합하는'이라는 말은 이미 주어지거나 작동 중인 '표현하는'이라는 의미로, 그리고 '결합하는' 또는 '연결하는'이라는 의미로 사용된다. 푸코의 논리에 따르면, '기술'이라는 개념은 특정한 문화적 효과들을 생산하는 실천들의 집합적 작동을 묘사한다. 기술은 몸의 수준에서 효과들을 생산하는 담론적 실천들과 그 밖의 문화적 힘들이 상호의존적으로 작동하는 과정을 말한다. 그 결과 이러한 효과들은 통제장치의 일환이 된다. 푸코는 계속해서 기술이라는 개념이 수많은 구체적인 관계들의 측면에서 권력을 분석할 수 있게 해 준다고 주장한다. 즉 (1) 차별체계, (2) 대상의 유형, (3) 권력관계를 만들어내는 방식, (4) 제도화의 형식, (5) 합리화의 정도를 분석할 수 있다는 것이다. 이 모든 것들은 사회적 네트워크, 언어 사용 그리고 인간의 몸에 뿌리박혀 있다.[3] 기술이라는 개념과 푸코가 열거한 구체적 관계들은 당연하다고 여겨지는 진리들이 문화적으로 구축되고 궁극적으로 제도화되는 방식을 연구하기 위한 틀로서 매우 유용하다. 이것은 물론 드 로레티스(Teresa de Lauretis)의 '젠더의 기술들'이라는 개념뿐만 아니라 푸코의 '자아의 기술들'이라는 개념의 밑바탕이 되는 이론이다. 그것은 또한 서문에서 언급했듯이, '젠더화된 몸의 기술들'이라는 나의 개념을 위한 토대이기도 하다.

페미니즘적 관점에서 볼 때, 푸코의 분석에서 인간의 몸이 지닌 가장 명백한 '진리 효과들'(truth effects) 가운데 하나는 푸코가 '유순한 몸들'(docile bodies)이라고 말했던 젠더화된 정체성일 것이다. 많은 페미니스트가 주장해왔듯이, 푸코는 몸의 수준에서 생산된 하나의 '효과'로서 젠더를 직접적으로 고려하지는 않는다.[4] 또한 종속된 몸을 생산하는 훈육적인 실천들에 대한 푸코의 광범위하고 포괄적인 설명은 훈육된 몸을 해독하기 위한 기본적인 조직화의 틀로서 젠더를 고려하지 않는다. 따라서 푸코가 '여성 몸에 대한 히스테리화'를 몸에 대한 통제장치들 가운데 하나로 설명한다 할지라도, 그의 분석틀은 젠더 그 자체를 개인의 몸을 구성하고 의미 있게 만드는 조직화되고 제도화된 차이들의 체계로 고려하지 못한다. 몸을 의미 있게 만들려고 차별 체계를 고려한 푸코 자신의 분석 의도와 모순되게도 그에게서 젠더는 종종 자연적인 소여(所與)로서 기능한다.

만일 푸코의 기획이 권력의 작동에 대해 가장 상식적이고 당연하다고 여겨지는 '진리들'을 (자신의 방식으로) 해체하는 것이라면, 그가 젠더를 삭제한 것은 문제를 일으키기에 충분하다. 이 때문에 몇몇 페미니스트들은 푸코가 제안한 역사를 재평가하려고 했다.[5] 예를 들어, 다이아몬드와 퀸비(Diamond and Quinby)의 『페미니즘과 푸코』(*Feminism and Foucault*)에서 바트코우스키(Francis Bartkowski)는 "푸코의 연구는 섹슈얼리티의 가부장적인 역사를 무성적인 역사로 생산하고 재생산하기 위한 것이다"라고 상당히 직접적으로 비판한다.[6] 푸코는 자신의 기획에서 여성 몸의 젠더 정체성을 어떤 몸들은 능동적인 것으로 구축하고 다른 몸들은

젠더화된 몸의 기술: 사이보그 여성 읽기

수동적인 것으로 훈육하는 문화적 담론에 의해 생산된 '진리 효과'가 아니라, 자연적으로 발생하는 몸의 특성으로 다룬다. 푸코의 분석에서 젠더는 인간의 몸을 대상화하고 이해할 수 있도록 하는 핵심적 '경계를 나누는 실천'(dividing practice)으로서 나타난다. 하지만 푸코는 젠더를 권력/지식의 기술 그 자체로 고려하지는 않는다. 푸코는 권력과 저항의 체계를 정교화하는 데 관심이 있었지만 저항의 장소에서가 아니라 남성중심적인 담론인 권력의 장소에서 글쓰기를 마친다. 이렇게 가정한다면, 불가피하게도 푸코의 기획이 지닌 좀 더 발본적인 전망은 그에 의해서는 실현되지 않을 것이다. 그가 할 수 없었던 작업을 현재 몇몇 페미니스트 학자들이 진행하고 있다. 즉 이들은 푸코의 용어로 말하자면, 여성적인 것(the feminine), 여성성(feminity), 여성(woman)이 만들어지는 과정을 소개함으로써 어떻게 젠더가 몸을 인식 가능한 대상으로 만드는 과학적 생체권력의 주요한 장치인지를 설명한다. 그럼으로써 이들은 저항의 장소에서 섹슈얼리티의 역사를 말한다.

예를 들어, 몇몇 학자들은 슐라이만(Susan Suleiman)의 논문집 『서구 문화에서 여성의 몸』(*The Female Body in Western Culture*)에서 젠더가 어떻게 인간의 몸에 대한 담론적 구축이 지닌 주요한 효과들 가운데 하나인지를 보여주면서, 푸코가 이 점을 간과했다는 것을 은연중에 비판한다.7 슐라이만도 "여성의 몸은 서구적 상상력 속에서, 그리고 지난 2천 년 동안 서구문화의 상징적 생산물들 속에서, 어떤 위치를 차지해왔는가?"(Ⅰ)라는 질문을 던진다. 그렇지만 푸코는 우리로 하여금 '여성'(she)은 거의 존재하지 않았으며 기껏해야 주변적이고 흥미 없는 존재였다고 생각하게끔 했다. 슐라이만의 논문집에서 필자들은 이구동성으로 이와는 정반대의 주장을 펼친다. 그들은 다양한 문화적 텍스트에서 여성의 몸에 대한 재현을 살펴보면서 성차가 이데올로기적으로 각인된 수많은 서로 다른 장소, 즉 에로스, 죽음, 어머니, 질병, 이미지, 그리고 차이라는 주제들에 관해 시기별이 아니라 주제별로 검토하고 있다. 슐라이만 논문집의 주요한 목적은 여성의 몸이 본질상 변화하지 않고 자연적으로 주어진 생물학적 실체라고 주장하는 것이 아니다. 오히려 여성의 몸이 상이한 역사적 국면들 내에 놓인 서로 다른 문화적 담론들 내에서 상징적으로 구축된다고 주장하는 것이다.

    푸코에 이어, 슐라이만은 몸을 상징적인 담론적 구축물로 독해하는 것의 중요성을 다음과 같이 강조한다.

> 여성 몸의 문화적 중요성은 그것이 살과 피로 이루어진 실체일 뿐만 아니라 (무엇보다도 그러한 것조차 아니다) **상징적인 구축물**이라는 것이다. 확실히 과거에, 그리고 심지어 현재에도 주장할 수 있는, 우리가 몸에 대해 알고 있는 모든 것은 우리에게 어떤 담론의 형식으로 존재한다. 그래서 담론은 구두적이든 시각적이든, 허구적이든 역사적이든 또는 사변적이든 간에 결코 매개되지 않은 것이 없고, 결코 해석으로부터 자유롭지도 않으며, 결코 순수하지도 않다(2).

    슐라이만의 책에서 제안된 분석들은 텍스트에 근거하며 정치적으로 동기화된다. 그래서 이 분석들은 하나같이 몸과 문화 사이의 관계가 몸의 인식론적 쟁점으로 변형된다는 담론을 통해 어떻게 매개되는지를 이해시키려고 한다. 즉 몸에 대한 지식은 몸의 **재현**의 문제가 된다. 슐라이만이 강조한 비판의 지점은 여성의 몸이 본질주의적인 여성적 본성에 뿌리박혀 있지 않다는 것이며, 이를 토대로 한 '자연적인' 접근은 존재하지 않는다는 것이다. 몸에 대한 모든 이해는 재현을 통해 매개되고, 재현은 다시 해석적 틀을 통해 구축된다. 이러한 푸코식의 접근은 몸을 담론 안에 가두며 권력과 지식이 결정하는 체계에 계속해서 종속시킨다(종속당하게 한다). 이 논문집은 여러 면에서 몸에 대한 지식은 **단지 담론적일 뿐**이라는 위험한 주장과 맞닿아 있다. 다시 말해, 몸의 '문화적인 중요성'이 몸의 '자연적인 여성성'의 문제가 아니라 몸의 상징적인 구축의 문제라는 슐라이만의 주장은 몸의 상징적인 구축이 여성의 몸에 관한 유일한 정의라고 주장하는 것과 유사하다. 이러한 접근은 **의도치 않게** 여성의 몸이 '살과 피로 이루어진 실체'(flesh and blood entity)냐 아니면 상징적인 구축물이냐는 이분법적 논리를 만들어내게 된다. 내가 '의도치 않게'라는 용어를 강조한 것은 독자들에게 여성의 몸에 대한 연구에서 이러한 접근이 만들어지게 된 역사적 상황을 상기시키기 위해서이다. 즉, 이는 여성의 몸을 생물학적이거나 '자연적인' 실체로서 본질주의적으로 규정하는 주장에 과도하게 의존하는 것을 바로잡기 위한 접근법이었다. 그 후 여성의 몸의 구성에 관한 페미니즘 논의들은 종종 본질주의의 유효성 대 반-본질주의적 관점에 대한 논쟁들로 주변화되어갔다. 나는 자연과 문화가 이해의 체계를 상호 결정하는 방식에 주목함으로써 이러한 논쟁에서 벗어나고 싶다. 슐라이만이 말하듯이, "우리가 몸에 대해 알고 있는 모든 것은 우리에게 어떤 담론의 형식으로 존재한다"는 것은 사실이지만, 이러한 담론은 '살과 피로 이루어진' 실체의 물질적 표현(manifestation)과 완전히 분리되지는 않는다.

상징적인 문화적 자원으로서의 물질적인 몸

문화인류학자 더글라스는 모스(Marcel Mauss)의 연구를 토대로 문화적 체계가 사회적 관계를 정식화하는 데 있어서 몸의 표현적 자원들에 의존하는 방식을 분석했다. 이를 통해 그녀는 상징체계, 사회구조, 몸 사이의 관계를 기술한다.[8] 더글라스는 『자연적 상징들』(*Natural Symbols*)에서 인간의 몸에 대한 사회적 인식은 그것을 결정하는 문화적 영향으로부터 결코 자유롭지 않다고 주장한다. 그래서 몸은 특수한 몸에 부여된 물질성과 주어진 문화 내에서 배태된(embedded) '몸'의 상징적인 구축물들 사이의 상호작용으로서 이해된다. 하지만 그녀가 제안한 가장 중요한 점은 물리적인 몸의 의미화가 그 자체로 몸의 상징적인 재현에 의해 구조화된다 할지라도, 동시에 물리적 몸은 그러한 재현의 구축을 위한 경험적 자원이기도 하다는 점이다.

> 사회적인 몸은 물리적인 몸이 인지되는 방식을 제한한다. 몸을 이해하는 사회적 범주에 의해 항상 변경되는 몸의 물리적인 경험은 사회의 특수한 관점을 지지한다. 두 종류의 몸의 경험 사이에서 지속적인 의미 교환이 일어나고 그 결과 각각은 상대편의 범주를 재강화한다(65).

더글라스는 이러한 진술을 통해 인간의 몸이 사회적 관계에 대한 문화적 믿음에 따라 **항상** 규정된다고 주장함으로써 모스의 견해를 따르고 있다. 하지만 더글라스는 "대부분의 상징적인 행위가 몸을 통해 작동해야 한다"(vii)고 주장할 때조차도 몸의 의미화와 그로 인한 몸의 상징들이 지닌 서로 다른 체계들의 의미화는 사실상 물리적인 몸과 사회적(또는 상징적)인 몸의 경험이라는 "두 종류의 몸 경험 사이의 지속적인 의미교환"(65)을 통해 구축된다고 주장한다. 나는 이 점을 장황하게 검토하고 싶지는 않지만 상징적인 몸의 문화적 구축에 대한 더글라스의 설명에서 물리적인 몸의 개념을 중요하게 다룬다는 점에 주목할 필요가 있다고 본다. 물론 더글라스 연구의 전체 요지는 물리적인 몸이 상징체계를 발생시키는 자연적인 지시대상이라는 것이지만 몸의 의미화가 '자연적으로' 결정되는 것은 아니라고 주장한다는 것이 중요하다(vii). 이런 의미에서 자연에 대한, 그리고 '자연적인 몸'에 대한 상징적인 재현들이 풍부하게 존재한다 할지라도 자연적인 상징은 존재하지 않는다.

더글라스는 젠더화된 몸이 문화적으로 구축된다는 것을 이해하는 데 중요한 도움을 준다. 그녀는 "사회적 차원을 동시에 포함하지 않는 상태에서 몸을 고려하는 자연적인 방식은 존재할 수 없다"고 했다.[9] 이러한 주장은 몸과 젠더 모두를 탈자연화하고 브라운(Brown)과 애덤스(Adams)가 비판적인 페미니즘적 기획 중 하나라고 밝힌 것, 즉 '자연적인' 여성의 몸을 해체할 수 있는 근거를 제공한다.[10] 따라서 젠더 정체성은 사회적 인지 과정을 통해 배치되고 조직화되며 획득되는 몸의 속성으로 재규정될 수 있다. 한마디로 말해, 젠더 정체성은 더 이상 인간의 몸이 지닌 '자연적 사실'로 간주될 수 없다. 오히려 우리는 물리적 출생 훨씬 이전에 시작되고 부분적으로는 생리학적인 몸의 부분들(예를 들어, 생식기)에 대한 개인적(자아-해독) 인지에 의해서 결정되는 일련의 사회적 행동을 통해 인간의 몸이 어떻게 젠더화되는지를 고려해야 한다. 그러나 여기서 중요한 쟁점은 젠더가 '탈자연화'된다는 것뿐만 아니라 자연적인 몸에 대한 호소에 의존하는 젠더의 규정들 또한 탈자연화된다는 것이다.

더글라스는 '자연적인 몸'과 '자연적인' 젠더 정체성에 대한 재현의 배후에는 사회적인 몸에 대한 믿음과 갈망이 있다고 주장한다.

더글라스의 분석을 따라, 라쿼는 가부장적인 사회적 위계제에 대한 18세기의 급진적인 재해석에서 여성의 몸이 그 중심에 있었다고 주장한다. 라쿼에 따르면, 18세기에 성차에 대한 생각은 바뀌었다. 즉 여성의 몸을 더 이상 남성의 몸에 비해 열등하고 미성숙하며 유아적인 판본(예를 들어, 미성숙한 고환으로서의 난소)으로만 여기지 않고 오히려 남성의 몸과 여성의 몸 사이에는 보완적인 관계가 있다고 생각하게 되었던 것이다. 이는 다음과 같은 과정을 통해 확립되었다.

> 모든 저자들은 남성과 여성의 섹슈얼리티 사이에, 즉 남성과 여성 사이에 근본적인 차이가 있다고 주장하는 근거를 육안으로 확인할 수 있는 생물학적 구별에서 찾으려고 했다. … 따라서 누구의 목적인(telos)이 남성적인가라는 기준에 따라 남성과 여성을 형이상학적인 완성도와 체온으로 배열했던 구모델은 18세기 말이 되자 생물학적 차이(biological divergence)라는 차이의 신모델에 자리를 내어 주었다. 남성과 관련된 여성의 재현 속에서 위계적인 형이상학은 통약불가능성(incommensurability)을 지닌 해부학과 생리학으로 대체되었다.[11]

라쿼의 여성 몸의 구축에 관한 분석은 명백하게 더글라스를 끌어오기 때문에, 그가 여성 몸의 '본성'에 대한 문화적 이해의 변형을 18세기 변화하는 사회질서의 구성 속에서 발견한 것은 놀라운 일이 아니다. 18세기에는 "성과 젠더의 새로운 질서를 위한 토대를 마련하는 것이 정치적 이론과 실천의 비판적 쟁점이었다"(4). 라쿼는 새로운 질서를 구축하는 것은 인간의 몸들 사이에 자연화된 위계를 확립하는 것과 관계가 있다고 지적한다. 이는 푸코가 자신의 역사적 계보학을 통해 신성한 왕권이 새로운 질서로 대체되는 과정을 분석한 것과 유사하다. 라쾨는 그러한 문화적 명령과 열과 발정에 대한 은유의 사용이 어떻게 생물학적인 생식의 측면에서 여성의 몸을 규정하도록 기능했는지에 대해 설명한다. 라쾨에 따르면, 남성의 몸과 여성의 몸 사이의 위계적인 관계는 뒤집히지 않았다. 오히려 다음과 같이 설명한다.

> 18세기의 정치적, 경제적, 문화적인 변형들은 성들(sexes) 사이의 발본적인 차이를 절합하는 것이 문화적으로 불가피하게 된 맥락을 창출했다. 과학이 점차 창조의 근본적인 진리에 통찰력을 제공하는 것으로 여겨지고, 뼈와 기관을 지닌 확고한 실체로 나타나는 자연이 도덕적 질서의 유일한 토대로 받아들여지는 세계에서, 통약불가능성을 지닌 생물학은 그러한 차이를 권위적으로 재현할 수 있는 수단이 되었다(35).

여기서 라쾨는 과학적인 생체권력이 여성의 몸에 행사된다고 설명한다. 여성의 몸의 상보성(complementarity)을 생물학에 근거해 정의하는 것은 여성의 몸과 사회적 통제의 관계에 대해 새로운 문제들을 제기했다. 여성의 몸이 단지 남성의 몸의 열등한 판본이 아니라 남성의 몸과 근본적으로 다르다는 가정 때문에 통제라는 쟁점은 더욱 중요해진다. 즉, 완벽하게 이해할 수 없는 몸을 어떻게 통제하는가?

푸비(Mary Poovey)는 19세기 의학 교재들을 검토하면서 여성의 몸이 의학적 관심과 통제의 대상으로서 역사적으로 구축되는 과정을 설명한다. 더 나아가, 그녀는 의료담론이 어떻게 여성의 몸을 지배적인 사회질서의 인식론적인 경계들을 넘어서고 위협하는 것으로 구축했는지를 자세히 설명한다. 산부인과 의사, 조산사 그리고 그 외의 의료관련 종사자들 사이에서 어떻게 여성의 몸이 권위를 확보하기 위한 담론적 투쟁의 장이 되는지를 보여주기 위해, 푸비는 특히 마취의 형식에 관한 의료적 논쟁에 초점을 맞춘다. 우연치 않게 그것은 여성의 몸이 철저하게 침묵하거나 침묵 당하게 되는 하나의 장소가 된다.

> 이 논쟁은 여성의 본성과 여성에게 적절한 의료와의 관계에 관한 하나의 논의를 나타낸다. … 첫째, 분만 중인 여성은 당연히 신이 지배하는 자연의 영역에 속하는가 아니면 자연이 남성에게 종속되는 곳인 문화의 영역에 속하는가? 둘째, 남성은 여성의 몸을 지배하기 위해 자기 자신에게 항상 타자인 여성의 몸을 어떻게 알 수 있는가?[12]

만일 여성의 몸이 자연에 속한 것이라고 확신한다면 분만 중인 산모에게 산파들이 더 많은 도움을 줄 수 있고, 산모의 자연적인 분만 징후들을 읽는 데 더 능숙하다고 주장할 수 있다. 반면에 만일 여성의 몸이 문화적인 질서에 속한다고 확신한다면, 여성의 몸은 의학과 의료담론의 문화적인 권위에 의존해야 하며 (논란이 된 마취의 두 가지 형식들 가운데 하나인) 클로로포름을 분만 중에 투여하는 것은 여성의 몸에 적절한 도움이 될 것이라고 확대 해석해 볼 수 있다.

이러한 점에서, 푸비는 새로운 마취기술, 의료적 권위와 과학적으로 합리적이라고 여겨지는 의료의 지위에 대한 사회적 논쟁, 그리고 여성의 몸을 생식능력에 의해 지배되는 것으로 규정하는 것 사이의 절합이 여성의 몸을 "항상 결핍되어 있고 통제가 필요한 것"으로 규정한다고 말한다.

여성의 생식기능이 여성의 성격, 지위, 가치를 규정하고 생득적인(innate) 주기성의 유일한 기호이며 이러한 생물학적 주기성이 신경성 장애의 배치에 영향을 미치고 그것에 영향을 받는다는 가정 때문에 의료전문가들은 여성에 대한 관리 감독의 권한을 위임받는다. … [레이](Dr. Issac Ray) 박사를 인용하면 여성에게 그것은 극도의 신경적 예민함에서 노골적인 히스테리로, 노골적인 히스테리에서 명백한 정신병으로 나아가는 하나의 단계일 뿐이다. … 이런 식으로 이해된 히스테리는 극단적인 논리로 성립된 여성의 몸에 대한 규범이자 동시에 이러한 규범을 타고날 때부터 비정상적인 것으로 규정하는 의료적 범주이다(146-47).

더 나아가 푸비는 다음과 같이 설명한다.

한편으로, 태어날 때부터 여성을 불안정한 몸으로 재현하는 것은 여성에 대한 끊임없는 의료적 감시와 통제를 정당화한다. 그러나 다른 한편으로, 여성을 항상 통제가 필요한 존재로 재현하는 것은 여성을 의료가 행사할 수 있는 통제를 항상 넘어서는 존재로 만든다(147).

결과적으로, 여성의 몸은 의료담론의 '적절한' 영역 안에 있지만 동시에 항상 의료담론의 인식론적인 경계를 위협하는 존재로 규정된다. 여기서 우리는 여성의 본성에 대한 생리학적 사실들을 확립하기 위한 정치적 논쟁과 여성의 몸에 대한 상징적인 재현의 생리학적 결과가 융합되는 것을 보게 된다.

19세기 의료담론에서 산부인과 의사들의 정체성/권위의 구축이 가져온 결과로서, 여성의 몸은 사회적 실천, 새로운 지식의 발전, 그리고 변화하는 권력 및 권위의 양식의 절합을 통해 형성된 혼성(hybrid)적인 창조물이다. 이런 의미에서 여성의 몸은 경계의 사례이며 자연적인 질서의 일부로서 **그리고** 동시에 아주 매혹적이지만 위협적인 문화적 통제의 대상으로서 규정된다. 여성 몸의 과잉성(excessiveness)은 의료 지식의 문화적인 권위를 훼손한다. 따라서 여성의 몸은 과학과 의료의 지배적인 담론들 내에서 구성되지만 동시에 이러한 담론의 인식론적인 확실성을 위협하는, 즉 사회적 질서의 경계에 맞선 잠재적인 위반의 장소다.

공황적인 포스트모더니즘과 사라지는 몸

더욱 최근의 역사에서, 특히 탈근대적인 정체성에 대한 문화적 서사에서도 여성의 몸에 대한 이야기는 그리 큰 변화가 없다. 미국의 공황적(panic) 섹스에 관한 논문집인, 『몸 침입자들』(*Body Invaders*)을 엮은 크로커(Athur Kroker) 역시 몸을 유기체적인 자연적 실체로 규정하는 지배적인 담론의 재생산에 개입하였다.[13] 크로커는 맥루한(Marshall McLuhan)을 따라, '자연적인' 몸은 사라졌고 기술적으로 생산된 모사품에 의해 대체되었다고 주장한다.[14] 그는 에이즈, 거식증, 모든 종류의 중독과 같은 현재의 '공황적' 몸에 대한 쟁점들을 통제와 안전에 관한 **사회적** 불안의 기호들로서 독해한다. '공황적 몸'은 "사회적인 존재의 죽음에 대한 모든 강박과 위기-징후들이 쓰여진 텍스트로서 부활하고 하이퍼-주체성의 최후의 폭발을 부여받은 장소인 쇠퇴하는 문화"를 표시한다(27). 그는 이러한 진술과 함께 더글라스가 "문화는 몸을 통해서 사유된다"라고 이해한 것을 거듭 주장한다. 그는 의미가 사라져 가는 문화, 즉 쇠퇴하는 문화의 징후로서의 의미를 몸에 투여하려고 부단히 노력하는 수사들(rhetorics)

젠더화된 몸의 기술 : 사이보그 여성 읽기

이 증식하는 것을 본다. 크로커에게 있어서 몸은 진부한 것이고 몸의 의미는 수많은 기술적인 확장으로 대체된다. 몸에 대한 수사들의 유행은 오늘날 기술적인 장치에 의해 대체된 자연적인 몸의 소멸을 감춘다. 또한 대참사(apocalypse)를 겪은 일상생활에서 유래한 사회적 연대의 최종적인 죽음인 사회적인 것(the social)의 소멸을 감춘다. 오늘날 소통기술을 대상으로 한 담론은 글자 그대로 물질적인 몸을 모사된 몸의 의미로 대체한다. 푸코의 기획은 근대성의 담론들이 어떻게 몸을 기계로 재규정했는지를 밝히는 것이었던 반면, 탈근대성 속에서 우리가 발견한 것은 오늘날 기술은 몸을 담론에 지나지 않는 것으로 변형시킨다는 것이다.

미디어 문화에 대한 맥루한의 분석과 탈근대성에 대한 크로커의 독해에 따르면, 물질적인 몸의 소멸과 함께, 젠더 역시 아마도 덧없는 것, 또는 기껏해야 몸에 의미를 투여하고자 하는 구시대적인 수사가 만든 하나의 인공물이 될 것이다. 우리는 맥루한의 분석과 크로커의 분석 모두에서 후기 자본주의에서 몸의 담론들을 끊임없이 조직하고 이해할 수 있게 하는 젠더 담론이 보이지 않는다는 것을 알 수 있다. 크로커가 문화적 변화의 속도는 정체성이 구축되는 경계들을 흐리게 한다고 주장할 때조차, 그는 탈근대성 속에서 여성의 몸이 지닌 특수한 상황을 다음과 같이 밝힌다.

> 왜냐하면 예전처럼 지금도 여성의 몸이라는 텍스트 내부에서, 그리고 여성의 몸에 대해 권력을 행사하는 것은 몸 침입자들의 언어로 말하는 무서운 권력장(power field)의 조기 경보신호이기 때문이다. 몸에 텍스트를 각인하는 것이 핵심인 지배의 특권화된 대상으로서 여성들은 몸 침입자들의 언어 속에서 작동하는 관계적 권력의 의미를 항상

이해해왔다. 그렇지만 이것은 위계제, 단성성, 로고스 중심성을 지닌 초월적이고 외화된 언어로 나타나는 낡은 가부장적 권력 노름의 대상이 아니라 복수적이고 유쾌하며 실제로, 완전히 체현될 수 있는 하나의 권력장이다 …. 여성의 몸들은 항상 탈근대적이었다. 왜냐하면 여성의 몸들은 여성의 정체성을 이데올로기적인 설명이 필요한 어떤 것으로 만들고, 언어로 그리고 '분열된 자아'로 구성하고자 한 권력의 대상이 아니었던 적이 없기 때문이다(24).

크로커는 이러한 몸 침입자들의 언어를 모든 몸을 물신주의적 상품을 위한 기호 매개들로 변환시키는 후기 자본주의의 과시적 소비로서 설명한다. 맥루한의 '기계적 신부'(Mechanical Bride)와 한 쌍인 '카페치오 우먼'(The Capezio Woman)은 크로커의 분석에서 최종 아이콘으로 등장한다. 기계적 신부(그림 7)는 유순하고 전통적이며 '구시대적인 가부장적 권력 노름'에 종속된 미국 미디어 문화의 여성 몸을 상징화하는 반면, 카페치오 우먼(그림 8)은 스타일리쉬하고 쾌락 추구적이며 멋진 새 신발을 발견해서 행복해 하는 여성의 몸을 상징화한다. 두 이미지 모두, 탈육체적(postcorporeal) 세계에서 젠더의 영속성(진부하지 않음)을 입증해 준다. 크로커는 몸이 담론의 효과로 축소될 때조차, 여성의 몸은 "모든 소비문화의 기호들에 의해 가치가 떨어지고, 굴욕을 당하며, 과잉으로 각인되는 몸"이라는 특권화된 기호로 기능한다고 말한다(33).

더욱 엄밀히 말하면, 여성의 몸은 전혀 변형되지 않았다. 여성의 몸은 여전히 18세기와 19세기의 다루기 어려운 몸이라는 메시지를 담지한 채 침묵하는 형태로서 구축되며 문화적 상상력의 형성을 통해 생산된다. 오늘날 문화적 상상력은 '공황적' 포스트모더니즘의 수사를 통해 표현될 뿐이다. 후기 자본주의에서, 여성의 몸은 권력과 지식의 담론체계

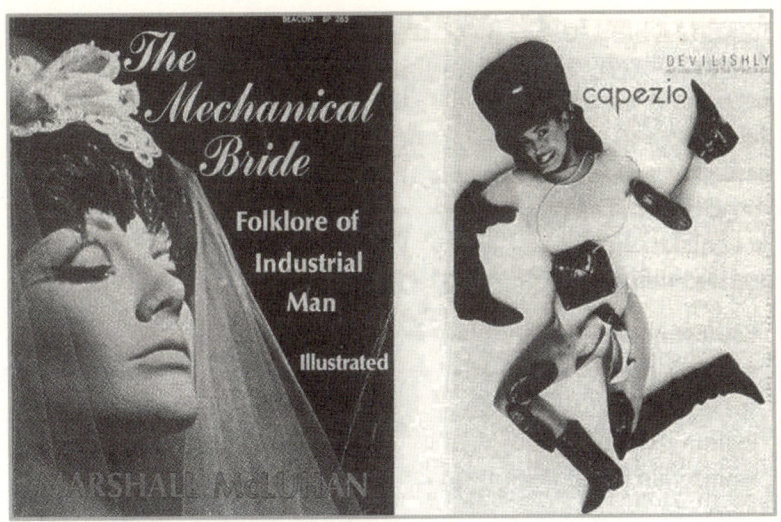

그림 7 맥루한의 『기계적 신부』의 표지(1951; Boston: Beacon, 1967).
그림 8 "카페치오 우만". 로스(Ross)와 해러심(Harasym)이 만든 광고 사진: Shun Sasbuchio. Arther and Marilouise Kroker, "Body Digest," *Canadian Journal of Political and Social Theory* II, no. I-2(1987):ⅹⅳ.에서 재인용.

에 종속된 것이라고 이야기되는 표시되지 않은 인간의 몸과 대립하는 젠더화된 몸의 기호로 계속해서 기능한다. 크로커가 주장하듯이, 만일 여성이 **항상** 탈근대적인 몸이었다면 여성의 몸의 조건이 아닌 것은 탈근대적인 몸과 어떻게 다른가? 탈근대적인 몸의 조건을 새롭거나 심지어 소모된 어떤 것으로 이론화하고자 하는 **강박**은 무엇보다도 남성의 몸이 이러한 총체화하는 체계하에서 경험하는 신기함에서 비롯된 것이며 당연히 공황적인 결과들을 낳는다. 크로커의 분석에서 여성의 몸은 계속해서 젠더를 표시한다. 따라서 탈근대 이론에서 여성의 몸은 몸들의 젠더화된 대립을 보여준다. 이러한 젠더화된 대립으로 인해 최근에

사이보그 읽기, 페미니즘 쓰기

61

'침입당한' 몸은 젠더에 의해 표시되지 않으며 항상 탈근대적인 몸은 여성적인 것이 된다. 탈근대적인 문화적 상상력 속에서 여성의 몸이 처한 운명은 히스테리컬한 남성적 담론 속에서 항상 침묵하거나/침묵 당하는, 필요하지만 의미가 없는 개념이 된다. 이전처럼 여성의 과잉성은 바로 그 체계의 질서를 위협한다.

여성들과 페미니스트들이 인문학 내에서 하나의 지적 세력으로 등장 하자마자 몸이 탈근대적인 이론에서 사라진 것은 역설적이지 않은가?15 유사한(역설적인?) 모순이 몸의 쟁점과 관련하여 나타난다. 특정한 생물 학적 특성에 의해 **표시된** 유기체적인 몸은 페미니스트들로 집단화할 수 있는 공통의 정체성을 여성들에게 제공했다. 하지만 여성의 신체적인 정체성은 집단적 권한부여(empowerment)의 원천으로서는 불안정하고 믿을 수 없는 것으로 판명되었다. 다양한 페미니즘적 실천은 여성의 생물학적 정체성을 탈-본질화하는 데로 관심을 돌렸고 그럼으로써 페미 니즘 사상의 유기체적 토대를 해체하고자 했다. 생물학적 본질주의가 '여성' 정체성을 위한 토대로서는 불가능하다고 인식한 후에 페미니즘적 사유는 몸의 문화적 구축에 대한 분석으로 나아갔고 생물학적 본질주의 를 해체하는 데 있어서 몸과 기꺼이 결합하는 담론과 즉각적으로 대결하 게 된다. 그 과정에서 페미니스트들은 지금은 아니지만 한때는 여성의 권한부여에 필수적인 토대가 되었던 '몸'을 없애버리는, 자신들이 요구하 지도 않은 도움을 주려는 세력들과 만나게 된다.

근대적 에피스테메 내에서 전략적으로 가려진 전망에 다시 한 번 직면하게 된 페미니스트들은 포스트모더니즘 내에서 몸의 이론들을 구축하고 비판하는 데 정치적인 이해관계를 갖는다. 내가 다른 지면에서 주장했듯이, 이제 페미니즘이 탈근대적인 당파들(party)을 박살 내야 할 때이다.16 '몸'의 최종적인 운명을 공황적 포스트모더니스트들, 즉 보드리야르(Jean Baudrillard), 들뢰즈와 가타리(Deleuze and Guattari), 크로커(Arthur Kroker)에게 전적으로 맡겨두어서는 안 된다. 더욱이 우리는 이런 류의 포스트모더니스트들이 우리에게 개관해주는 '오늘날의 페미니즘 이론의 특수한 장소'와 페미니즘이 몸에 대해 취해야 할 적절한 태도를 고분고분하게 듣고 있을 수는 없다.17 그렇다면 페미니스트가 해야 할 일은 무엇인가?

자딘(Alice Jardine)은 『여성의 창세기: 여성과 근대성의 형상』(*Gynesis: Configurations of Women and Modernity*)에서 페미니스트들에게 다음과 같이 경고한다. 페미니스트가 '여성적인 것'(feminine)에 대한 이데올로기적이고 문화적인 결정들을 분석하고 그것을 '실제 여성'과 분리하려는 시도는 가장 논리적인 것처럼 보일지도 모르나 엄청나게 지루한 과정이 될 것이다. 또한 그 과정에서 여성들은 비유적으로뿐만 아니라 글자 그대로 불가능한 존재가 된다.18 자딘은 페미니스트들이 처한 역설적인 상황, 즉 한편으로는 '여성'의 본질주의적인 정체성으로부터 정치적 힘을 끌어내지만, 다른 한편으로는 '여성'의 본질주의적인 정체성이 가려 버리는 차이들을 드러내기 위해 그러한 정체성에 대해 충분히 따져 보아야 할 필요성에 대해 다음과 같이 기술한다.

> 여성에 대한 하나의 '믿음'이 여성의 억압 속에서 만들어지는 동안에도 우리는 어쩔 수 없이 몇몇 공식적인 예외를 제외하고는 남성이 쓴 소설과 이론 분야 안에서 독해해야만 하는 상황에 끊임없이 놓인다. '진리'를 믿지 않는 우리는 정교한 소설들에 끊임없이

매혹 당한다. 이것은 우리의 현대문화 속에서 페미니즘적 말하기가 지닌 심오한 역설이다. 다시 말하면 여성은 철학자들조차 인정한 진리가 사라진 세계에서 하나의 믿음으로부터 발생한다. 내가 보기에 이러한 역설은 적어도 세 가지의 시나리오를 가능하게 한다. 즉 다시 시작된 침묵, 신비주의에서 정치적 신념까지의 종교적 형태, 우리가 말하는 장소에 대해 역사적이고 이데올로기적이며 정서적으로 지속적인 관심을 갖는 것(31-32).

또 다른 가능한 해결책은 자딘이 주장한 것으로, 우리의 실천적 독해를 재구축하는 것이다. 그녀는 페미니스트들이 "우리가 말하는 장소에 대해 역사적이고 이데올로기적이며 정서적으로 지속적인 관심"을 갖는 것을 통해 새로운 소설을 써야 한다고 제안한다(32). 이는 페미니즘의 '심오한 역설'에 대한 해러웨이의 대응을 완벽하게 기술한 것이며 실제로 그녀의 페미니스트 선언문을 위한 기본 원칙이기도 하다. 해러웨이는 페미니스트 정체성의 새로운 허구, 즉 사이보그 시민권에 대한 '아이러니한 정치적 신화'를 자세히 설명하면서 담론적으로 구축된 물질적 몸을 그 출발점으로 하고 젠더 정체성의 재구축된 허구를 이야기하는 새로운 실천적 독해를 수행한다.

사이보그 읽기

해러웨이는 "사이보그를 위한 선언문"에서 탈근대적 문화에서는 사이보그만이 가능한 몸들이라고 말한다. 소통 네트워크와 생명공학, 생체정치학, 그리고 여성의 보디빌딩과 같은 여러 가지 하이브리드 담론들은 사이보그의 몸들을 구축한다.[19] 반기술적 감정의, 또는 '화학을 통한 더 나은 삶의 가능성에 대한 상징으로 다양하게 사용되는 사이보그들은 우리의 문화적 상상에 뿌리 박혀 있는 공포와 욕망의 산물이다.[20] 인간의 잡종화를 위한 수단 또는 맥락으로서 기술을 사용하는 것을 통해, 사이보그들은 친숙하지 않은 '타자성', 즉 외연적인 인간 정체성의 안정성에 도전하는 타자성을 재현하게 된다. 휘센(Andreas Huyssen)은 근대성의 위기는 타자성에 대한 문제설정에 의해 결정된다고 주장한다.[21] 이러한 방식으로, 사이보그들의 정체성은 위반된 경계들에 서 있기 때문에 특히 탈근대적 정체성의 상징으로서 적합하다. 사이보그들은 우리와 같진 않지만 그럼에도 우리와 똑 닮았기 때문에 우리를 매료시킨다. 타자성의 발본적인 분열을 통해 형성된 사이보그 정체성은 타자성의 구성성을 전면에 내세운다. 사이보그들은 정체성이 자의적이고 유동적이며 궁극적으로는 불안정한 '타자'라는 개념들에 의존하는 방식을 우리에게 경고한다.

모든 사이보그 이미지는 기계와 인간의 암묵적인 대립을 구축하는 동시에 유사성을 억압하고 구별을 강조한다. 이러한 방식으로 사이보그 이미지는 '인간'이라는 용어와 '인공물'이라는 용어 모두의 의미를 규정한다. 인간성(human-ness)의 기호들과 기계성(machine-ness)의 기호들은 하이브리드의 이중적인 본성을 지닌 '본질'의 표식자들로서뿐만 아니라 인간과 기계의 불가침적 대립 기호들로서 기능한다. 그러나 사이보그는 양자 모두의 '본성'을 동시에 체현하기 때문에, 그 결과인 하이브리드는 순수한 인간도 순수한 기계도 아니다. 사이보그의 이중적 배치의 분포는 결코 균형을 이루지 않는다. 그리고 각각의 상대편에 대한 근접성 및 유사하지 않은 부분들의 결합은 익숙한 사람(personage)으로서 종종

사이보그 읽기, 페미니즘 쓰기

인식될 수 없는 하나의 하이브리드를 생산한다. 사이보그 이미지는 인간/기계 이분법의 안정적인 의미를 붕괴시킴으로써, 그 외의 확실한 대립들도 불안정하게 만든다. 해러웨이에게 있어서, 사이보그는 "여성, 유색인, 자연, 노동자, 동물에 대한 지배의 논리와 실천을 체계화"해온 완고한 이분법을 붕괴시킬 수 있는 잠재력을 갖는다.22 가장 까다로운 이분법은 이 장에서 이미 언급된 다음과 같은 몇 가지를 포함한다. 즉 실재/현상, 진리/환상, 이론/정치와 같은 것뿐만 아니라 문화/자연, 인간/인공물, 남성/여성도 포함된다. 이때 사이보그의 몸들은 문화나 자연 둘 중 하나에 전적으로 속하는 것으로 이해될 수 없으며, 전적으로 기술적이지도 완전히 유기체적이지도 않다. 비슷한 의미에서, 사이보그의 몸들은 완전히 담론적일 수 없다. 사이보그는 허구의 문제이자 살아있는 경험의 문제이다. 사이보그는 자연으로 간주되는 것이 지닌 확실성을 전복할 뿐만 아니라 해러웨이가 설명했듯이 문화적 독해(들)의 근거가 되는 생생한 지배관계를 지적함으로써 '모든 것의 텍스트화'가 지닌 확실성을 전복한다.

    사이보그는 물질적인 몸을 다시 주장함으로써, 탈근대성 내에서 몸이 소멸되는 것을 비난한다. 하지만 그것은 여성의 몸에 대한 담론적 구축물들의 다양성과 결코 모순되지 않는다. 사이보그는 몸이 서로 다른 사회적이고 문화적인 형성물 내에서 구축되는 방식을 고려함으로써 담론적인 몸과 역사적으로 물질적인 몸을 연결한다. 궁극적으로, 사이보그는 몸을 문화적 구축물이자 동시에 인간 삶의 물질적인 실재로서 연구할 방법을 찾으려고 하는 페미니즘에 도전한다. 몸은 물질성의 문제만이 아니며, 또한 담론의 문제로만 환원될 수도 없는 '자연적으로가

젠더화된 몸의 기술 : 사이보그 여성 읽기

아니라 문화적으로 구축되는 수단이라고 이해하는 것이 주는 충격은 엄청난 것이다. 몸의 '본성'은 이러한 본성이 담론적으로 구축된다고 말할 때조차도 문화적으로 결정된다. 몸이 물질적 구축물일 뿐만 아니라 담론적 구축물이라고 주장하는 것은 어떤 주어진 역사적 국면에서 그러한 몸의 특수한 문화적 설계에 대해 말해야 하는 가장 중요한 일을 계속해서 방치하는 것이다.

해러웨이는 여성의 정체성을 사이보그 이미지 위에 뚜렷하게 그려 넣는다. 이것은 개인과 집단, 물질적인 것과 담론적인 것, 허구적인 것과 실재적인 것 사이의 흐릿한 경계에 서 있는 여성 몸의 모호한 구성을 전면에 내세운다. 여성과 사이보그 모두는 사회적 상호작용을 통해 상징적이면서 동시에 생물학적으로 생산되고 재생산된다. '자아'는 상호작용의 하나의 산물이며 몸은 상호작용의 또 다른 산물이다. 여성 몸의 소여성은 다양한 의미 체계들이 몸의 기술 시대에 인위적으로 구축한 구조라는 점이 분명하기 때문에, 사이보그는 더욱더 자연 대 문화의 대립을 대체한다. 더욱이, 해러웨이가 우리에게 상기시키듯이, 여성의 '본성'을 추구하는 것은 유토피아적 탐구로, 이것은 현대 페미니스트들이 자연적인 젠더적 동일함이 아니라 공유된 정치적 전략들의 필요성에 근거한, 즉 다른 정치적 집단들과 연합 및 동맹을 형성하는 것과 같은 보다 중요한 과제들에 집중하지 못하게 만든다. 이러한 전술적인 행동 계획은 여성들이 부분적인 정체성을 어떻게 실생활에서 실현하고 있는지를 연구하고, 어떤 문화적 의미들이 택해지고, 그러한 문화적 의미들은 어떻게 방해를 받으며, 그 과정에서 궁극적으로 어떻게 변형되는지를 발견하고자 하는 페미니즘의 의지에 달려 있다.

사이보그 읽기, 페미니즘 쓰기

페미니즘 쓰기

권력과 지식의 문화적 체계의 구축에 관한 최근의 페미니즘적 연구는 현대 사회에서 작동하는 지배와 통제의 **형식들**을 문제제기한다. 여러 학자 중에서 해러웨이, 하딩(Sandra Harding), 블레이어, 트라이쉴러의 페미니즘적 연구는 사회적으로 구축된 지식의 제도화된 영역들로서의 과학, 기술, 의학이 어떻게 젠더, 인종, 계급 구별들에 기반해 지배와 억압의 실천들을 수행하는지를 기술한다.23 인식론, 젠더, 정체성과 관련된 쟁점들에 대한 그들의 논의는 물질적인 (젠더화된) 몸이 어떻게 지식의 필수적인 조건 및 장치로서 고려되지 않는지를 자세히 설명한다. 과학, 의학, 기술은 여성의 몸을 '자연적 섹슈얼리티'와 '생식'의 이데올로기적 표지로서 기능하는 담론적이고 사회적이며 상징적인 체계로서 규정한다. 이 학자들은 이구동성으로 젠더는 몸의 수준에서 생산되고 구축된 효과라고 주장한다.

해러웨이는 "사회주의 페미니스트 정치학을 재구축하기 위해 요구되는 중요한 한 가지 방법"은 "우리의 상상력을 구조화하는 신화 및 의미들의 체계를 포함하면서, 이론과 실천을 통해 과학과 기술의 사회적 관계들에 초점을 맞추는 것"이라고 주장한다.24 이것의 귀결점은 (1) 필요하지만 의미가 없는 개념(placeholder), (2) 담론적으로 구축된 것, (3) 남성적인 지식체계를 위협하는 것으로서 여성의 몸이 지닌 역사적 유산에 개입하면서도 여성의 몸의 구축성이 그 물질성에 대한 인식과 여성들의 삶 속에서 발생하는 효과들을 조직화하는 방식에 개입하는 새로운 독해전략을 구축하는 것이다. 이런 의미에서 여성의 몸은 단일한 개념 또는 발견할 수 있는 하나의 단일체라기보다는 텍스트, 침묵, 법률, 힘의 선들을 지닌 배치에 더 가깝다. 아마도 '절합'이라는 용어가 이러한 여성 몸의 이론적 형상을 가장 잘 묘사해주는 것 같다. 즉 독해 효과, 글쓰기 실천, 권력관계, 문화적 각색, 물질적 몸, 사회적으로 구축된 인식 사이의 절합을 뜻한다.

블레이어는 유기체적 질서의 관습인 임상적 생물학에서 지배의 정보 과학의 일환으로 재구성된 각인으로서 생물학으로 변환되는 과정을 다루는 기획을 했다. 블레이어는 『과학과 젠더: 생물학과 여성에 관한 생물학 이론들에 대한 비판』(*Science and Gender: A Critique of Biology and Its Theories on Women*)에서 생물학적 결정론에 대한 고찰을 통해 젠더와 과학의 관련성을 분석한다. 그녀는 '본성 대 양육' 논쟁은 잘못된 대립이라고 다음과 같이 밝힌다.

> 어떠한 생물학적 결정론을 평가하는 데 기초가 되는 과학적인 쟁점은 물리적 특성, 행위, 사회적 관계 그리고 사회적 조직화를 결정하는 데 있어서 학습된 영향으로부터 생물학적 영향을 분리해낼 수 있느냐 하는 것이다. 유전적 영향과 환경적 영향을 분리하고자 하는 노력은 많은 [과학적] 분야에서 사고를 끊임없이 괴롭혀 왔다. 그것은 생물학적 과정을 반영하지 않은 잘못된 이분법을 재현하지만 다른 이원론들처럼 … 반동적인, 사회적이고 정치적인 목적들에 공헌할지 모른다(7).

블레이어의 주요 관심 영역은 인공지능과 두뇌화상(brain-imaging) 기술의 발전과 관련해 점차 중요해지고 있는 과학적 연구의 한 분야인 신경해부학이다. 두개골학과 신경해부학 분야의 과학사를 살펴보면, 19세기 초에 남성과 여성의 차이는 남성의 뇌와 여성의 뇌의 서로 다른 구조들에 "있었다"고 설명하고자 했음을 알 수 있다. 블레이어는 여성의 열등성에 대한 생리학적 근거를 찾는 것이 어떠한 의미 있는 결론도 내놓지 못함에 따라 두개골학이 과학적인 연구분야에서 어떻게 구시대적인 것이 되었는지를 기술한다.

　블레이어는 두뇌와 관련된 과학사를 분석하면서, 특수하게 문화적인 제도로서 과학이 성차에 대한 자연주의적 설명을 구축하는 데 어떻게 참여하는지를 논증한다. 블레이어는 "과학은 공평하고 무감정적이며, 가치중립적인 진리추구가 아니며 과학자들은 자연 혹은 자신들 대답의 틀구조에 사용할 방법들에 대해 객관적이지도, 이해관계와 무관하지도 또는 문화적으로 자유롭지도 않다는 것"(193)을 주장하면서 과학을 탈신비화한다. 더욱이 그녀는 과학은 그들을 사회화하는 사회 속에서뿐만 아니라 과학자 사회에서 창조하는 하나의 사회적인 활동이고 문화적인 과정이기 때문에, 과학 또는 과학자들이 달리 행동하는 것은 불가능하다고 주장한다. 블레이어는 이러한 분석을 구축하면서, 여성에 대한 생리학적 '의미'가 생물학의 문화적이고 사회적인 실천에 의해 어떻게 구축되어왔고 앞으로 어떻게 구축될 것인지를 보여줌으로써 '성차'를 불변의 생물학적 과정에 대한 연구로부터 분리시킨다. 이것은 푸비가 기술하듯이, 생식능력에 의해 규정한 생물학적 이론들이 여성의 몸을 역사적으로 지지해온 여성의 종속을 탈자연화하는 데 공헌한다. 블레이어는 과학적 담론의 한 형식으로서 신경해부학 내에서의 여성 몸의 지위를 드러냄으로써, 특수한 생리학적 과정이 어떻게 성적 정체성을 규정하는 상징으로 간주되는지를 보여준다. 이러한 방식으로, 블레이어는 남성의 구축물인 여성의 몸을 하나의 담론 속에 각인하고 여성 몸의 의미를 '독해하기' 위한 새로운 코드와 관습을 제공하는 또 다른 텍스트적/성적 체계, 즉 페미니즘이 제공하는 또 하나의 담론 내에 그것을 다시 각인한다.

우리는 블레이어의 작업에서, 젠더가 몸처럼 어떻게 물질적인 몸의 질서와 몸에 배태된 사회적이고 담론적인 체계 모두에 속하는 하나의 하이브리드적인 구축물이 되는지를 알 수 있다. 그래서 젠더가 (푸코의 용어에서) 하나의 차별화 체계로 작동할 때, 젠더는 담론적인 체계와 물질적인 체계 모두로서 고려되어야 한다. 하나의 담론으로서 젠더는 재현, 아이콘, 상징, 발화, 의미작용, 코드를 포함한다. 하지만 이러한 담론은 담론 내에서 채택된 또는 담론에 의해 표시된 몸들과 결코 분리되지 않는다.

트라이쉴러의 논문 「에이즈, 호모포비아 그리고 생의학적 담론: 전염병의 의미작용」(*AIDS, Homophobia, and Biomedical Discourse: An Epidemic of Signification*)은 담론이 질환을 구축하고 그것을 이해할 수 있게 만드는 방식을 직접적으로 소개한다. 생의학적인 에이즈 담론에 대한 그녀의 독해는 다음과 같은 것을 논증한다.

> 말―보다 엄밀히 말하면 담론―이 깊숙이 자리잡고 확산되며 종종 보수적인 젠더에 대한 문화적인 '서사들'을 실행하고 재강화하는 방식. 그리고 또한 말이 여성의 다루기 어렵고 억제할 수 없는 특성을 어떻게 궁극적으로 제한하고 통제하고자 하는지에 대한 것이다.[25]

그녀는 이론적으로 알려진 에이즈에 대한 분석이 그것을 (사회적이고 생물학적인 실체로서의 에이즈에 걸린) 몸의 '이원적 본성'에 주목하는 문제로 축소해서는 안 되며 오히려 몸의 사회적 구축물이 몸을 인지하고 인식하는 바로 그 방식을 조직화하는 정도로 평가해야 한다고 설득력 있게 주장한다. 즉 "우리의 에이즈에 대한 사회적 구축물은 … 객관적이고 과학적으로 결정된 '실재'에 근거한 것이 아니라 이러한 실재에 대해 우리가 들은 것에 근거한다. 다시 말해 그것은 틀에 박힌 생의학적 담론 내에서 생산된 이전의 사회적 구축물에 근거한다"(270). 그녀는 대중적인 담론과 생의학적 담론의 관련성을 '실재가 구축되고 그 모순들이 실행되는 하나의 **이분법**이 아닌 하나의 연속체로서 기술해 나간다. 또한 이러한 **연속체**는 과학과 대중적인 담론의 관계가 과학이 대중에게 무엇을 사고해야 하는지를 지시하는 선형적인 배치가 아니라 하나의 상호작용적 관계임을 시사한다. 언어는 이러한 연속체가 표현되는 영역이다.

트라이쉴러는 「에이즈, 젠더 그리고 생의학적 담론」(*AIDS, Gender, and Biomedical Discourse*)이라는 논문에서, 젠더가 어떻게 현대 의료담론 내에서 보이지 않는 담론으로 끊임없이 작동하는지를 논증한다.[26] 트라이쉴러는 에이즈에 걸린 몸에 대한 문화적 연구와 에이즈에 관한 담론 내에서 전염병의 의미작용에 관한 연구를 수행한다. 이를 통해 그녀는 에이즈에 대한 의료담론이 전개되는 과정에서 여성의 몸을 생득적으로 병리학적이고 오염된 것으로 재현하는 것이 어떻게 복합적인 역할을 수행하는지에 대해 자세히 설명한다. 여성의 몸과 질환, 특히 성적으로 전염되는 질환들 사이의 역사적인 연관성을 가정해보면, 여성이 전 세계적으로 에이즈가 유행한 초기 4년 동안 인체면역결핍바이러스(HIV) 감염의 주요 위험집단에서 명백히 배제되었다는 것은 놀라운 일이다. 이러한 배제가 지닌 의미는 우리를 각성시키고 젠더화된 몸의 구축에 대한 문화적 서사를 조명해준다. 트라이쉴러는 다음과 같이 설명한다.

> 에이즈를 본질적으로 남성만 성적으로 전염되는 질환으로 간주하는 것은 기이하고 사변적인 추론을 필요로 하는 젠더화된 독해의 생산과 재생산에 토대를 두고 있다. 그리고 나서 에이즈 감염과 누가 '에이즈에 걸릴 수 있는가'에 대한 '지식'은 다양한 방식으로 반증을 제거하고 여성들이 스스로 감염에 취약하다고 믿지 않게 하며 그 결과 의료적인 보호나 익명의 검사조차도 시도하지 않게 하는 비가시성의 순환을 만들어낸다. … 파이형 그래프는 고전적인 H로 시작하는 네 가지 '위험 집단', 즉 동성애자들, 헤로인 중독자들, 몰핀중독자들, 아이티인들(Haitians)과 젠더가 종종 특정화되지 않은 그들의 성적 파트너들을 기준으로 '기타'를 포함해 그려져 있다(194).

　에이즈에 대해 당신의 행동이 아니라 당신이 누구인가 때문에 걸리는 병으로 초점을 맞춤으로써, 여성은 위험집단의 목록에서 제외되었다. 트라이쉴러는 "여성의 에이즈 발병이 늘어남에 따라 에이즈를 매춘부, IV약물 중독자,* 제3세계(주로 아이티와 중앙아프리카에 있는 나라들) 여성과 연관된 것으로 설명하는 견해들이 제출되었다"고 말한다(197). 여성의 몸이 에이즈 증후군과 결합된 다양한 고통에 민감하다고 논증됨에 따라 여성의 몸은 부분적이지만 의료계의 눈에 들어오게 되었고 의료계는 에이즈 증후군을 이용해 '성적으로 적극적인 남자들과 문란한 여자들'의 대립을 표시했다(213).
　에이즈는 '남성만이 성적으로 전염되는 질환'이라는 이전의 설명에서는 여성의 몸이 의료담론 내에서 사실상 드러나지 않는 반면, 여성에게 나타나는 에이즈에 대한 최근의 설명에서 여성의 몸은 단지 질환의

---

* IV약물은 바늘이나 주사기를 사용해 복용하는 약물을 말한다.

보균자이자 전달자일 뿐이라고 규정된다. 트라이쉴러는 HIV 바이러스의 이성애적 전염을 소개하는 비교적 최근의 설명에 대한 자신의 논의에서, 그것의 문제설정은 여성들을 다음과 같이 다루고 있다고 기술한다.

> 첫째, 위험집단에 속한 여성은 자기 자신의 성적인 활동에 의해서가 아니라 성적 파트너, 즉 그녀가 관계한 남성에 의해 자신의 지위가 부여된다. … 그리고 마지막으로 무엇보다도, 우리는 [의료계가] 여성들을 연구하는 이중적인 목적을 알게 된다. 즉 첫째, 여성의 발병률을 바이러스의 이성애적인 확산에 대한 하나의 일반적인 지표로서 사용하는 것, 둘째, 위험에 놓인 여성들을 확인하고 그들의 '일차' 감염을 예방함으로써 우리의료계의 개입 없이도 이러한 모성 위험집단으로부터 초래될 아동 에이즈 감염사례의 대다수를 예방하는 것이다(215).

이러한 에이즈 담론에서 여성의 몸은 생식의 책임과 남성과의 성관계에 의해 확인된다. 여성들이 감염될 수 있다는 것은 확실하기 때문에, 생득적으로 병리학적이고 다루기 어려우며 억제될 수 없지만 본질적으로 수동적인 그릇으로서의 여성이라는 역사적 유산은 다시 돌아와 여성을 따라다니고 의료담론 내에서 여성을 또다시 볼 수 없게 만든다.

신경해부학에 대한 블레이어의 작업과 에이즈 담론에 대한 트라이쉴러의 연구는 모두 해러웨이가 '지배의 정보과학'이라고 밝힌 이행들 가운데 하나를 표시한다. 즉 유기체적인 성역할의 분화와 관련된 질서로부터 생물학을 각인으로 재규정하는 질서로의 이행 말이다. 최고의 문화 기술로서 소통기술의 출현은 이러한 이행에서 중심이 된다. 해러웨이는 '사이보그를 위한 선언문'에서 다음과 같이 말한다.

소통기술과 생체기술은 우리 몸을 다시 주조하는 결정적인 도구들이다. … 기술과 과학적 담론은 그것들을 구성하는 유동적인 사회적 상호작용의 형식화로서, 즉 고정된 순간들로서 부분적으로 이해될 수 있다. 하지만 기술과 과학적 담론은 의미를 강요하기 위한 도구들로서 생각되어야 한다. … 더욱이 소통과학과 근대 생물학은 공통적인 움직임에 의해 구축된다. 공통적인 움직임은 세계를 코드화의 문제로 바꾸어 놓는 것, 즉 도구적 통제에 대한 모든 저항이 사라지고 모든 이질발생성이 분해, 재조립, 투자 그리고 교환에 종속될 수 있는 공통의 언어를 찾는 것이다(82-83).

여성의 몸은 이러한 사회 질서의 변형에서 중심에 놓여 있다. 여성의 몸은 담론적이면서 동시에 물질적인 하나의 사이보그로서 우리가 사회적 질서 체계들 사이의 투쟁을 목격할 수 있는 장소이다. 그 과정에서 한편으로는 전통적인 이분법적 젠더 정체성의 태생적인 기호들을 드러낼 수도 있지만 또한 완전히 새로운 방식으로 젠더 정체성을 재발명하는 새로운 젠더화된 체현의 형식이 출현한다. 탈근대적인 사회이론에서 다양한 역사적 계기들에서 논증 되었듯이 여성의 몸은 억제될 수 없고, 다루기 어려우며, 궁극적으로 결정될 수 없는 것으로 구축되어왔다. 이것이 여성의 유산인 것처럼, 이것은 또한 여성이 가질 수 있는 전망이기도 하다. 여성의 몸이 제도화된 권력과 지식 체계 내에 종속되고 양립불가능한 담론들에 의해 교차된다 할지라도 여성의 몸은 그러한 의미 체계들에 의해 완전히 결정되지는 않는다. 또한 여성이 기술적으로 구축된다 할지라도 그녀의 과잉성은 그녀를 제한하고자 하는 담론들에 대해 완전히 저항적이지는 않아도, 스스로 그러한 담론들을 위반하기 쉬운 것으로 의미화하고/구축하기 위한 자원과 기법을 모으고 축적한다.

사이보그적 몸은 바벨을 들어 올린다(pump iron). 물리적으로 꼭

맞지만 비자연적으로 주조된 사이보그의 몸은 자연과 비자연을 넘어서서 만들어진다(hyper-built). 사이보그의 몸은 실현 가능한 새로운 젠더화된 체현의 형식(들)에 대한 쟁점을 제기한다. 사이보그의 재주조된 몸은 자연적으로 주어진 물리적인 젠더 정체성을 문제 삼지 않는다. 탈근대적인 몸 이야기들이 갖는 문제는 이러한 이야기들이 시사하듯이, 몸은 결코 비물질적이지 않다는 점이다. 몸은 결코 역사 그리고 권력과 지배의 구체적인 관계들 외부에 존재하지 않는다. 여성이 결코 자신의 몸 외부에서 말하고, 쓰고 또는 행동하지 않는 것처럼 사이보그도 결코 살덩어리를 제쳐놓지 않는다. '몸'에 대한 페미니즘적 접근이 탈근대주의적 이론가들이 제공한 몸의 손쉬운 소멸이나 탈물질화에 저항하는 것은 중요하다. 사이보그 이미지는 몸의 발본적인 물질성을 전면에 내세워야 잘 작동하는데, 그것은 페미니즘적 설명 없이는 불가능하다. 페미니즘에서 '몸'은 그 운명이 무엇이든지 간에, 결코 적어 넣어야 할 단순한 백지상태(또는 스크린)가 아니다. 페미니즘적 관점에서, 현대사회의 질서와 몸의 관계에 대해 말하고자 하는 시도는 만일 그것이 젠더에 대한 고려에서 혹은 보다 명백하게는 몸의 젠더화에 대한 고려에서 시작하지 않는다면 쓸데없는 노력이다. 때때로 '몸'이 이론적인 연구에 종속될수록, 그것은 더욱 저항적이게 되는 것 같다. 몸의 소멸을 이론상 발표하자마자, 물질적인 몸은 다시 되돌아와 자신을 억압하는 모든 시도를 좌절시킨다. 모든 다양한 페미니즘들에 있어서, 물질적인 몸은 탈근대성 속에서 페미니즘 정치, 이론, 그리고 실천 사이의 교차점 바깥에서 작동하는 결정적인 장소로 남아 있다.

젠더화된 몸의 기술: 사이보그 여성 읽기

Chapter 2
페미니즘적 보디빌딩

나는 서문에서 페어(Michel Feher)의 몸의 구축 양식에 관한 개념화를 개괄한 바 있다. 이 글에서는 페미니즘 담론 내에서 몸이 개념화되는 방식을 이해하기 위한 하나의 틀로서 그의 논의를 끌어들이고자 한다. 페미니즘 담론 내에서 여성의 몸은 각각 서로 다른 방식으로 '만들어져' 왔다. 이 글에서는 페미니즘적 몸 연구의 다음과 같은 세 가지 영역에 의존한다. (1) 여성 스포츠 역사에서 여성의 몸이 **이데올로기적**으로 구축되는 과정을 탐색한 학술적 연구, (2) 매체에 나타난 여자 운동선수들의 다양한 재현방식에 대한 **기호론적** 분석, (3) 기술적으로 재구축된 여성적인 몸들과 관련된 영화 서사에 대한 **문화적** 해석. 더 구체적으로 말하자면, 첫 번째 부분에서는 생리적 몸이 어떻게 지배적인 신념에 따라 문화적으로 재규정되는지를 밝히기 위해 여성과 스포츠에 관한 역사적 연구들을 검토한다. 이때 지배적인 신념이란 인간 재생산에 대한 여성의 당연하고 도덕적인 책임감에 관한 것이다. 두 번째 부분에서는 여성스러운 미(美)에 관한 이상(ideals)이 어떻게 근골의 강건함(muscularity)의 기호들과 원기왕성을 포함하는 것으로 변경되고 있는지를 검토하기 위해 유능한 여자 운동선수들에 대한 매체의 재현방식에 초점을 맞춘다. 매체의 이러한 재현들은 선수로서의 능력과 여성의 몸이 지닌 파워를 강조하지만 '스타' 운동선수들의 몸을 성애화(sexualization)함으로써 그 파워가 지배적인 문화 질서에 상징적으로 회수되는 방식을 보여주기도 한다. 마지막 부분에서는 영화『펌핑 아이언 II: 여성들』(Pumping Iron II: The Women)을 독해하면서, 이 영화가 적절한 여성성에 대한 규정을 둘러싸고 벌어지는 상징적인 경합을 어떻게 보여주는지 검토한다. 이 영화의 보디빌딩 대회에서 우승자로 선정된다는 것은 선호되는 여성적인 체현의 유형을 보여주는 것이기도 하다. 각각의 부분은 페미니즘적 보디빌딩* 에 대한 하나의 유형을 설명하는 것이다. 세 부분의 글 모두 '자연적인' 여성의 몸이 여성성과 인종적 정체성의 지배적인 코드에 따라 문화적으로 재구축되는 방식을 조명한다.

운동하는 여성에 대한 이데올로기의 작동

페미니스트 스포츠 사회학자 버크(Lynda Birke)와 바인스(Gail Vines)는 과학과 스포츠 모두에서 남성의 몸이 우월하다는 믿음에 근거한 남성성의 숭배를 발견할 수 있다고 말한다.[1] 실제로 여성의 몸에 대한 문화적 구축과정을 다룬 역사적 연구는 두개골학(craniology)이라는 '과학'이 여성의 열등성이 여성의 뇌에 있음을 입증하는 데 실패한 이후에도

---

* 이 글에서 보디빌딩은 스포츠의 한 분야로서 뿐만 아니라 '몸 만들기'의 의미를 포괄적으로 담고 있다.

스포츠 전문가들이 계속해서 여성의 열등성을 '생리적인 몸'에서 찾으려 했다고 설명한다. 유사한 분석 선상에서 렌스키(Helen Lenskyj)는 개별 여성의 실제 월경 여부 혹은 임신 여부와 관계없이 생식이 어떻게 여자 운동선수들의 정체성을 규정하는 특성이 되고 있는지에 대해 설명한다. 렌스키의 연구는 여성의 젠더 정체성이 여성의 생식생리학과 직접적으로 연결되는 방식을 자세히 기록한다. 여성의 생식 체계에 대한 생리학적 '사실들'은 생물학적으로 섹스화된 여성의 몸을 여성 정체성의 '자연적인' 상징 혹은 보증자로 설정한다. 렌스키는 19세기 초의 의학 서적들을 인용하면서, 의료전문가들이 여성에게 안전하고 적합한 스포츠 활동을 처방할 때 '생식'에 관한 사실을 얼마나 강조했는지 보여준다.

> 여성의 독특한 해부학과 생리학 그리고 특수한 도덕적인 의무들은 격렬한 신체활동에 적합하지 않다. 여성은 임신을 위해 생명 유지에 필요한 에너지를 보존해야 하고, 아내이자 어머니의 역할에 어울리는 인격적인 특성을 길러야 하는 도덕적인 의무를 지닌다. 스포츠는 생명력을 낭비하고 여성의 몸을 혹사시키며 '진정한 여성성'에 어울리지 않는 특성을 발달시킨다.[2]

여성은 월경, 임신, 수유, 폐경의 부담을 안고 있기 때문에 덜 힘든 일들을 하기 위해 운동 활동은 포기하라는 지시를 받는다. 이 구절에 따르면 여성의 생리학적 특성과 그것에 연결된 도덕적 의무는 여성이 격렬한 스포츠 활동을 하는 것이 적합하지 않다는 것으로 결합된다.

버틴스키(Patricia Vertinsky)는 여성들이 스포츠에 참여하는 데 주저하는 또 다른 이유는 우리가 여성의 몸에 대해 문화적으로 규정된 것을 '사실들'로 이해하는 것 때문이라고 지적한다.3 이러한 사실들은 여성이 자신의 생식(생리)주기 중에 출혈하기 때문에 "끊임없이 상처를 입게 된다"고 강하게 주장했다. 이러한 대중적 신화는 동시대의 의학적 지식에 의해 재보증 되면서, 여성을 만성적으로 허약한 존재로 그리고 병리학적인 생리학의 환자로 규정했다. 여기에서 두 가지 상황이 동시에 발생한다. 즉 여성의 몸이 문화적으로 구축된 생식의 의무에 확고하게 결합될 뿐만 아니라 여성성과 '상처'를 연관시켜 여성의 몸은 본래부터 병리적인 것으로 코드화된다. 여성이 스포츠와 운동에 참여하는 것을 제한하는 것은 한편으로는 여성의 다루기 힘든 생리현상을 통제하는 것으로, 다른 한편으로는 종(species)의 재생산이라는 중요한 임무를 위해 여성을 보호하는 것으로 기능했다.

 이러한 역사적 연구들은 여성의 생리학적 열등성에 대한 하나의 믿음이 여성의 체육활동과 관련된 또 다른 담론 체계와 절합되는 과정을 명확히 보여준다. 렌스키와 버틴스키는 여성과 스포츠에 대한 페미니즘적인 역사적 담론 분석을 통해 생리학적 특성이 여성의 정체성을 확정하는 상징으로 간주되는 방식을 보여준다. 이들의 몸에 관한 연구는 여성의 몸에 대한 '재독해'를 포함하는데, 현 상황에서는 여성의 몸이 서로 다른 텍스트적/성적 체계에서 하나의 담론으로 기입되기 때문이다. 그들이 '자연스러운 것에 반하는'(against the grain) 여성의 몸을 독해하기 위해 사용한 텍스트적 체계는 페미니즘 문화이론에 의해 잘 알려져 있다. 또한 페미니즘 문화이론은 여성의 몸에 대한 문화적 재코드화 과정을 기록할 수 있는 하나의 관점을 제공한다. 그것은 첫째, 여성의 몸은 젠더화된 몸이며, 둘째, 격렬한 신체활동으로부터 특별한 보호가 필요한 것으로 젠더화된다는 것이다. 이러한 의미에서 그들의 분석은 초코드화 과정을 이해할 수 있는 하나의 방식을 제공한다. 초코드화는 '자연적인' 여성의 몸이 생식하는 몸의 문화적인 상징으로 채택되고 그 결과로 여성들이 운동활동에 참여하는 것을 주저하게 되는 지점에서 발생한다.

위반적인 몸의 성애화

렌스키와 버틴스키의 분석은 적절하게 여성스러운 몸이란 허약하고 병리적인 것이라는 관념이 역사적으로 구성된 것임을 시사한다. 여성적이면서 강하다는 것은 은연중에 여성적인 정체성의 전통적인 코드를 위반하는 것이다. 따라서 자신의 몸을 조각하기 위해 보디빌딩 기술을 사용하는 여성은 이중으로 위반적이다. 첫째, 여성성과 자연은 매우 밀접하게 결합되어 있기 때문에 몸을 **재구축**하려는 어떠한 시도도 여성의 몸이 지닌 '자연적' 정체성에 반하는 위반이다. 둘째, 여자 운동선수들이 남성 몸의 특권인 물리적인 남성다움(muscularity)을 획득하려고 기술을 사용할 때, 이 여성들은 젠더 정체성의 '자연적인' 질서를 위반하는 것이다. 우리가 매체에 나타난 여자 운동선수들의 이미지를 분석하면서 발견한 것은 그녀들의 몸들에 대한 매체의 재현에서 그녀들의 위반적인 본성을 자주 강조한다는 점이다.

예를 들어 『내셔널 인콰이어』(National Enquirer)지의 최근 기사에서는 다음과 같은 머리기사가 달린 보디빌더 플래킹거(Tina Plackinger)의

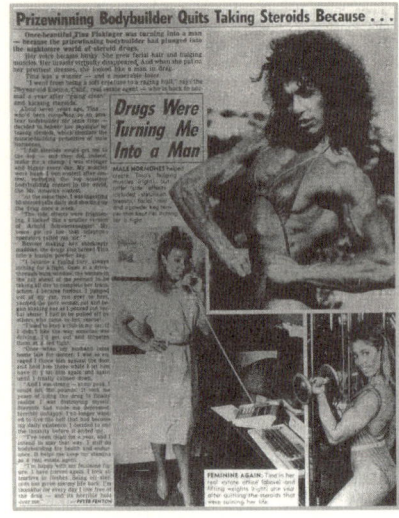

그림 9
여성 보디빌더 수상자에 관한 『내셔널 인콰이어』(*National Enquirer*)의 기사(1987.9.22), 4쪽.

사진을 실었다. "우승한 보디빌더 스테로이드 복용 중단, 왜냐하면…, 약물은 나를 남자로 바꿔 놓았기 때문이다"(그림 9).4 이 사진에서 플래킹거가 여성임을 알리는 몸의 표지들(가슴, 긴 곱슬머리)과 윤곽이 뚜렷하고 '울퉁불퉁한' 이두박근, 삼두박근, 가슴근육의 신체적인 강함이 병렬적으로 재현되는데, 이것은 남성성의 육체적인 코드뿐만 아니라 여성성의 육체적인 코드까지도 떠올리게 하는 젠더 '혼성성'을 만들어낸다. 자신의 몸을 재구축하는 프로그램의 일환으로서 플래킹거의 스테로이드 사용을 언급한 것은 그녀의 몸이 지닌 위반적인 본성을 한층 더 강화한다. 플래킹거가 그로테스크한 근육질의 몸을 만들려고 스테로이드를 이용한 것은 건강과 피트니스의 '자연적인' 질서뿐만 아니라 여성성과 허약함의 '자연적인' 질서도 위반한다. 물론 위반된 젠더 경계의 요괴스러움

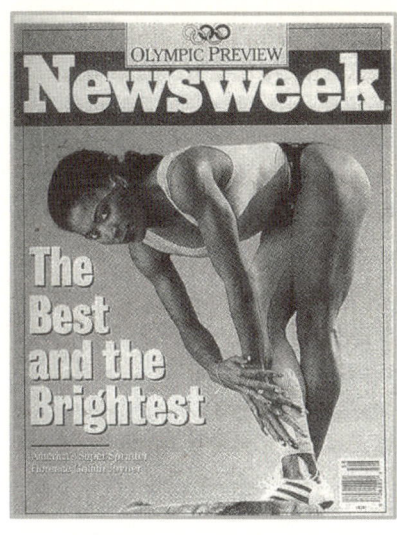

그림 10
1988년 9월 19일자 『뉴스위크』(*Newsweek*)지의 표지를 장식한 그리피스-조이너(Florence Griffth- Joyner)의 모습.
사진: Mark Hanauer.

(specter)은 『내셔널 인콰이어』지 기사의 '스펙터클한' 수사를 시각적으로 강화한다.

그러나 이것은 전문적으로 훈련받은 아마추어 운동선수들을 다룬 덜 선정적인 매체에서도 나타난다. 예를 들어, 1988년 올림픽에서 그리피스-조이너(Florence Griffth-Joyner)의 활약을 다룬 신문기사를 심층적으로 분석해 보면 성애화의 작동 과정을 밝힐 수 있다. 서울올림픽 일주일 전, 휘황찬란한 그리피스-조이너의 사진들이 『유에스 뉴스』(*U.S News*), 『월드 리포트』(*World Report*), 『타임즈』(*Times*), 『뉴스위크』(*Newsweek*)지의 표지를 장식했다(그림 10). 대부분의 기사에서 그녀의 몸을 언급하는데, 그것을 언급하는 방식은 그녀의 운동능력을 언급할 때도 나타나지만 그보다는 그녀의 몸이 화려한 육상복을 위한 마네킹처럼 보도될 때

페미니즘적 보디빌딩

더욱 확실히 나타난다. 한 스포츠담당기자는 그녀의 기록경신에 대한 기사를 쓰면서 역설적이게도 그녀가 착용한 육상복에 주목하는 것으로 시작했다.

> 우선 중요한 요소[운동능력]는 제쳐놓자. 그리피스-조이너는 미국 올림픽 예선전이 있던 금요일 아침에 200미터 첫 번째 경기에서 흰색 비키니 하의를 입고 한쪽 다리에는 진분홍색 레깅스를 신었다. 준준결승전이 있던 금요일 밤에는 주황색 격자무늬 비키니 하의와 몸에 딱 붙는 금빛 형광 상의를 입었다. 두 경기 모두에서, 왼손 손톱은 짙은 청색을 칠하고 그 위에 야자수, 새, 달을 그려 하와이(Hawaiian) 풍으로 장식했다. 오른손 손톱은 총천연색을 칠하고, 인조 다이아몬드를 이용해 십자가 무늬를 포함한 다양한 그림을 그려 넣었다. 손톱 하나를 칠하는 데에는 3분에서 5분이 걸렸다. 그런데 금요일 밤에 200미터를 달리는 데에는 그만큼 오래 걸리지 않았다. 실제로 그리피스-조이너는 미국 역사상 그 어떤 여성보다도 빨리 달렸다(미국 기록보다 0.04초 빠른 21.77초).[5]

이러한 기사들의 문제점은 화려한 운동복이 그리피스-조이너의 운동능력을 의심하게 한다는 점에 있는 것이 아니라—그녀는 재능 있는 선수로 널리 인정받았다—, 오히려 외모를 성적 매력에 대한 정형화된 이미지를 생산하는 논평들에 적용시킨다는 점에 있다. 그녀의 육상복에 대한 기호도 고도로 양식화되어 주어진 것이라는 점과 여자 운동선수들이 여성의 몸을 대상화하는 문화적 유혹으로부터 쉽게 벗어날 수 없다는 사실을 인정한다면, '플로-조'[그리피스 조이너]는 운동능력만큼이나 성적인 매력 때문에 인정을 받았다. 스포츠 사진작가인 더피(Tony Duffy)는 매체에서의 그리피스-조이너의 인기에 대해 다음과 같이 말한다.

> 그리피스-조이너는 1984년 올림픽에서 가장 관능적인 소녀들 가운데 한 명이었다.
> … 폴리네시안을 연상케 하는 모습에서는 이국적인 느낌이 난다. 나는 8주 전에 해변에서
> 보디슈트와 수영복을 입은 플로렌스를 촬영했고, 그 사진들을 버릴 수 없었다. 내 전화는
> (그녀가) 올림픽 대회의 예선전에서 기록 달성을 한 지난 이틀 동안 먹통이 되었다.
> 『플레이보이』(Playboy), 『스포츠 일러스트레이티드』(Sports Illustrated), 『피플』
> (People), 『라이프』(Life)지 등에서 그녀의 사진들을 원했다.[6]

이 인용문은 플로-조를 이국적 타자성을 지닌 문화적 아이콘으로 묘사하고 있다. 신문에 게재된 플로-조의 이미지는 에로틱한 정체성을 나타내는 육체적인 표지들, 즉 길고 굵은 곱슬머리, 마른 상반신, 두꺼우며 근육질인 다리, 검은 피부를 전면에 내세운다. 우리는 많은 학습을 받지 않더라도 신문에 나타난 이미지들이 플로-조를 이상화된 여성의 몸으로 구축하고 있다는 것을 알 수 있다. 하지만 그녀는 단순한 몸, 그 이상을 의미한다. 즉 그녀는 매력적이고 **이국적인** 여성의 몸과 동일시된다. 그녀의 위반적인 정체성은 운동선수로서의 업적의 산물이며 아울러 '그녀의 피부색', 즉 폴리네시안적 모습의 산물이다. 그러므로 이러한 신체적 위반은 그녀를 욕망의 대상으로 구축하는 것에 기여한다. 현대 미국문화에서 비백인의 인종적이고 민족적인 정체성은 문화적 차이의 기호로 기능한다. 또한 피부색, 머리카락의 질감, 얼굴의 생김새는 '타자성'을 문화적으로 구축하는 데 있어서 더욱 친숙한 생리학적 표지들이다. 여성의 생식체계에 대한 생물학적인 '사실들'은 많은 경우 여성을 젠더화된 몸으로 규정하는 데 이용된다. 마찬가지로 몸에 대한 특정한 '사실들'이 그리피스-조이너를 에로틱한 '타자'로 구축하기 위해 적용된다. 이런 점에서 우리는 여자 운동선수의 몸이 인종, 민족성, 신체적인 능력을

페미니즘적 보디빌딩

포함해 어떻게 상반된 이데올로기적 의미 체계 내에 각인되는지를 알 수 있다. 이러한 분석은 흑인 여성의 몸이 위반적인 문화적 차이의 기호이면서도 '자연적인' 성적 대상으로 구축되는 방식을 설명해 준다.[7]

이상화된 여성적인 몸의 기술적 구축

여성의 몸에 대한 매체의 재현방식을 분석해 보면 '자연적인' 여성성 및 에로틱한 미에 대한 문화적인 관념을 상징화하는 방식이 매우 명확하게 보인다. 하지만 여성의 몸에 대한 **상징적인** 변형만을 이야기하는 것은 제한적이다. 보디빌딩, 웨이트 트레이닝, 파워 리프팅과 같은 실천을 통해 많은 여성의 몸들이 그러한 이상(ideals)을 지닌 물질적 체현물로 **기술적으로** 변형되기 때문이다. 보디빌딩 활동에 참여하는 여성의 몸의 형태와 특성은 여성성에 내재된 병리학에 관한 전통적인 믿음과 직접적으로 모순되기 때문에 여성 보디빌딩은 여성성에 대해 문화적으로 구축된 '자연적' 속성을 넘어서 여성에게 보다 힘을 실어주는 방식으로 여성성을 재설계할 수 있는 하나의 영역인 것처럼 보인다. 하지만 좀 더 면밀하게 검토해 보면, 우리는 기술적으로 개조된 여성의 몸이 어떻게 적절한 여성성의 문화적 표지로서 정당화될 수 없는지에 대해 이해할 수 있다.

1980년에서 1990년까지 10년간, 전체 하위문화는 여성 보디빌딩의 활약으로 성장했다. 매년 열리는 <미스 올림피아>(Miss Olympia) 대회는 1980년에 처음 개최되었다. <세계 프로 여성 보디빌딩 선수권대회>(World Professional Women's Bodybuilding Championship)에서부터 지

그림 11
레이첼 맥리쉬와 빌 레이놀즈의 『레이첼의 매력적인 몸 만들기』(*Flex Appeal by Rachel*)의 표지 (New York: Warner Communications, 1984).

역 피트니스센터가 후원하는 아마추어 대회에 이르기까지 매년 12개의 대회가 1989년까지 열렸다. 1980년에는 40명의 여성이 경기에 참가했으나, 이후 150명으로 급격하게 증가했고 1989년에는 아마추어 수준의 여성참가자가 1만 6,000명에 육박했다. 『하드코어 보디빌더의 소스북』(*Hardcore Bodybuilder's Source Book*)은 특별히 여성 독자를 위한 내용을 담고 있다. 트레이닝 과정과 운동순서, 요리법, 음식, 보석류, 옷을 입고 포즈를 취하는 방법, 포스터, 피부와 헤어관리 제품, 그리고 보디빌딩 별자리운세와 같은 것들이다.8 이러한 하위문화에는 레이첼 맥리쉬의 『레이첼의 매력적인 몸만들기』(*Flex Appeal by Rachel*)(그림 11)와 같은 특별한 운동지침서들뿐만 아니라 『근육과 피트니스』(*Muscle and Fitness*)지와 같은 고급 잡지도 포함된다.

페미니즘적 보디빌딩

영화 『펌핑 아이언 II: 여성들』은 고전적인 컬트영화로 여성 보디빌더들과 선수들 사이에서 폭넓은 찬사를 받았다. 이 영화에서는 여성성에 대한 '자연적인' 정의를 기술적으로 재구축된 여성의 몸에 적용할 때 발생하는 여성성의 '자연적' 정의에 관한 문화적 서사로 펼쳐 놓는다.[9] 영화의 첫 장면에서 심사위원장은 다른 심사위원들에게 경기 규칙을 알려주고 대회의 궁극적인 목적을 설명한다.

> 우리는 오늘 밤, 여성성이라는 말의 명확한 의미를 찾을 수 있기를 바랍니다. 여기에 있는 여성 경쟁자들 속에서 우리가 찾고자 하는 선수를 결정하면 여성성이라는 단어를 해석할 수 있습니다. 이는 여성성이라는 말의 의미에 대한 국제보디빌딩연맹(IFBB)의 공식적인 해석입니다.[10]

청중들은 인사말에서 영화 속 대회가 '여성성'이라는 말의 '명확한 의미'를 아주 분명하게 결정할 것이라고 듣게 된다. 여성 보디빌딩 대회의 심사위원들은 분명히 여성적인 근육의 특성을 규정하는 것에 지속적인 관심을 갖는다. 『하드코어 보디빌더의 소스북』에 나와 있듯이 여성 경쟁자들을 심사하는 데 있어서 심사위원들에게 다음과 같은 지침이 전달된다.

> 무엇보다도 심사위원들은 자신이 여성이든 남성이든, 여자 보디빌딩 대회를 심사하고 있다는 점과 이상적인 여성의 체형을 찾고 있다는 점을 명심해야 한다. 그러므로 가장 중요한 측면은 외형, 즉 여성적인 외형이다. 다른 측면들은 남성을 평가하기 위해 서술된 것들과 유사하지만, 근육 발달과 관련해서는 **남성 체형의 육중한 근육**과 닮았더라도 그것보다 과하면 안 된다.[11](인용자 강조).

젠더화된 몸의 기술: 사이보그 여성 읽기

실제로 심사위원들은 남성에게 흔히 발견되지 않는 임신선, 수술 자국, 셀룰라이트와 같은 특정한 결점들을 여성에게서 찾아내라는 지시를 받는다. 또한 여성참가자들이 우아한 태도로 걷고 움직이는지 관찰하라는 지시를 받는다. 하지만 이는 남성참가자들에게는 적용되지 않는 것 같다.[12]

이 영화에는 근육질의 파워리프터*인 베브 프랜치(Bev Frances)와 아름다운 소녀 보디빌더인 레이첼 맥리쉬(Rachel McLish)라는 두 명의 유명한 여성 보디빌더가 등장한다. 영화는 베브와 레이첼을 통해 대립되는 여성적 체현의 형태들과 경쟁을 보여준다.[13] 하지만 관객들은 이 영화가 다큐멘터리가 아니라는 사실을 알고 있으며 실제로 이 영화는 연출된 경기인 <시저 팰리스배 세계선수권 대회>(Caesar's Palace World Cup Champion)에 대한 허구적인 이야기이다. 이 영화는 다큐멘터리처럼 '보이게' 하기 위해 몇 가지 기법과 장르적 관례를 이용한다. 즉 카메라는 등장인물들을 오가며 즉흥적으로 전달되는 (각본 없는) 상호작용을 기록한다. 또한 경기 참가자들에 대한 인터뷰는 화면에 등장하지 않는 사람의 목소리로 이루어지며 대화 장면은 클로즈업된다. 그리고 이 영화가 '실제' 보디빌더들을 등장시켰다 할지라도, 이 유사(pseudo)다큐멘터리에서 그들은 영화 대본으로 정교하게 만들어진 대회에서 경쟁하는 '주인공 역할'을 하고 있을 뿐이다.

이 영화는 서로 다르게 구현된 두 스타의 차이에 대해 심사위원과 그 외의 여성참가자들이 어떻게 반응하는지 보여준다. 베브는 여성

---

* 파워리프터는 바벨 들어올리기 전문가, 바벨 운동선수를 말한다.

보디빌딩의 부정적인 이미지, 즉 남성처럼 보이는 여성을 상징적으로 재현한다. 레이첼은 여성 보디빌딩의 긍정적 이미지, 즉 여전히 여성스러워 보이는 (비키니를 입었을 때 부드럽고 곡선을 이루며 섹시한) 근육이 있는 여성을 상징화한다. 이 영화는 레이첼과 베브를 소개하는 장면에서부터 이러한 두 유형의 여성의 몸이 갖는 차이의 체계를 시각적으로 그려낸다. 그들의 차이는 몸의 발달된 근육뿐만 아니라 착용하고 있는 의상유형, 거주하는 지역의 체육관, 출신국, 도시, 가족적 배경과도 관계가 있다. 서사적으로는 레이첼과 베브 사이의 경쟁이 영화의 플롯을 구조화하고 있다. 그래서 이 영화는 한편으로는 두 여성의 몸 사이의 경쟁에 대한 것이지만 다른 한편으로는 여성성의 이데올로기에 관한 영화이다.

레이첼의 첫 장면은 그녀가 흑백색 얼룩무늬 비키니를 입고, 깃털 달린 머리장식과 골드체인으로 목과 배를 두른 모습을 보여준다. 그녀는 『근육과 피트니스』라는 잡지의 사진촬영을 위해 자세를 취한다. 레이첼의 포즈 코치는 LA에 있는 그녀의 홈짐*으로 돌아와서 보디빌딩 이외의 활동(광고방송, 포스터, 뷰티 북 기획)이 세계 보디빌딩 챔피언으로서의 그녀의 위상을 떨어뜨리지 않을까 염려한다. 그녀의 코치는 "이 모든 일들이 너를 조금은 부드럽게, 조금은 파우더 퍼프[연약하게] 같이 만들었다고 생각하지 않니?"라고 묻는다. 레이첼은 "나는 나 자신을 항상 파우더 퍼프[연약한 존재]라고 여겨왔어"라면서 느린 말투로 "진짜 강한 파우더 퍼프"라고 말했다.

---

* 홈짐(home gym)은 집을 헬스클럽장소처럼 만들어 놓고 운동하는 것을 말한다.

레이첼과는 대조적으로 베브를 소개하는 장면은 호주 멜버른(Melbourne)의 바위투성이의 잿빛 풍경과 함께 시작된다. 우리는 호텔 복도의 벽을 따라 걸어오는 베브를 만난다. 다음 장면은 그녀가 파워리프팅 대회에서 시합하는 것을 보여주는데, 베브가 지금은 세계에서 가장 강한 여성이지만 한때는 발레댄서였다고 소개한다. 민소매 티셔츠 위에 레슬링복을 입은 베브는 약 231kg을 바로 들어 올리는 데 성공한다. 베브는 경기가 끝난 후 휴식을 취하면서 자신의 가족(그리고 아마도 이 영화의 인터뷰자)과 라스베가스(Las Vegas)에서 열릴 예정인 시합에 대해 이야기를 나눈다. 베브는 지금까지 여성 보디빌더에 대해 한 가지 유형, 즉 근육이 거의 없는 깡마른 여성만 봐왔던 미국 관객들이 자신에게 보일 반응을 곰곰이 생각한다.

이러한 두 여성의 몸은 영화에서 극적인 사건이 전개되면서 서로 대결하게 된다. 무대에 나란히 선 베브와 레이첼은 규정 포즈를 심사하는 1회전에서 첫 번째 경쟁 상대이다. 다른 참가자들이 포즈를 취하는 동안, 영화는 관객들에게 레이첼의 몇 가지 자극적인 모습들을 시각적으로 보여준다. 카메라는 그녀를 애무하듯이 발목에서 허벅지로, 그리고 얼굴로 오랫동안 천천히 이동한다. 하지만 카메라는 베브에게는 그리 다정하지 않다. 오히려 우리는 탈의실에서 무릎에 팔을 괴고 앉아 자신의 트레이너와 얘기를 나누고 있는 그녀를 보게 된다. 그녀는 "내가 소녀처럼 보였어?", "내가 여성적인 특성을 얼마나 갖고 있어?"라고 비꼬듯 묻는다.

대회가 끝날 무렵 베브의 이름은 가장 먼저 발표되었고 그녀는 8명의 결승 진출자 가운데 꼴찌가 된다. 한 심사위원이 '크고 그로테스크한 근육'을 가진 여성은 남성과 여성 사이의 자연적인 차이를 위반한다고

그림 12 보디빌더 베브 프랜치(Bev Frances)가 231kg을 단번에 들어올린다.
Charles Gain and George Butler, 『펌핑 아이언 II — 유례없는 여성』(*Pumping Iron II: The Unprecedented Woman*), (New York: Simon and Schuster, 1984), 157쪽.

젠더화된 몸의 기술: 사이보그 여성 읽기

그림 13 앞줄 보디빌더 베브 프랜치(Bev Frances), 칼라 던랩(Carla Dunlap), 뒷줄 보디빌더 레이첼 맥리쉬(Rachel McLish).
Robert Kennedy and Vivian Mason, 『하드코어 보디빌더 소스북』(*Hardcore Bodybuilder's Source Book*), (New York: Sterling, 1984), 161쪽.

설명할 때, 그녀의 꼴등은 그녀의 몸이 지닌 위반들의 의미를 상징화한다(그림 12). 하지만 레이첼의 체형도 절대 이상적인 여성의 형태로 추앙받지는 않는다. 이 영화에서 줄곧 버릇없는 '나쁜 소녀'로 그려진 레이첼은 이 대회에서 실제로 3위에 그친다. 칼라 던랩(Carla Dunlap)이 우승자로 발표되면서, 영화는 갑자기 서사의 예측가능성을 벗어나 혼란스러워진다(그림 13).

전(前) 미스 올림피언인 칼라는 종합적인 운동 능력과 보디빌딩의 세련화 측면에서 분명히 최고의 후보자이다. 하지만 이 영화에서 그녀의 우승은 놀랍다. 영화에서 칼라는 베브와 레이첼만큼 주요 경쟁자로 다루어지지 않았기 때문이다.[14] 실제로 우리는 칼라의 개인적인 몸의 역사 또는 보디빌딩에 대한 그녀의 철학에 대해 거의 알지 못한다. 칼라는 영화에서 나레이터로 몇 번 등장할 뿐이다. 칼라는 관객들에게 처음에는 베브를 소개하고 베브가 이 대회에 참가한 의미를 알려 주었다. 이후에는 경합 중인 여성성을 정의내리는 것에 대한 심사위원들의 갈등이 지닌 의미를 해설해 주었다.

그렇지만 칼라를 우승자로 선정한 것은 흥미로운 일이다. 칼라는 남성 트레이너/남편/아버지와 연관시키지 않은 유일한 참가자이다. 그 대신 칼라의 '실제 삶'의 동반자는 자매와 어머니이다. 그들은 베브와 레이첼이 이 대회에 참가한 의미에 대해 그녀의 설명을 듣는 대리 청중 역할을 한다. 칼라는 보디빌딩 이외의 신체 활동을 하는 것을 보여준 유일한 참가자이다. 그것은 싱크로나이즈드스위밍과 댄싱이다. 이 영화는 칼라를 선택하면서 여성성 대 남성성이라는 쟁점의 타협점을 이루기 위해 고심한다. 칼라는 베브 같은 우람한 근육질의 체형도, 레이첼 같은 파우더 퍼프 외형도 가지고 있지 않다.

하지만 칼라의 우승은 타협인가 아니면 책임회피인가? 칼라는 유일한 흑인 참가자이다. 영화 속에서 그녀의 인종적 정체성은 명백하게 논의되지는 않지만 그녀를 기술적으로 재구축된 두 가지 여성적 체현 사이의 타협물로 내세움으로써, 영화는 몸의 상이한 형태들을 위반으로 만드는 몸에 관한 수많은 쟁점에 암묵적으로 개입한다. 칼라의 우승은 백인 여성들이 거주하는 영화계에서 그녀가 흑인 여성임을 발견함으로써

젠더화된 몸의 기술: 사이보그 여성 읽기

위반적인 몸에 대한 태도를 암시한다. 칼라의 우승의 의미는 남성성 대 여성성이라는 쟁점에 관해서가 아니라 그녀의 인종적 정체성과 관련해 전복적인 중요성을 갖는다. 만일 이것이 실제로 '여성성'이라는 단어의 적절한 의미를 결정하는 경기였다면, 우리에게 부여된 대답을 어떻게 해석할 것인가? 남성성의 이데올로기와 여성성의 이데올로기 사이의 타협물로 흑인 여성의 몸이 제시되는 것은 어떤 의미를 갖는가?

쿤(Annette Kuhn)은 영화『펌핑 아이언 II: 여성들』에서 시각적인 재현과 페미니즘 정치에 관한 몇 가지 쟁점을 제기한다. 쿤은 칼라의 승리가 영화의 중심적인 질문을 회피하는 것에 불과하다고 주장한다.

> 여성 보디빌더에게 적합한 몸이 어떤 것인가라는 쟁점은 사실상 해결되지 않는다. 오히려 이 영화가 다룰 수도 없거니와 알 수도 없는 복잡한 담론들이 인종, 여성성과 몸을 중심으로 한(하지만 벗어나 있기도 한) 일련의 담론들로 대체되어 버린다. 칼라의 몸은 타협물로만 '독해'될 수 있다. 즉 다른 주요 쟁점들은 해결되지 않은 채 남아있다.[15]

한편으로, 보디빌더로서의 칼라의 성공은 흑인 여성들의 수많은 선수로서의 업적 가운데 하나일 뿐이다. 그리피스 조이너와 함께 그녀는 미국 문화에서 매체의 인기를 얻은 가장 최근의 흑인 여자 선수일 뿐이다. 이 영화의 홍보물은 미국 스포츠계에서 흑인 여성이 기량이 뛰어난 선수로 성공하는 것은 그리 대단한 일(또는 주목할 만한 일)이 아니라는 것을 시사한다. 즉 이러한 홍보물은 그녀의 인종적 정체성에 대해 어떠한 언급도 의도적으로 삼가함으로써 '인종차별을 하지 않는' 것처럼 보이게 한다. 다른 한편으로, 칼라의 우승은 베브의 몸이 상징화하는 젠더 위반이 자연의 질서를 교란시키는 것보다 인종적 구분이 자연의

페미니즘적 보디빌딩

질서를 교란시키는 것이 다소 덜하다는 점을 시사한다.

그러나 훅스(bell hooks)에 따르면, 이러한 해석은 백인 인종주의 담론 내에서 구축된다.

> 흑인 여성들이 강하고 초인적이라는 인종주의적 고정관념은 수많은 백인 여성들의 심중에 신화로 작동한다. 이러한 고정관념은 백인 여성들에게 흑인 여성들이 이 사회에서 얼마나 희생당하고 있는지 그리고 그러한 희생이 유지되고 자행되는 데에 자신들이 일조하고 있다는 것을 알지 못하게 한다.[16]

우리는 훅스의 분석을 통해 이 영화에서 칼라의 역할을 다시 검토해 볼 수 있다. 칼라는 그 자체로는 결코 피해자로 그려지지 않았음에도 불구하고 수많은 방식으로 제약을 받고 있다. 우리는 두 백인 여성의 몸들 사이의 경쟁이 갖는 의미를 청중이 이해할 수 있도록 도와주는 해설자이자 안내자로서의 역할을 하는 그녀를 본다. 정작 그녀 자신은 경쟁자, 즉 유능하고 전문적인 보디빌더로 인물화 되지 않는다. 그녀는 보디빌더로서의 자신의 정체성을 자세히 설명할 수 있는 권한도 부여받지 못한다. 이런 의미에서, 영화 내내 억압된 칼라의 서사는 영화의 성차별적이고 인종차별적인 의제를 상징하는 것으로 나타난다. 마지막에 이 영화는 기술적으로 구축된 젠더 차이들이라는 쟁점을 회피하고 인종적 차이라는 쟁점으로 이어진다. 즉 이 영화는 각각의 쟁점에 대해, 또는 각 쟁점 사이의 상호작용에 대해 아무 설명 없이 끝나버린다. 칼라에게 그녀 자신의 이야기를 하지 못하게 함으로써, 이 영화는 우리에게 백인의 몸에 관한 이야기들만 중요하다고 가르친다. 이러한 방식으로 각본화된 칼라의 우승은 설사 흑인의 몸이 가끔 우승한다 할지라도

젠더화된 몸의 기술: 사이보그 여성 읽기

백인의 몸이 중요한 몸이라고 주장하는 인종차별적인 허구를 가능하게 한다. 그러나 그것은 백인 여성 보디빌더들이 몸을 위반하는 실천들에 참여할 때, 그들은 허약하고 병리적이며 수동적인 것으로 규정된 백인 여성성에 대한 전통적 관념에 대립되는 육체적 정체성을 재구축 할 수 있는 더 큰 범위의 가능성을 누리고 있다는 점도 주목하게 한다. 흑인의 위반적인 몸은 흑인의 몸을 '자연적으로' 강한 것으로 코드화하는 '자연화된' 인종적 정체성에서 쉽게 벗어날 수 없다. 이러한 권력의 효과는 칼라가 경쟁 상대인 백인의 몸들에 비해 '자연스럽게' 부차적인 것으로 보일 때에도 여전히 작동한다.

따라서 칼라의 이야기를 열외로 취급함으로써, 이 영화는 시저스팰리스의 허구적인 무대 위에 펼쳐진 이데올로기적 경합에서 훨씬 더 강력한 도전을 회피한다. 칼라의 이야기와 관련해 더욱 흥미로운 것은 그녀의 이야기가 여성 지지자들과 여성 친척들로 채워진다는 점이다. 즉 칼라의 서사에서 남성들은 전혀 중요하지 않다. 그녀의 '여성 중심적' 선수생활에 대해 보다 풍부한 설명을 제공해 주지 않으면서, 이 영화는 적절한 여성성과 부적절한 여성의 남성성에 관한 논쟁이 대부분의 참가자들, 심사위원들 그리고 청중들이 사로잡혀 있는 이분법적 논리 내에서 구축되는 방식을 드러낸다. 이분법적 논리는 남성성과 여성성 사이의 이념형적 구분을 문화적 차이의 가장 중요한 지표로서 특권화한다. 또한 이 영화에서 억압된 요소들인 칼라의 인종적 정체성과 그녀의 다른 여성들과의 관계는 감춰져 있는 또 다른 담론들의 일부를 짐작케 한다. 그것은 몸을 기술적으로 변형하는 실천을 구조화하는 담론들이다. 하지만 이것은 기술적으로 위반적인 여성의 몸을 다룬 매체의 설명들에서는 거의

페미니즘적 보디빌딩

인식되지 않는다. 이러한 사례에서 우리는 위반적인 몸의 실천들의 의미에 영향을 미치는 그 밖의 요소들을 이해할 수 있게 된다. 즉 인종적 정체성의 실천과 동성연대적(homosocial) 관계를 맺는 실천도 위반적인 몸의 의미에 영향을 미친다는 것이다.

    놀라울 것도 없이, 내가 발견한 것은 이러한 기술적인 몸의 위반들이 저항의 형태로 나타난다 할지라도 지배적인 사회 질서의 권력관계를 재절합한다는 사실이다. 이는 여성의 몸이 전통적으로 남성의 몸의 영역이라고 이해되는 보디빌딩 활동이나 다른 운동 경기에 참가한다 해도, 이러한 몸의 의미가 상대편의 젠더화된 함의, 또는 힘을 부여하는 젠더화된 함의를 갖는 것으로 단순하게 재코드화되지는 않는다는 것이다. 이러한 몸들이 젠더의 경계들을 위반한다 하더라도, 그것들은 반대편의 젠더 정체성에 따라 재구축되지 않는다. 대신에 이러한 몸들은 위반적인 몸들을 각각 제자리에 있게 하는 문화적인 처리 방식을 드러내 준다. 그것은 각각의 몸의 '타자'에 종속시키는 것이다. 백인 여성들에게서 이러한 타자는 이상화된 '강한' 남성의 몸이며, 흑인 여성들에게서 그것은 백인 여성의 몸이다. 여성 보디빌딩의 대중문화에 대한 보다 면밀한 연구는 '자연적인' 젠더 정체성의 속성들이 지닌 **인공성(artificiality)** 과 젠더 정체성의 문화적인 이상들이 지닌 **유연성(malleability)**을 폭로한다. 그렇지만 이러한 연구는 젠더 및 인종 위계제가 기술적인 실천들을 구조화하는 **지속성(persistence)**도 강하게 피력한다. 이러한 지속성은 기술적인 위반의 해체적 잠재력을 제한한다는 것이다.

Chapter 3

최첨단 기술에 관하여
―미용성형수술과 새로운 이미지화 기술들

1980년대에 발전된 몸에 대한 가장 흥미로운 새로운 기술 중에는 인간의 인지범위를 재규정하는 시각화 기술들이 있다.[1] 우리는 복강경 검사와 컴퓨터 단층촬영(CT)과 같은 의학적인 새로운 이미지화 기술들 덕분에 몸 안을 들여다볼 수 있게 되었다.[2] 즉 이러한 기술들을 이용해 외과적으로 살을 드러내거나 개복하기 전에 체내의 상태를 진단할 수 있게 된 것이다. 과학자들이 유전자 구조를 코드화하고 '독해'할 수 있게 하는 기법들이 그런 것처럼, 새로운 시각화 기술들은 물질적인 몸을 가시적인 매개체로 변형시킨다. 이 과정에서 몸은 시각적으로 검사될 수 있도록 분리된 부분들로 파편화되고 분절화된다. 즉 부분들은 기관들이나 신경 감각기와 같이 기능에 따라 분리되거나 체액, 유전자, 체온과 같이 매개체에 따라 분리될 수 있다. 동시에, 물질적인 몸은 기술적인 이미지의 특성을 체현하게 된다.[3] 이 장에서는 여타의 시각화 장치들과 유사하게 기능하는 새로운 시각화 기술에 의존하는 것으로서 미용성형수술에 대한 담론을 검토한다. 시각화 장치들은 몸을 분리된 부분들과 조각들로 파편화하고 시각적인 매개체로 만드는 기능을 한다.

스피잭(Carole Spitzack)은 미용성형수술은 문화적 통제의 세 가지 메커니즘이 중첩되어 있다고 주장한다. 그것은 각인, 감시 그리고 고백이다.[4] 스피잭에 따르면, 의사의 임상적인 눈은 푸코의 의료적인 시선처럼 기능한다. 그것은 여성의 모습을 병리적이고 과도하며 다루기 힘들고 잠재적으로 지배질서를 위협하는 것으로 만드는 권력과 지식의 장치들 내에 위치해 있는 훈육적인 시선이다. 이러한 시선은 먼저, 여성의 몸을 분리된 부분들―얼굴, 머리, 다리, 가슴―로 분절화하고 그런 다음 그러한 부분들을 생득적으로 결함이 있고 병리적인 것으로 재규정함으로써 다루기 힘든 여성의 몸을 훈육한다. 여성이 파편화된 몸의 이미지를 내면화하고 '결함 있는' 몸의 정체성을 수용하게 되면, 몸의 각 부분들은 여성의 신체적인 비정상성을 '고착화'하기 위한 장소가 된다.[5] 스피잭은 이러한 수용의 특징을 고백의 한 형식으로 묘사한다.

> 미용성형외과 의사의 진료실 상황을 그려보면, 질병에서 건강으로의 변형은 환자의 몸 위에 각인된다. … 여성 환자는 고백의 대가로 미와 개선을 약속받는다. 이러한 고백은 병적인(무력한) 특성을 가리키는 병적인 외모를 인정하는 것에서 시작한다. 임상의 상황에서 고백하지 않는 것은 건강을 거부하는 것, 즉 질병을 선호하는 것과 같다.[6]

그러나 미용성형외과 의사의 시선은 여성의 몸을 단지 **의료화**하는 데 그치지 않는다. 사실상 그것은 여성의 몸을 기술적 재구축을 위한 대상으로 재규정한다. 돈(Mary Ann Doane)은 1940년대 여성영화를 독해하면서, 관찰 기술이 어떻게 여성 등장인물들을 의료담론의 대상으로 재현하고 설정하는지를 묘사하기 위해 '임상적 눈'이라는 개념을 사용한다. 돈의 분석에서 여성의 몸의 의료화는 몸의 표면/내부(surface/depth) 모델에 의존하는데, 이를 통해 의사는 여성의 몸이 지닌 사실을 알아내는 권리와 책임을 갖는다. 즉 볼 수 없는 여성의 내부를 볼 수 있게 만드는 것이다. 의사의 임상적 시선은 질병의 '본질'을 알아내기 위해 여성을 살펴보는 현장에서 여성의 몸이 지닌 사실을 밝힌다. 돈에 따르면, 임상적 눈은 여성의 몸에 대한 의미(signification)가 오직 외형적인 것에서 내부의 모델로 전환되었음을 보여주는 것이다. 그녀는 주류 고전 영화와 1940년대 여성영화의 차이를 독해하면서 이러한 변화를 추적한다.7

미용성형수술에서 사용되는 시각화 기술들을 검토하는 과정에서, 우리는 새로운 시각화 기술들이 젠더에 관한 전통적이고 이데올로기적인 믿음들과 절합되는 과정을 목격할 수 있다. 이러한 절합은 여성의 몸을 여전히 현재 의료화된 시선('임상적 눈')일 뿐만 아니라 기술화된 관점이기도 한 규범적 시선의 특권화된 대상으로 남아있게 한다. 새로운 시각화 기술들의 적용 속에서, 여성의 몸과 문화적인 시각화 장치의 관계는 또다시 변화해 왔으며, 이 과정에서 임상적 눈은 기술적인 시선의 배치에 자리를 내어주어야 했다. 기술적인 시선의 적용은 물질적인 몸의 표면/내부 모델에 의존하지 않는데, 이를 통해 몸은 경계가 있는 물리적 대상으로서 몇 가지 유형의 구조적인 통합성을 갖는다. 여성들과 미용성형외과 의사들의 만남에서 시각화되는 것은 내부의 또는 본질적인 여성이 아니다. 여성의 내면의 이야기는 그 자체의 사실성을 갖지 않는다. 여성의 외부와 내면은 모두 부서지고 해체된다. 미용성형외과 의사들은 여성의 몸을 이상적인 여성의 미의 기표(signifier)로 재구축하기 위해 기술적인 이미지화 장치들을 사용한다. 이런 의미에서 외과적 기법들은 미에 대해 문자 그대로 조립라인의 논리를 실행한다. 즉 '차이'는 동일성으로 개조된다. 기술적인 시선은 문화적으로 결정된 이상적인 서구 여성의 미에 맞추기 위해 물질적인 몸을 개조한다.

미용성형수술과 미에 대한 문화적 기준들의 각인

미용성형수술은 문화적으로 의미화된 형체를 실현시킨다. 여기에서 우리는 이상적인 미에 대한 문자적이고 물질적인 재생산을 검토할 수 있다. 시각화 기술들이 분리된 몸의 부분들과 조각들을 비추면, 외과적인 시술은 조작되고 재조각될 부분들을 분리하기 위해 살을 실제로 잘라낸다. 이러한 방식으로 미용성형수술은 **문자 그대로** 물질적인 몸을 문화적인 기호로 변형시킨다. 미용성형수술에 대한 **담론**은 젠더화된 몸의 문화적인 구축과정을 논의하는 데 있어서 도발적인 소재를 제공한다. 왜냐하면 여성들은 흔히 그러한 담론에서 의도하고 선호하는 대상들이고 남성들은 흔히 수술을 시술하는 행위자들이기 때문이다. 미용성형수술은 '여성의 이미지 구축'을 위한 담론의 장소일 뿐만 아니라 물리적인 여성의 몸이 문화적이고 대단히 이데올로기적인 외모에 대한 기준들에 따라 외과적으로 절개되고 당겨지며 잘리고 재건되는 물질적인 장소이다.

성형수술에는 두 가지 주요 분야가 있다. **재건**수술(reconstructive surgery)은 재난, 선천성 질환 혹은 암에 의해 손상된 기형을 복원하기 위한 것이며, 반면에 **미용** 또는 미적 성형수술은 흔히 전적으로 선택에 의해 이루어지는 시술이다. 그리고 재건수술은 건강, 정상성, 신체적인 기능의 회복과 관련되는 반면, 미용성형수술은 자신감, 사회적 신분, 때로는 직업적 지위까지도 향상시키기 위한 것이라고 흔히 말한다.

모든 성형수술은 비율, 조화, 균형에 대한 미적인 판단들을 은연중에 내포하고 있다. 실제로 한 의학 교재에서는 성형외과 의사들이 "세 가지 차원에서 인간의 형태를 판단하고 기형의 모든 측면을 평가하며 최종적인 산물을 시각화하고 최상의 결과를 만들어 낼 접근법을 계획"하는 것을 더 잘 준비하기 위해서는 고전적인 예술이론과 약간의 친화성을 가져야 한다고 강하게 권유한다.[8] 이러한 '미적 의미'의 측면들을 성문화하는 것은 직관에 반대되는 것 같다. 하지만 사실상 많은 문헌이 미적인 완전성을 과학적으로 결정하려는 의도로 얼굴 비율의 과학적 측정법을 보고하고 있다. 외과의사 배스(William Bass)에 따르면, 대부분의 미용성형외과 의사들은 인류학적 인체측정학과 인간 골상학 분야에 일정 정도 친화성을 갖는다. 한 자료에 따르면, 인체측정학은 "생사 여부와 상관없이 남성들을 측정하기 위한 기법"으로 규정된다. 인체측정학은 다양한 전문 엔지니어와 디자이너들이 이용하는 실제로 매우 중요한 과학이다.[9] 실용적인 인체측정학의 사례로는 자동차 좌석 지지대의 설계를 위해 유아와 어린이들의 몸을 측정하여 수집하는 것을 들 수 있다.[10] 물론 인간의 비율에 대한 측정 기준과 등급이 인간이 사용하는 생산물의 설계를 위해 필요한 자원이라는 점은 충분히 이해가 된다. 즉 사무용 의자에서 사무실 건물에 이르기까지 결국 인간이 사용하고 거주하게 될 다양한 생산물을 다양한 인간의 몸들에 '맞추기' 위해, 디자이너들은 믿을 만하고 표준화된 몸의 치수들을 이용할 수 있어야 한다.[11] 그러나

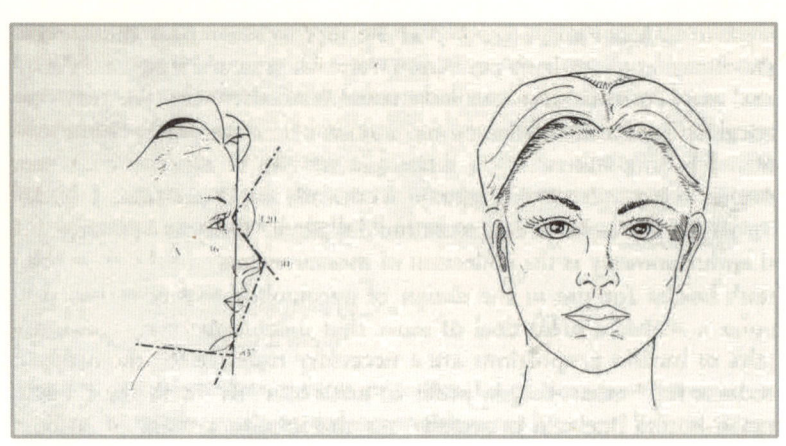

그림 14 미용성형수술 텍스트의 선화(線畵). 이상적인 여성의 얼굴의 비율과 각도를 보여주고 있다. Nelson Powell and Brian Homphreys, "Glossary of Terms", *Proportaions of the Aesthetic Face*(New York, Thieme-Stratton, 1984), 65쪽.

측정 프로젝트가 '아프리카계 미국인'이나 '이상적인 여성의 얼굴'을 측정 '대상'으로 할 때, 이러한 측정치를 제공하는 것이 실용적인 용도인지는 분명치 않다.12

인체측정학이 '남성을 측정하는 기법'이라면, 성형외과 의사들이 관심을 갖는 것은 이상적인 것을 측정하는 것이다. <미국안면성형재건학회>가 출간한 연속간행물 가운데, 자주 인용되는 『아름다운 얼굴의 비율』(파웰과 험프리스 지음)이라는 책은, 이 책이 "얼굴 비율 및 분석에 관한 완벽한 정보자료집"이라고 공언한다.13 저자들은 서문에서 다음과 같이 말한다.

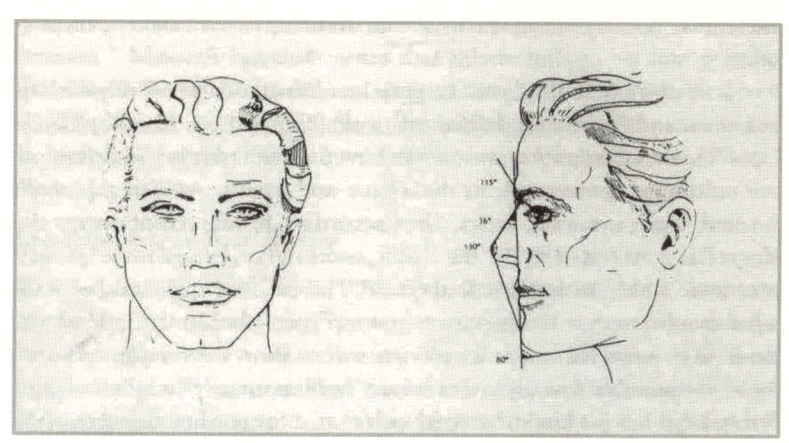

그림 15 미용성형수술 텍스트의 선화. 이상적인 남성의 얼굴의 비율과 각도를 보여주고 있다.
Nelson Powell and Brian Homphreys, "Glossary of Terms", *Proportions of the Aesthetic Face*(New York, Thieme-Stratton, 1984), 65쪽.

얼굴은 그 자체로 흔히 논평의 대상이 된다. 우리는 매번 알게 된 사람들의 전반적인 인상을 무의식적으로 평가한다. … 이러한 [인상은 일반적으로 일정 정도 아름다움 또는 균형의 범주와 연관이 있다. … 조화와 대칭은 정신적이고, 거의 매혹적이며, 이상적인 주체에 비유된다. 이것은 미에 대한 우리의 기본 개념이다. 우리는 이러한 개념 또는 콤플렉스를 '이상적인 얼굴'이라고 부를 것이다.[14]

저자들에 의하면, 이 텍스트의 목적은 상당히 단순하다. 그것은 얼굴의 대칭과 비율에 대한 가이드라인을 객관적으로 문서화하는 것이다. 엉뚱할 것도 없이, 이 책에서 선화(線畵)와 사진의 형태로 묘사된 '이상적인 얼굴'은 백인 여성의 얼굴이다. 백인 여성의 얼굴은 라인과 옆모습에서 완벽하게 대칭적이다(그림 14). 저자들은 "남성의 뼈 구조가 더 단단하고

최첨단 기술에 관하여

굵으며 돌출되어 있을지라도 … 이상적인 얼굴의 비율과 통일된 상호대칭성은 여성에게도 적용된다"고 주장한다(2). 이 책에서 유일한 남성의 얼굴 삽화는 용어정리에 수록되어 있다(그림 15). 다시 논의하겠지만, 이런 식으로 여성의 몸에 초점을 맞추는 것은 미용성형수술의 모든 영역에서 나타나는 일반적 현상이다. 즉 이상적인 비율을 결정하는 것에서부터 특수 미용시술을 마케팅하는 것에 이르기까지 널리 퍼져 있다. 이러한 이상화된 그림들의 근원이나 역사는 전혀 논의되지 않는다. 하지만 일단 이러한 이미지들의 얼굴 비율들이 성문화되고 측정되면, 그것들은 성형외과 의사들이 환자의 얼굴을 변형할 때 재생산된다. 비록 성형외과 의사들이 각기 다른 얼굴에 작업할지라도, 그들은 성문화된 치수들을 가이드라인으로 사용한다. 성형외과 의사들에게 성문화된 치수들은 각각의 얼굴을 대칭과 비율의 예술적인 이상에 맞추어 치료의 목표를 결정하기 위한 지침이 되는 것이다.

'아름다운 얼굴의 이상적인 비율'을 다룬 이 책에서 인종을 다루는 방식은 (외관상) 흉터 없이 고쳐진 하얗고 대칭적인 얼굴을 선호하는 데서 드러난다. 저자들은 한편으로는 "서로 다른 인종들이 뼈 구조가 다르다"는 점을 인정한다. 그리고 "성형외과 의사들이 인종적인 특질은 다양한 문화 속에서 서로 다르게 평가된다는 것을 인식해야 한다"는 점도 지적한다. 하지만 궁극적으로 저자들은 "얼굴의 형태는 인종과 상관없이 조화와 미적 매력을 부여할 수 있다[부여해야 한다]"고 주장한다.15 '인종과 상관없이' 미적 판단을 내릴 수 있다는 것이 성형외과 의사들 사이에서 광범위하게 공유되는 가정은 아니다. 본(Napoleon N. Vaughn)은 많은 성형외과 의사들이 "켈로이드* 형성과 과잉색소

자국을 염두에 두고 일상적으로 흑인 환자들을 거부한다"[16]고 보고한다. 그러나 '아름다운 얼굴의 비율'에 대한 논의에서 흉터조직 형성이라는 쟁점은 완전히 무시된다. 파웰과 험프리스는 흑인의 얼굴은 백인의 얼굴로 측정한 이상적인 비율에 의해 평가될 수 있다고 암묵적으로 주장한다. 하지만 백인 환자들과 다르게 흑인 환자들에게서 나타나는 수술 후 위험성에 대해서는 설명하지 않는다.[17] 흑인 환자들과 검붉은 피부색을 가진 환자들이 백인 환자들보다 켈로이드 및 비대성 흉터 형성의 경향이 더 많이 나타날지라도, 많은 의사들은 하체에 켈로이드 형성 경향을 보이는 흑인 환자들이 얼굴과 상체에서도 반드시 그러한 경향을 갖는 것은 아니라고 주장한다. 따라서 켈로이드 형성에 관한 인종적 경향성은 안면미용성형수술을 요구하는 흑인 환자를 거부할만한 정당한 사유가 될 수 없다.[18] 그래서 서머렐(Arthur Sumrall)은 "많은 흑인 환자들과 유색 인종들에게서 시술 후 피부이상(異常)변색과 수술 절개선이 백인 환자들보다 훨씬 자주 나타날"지라도, 이러한 변색과 절개선은 시간이 지남에 따라 그리고 교정 화장품으로 많이 개선된다고 말한다.[19] 추상적 개념으로서 '아름다운 얼굴'은 성형외과 의사들이 시술의 목표를 세우는 데 도움을 주기 위해 설계되지만, 문화적 인공물로서 '아름다운 얼굴'은 백인의 미에 대한 표준화된 이상의 욕망을 상징화한다.

모든 성형수술이 신체적인 외모의 기준과 '정상적인' 또는 '건강한' 몸에 대한 기능적인 정의를 적용한다는 점은 분명하다. 우리는 보다 면밀한 연구를 통해 이러한 기준과 정의가 문화적으로 결정되는 방식을

---

* 켈로이드는 피부의 결합조직이 병적으로 증식하여 단단한 융기를 만들고, 표피가 얇아져서 광택을 띠며 불그스름하게 보이는 양성종양을 말한다.

이해할 수 있다. 보고된 바에 따르면, 1940년대와 1950년대 여성들은 '앙증맞은 들창코'를 원했다. 하지만 최근의 한 조사에 따르면 이러한 모양은 유행에 뒤떨어진 것이다. 즉 "오늘날 고전적이고, 보다 자연스러운 코는 단지 냄새를 맡기 위해 필요할 뿐이다."20 여기에서 분명한 질문이 제기된다. '자연스러운'이라는 형용사는 어떤 상태를 묘사하는 것인가? 이러한 사례에서 우리는 성형재건에 대한 요청이 어떻게 유행하는 욕망의 흥망성쇠를 보여주는지를 이해할 수 있다. 이런 의미에서 '유행 수술'은 기능적이지 않은 이유에서 이뤄지는 수술종류에 더 어울리는 라벨일 것이다. 하지만 최신 유행이 전통적이지 않은 형태로 아름다운 모델들을 기용하면서 다문화주의로 변화할 때조차도,21 이상적인 미에 대한 서구적 지표에 근거해 성형적인 개조를 요구하는 것이 얼마나 많은지를 알게 되는 것은 인상적이다. 바르데(Ann Louise Bardach)는 『뉴욕 타임즈 매거진』(*New York Times Magazine*) 특집 기사에서 아시아 여성들이 보다 '서구적인' 형태의 눈을 갖기 위해 성형수술을 원한다고 보고한다.22 실제로 몇몇 의학논문에서는 이러한 성형수술을 '윗눈꺼풀의 서구화'라고 말하며 '동양에서 가장 빈번하게 이루어지는 성형시술'이라고 보고한다.23 성형외과 의사 홀(Hall), 웹스터(Webster), 두브로스키(Dubrowski)는 다음과 같이 설명한다.

> 쌍꺼풀은 모든 사회 계층을 망라하여 많은 동양인에게 세련됨과 고상함의 기호로 여겨진다. 이러한 수술을 받는 동양인들이 서양인 또는 미국인처럼 보이길 바란다고 말하는 것은 온당하지 않다. 오히려 그들은 보다 세련된 동양적인 눈을 원한다. … 윗눈꺼풀의 서구화인 안검미용성형[쌍꺼풀수술]은 젊은 한국 여성들이 자신의 약혼식 때에 자주 받는다.24

젠더화된 몸의 기술: 사이보그 여성 읽기

다른 성형외과 의사들이 "동양인 눈과 서양인 눈의 해부학적 구조를 결함이 아니라 차이의 측면에서 논의하는 것이 현명하다"고 경고한다 할지라도,[25] 이러한 수술 유형에 대한 또 다른 의학 논문은 "동양적인 눈꺼풀의 교정"이라는 제목을 달고 있다.[26] 홀과 그의 동료들은 눈꺼풀의 모양과 디자인이라는 측면에서, '자연스러운' 동양적인 눈을 어떻게 '안와와 안와 주위의 모습'이 좋지 않은 것으로 묘사하게 되었는지에 대해서는 논평하지 않는다. 따라서 그들의 동양인 환자들이 "더 크고, 더 넓고, 덜 납작하고, 더 뚜렷하고, 더 선명하게 보이는 눈과 눈 주위의 모습을" 요구할 때, 성형외과 의사들은 통상적으로 보다 서구화된 모습이라고 이해되는 성형수술 계획을 제안한다.[27] 하라햅(Marwali Harahap)은 '동양인들 사이에서' 쌍꺼풀수술이 증가한 이유를 논하면서, 이러한 기법이 제2차 세계대전 이후에 대중화되었다는 점에 주목한다. 이를 근거로 일부 성형외과 의사들은 서구화된 눈에 대한 욕망이 "영화의 영향과 아시아 여성과 백인 남성의 결혼 증가"에서 비롯되었다고 생각한다.[28]

젊음에 대한 마케팅

선천적으로 '숨겨진 눈'[잠복안구증]을 가진 어린 여자아이에게 대규모의 안면재건수술을 할 예정일 때, 의사들은 아무것도 없던 아이의 눈에 눈꺼풀을 만들어주고자 했다.[29] 그녀의 눈 수술에서 가장 중요한 목적은 '정상성'과 '기능성'이었다. 하지만 재건수술에 관한 의학 문헌을 검토해

보면 안검미용성형(눈꺼풀 수술)은 '젊음의 수술'로 흔히 이용되는 기법이라는 것이 드러난다.30 몸의 조직은 노화과정에서 탄력성을 잃고, 눈꺼풀은 50대 초반이 되면 대부분 처지기 시작하기 때문이다. 헐거워짐은 눈 주변에 쌓이고 피부를 늘어지게 하며 주름과 처짐을 유발하는 지방 축적물이 원인이다. 그리고 헐거워짐은 지방축적물이 바깥으로 또는 아래로 밀린 탈장의 결과라는 것이 가장 그럴듯한 설명이다. 지방축적물이 밀리면 눈 주변 조직의 약화를 가져온다는 것이다. 눈의 피로와 피곤은 눈을 뚜렷하게 뜨고 있어 보이게 하려는 노력으로 눈 주변 근육을 과도하게 사용한 결과라 할 수 있을지라도, 눈꺼풀 수술이 '재해나 '치료에 기반을 둔' 의학적인 근거로 이뤄지는 경우는 매우 드물다. 그렇지만 대중서적 및 전문서적에서 성형외과 의사들이 눈 밑 처진 살을 '결함'이라고 말하는 것은 아주 흔한 일이다. 이는 노화되는 몸의 '자연적인' 특성이 '질병의 증상'으로 재규정되는 방식을 보여주는 단순한 사례이며, 그 결과로서 당연히 미용성형수술은 그러한 신체적인 결함을 '치료' 또는 '교정'할 수 있는 힘을 가진 의료적 시술로 수사학적으로 구축된다.31

 몇 가지 유형의 미용성형수술은 나이 든 베이비 붐 세대에게 외적인 노화의 증상을 지연, 탈피, 혹은 사실상 사라지게 할 수 있다고 약속하면서 판매되어 왔다. 1980년대 말까지 가장 많이 시술된 성형수술로는 주름제거술, 코 재건술, 복강성형술[복부지방제거술], 지방흡입술, 박피술, 모발이식술이 있다. 이것들은 중력의 결과와 자연스러운 몸의 퇴화과정에 역행하기 위해 특수하게 고안된 외과적 기법들이다.32 다수의 논문에서 이러한 새로운 의료시술 시장은 베이비부머들을 선호한다고 보고했다. 그들은 인구통계학적으로 (1) 몸의 유지를 위해 시간보다 돈을 더 많이 투자하고, (2) 이제 막 노화의 영향을 일제히 경험하기 시작했다는 점에서 유망한 시장이라는 것이다.33 베이비 붐 세대의 범위를 고려해보면, 베이비 붐 1세대가 40대 후반이 될 때, 치아교정이나 임플란트와 같은 서비스들에 대한 광고의 증가, 레틴-A와 같은 '혁명적인' 신약들에 대한 수요의 증가, 그리고 태반 적출물을 말려서 제조한 유럽의 회춘제에 대한 기사들이 증가한 것은 놀라운 일이 아니다.34 이러한 상품들에 대한 표적시장*의 규모가 설사 향후 십 년간 지속적으로 증가한다 할지라도, 성형외과 의사들 사이의 경쟁이 너무 과열되어서 그들 중 대다수는 고객 유치를 위한 광고 캠페인을 기획하기 위해 이미지 컨설턴트를 동원하고 있다. 어떤 캠페인은 다른 성형외과 의사들에게 엄청난 비판을 받았는데, 그것은 값비싼 자동차 위에 외과적으로 날카롭게 조각된 여성의 몸을 펼쳐 전시한 것이었다. 이것은 미국의 맥주 광고주들에게는 전혀 새로운 조합이 아닐 것 같다. 하지만 많은 성형외과 의사들은 그러한 광고가 자신들의 의학적 전문성에 대한 위엄 있는 이미지를 훼손시킨다고 주장했다.35

성형외과 의사들은 수술 전 환자들에게 "성형수술은 의료이지 미용업이 아니라는" 주의를 주라고 교육을 받는다. 하지만 동시에 그들은 "우리 사회에서 많은 미용성형수술이 하나의 사치가 아니라 필수적인 것으로 간주된다"고 배운다.36 이 점이 성형외과 의사들에게 약간의

---

* 특정한 광고목표를 달성하기 위하여 일정 기간 조직적·계속적으로 실시하는 일련의 광고활동으로 신제품의 발매·신규 개점·재고정리 등은 물론이고 소비자에 대한 상품지식의 보급, 경쟁상품과의 관계에서 소비자 또는 사용자의 선호태도 변경, 상품 이미지의 확립 등을 목표로 일정한 테마 아래에서 미리 짜인 스케줄에 따라, 각종의 매체를 구사하여 종합적으로 전개한다.

긴장을 유발시키는 것은 분명하다. 성형외과 의사들은 한편으로는 자신들이 제공하는 서비스가 종종 전적으로 긴급하지 않은 처치라는 사실을 아주 잘 알고 있다. 하지만 다른 한편으로는 자신들의 의료 서비스가 신체에 잠재적으로 심각한 결과를 낳을 수 있다는 것도 인식한다. 이러한 긴장은 의사와 환자 모두가 외과적인 처치에 자발적으로 복종하기 위해 '치료적' 정당성을 만들어 낼 때, 담론적으로 관리된다.[37] 리차드 홀트(G. Richard Holt)와 에드워드 홀트(Jean Edwards Holt)는 대부분의 눈꺼풀수술이 신체적인 기능향상이 아니라 순수하게 미용적인 이유로 행해진다는 사실을 간접적으로 언급한다.

> 거의 모든 안검미용성형이 분명하게 미용적인 이점이 있을지라도, 기능적인 조치가 일차적으로 중요하다는 점을 유념해야 한다. 안검미용성형에 의해 개선될 수 있는 몇 가지 기능상의 변화가 있으며 이것들은 수술 전에 확인되어야 한다. 또한 기능상의 변화는 많은 제3자보험사*에 시술비용 지급의 정당한 사유를 제공하는 중요한 진단이다. **하지만, 기능상의 변화는 실제로 존재하는 경우에만 그렇게 보고되어야 한다.**[38] (인용자 강조)

진단하는 데 있어서 '치료적' 정당화를 이용하는 것은 분명히 불안해하는 환자를 담론적으로 안정시키는 기능을 한다. 하지만 그것은 보험보장을 위해 '선택적' 수술을 정당화하고 권위를 부여하는 기능을 하기도 한다. 불경기에, 보험 상환은 의료적 전문성을 확보한 보건의료의 지속성을 유지하는 데 필수적이다.[39] 의료적 진단의 경제학에 대한 보다 자세한

---

* 제3자보험(third-party insurance)은 피보험자 이외의 제3자에게 일어난 상해를 처리하는 보험을 말한다.

논의는 이 글의 범위를 넘어서는 일이다. 그러나 의학보고서에서 시술을 결정하는 요소들을 검토해 보면, 경제적 능력이 '필수적인' 재건 시술과 순수하게 '선택적인' 시술 사이의 구분에 영향을 미치고 있음을 발견할 수 있을 것이다.

미용성형수술을 하는 것은 소비문화의 광고 채널들을 통해 상품 그 자체로 변형되어 왔다(그림 16). 한 의학보고서에서, 외과의사들과 내과의사들은 "사회에서 젊은 외모를 강조하는 것이 미용성형수술에 대한 수요를 낳았다"[40]고 노골적으로 말한다. 베일러 대학교(Baylor University)의 임상심리학 교수인 라이트(Mary Ruth Wright)는 다음과 같이 설명한다.

> 오늘날 의료는 치료, 구호, 봉사 그 이상의 것을 포함한다. 의료는 하나의 상품이 되었고 합리적인 기대를 넘어선 소비자의 요구가 나타났다. 게다가 오늘날 의료적 돌봄이라는 개념은 의사-환자의 관계를 넘어서 사회와 공동체 전체를 포함한다. 의료는 목표를 벗어난 것 같다. 하지만, 뒤돌아본다고 해서 얻어지는 것은 거의 없다. 우리는 여기에서, 즉 과거에는 운명의 손아귀에 놓여 있던 것을 의사들의 수중으로 옮겨 놓은 경이로운 기술의 시대에 의료를 실천하고 있다. 급성질병의 의료적 처치를 면제받아 자유로운 선택적인 수술을 하는 성형외과 의사들은 근대 의료의 스펙트럼에서 발생하는 변화들에 의해 특별히 영향을 받는다.[41]

라이트가 성형외과 의사들이 전적으로 선택적인 시술을 수행함으로써 의료계의 허용 가능한 범위를 넘어서서 수술하고 있는 것은 아닌가라는 의문을 제기한다 할지라도, 그녀는 '선택적인 수술을 하는 성형외과 의사'가 가져올 수 있는 생체기술적인 경이로운 업적에 다시 초점을

최첨단 기술에 관하여

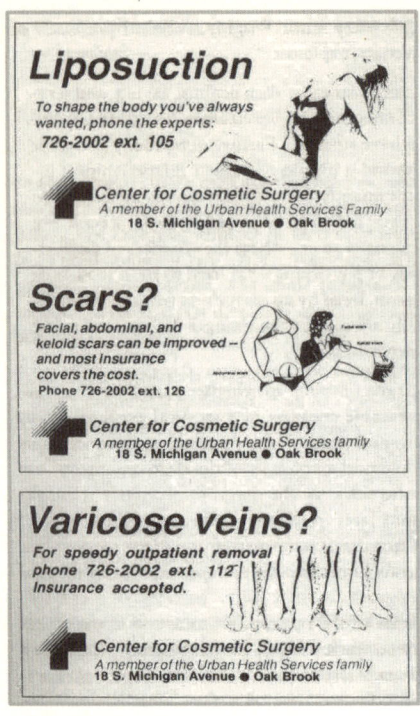

그림 16
미용성형수술센터의 광고들, 『시카고 트리뷴』(1987년 5월 10일 일요일).

맞춤으로써, 그러한 관심사를 묵살한다. 라이트가 "선택적인 수술을 하는 성형외과 의사는 급성질병의 의료적 처치로부터 자유롭다[자유로워진다]"고 말할 때, 그녀의 수사는 행위성의 문제를 회피할지라도, 그녀의 진술은 미용성형외과 의사들을 '급성질병의 의료적 처치'를 제공해야 할 의무로부터 '자유롭게 하는 것'은 시장메커니즘 때문이라고 은연중에 주장하는 것이다.

상품화의 결과들 가운데 하나이자 그에 상응하는 미용성형의 정상화는 미용성형을 선택하지 않는 것이 때로는 젊음을 유지할 수 있는 모든 활용 가능한 자원들을 사용하지 못해서 사회적으로 받아들여지고 매력적인 몸의 외모를 갖지 못한 것으로 해석되게 한다.[42] 모건(Kathryn Pauly Morgan)은 '페미니즘과 몸'을 다룬 『히파티아』(Hypatia)지의 특집 글에서 "비정상적인 것과 병리적인 것의 영역 전도"인 미용성형의 정상화는 "여성의 몸에 대한 기술화에 의해 촉진된다"고 주장한다.[43] 이런 점에서, 모건은 "환자와 미용성형외과 의사들이 가장 심오한 철학적인 원죄들 가운데 하나, 즉 실재를 넘어서 외관을 선택하는 것에 참여하는"(28)이유에 대해 더욱 철학적인 질문을 논의해 나간다. 미용적인 개조의 '자연화'가 증가하는 것에 대한 모건의 분석을 끌어들여, 내가 논의하고 싶은 쟁점은 외관적인 것이 실재적인 것으로 변형되는 메커니즘을 자세히 설명해 보는 것이다. 여성의 몸은 어떻게 기술화되는가? 젠더화된 몸의 기술적인 재생산 속에서 미용성형수술의 역할은 무엇인가?

젠더화된 몸의 기술로서의 미용성형수술

최근에는 많은 남성이 과거보다 미용성형수술을 선택하고 있지만, 그것은 자주 비밀에 부쳐진다. 한 기사에서 보고하듯이, "과거에는 [성형수술을] 꺼려왔지만, 여성들이 수년 동안 해 왔던 것, 즉 올라간 눈꺼풀, 늘어진 아래 살이 제거된 턱, 다듬어진 귀, 축소된 코, 팽팽해진 턱을 갖기 위해 몰래 성형수술을 하는 것이 수많은 남성 사이에서 붐을 이루고 있다."[44] 한 성형외과 의사는 남성들이 선택적인 미용성형수술을 받기

그림 17 남성 독자를 겨냥한 성형수술 소개.
Everything You Always Wanted to Know about Plastic Surgery(New York: Schell/Mullaney, 1991).

시작하고 있는 이유를 다음과 같이 자세히 설명한다.

> 우리가 미스터 드롭아웃이라고 부를 예정인 중년의 한 남성 환자는 자신에게 한 가지 문제가 있다고 생각한다. 그는 자신이 멋진 아가씨들을 만나기에 너무 늙었다고 생각하지는 않지만 많은 것을 개선하고 싶어 한다. … 한 남성이 노화에 대해 상담할 때, 일반적으로 그는 더 젊게 보이고자 하는 강박에 사로잡혀 있는 것이 아니라 노화과정에서 나타나는 하나 또는 그 이상의 특정한 결점들을 없애고자 하는 것이다. 즉 남성형 대머리… 이마의 주름… 축 늘어진 목덜미 살. 나이 든 남성을 더 젊게 혹은 보다 한창때로 보이게 도와줄 수 있는 많은 방법이 있다.[45]

또 다른 미용성형외과 의사에 따르면, 일부 남성들이 외모에 대해 새롭게 관심을 보이는 이유를 "자신들의 경력의 절정기에 여성들 및 베이비부머들과 최고의 일자리를 얻기 위한 경쟁이 치열해지는 것과 연결"이 된다고 본다.[46] 여기서 남성 미용성형수술의 증가는 상황판단이 빠른 비즈니스 전략으로 설명된다. 즉 '잘생겨 보이는 것'은 동료보다 높은 지성, 능력, 그리고 바람직함을 갖고 있다는 것을 함의한다. 나르시시즘, 허영심, 그리고 자기기만의 혐의는 제거되고 미용성형수술에 대한 남성의 선택은 경력 향상의 수사학에 호소하여 설명된다. 즉 더 나은 모습의 몸은 승진하는 데 있어서 더 유리할 수 있다는 것이다(그림 17). 이런 경우에, 미용성형수술은 변화하는 노동환경에 대처하여 스트레스를 줄이기 위해 고안된 몸의 관리기법으로 재규정된다. 변화하는 노동환경이란 여성들과 더 젊은 사람들의 존재에 의해 위협받게 되는 상황이다.[47] 이러한 모든 설명들은 남성들이 미용성형수술을 선택하는 것을 정당화하는 방식을 의미하는 한에서만 사실일 것이다. 그 외의 설명방식들을 받아들이기 어렵다는 것은 분명하다. 예를 들면, 남성과 여성이 '아름다운 몸'과 관련해서 더욱 유사해지고 있다는 점, 남성이 여성적인 몸의 활동에 보다 자주 참여하고 있다는 점, 또는 정말 단순하게는 외모에 대한 관심이 오직 여성만의 특성은 아니라는 점이 어떤 가능성을 갖는가? 젠더 사이의 경계가 무너질 가능성은 얼마나 되는가? 남성들은 여성 미용성형수술 고객들에게 가해지는 경멸적인 꼬리표를 어떻게 피하는가?[48]

둘(Diana Dull)과 웨스트(Candace West)는 미용성형수술에 대한 문화기술지적 연구에서 성형외과 의사들과 환자들이 미용성형수술을 선택하는 자신들의 결정에 대해 어떻게 '설명하는'지를 검토한다. 그들은 성형외과 의사들이 환자의 몸을 구성 부분들과 조각들로 나눌 때, "성형외과 의사와 환자가 함께 논의하여 문제가 있는 부분의 상태와 그것의 '교정'에 대한 '객관적인' 필요성을 정한다"고 주장한다.[49] 둘과 웨스트는 이러한 분절화 과정이 "젠더의 수행과 동시에(67)" 발생한다고 주장한다. 즉 항상 '교정이 필요한 것'이라는 여성의 몸에 대한 본질주의적 관점에 기대어 미용성형수술에 대한 여성의 선택을 '자연적'이고 '정상적'이며 외모에 대한 (자연스런) 집착의 결과로 이해한다는 것이다. 하지만 남성의 '본질적인' 특성들은 매우 다르게 규정되기 때문에, 남성들은 미용적인 개조를 하려는 자신들의 결정에 대해 정당화할 수 있는 설명들을 만들어내야 한다. 이러한 분석은 남성과 여성이 미용성형수술을 선택하는 자신들의 결정을 왜 다르게 설명하는지에 대한 적절한 이유들 가운데 하나를 보여준다. 즉 그들의 젠더화된 몸의 문화적인 의미는 이미 몸의 실천들을 설명하기 위해 언급할 수 있는 담론적인 근거를 결정한다.

예를 들면, 남성 농부와 건설 노동자의 몸과 얼굴이 그들의 노동조건으로 인해 햇볕에 지속적으로 노출되어 과도하게 '그을렸을' 지라도, 그들의 불그스름하고 가죽 같은 피부는 트러블이기는 해도 남성적인 몸의 기형으로 여겨지지는 않는다. 대조적으로 과도한 태닝으로 피부가 주름진 백인 여성은 때때로 '마이애미비치 신드롬'(Miami Beach Syndrome)이라는 진단을 받는다. 그래서 한 성형외과 의사는 "우리는 지나치게 그을려 주름진 피부 유형을 매년 3, 4개월 동안 마이애미에 가있는 여성들에게서 뿐만 아니라 얼굴에 태양 반사경으로 광선을 쬐면서 해변에 누워있는 여성들에게서도 발견한다"고 주장한다.50 어떤 몸은 아마도 미용성형수술을 정당화하는 '결점들'로 보일 수도 있지만, 그러한 시술들에 대한 논의와 마케팅이 일반적으로 여성을 전형적인 환자로 만든다는 것은 그리 놀라운 일이 아니다. 이렇게 젠더화된 몸을 차별적으로 다룬다는 것은 현재 몸과 외모에 대한 페미니즘적 연구에서 잘 알려진 주장을 증명해준다. 즉 어떤 신체적 특징의 존재나 부재의 의미는 그것이 나타나는 몸의 젠더에 따라 다양하다. 그러한 몸들이 기술적으로 다시 개조될 때조차, 분명히 젠더를 나타내는 기관은 외견상으로 인간의 몸에 대한 우리의 가장 기본적이고 자연적인 해석을 구성한다. 따라서 미용성형수술에서 사용되는 것들과 같은 기술들이 물질적인 몸의 '자연적인' 정체성을 재구축할 수 있을지라도, 기술들은 여성의 육체적인 정체성의 자연화를 붕괴시키지는 않는다.

챕키스(Wendy Chapkis)는 다음과 같이 쓰면서 이 점을 더욱 자세히 설명한다. "미용 패키지의 세부 항목들이―볼륨감이 작은지 아니면 큰지, 피부색이 엷은지 아니면 불그레한지, 몸매가 연약해 보이는지

그림 18 여성 독자를 겨냥한 성형수술 소개.
Everything You Always Wanted to Know about Plastic Surgery, (New York: Schell/Mullaney, 1991)

아니면 탄탄해 보이는지—시대에 따라 아무리 많이 변화할지라도, 동일하게 적용되는 기본 원칙은 남아있다. 그것은 아름다운 몸은 여성의 책임이자 권한이라는 것이다. 여성은 이상적인 모습에 얼마나 가깝게 체현하는지를 근거로 평가되고 보상받을 것이다"(그림 18).51 외과적인 서비스에 대해 **대중매체**(신문, 잡지)에서 광고하는 경우는 거의 드물다. 설사 있다 하더라도, 특별히 남성들을 대상으로 하지는 않는다. 한 남성이 (그림 17에서처럼) 미용성형수술의 잠재적인 환자로 그려질 때, 그는 흔히 필수적인 사업 자산인 젊은 외모를 갖기 위한 성실한 '사업'가로 재현된다. 1988년 <시카고 지방흡입술 연구소>의 광고 캠페인에서, 각 광고는 지방 흡입술 '이전의' 이미지로 여성의 (안장백형, saddlebag) 허벅지살 삽화를 보여주었다(그림 19).52 그리고 당연히, 미용을 위한 수많은 개조방식, 즉 ('영구 화장'으로 선전하고 있는) 아이라이너 문신, 전기분해요법을 이용한 제모,* 얼굴에 바르는 크림들이 특별히 여성들을 대상으로 하여 고안된다.53 <듀라소프트>(DuraSoft)사의 홍보대변인은 이 회사가 특별하게 흑인 여성들을 위한 컬러 콘택트렌즈를 판매하기 시작했다고 설명한다. 홍보대변인이 표면상으로 밝힌 이유는 "흑인 여성들이 미용을 위한 대체물을 덜 보유하고" 있기 때문이라지만, 좀 더 그럴듯한 이유는 이 회사가 미용 렌즈의 새로운 시장을 개척하고 싶었기 때문이다.54 미용성형수술광고를 조직하는 코드들은 전형적인 방식으로 젠더화된다. 즉 남성이 된다는 것은 힘과 생산성에 대한 관심을 필요로 하지만, 반면에 진짜 여성이 된다는 것은 미용제품과 서비스의

---

* 전기분해를 이용한 제모는 피부 속에 있는 모낭에 열을 가해서 파괴하는 방식으로 아주 가는 침이 이용되며 털에 침을 집어넣고 하나씩 털을 제거한다.

최첨단 기술에 관하여

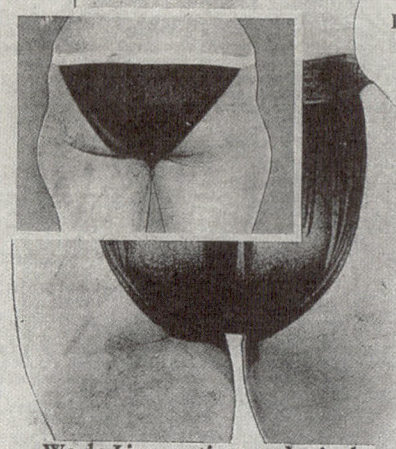
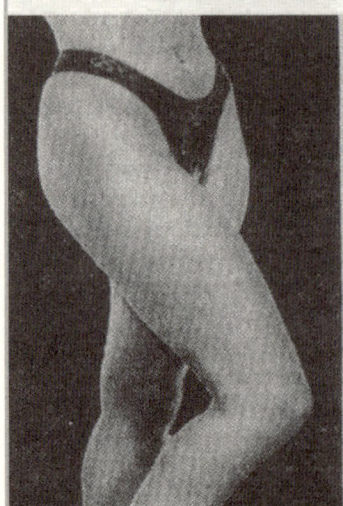

그림 19 지방 흡입술 연구소와 정맥 전문기관의 광고
『시카고트리뷴』(*Chicago Tribune*) 일요일자(1987.5.10).

젠더화된 몸의 기술: 사이보그 여성 읽기

구매를 필요로 한다.55

그렇지만, 지나치게 많이 미용시술을 받은 여성들은 '메스의 노예들'이라는 경멸적인 꼬리표를 달게 되고 외과적인 교정에 대한 강박에 사로잡혀 있다고 여겨진다.56 30대 후반과 40대의 여성들은 반복적으로 성형수술을 받을 가능성이 가장 높은 후보자들이다. 『오늘날의 심리학』(Psychology Today)에 따르면, 전형적인 '성형수술 중독자'는 '무의식적인 소망을 만족시킬' 기회로 성형수술을 이용하는 여성이다.57 『뉴스위크』지는 '메스의 노예들'의 이미지 문제에 관해 다음과 같이 진단한다.

> 40대 여성들은 특히나 체면을 세우기 위한 성형수술에 취약하다. 메스의 노예들은 최근에 이혼했거나 사별했으며, 일자리나 배우자를 다시 구해야 하는 나이 든 여성들이 많다. 그 밖의 사람들은 빈 둥지 증후군(empty-nest syndrome)으로 고통을 받고 있다. 베벌리힐즈의 미용성형외과 의사인 조바니안(Susan Chobanian)박사는 "그들을 재진입 여성들이라고" 말한다. "그들은 자신의 외모에 대해 불안해하며, 6개월마다 나타나 성형수술을 받는다. … 의사들에 따르면, 성형수술 중독자들은 신경성 거식증 또는 폭식증 환자와 많은 면에서 유사하다"고 말한다. 한 의사는 "그것은 몸-이미지의 장애(disorder)"라고 말한다. "중독자들은 자신이 실제로 어떻게 보이는지 모른다." 일부 수술 중독자들은 십대 후반에 신경성 거식증을 경험했고, 30대 후반에서 40대가 된 현재에는 자신의 몸 이미지를 다시 바꾸려고 하고 있다.58

병리적이고 질병이 있는 것으로 자연화된 여성의 몸에 대한 정체성은 미용성형서비스에 대한 매체상의 논의와 재현 속에서 문화적으로 재생산된다. 더욱이 강박적으로 반복되는 서사는 여성의 몸은 구별을 통해 결함이 매겨지고 차이들이 동일성으로 변형될 때 완벽해진다는 것이다. 하지만 미용성형수술의 사례에서, '동일성'을 지닌 자연이라는 것은 기만적인 것이다. 왜냐하면 동일성에 대한 약속은 환자가 자신이 선택한 미디어 스타와 같이 보이기를 결정할 수 있는 것과 같은 총체적인 정체성의 재구축이 아니라 오히려 더욱 이루기 힘든 '미의 향상'에 대한 약속이기 때문이다. 미용성형외과 의사들이 얼굴의 '결함들'에 대한 기술적인 제거가 여성의 '자연적인' 미를 향상시킬 것이라고 주장할 때, 우리는 미용성형수술 담론 내에서 더 많이 반복되는 모순들 중의 하나를 접하게 된다. 즉 '자연'을 증가시키기 위해 기술을 이용한다는 것이다.

몰핑*과 테크노-바디

성형외과 의사들은 상담과정이 환자와 의사가 고도로 추상적인 목표를 협상해야 하는, 실제로 엄청나게 복잡한 사회적 교환과정이라는 점을 학습한다. 목표 달성은 환자의 만족과 직접적으로 연관된다고 배운다.

> 환자들과 함께 미적 목표를 규정하는 것은 분명히 인지의 위험요소들을 갖고 있다. … 턱교정수술을 추천하고 시술하는 의사라면 대부분 비현실적인 미적 기대를 갖는 환자들을 만나 보았을 것이다. 수술 팀은 자신들의 기능적이고 미적인 목표를 거의 달성하지만, 같은 상황에서 환자들은 실망하기도 한다. … 기능, 미, 그리고 현실적인 환자의 기대형성은 모두 환자의 최대의 이해와 욕망을 염두에 두면서 설명되어야 한다.[59]

---

* 몰핑은 그래픽으로 화면을 변형시키는 기술을 말한다. 화상을 서서히 변화시키는 기법으로 몰핑 구현에는 원래의 이미지와 변화시킬 이미지 등 2개 이상의 영상이 필요한데, 이들 복수의 영상 간에 대응점을 찾아서 이미지를 변형시킨다.

젠더화된 몸의 기술: 사이보그 여성 읽기

환자의 얼굴 분석에서 가장 흔하게 사용되는 방법은 방사선촬영과 사진 분석이며, 여기에서 얼굴 옆모습은 이차원적 매체로 표현된다.60 아마도 사진과 유성 연필을 사용하는 것은 의사-환자의 상담과정에서 가장 간단한 방법일 것이다. 상담과정의 당면한 임무는 미용성형이 가능하게 할 수 있는 이점을 제안하는 것이며 동시에 환자가 수술계획을 인식할 수 있게 만드는 것이다. 즉석사진을 찍기 위해 폴라로이드 카메라를 사용하는 성형외과 의사들은 종종 절개할 위치나 스트레치 라인(stretch lines)을 표시하기 위해 매직펜으로 선을 긋는다. '사진 수술'은 환자의 기대와 예상되는 수술 결과를 협상하기 위한 일종의 소통 방법이다. 그러한 검정색 유성연필로 그린 선들의 존재(reality)는 말 그대로 얼굴을 자르고 재건하는 외과적 시술을 이용하게 해서, 본래 어떤 이목구비를 갖고 있었든지 간에 더 이상 쓸모가 없고 돌이킬 수 없는 것으로 만든다.61

다양한 이차원적 상담 방법들은 '객관적인 얼굴 분석법'을 시행하기 위해 개발되었으며, 적합한 수술 전 계획과 수술 후 평가에 필수적인 부분으로 이해된다.62 하지만 1989년 이후로 일부 성형외과 의사들은 환자의 얼굴을 삼차원으로 보여주는 새로운 시각화 기법들을 사용해왔다. 비디오 이미지의 사용은 유성연필과 사진수술의 사용을 대체한다. 일부 성형외과 의사들은 수정사항들을 '그려서 보여줄' 때조차, 대부분의 환자들이 수술 후에 자신의 모습을 상상하기 어려워하기 때문에, 유성연필과 사진수술의 사용이 부적합한 상담 체계라는 것을 발견했다.63 비디오 이미지를 사용하는 성형외과 의사들은 고객 얼굴의 실제 이미지를 조작할 수 있다. 이러한 컴퓨터화된 이미지 체계에 드는 비용과 기술에

최첨단 기술에 관하여

상당한 투자가 필요할지라도, 이러한 상담 방법을 사용하는 것은 환자의 기대를 조절할 수 있는 하나의 방법으로 홍보된다. 왜냐하면 이미지 기술을 사용하는 것은 수술을 통해 성취할 수 있는 결과들에 대해 더 많은 정보를 제공하기 때문이다. 이런 경우에, 더 많은 정보는 환자를 더 안심시킬 수 있다고 한다. 실제로 최근의 한 연구에 따르면, 환자들은 비디오 이미지를 사용하는 것을 잘 수용하였고, 대체로 "비디오 이미지가 환자와 의사의 소통을 향상시켰고 수술과 의사에 대한 신뢰를 증가시켰으며 환자-의사 관계를 강화시켰다고 생각했다"고 보고한다.[64]

비디오 이미지 상담은 카메라 앵글, 조명, 얼굴 위치, 메이크업, 헤어 디스플레이의 측면에서 아주 정확하게 찍어야 하는 일련의 비디오 촬영에서 시작된다.[65] 수술 전 사진의 정확성은 수술 후 사진이 수술 결과를 객관적으로 기록할 것이며 카메라 특수효과가 아니라는 점을 보장하기 위해 반드시 필요하다. 수술 전 비디오 화면은 디지털 방식으로 컴퓨터에 스캔된 다음 이미지 처리 체계를 이용해 조작된다. 상담을 시작하기 위해, 성형외과 의사는 컴퓨터 화면에서 환자의 두 가지 얼굴 이미지를 보여준다(그림 20). 왼편의 이미지는 예비 미용성형수술 고객의 '수술 전'(before) 원형사진으로 전혀 고치지 않고 표시가 없는 것이다. 오른편의 이미지는 성형외과 의사에 의해 조작된 것이며, 미용성형외과 의사는 스타일러스[특수 펜]와 압력을 감지하는 스케치 패드를 이용해 이미지를 조작한다. 성형외과 의사들은 실제로 수정 컴퓨터 '페인팅' 프로그램이라는 것을 사용하여 몇 가지 방식으로 이미지를 조작할 수 있다. (1) 라인(예를 들어 턱선)을 끌어올리고 이동시킴으로써, (2) 지우개 도구로 이미지의 일부분을 축소시킴으로써(예를 들어 이중 턱 제거),

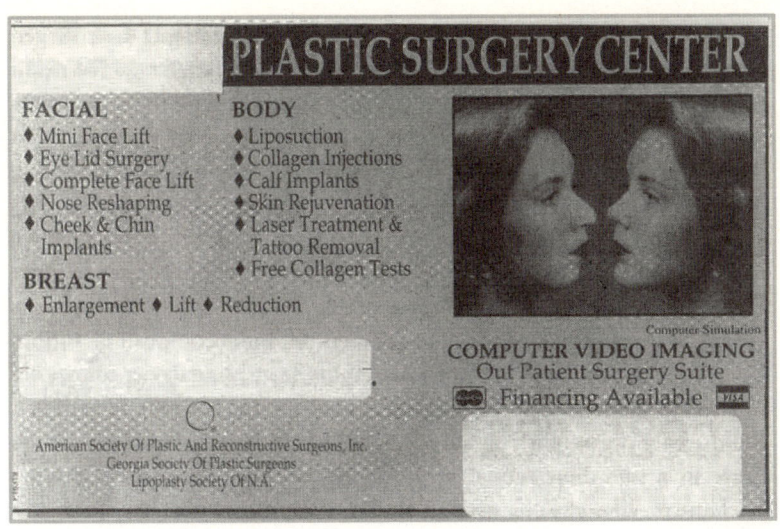

그림 20 '수술 전'(before)과 비디오 이미지 프로그램으로 만들어진 '수술 후'(after) 이미지를 보여주고 있는 미용성형수술에 대한 옐로우 페이지[전화번호부 상호면]의 광고

혹은 (3) 광대뼈가 얼마나 높은지를 보여주기 위해 얼굴의 일부분을 잡아당겨 늘임으로써 이미지를 조작한다. 다양한 조작을 하는 동안, 환자의 오른편 이미지는 본래의 얼굴과 계속 닮아있게 한다는 점에서 시각적인 통합성을 유지하며 왼편의 이미지는 성형외과 의사에 의해 수행된 예술적 조작을 위해 남겨둔다. 성형외과 의사들은 하나의 이미지에 대한 여러 가지 시술 방법을 보여줄 수 있으며, 아니면 단 한 번의 시술로 나타나는 효과들을 설명해 줄 수 있는 추가 이미지들을 재생산할 수 있다. 기본적으로 예술가의 도구들(스프레이 캔, 연필, 지우개)인 다양한 표현 도구들을 이용해, 성형외과 의사들은 30분 동안 상담 장소에서 고객의 얼굴을 재설계할 수 있다.

최첨단 기술에 관하여

이러한 환자 상담법을 사용하는 한 성형외과 의사는 수술을 받고자 하는 예비 환자들이 얼굴 해부학에 대해 전혀 문외한이라고 말했다. 예를 들면, 그들은 코 옆의 팔자 주름을 제거하기 위해 필요한 것은 볼을 늘리고 귀 뒤에 여분의 피부를 끼워 넣는 것이 전부라고 믿을지 모른다. 하지만 그들에게 정말 필요한 것은 임플란트를 사용해 광대뼈를 높이고 코를 세우는 것이다. 새로운 볼 위에 피부가 팽팽하게 당겨져서 그 결과 팔자주름이 없어지고 코의 크기가 볼의 넓이와 균형을 이루게 될 것이기 때문이다. 이 사례에서, 이미지 장치는 의사가 환자에게 수술의 목표를 달성할 수 있는 다른 방법들을 교육할 수 있게 한다. 사실 이 성형외과 의사는 이미지 장치 덕분에 이차원적 포맷에서 설명하기에는 매우 어려운, 자신이 수술에서 쉽게 해낼 수 있었던 환자 얼굴의 변형을 시각적으로 설명할 수 있다고 강조했다. 그에게서 이미지 체계는 그의 예술적인 기술을 예비 환자들에게 미리 보여줄 수 있게 해주는 하나의 메커니즘이다.

이미지 프로그램은 수술을 계획하기 위한 장치로 이용될 수도 있다. 이 프로그램은 거리, 각도, 혹은 수정된 오른편 이미지 부분의 표면을 계산할 수 있다. 이러한 의미에서 조작된 비디오 이미지는 실제 수술을 설계하는 데 있어서 사진보다 더 유용하다. 왜냐하면 비디오 이미지와 두개계측방사선 촬영사진을 비교하면 "전산화된 치료 목표의 수량화를 얻을 수" 있기 때문이다.66 따라서 만일 코의 옆선이 다시 그려지면, 이미지 프로그램은 코 수술 시 변경될 필요가 있는 정도를 결정하기 위해 오른편 이미지의 다시 그려진 선과 왼편 이미지의 원래의 선 사이의 차이를 측정할 수 있다. 성형외과 의사들은 그 측정치를 수술

절차를 계획하기 위해 사용한다.67

 일부 의사들은 환자들의 기대를 조절하는 유일한 방법은 그들에게 의사의 기술적 숙련도를 확신시키는 것이라고 믿는다. 전통적으로 의사들은 예비 환자에게 이전 환자의 수술결과 사진을 보여줌으로써 자신의 기술적 숙련도를 믿게 해 왔다. 그러나 최근에는 최첨단 이미지 장치를 이용하는 것이 의사의 서비스 질을 상징하는 것이 되었다.

> 오늘날 컴퓨터 이미지 체계는 이용할 수 있는 치료법과 재료들을 잘 알지 못하는 환자들에게 마케팅 측면에서 훌륭한 교육도구이다. … 시스템의 이점을 환자들에게 마케팅하는 것은 쉬운데, 그 이유는 다른 의사의 말에 따르면, '하이-테크' 장비는 환자들에게 자신들이 '하이-테크' 치료를 받을 수 있다고 알려주기 때문이라고 한다. '하이-테크' 장비는 당신이 이용할 수 있는 가장 최신의 그리고 최고의 재료와 기법을 제공하면서, 당신에게 최첨단 치과진료를 받고 있다는 이미지와 정체성을 부여한다.68

 비디오 이미지 체계는 상담과 시술계획을 위한 장치로 이용하는 것 외에도 마케팅 도구로도 이용할 수 있다. 이러한 경우에 컴퓨터 페인팅 프로그램을 이용하여 비디오 파일을 능숙하게 조작하는 것은 수술실에서의 기술적인 전문성을 표시하는 것으로 해석된다. 하지만 일부 성형외과 의사들은 이미지 체계를 마케팅 도구로 사용하는 것에 대해 강하게 비난한다. 그들은 비디오 이미지 체계가 교묘하게 환자들의 마음을 움직여 그들이 필요하지 않거나 원하지 않는 시술을 받게 할 수 있기 때문에 비윤리적인 측면이 있다고 보는 것이다.

 비디오 이미지 체계를 사용하거나 사용했던 성형외과 의사들과 인터뷰를 진행하면서, 나는 특히 새로운 기술을 둘러싼 논쟁에 관해 질문했다.

최첨단 기술에 관하여

비디오 이미지를 사용하는 것에 대한 가장 강력한 주장은 환자가 상상할 수 있는 미적인 치료목표에 대해 사실적인 이미지를 제공한다는 점이다. 그래서 어떤 의사들은 그것을 비윤리적인 마케팅 도구가 될 가능성이 있는 것으로 일축하고, 다른 의사들은 그것이 '사실적인 이미지', '실현 가능한 기대치', 그리고 현실 자체의 보다 나은 재현을 만들어낸다고 주장한다. 애틀랜타 도시지역의 몇몇 성형외과 의사들은 비디오 이미지를 하나의 상담 방법으로 사용하는 것을 중단했다는 사실을 더 말하고 싶다. 그 이유는 비디오 이미지 사용이 외과적인 시술을 통해 성취할 수 있는 일종의 변형들에 대해, 환자들이 비현실적인 기대를 하도록 고무시킨다는 것을 발견했기 때문이다. 그들은 환자들이 비디오 화면을 통해 보이는 수정사항이 수술실에서 그대로 달성될 수 있다고 믿는 것 같다고 말한다. 즉 비디오상의 변형이 물리적인 변형을 보증한다고 믿는 것이다. 자기의 얼굴에 대한 디지털 방식의 변형은 거부하기 어려운 황홀하고 유동적인 시뮬레이션을 만들어낸다. 일부 환자들은 모든 미용성형수술의 중요한 난점들 중의 하나가 부드러운 조직의 변화에 대한 정확한 예측이 불가능하다는 것임을 알지 못한다. 외과적인 절개 또는 임플란트 주입은 피부층, 지방층, 근육층을 항상 파괴한다. 그러한 절개된 조직을 치료하는 방식은 매우 개별적인 문제, 즉 환원될 수 없는 물질적인 몸의 차별성에 대한 문제이다. <미국성형재건의사협회>의 회원들은 수많은 환자의 실망을 접하고 나서, 수술 전 상담에서 컴퓨터화된 이미지를 사용하는 의사들을 위해 "전자이미지 포기각서"를 공식적으로 만들었다. 환자들이 서명해야 하는 동의서에는 다음과 같은 항목이 있다. "살아 있는 조직의 치료 방법에서 중요한 차이들이 있기 때문에, 나는 전자

이미지와 나의 최종 수술 결과가 전혀 상관이 없을 수도 있다는 점을 이해한다.'[69] 광고업자들이 몰핑[이미지 변화]의 가능성을 가지고 정치 입후보자들[70]을 연출하는 데 반해, 성형외과 의사들은 환자들에게 영구적으로 '몰핑한' 모습을 약속한다. 일부 성형외과 의사들이 발견한 주요 결과 가운데 하나는 비디오 몰핑을 보는 것이 실재적인 것, 가능한 것, 수술 결과로 예상되는 것을 구별할 환자의 능력을 심각하게 훼손한다는 점이다.

성형수술은 각인, 감시, 고백 기법의 적용을 통해, 젠더화된 몸의 기술적인 재생산을 검토할 수 있는 이데올로기적인 장소가 된다. 이러한 기법들의 일차적인 효과는 남성의 몸과 여성의 몸에 다른 방식으로 작용하는 기법들, 즉 몸에 대한 젠더화된 정체성을 쉽게 생산하는 것이다. 여성의 몸은 성형외과 의사와의 만남과 미용성형수술 담론 속에서 강화된 사적인 감시의 대상이 되며, 이러한 정밀조사는 분절되고 파편화된 몸의 내면화된 이미지를 낳는다. 몸은 고백의 매개물이 된다. 또한 몸은 여성들이 이상적인 미에 관해 대중문화에서 유포되는 의미들을 의식적으로, 또는 무의식적으로 받아들이는 장소이며, 여성들은 이상적인 미와 비교해 물질적인 몸을 탈가치화 한다. 달리 말해 여성의 몸은 탈근대성 속에서 그것이 가져야 할 지배적인 문화적 의미들에 대한 각인의 장소이며 일종의 게시판으로서 복무하게 된다.[71]

일부 여성들과 일부 페미니스트 학자들에게서, 미용성형수술은 여성의 몸의 기술적인 식민화를 보여주는 것이다. 또 다른 여성들과 학자들은 미용성형수술을 여성들이 자신들의 목적을 위해 이용할 수 있는 하나의 기술이라고 이해한다. 내가 여기에서 보여주었듯이, 미용성형수술은

최첨단 기술에 관하여

확실히 여성들에게 그들의 몸에 대한 기술적인 재건을 약속함에도 불구하고, 그러한 기술들의 실제적인 적용에서 매우 전통적으로 젠더화된 몸들을 생산한다. 하지만 나는 미용성형수술이 여성들이 수동적으로 희생당하는 또 하나의 장소일 뿐이라는 단순하고 뻔한 결론으로 받아들여지길 원치 않는다. 억압의 형식이든 힘을 부여하는 자원이든 간에, 내가 보기에 미용성형수술은 여성들이 그들의 몸을 자신에게 그리고 다른 사람들에게 무언가 의미 있는 것으로 만들기 위해 의식적으로 행동하는 하나의 실천임은 분명하다. 이러한 기술에 대한 상이한 방식의 시각은 내가 앞서 논의했던 개념, 즉 미용성형수술을 '유행수술'로 생각한다는 것을 진지하게 고려해 보아야 할 것이다. 코 피어싱, 문신, 헤어 액세서리를 한 여성들처럼 미용성형수술을 선택한 여성들은 자신들의 몸을 문화적 정체성을 연출하기 위한 하나의 매개물로 사용하고 있음을 볼 수 있었다. 비록 내가 미용성형외과 의사들이 서구화된 '자연적인' 미에 대한 확고한 믿음을 보여주고 있고 미용성형수술 담론은 '자연적인 것'에 대한 이상화와 조작을 재생산하는 데 연루되어 있다고 주장할지라도, 현재 유행하는 또 다른 영역들은 그렇게 이상화될 수 없다. 예를 들어, 사이버펑크와 그런지 패션*의 반미학은 페미니스트들 역시 혐의

---

* '그런지'(grunge)는 1990년대 초중반을 풍미한 일련의 음악사조와 그 파생물들에 붙여진 이름이다. 그 파생물 중 하나인 '그런지 패션'(grunge fashion)은 90년대 초에 침체되어 있던 청년문화를 부활시키고 스트리트 패션의 지위를 격상시키면서, 일반인들에게까지 전파되었다. 90년대 중반의 '그런지 패션' 혹은 '그런지 룩'은 지저분하고 남루한 스타일로 특별한 형식 없이 낡은 옷들을 아무렇게나 겹쳐 입는 믹스맥치 레이어가 특징이다. 그런지는 이후 하이패션과 스트리트 패션에서 다양한 모습으로 영향력을 행사하고 있으며, 특히 엘리트적 정통 하이패션에 대한 반(反)패션인 그런지는 전 시대의 히피룩, 펑크룩, 보헤미아니즘, 해체주의, 푸어(poor)룩, 레이어룩, 재활용패션, 에콜로지패션 등에 영향을 주었으며, 히피나 펑크처럼 젊은세대의 생각을 대변하면서 기성세대의 가치에 도전하는 메시지가 강한 패션이기도 하다. 출처: 정유경, 금기숙(2005), "1990년대와 2000년대의 그런지 패션에

가 있는, '자연적인' 몸에 대한 낭만적인 이해를 포기하라고 제안한다. '자연적인' 몸에 대한 낭만적인 이해는 우리에게 수술로 개조된 얼굴은 필연적으로 억압된 주체성을 표시하는 것이라고 주장하게 한다는 것이다. 피어싱과 그 밖의 인공보형물들—여기에서 나는 이식된 몰리 밀리언의 선글라스와 제이엘의 손톱 칼을 염두에 두고 있다—이 더욱 일반화될수록, 우리는 몸을 통해 젠더 정체성을 수행하는 것에 관해 자연적이고, 표시되지 않은 몸에 대한 신낭만주의적 동경에 매몰되지 않은 관점을 채택할 필요가 있을 것이다.

관한 연구", 『한국의류학회지』, 29권 3/4호, 449-450쪽.

최첨단 기술에 관하여

Chapter 4
공적 임신과 감시의 문화적 서사

임신한 여성들은 재생산하는 여성의 물질적 기호로서, 매료된 시선의 응시를 쉽게 피할 수 없다. 최근 『셀프』(*SELF*)지의 한 기사는 "사무실에서 그리고 거리에서 임신한 여성의 몸은 모든 사람들의 아기[몸]"라고 거리낌 없이 말한다.

> 임신한 여성은 그녀의 몸이 더 이상 자신의 것이 아니라는 것을 즉각적으로 안다. 그녀는 9개월의 임대계약을 체결한 거주재[아기]를 지니고 있으며 그[아기]는 발로 차거나 딸꾹질을 하면서 매일 밤을 보낼 것이다. … 그녀가 할 수 있는 것은 아무것도 없다. 그러나 하나의 몸을 작은 존재[아기]와 공유하는 것은 굉장히 경이로워서 대개는 그 불이익을 느끼지 못하고 지나칠 수 있다. 실질적인 문제는 하나의 임신한 몸을 그 밖의 사람들과 공유하고 있다는 것이다.[1]

여기서 우리는 생식에 관해 문화적으로 결정된 '신화적 사유'의 세 가지 핵심적인 특징을 독해할 수 있다. (1) 임신한 여성은 자신의 몸에 대한 소유권을 박탈당한다. 이는 [인류]종에 대한 여성의 기능적인 봉사를 어떤 본원적인 것으로 거듭 단언하는 것과 같다. 이때 임신한 여성은 더 이상 사적 권리에 기반한 개인이 아니며 생물학적인 스펙터클이 된다. 또한 그녀는 많은 경우에 에로틱화된 스펙터클, 즉 여성의 성적인 시각적 상징이 된다. (2) [아이는] 임신 8주 이전의 태아(pre-embryo), 8주까지의 태아(embryo), 8주 이후의 태아(fetus), 유아(baby) 또는 아동(child)으로 다양하게 언급되는데,² 여성 안에서, 여성으로부터, 여성을 통해서 성장하는 이 실체는 어머니의 몸에 고통을 주고 어머니의 몸에서 적절한 영양분을 공급받는다. 또한 어머니의 몸을 통해 태어나는 신세를 지지만 어느 정도의 우월한 권리를 갖는다. (3) 여성에게 임신한 상태는 매우 '경이로워서', 또는 스릴 있고 충만하며 영적으로 만족스러워서 그녀는 이러한 '축복받은 사건'을 경험하기 위해 어떠한 불편, 굴욕, 고통도 견뎌낼 것이다.³ 또한 이 구절은 여성의 몸이 문화적으로 중요한 부분들과 조각들로 어떻게 쉽게 '분해되는지'를 보여준다. 즉 여기서 자궁은 가족 전체의 몸에 대한 환유의 역할을 한다. 이러한 분절화는 여성을 객체화된 임신한 몸으로 문화적으로 환원할 뿐만 아니라 수정, 착상, 그리고 더 광범위하게는 임신에 대한 과학적 관리를 자연스러운 것으로 보증한다.

    나는 공적 임신을 보다 자세히 논의하기 위한 하나의 맥락을 확립할 것이다. 이를 위해 문화사 연구를 잘 아는 사람들에게는 익숙한 한 가지 질문, 즉 문화적 서사와 여성의 사회적 조건 사이의 관계는 어떠한가? 라는 질문을 제기하고자 한다. 이 장을 쓰기 위해 조사를 하는 과정에서, 1960년대 중반부터 문화 연구를 하는 학자와 학생들 사이에서 꾸준히 제기된 질문 가운데 하나인 문학과 사회의 관계에 대한 문제는 대중매체의 문화적 서사, 의료담론, 그리고 물질적인 몸 사이의 관계라는 완전히 다른 관심으로 변형되어왔다는 것이 분명해졌다. 문학과 사회의 관계에서 언어와 유물론, 즉 문화적인 재현의 물질적 효과에 대한 관심으로의 변화에 관한 구체적인 지적 계보를 열거하는 것은 이 글의 범위를 넘어선다. 그럼에도 불구하고 이러한 문제들은 내가 '과학과 기술에 대한 문화 연구'를 한다고 의미하는 것의 핵심이라고 제안하고 싶다. 이런 의미에서, 이 장의 쟁점은 구체적인 지적 실천으로부터 발생하는 긴장과 모순에 관한 것이다. 여성들과 신생식기술들(new reproductive technologies)의 전개를 연구하는 것은 이론적으로 흥미롭고 지적으로 만족스러운 조사할 가치가 있는 문제들을 제기하는 것이다. 아울러 즉각적이고 비판적인 정치적 개입을 필요로 하는 문화적 조건들을 명백하게 밝히는 것이기도 하다. 또한 신생식기술과 여성의 관계는 페미니즘 정치학에 기반하든 그렇지 않든 간에 과학과 기술에 대한 다양한 문화적 연구들에서 사례로 다루어지고 있지 않은가? 이 장의 기본적인 질문은 페미니즘 이론과 페미니즘 정치학 모두를 선점한 담론과 물질적 몸들 사이의 관계에 관한 것이다.

나는 기술시대의 생식에 관해 현재의 불안을 서사화한, 앳우드(Margaret Atwood)의 소설, 『시녀 이야기』(*The Handmaid's Tale*)의 확장된 논의에서 출발한다.4 시녀 오브프레드(Offred)가 임신한 시녀 오브워렌(Ofwarren)과의 공적인 만남을 묘사할 때, 우리는 『셀프』(*SELF*)지의 기사를 연상하게 된다. "그녀는 우리에게 신비한 존재이자 시기와 욕망의 대상이다. 우리는 그녀를 질투한다. 그녀는 고지 위의 깃발처럼, 아직도 우리가 해낼 수 있는 일이 남아있음을 보여준다. 또한 우리도 구원받을 수 있다고 말해준다"(35). 이러한 경외감은 신생식기술에 대한 의료적

그림 21
『시험관 임신: 사랑과 과학의 융합』 표지. E. Peter Volpe, Philip Mattes 그림. (Macon, Ga.: Mercer UP, 1987)

논의에서도 명백하게 드러난다. 생식의학 분야의 전문가, 볼프(E. Peter Volpe)는 1987년에 출간된 자신의 책, 『시험관 임신』(*Test-Tube Conception*)의 부제를 '사랑과 과학의 융합'(*A Blend of Love and Science*)이라고 달았다 (그림 21). 또한 그는 라헬, 야곱, 그리고 시녀 이야기가 담긴 창세기 구절을 대리모의 원형 서사(Ur-narrative)로 언급한다. 그러나 창세기의 대리모 이야기와 우리가 볼프의 책과 신문에서 보는 대리모 사이에는 차이점이 있는데, 그것은 후기 자본주의 사회에서 "대리모는 상당한 사례금을 받고 특별한 서비스를 수행한다"는 점이다.[5] 여성과 그녀의 몸을 개인과 개인의 재산 관계로 개념화하는 것은 여성들에게 일정 정도의 해방과 경제적 자유를 제공한다. 오브프레드가 "작은 자비에 감사하라"(127)고 우리에게 상기시키듯이 말이다. 하지만 이러한 자비의 본질은 무엇인가?

생식기술은 여성 몸의 살덩어리 위에 권력관계를 작동시키기 위한 수단을 제공한다. 이러한 권력관계는 다시 여러 방식으로 제도화되는데, 생식 서비스를 제공하는 의료센터들의 발전을 통해서뿐만 아니라 부모, 기증자, 태아, 그리고 그 결과인 아이에 대해 재구축된 법적 권리와 책임을 확립하는 것을 통해서도 제도화된다. 특정한 기술적 실천들은 그러한 제도화를 더욱 증가시킨다. 예를 들면 복강경과 같은 새로운 시각화 기술의 적용은 말 그대로 새로운 사회적 '행위자들'을 기술적인 존재로 끌어들인다. 이러한 방식으로, 새로운 기술의 물질적인 적용은 모성적 정체성, 부모의 책임 그리고 과학의 권위에 관한 새로운 담론과 관련이 있으며 부분적으로는 그러한 담론을 생산한다.6 생식에 대한 이러한 담론의 형성은 모성성, 가족, 기술-과학의 역할, 의료화된 시민에 관한 문화적 서사들이 그 중심에 있다는 것을 환기시킨다. 신생식기술의 전개를 특징짓는 감시 논리의 서로 다른 수준들을 밝히고자, 나는 난자복구와 배아이식에 공통적으로 사용되는 시각화 장치인 복강경의 사용을 산과학(obstetrics)의 특수한 역사 내에 속해 있는 것으로 검토할 것이고, 이와 함께 앳우드의 소설에 대한 논의를 이어 나갈 것이다. 이 기술은 최소한 미국에서는 대중매체가 '문제가 있는 임신들'을 공적인 스펙터클로 전환하는 데 몰두했던 때와 동일한 역사적 시기에 출현했다. 기구, 전문직의 역사, 그리고 매체화된 담론의 이러한 절합은 물질적인 여성의 몸을 마치 모두 잠재적으로 모성적인 몸인 것처럼, 그리고 모성적인 몸은 모두 잠재적으로 범죄적인 것처럼 훈육하기 위해 신생식기술들이 이용되는 문화적인 조건들을 만들어냈다.7 이 장에서 고려하는 쟁점은

공적 임신과 감시의 문화적 서사

소설, 의료담론, 그리고 여성들의 삶의 물적 조건에 중요하게 영향을 미치는 생식보건정책의 공식화 사이의 관계이다.

『시녀 이야기』: 현재의 사변적인 문화기술지

1985년에 출간된 앳우드의 소설『시녀 이야기』는 발간 당시부터, 오웰(Orwell)의『1984년』(*1984*)과 헉슬리(Huxley)의『멋진 신세계』(*Brave New World*)의 유형에 속하는 다가올 미래사회에 대한 디스토피아적 투사로 여겨졌다.[8] 이 소설은 길리어드(Gilead)라는 파시스트 공화국을 배경으로 하는데, 이는 1980년대 후반 또는 1990년대 초의 현대 미국사회 이후에 등장한 미래사회이다. 길리어드 체제는 모든 여성에게 아내(wives), 경제아내(econowives), 아주머니(aunts), 마르다(marthas), 그리고 시녀(handmaids)라는 다섯 가지 계급 가운데 하나를 할당한다. 아내와 경제아내 계급은 자유로운 남성의 배우자이다. 아내들은 군인 신분의 남성과 결혼하며, 한 명의 시녀와 여러 명의 마르다를 고용할 수 있는 권리를 갖는, 어느 정도 특권이 허용된 존재다. 경제아내들은 군사체제의 하위직을 형성하는 좀 더 젊은 남성들과 결혼하며 시녀나 마르다를 둘 만큼의 충분한 지위를 갖고 있지는 않다. 아주머니들은 시녀들의 종교적인 선생님이자 훈련자로서 역할을 하며 마르다들은 가정부, 요리사, 유모와 같은 서비스를 제공하는 여성 계급이다. 시녀들은 이성애적(실천적으로 반드시 이성애적인 것은 아니지만 이성애적 정체성을 가진)인 특권층(아내들과 군지도자들) 불임 부부들을 위한 대리 자궁으로서의 역할을 한다. 이 외에도 두 가지 여성 계급이 존재한다. 군대 클럽에서 비공식적인 매춘부로 이용되는 여성들인 '제제벨'(Jezebels), 그리고 자신들의 계급 배치에 저항하는 여성들인 비여성들(un-women)이 있는데 이들은 사회에 비기능적이고/혹은 잠재적으로 그리고 적극적으로 체제 전복적이다.

시녀들은 강력한 종교적 세뇌 프로그램을 통해 그들의 생식 서비스를 국가를 위해 수행하도록 사회화된다. 이는 <라헬과 레아 센터>(Rachel and Leah Center)에서 아주머니들의 교육으로 시작되며 더 광범위하게는 사회적 의례 체계가 보증한다. 길리어드 사회의 중심적인 첫 번째 임무는 인간 재생산이다. 왜냐하면 구성원들 대부분이 중독성 폐기물과 핵 방사성 낙진의 축적으로 인해 불임이거나 생식력이 약하기 때문이다. 잠재적 가임기의 모든 젊은 여성들은 시녀의 역할을 하도록 강제로 징집되거나 만일 이를 거부한다면 중독성 폐기물이 있는 '식민지들'로 추방된다. 따라서 이 사회의 중심적인 상징 인물은 잠재적으로 재생산하는 여성, 즉 시녀이다.

길리어드 의례의 목적은 여성들에게 항상 똑같다. 그것은 개인 정체성의 완전한 해체와 집합적 정체성의 사회적 재생산이다. 단순하게 '의식'(ceremony)이라고 부르는 가장 중심적인 의례는 라헬이 자신이 낳을 수 없는 아이를 남편 야곱에게 낳아주기 위해 그녀의 몸종인 빌하를 제공하는 성서의 한 구절을 떠올리게 한다. 한 여성에게 그리고 그녀의 남편에게 자궁을 대여하는, 즉 생식력을 제공하는 상징적인 재연으로 남편이 그녀를 임신시키기 위해 시녀의 노출된 성기를 관통할 때 시녀는 아내의 다리 사이에 눕는다. 시녀에게서 태어난 모든 아이는 마치 그것이

공적 임신과 감시의 문화적 서사

아내의 소유였던 것처럼 아내에게 양도된다. 그 밖의 의례들도 시녀의 탈인격화를 재강화한다. '증언'(testifying)은 음탕한 섹슈얼리티를 여성들의 원죄로 확립하고, '생일'(birthday)은 분만하는 시녀의 라마즈 호흡법[감통분만법의 일종]과 같은 집단적인 훈련에 모든 시녀들을 참여시키며, '구제'(salvaging)는 시녀들에게 관습을 위반한 시민들의 집단적 처형에 참여하도록 요구한다.

『시녀 이야기』는 두 부분으로 구성되어 있다. 첫 번째 부분이자 이 책의 대부분을 차지하는 가장 긴 부분은 15장으로 나뉘어 있다. 이 부분은 '밤' 또는 '낮잠'이라는 제목의 장들과 길리어드 사회의 핵심적 의례들을 묘사하는 장들이 번갈아 배치되어 있다. 각각의 에피소드들은 그녀와 그녀의 남편 그리고 딸이 이 나라에서 도망치려다가, 경비병들에게 잡힌 한 여성의 관점에서 이야기된다. 첫 번째 장에서 해설자는 <라헬과 레아 센터>의 기숙사로 바뀐 체육관을 묘사한다. 그곳에서 그녀와 훈련 중인 다른 시녀들은 낡은 군용 침대에서 잠을 자고 소몰이 막대를 가진 아주머니들에게 끊임없이 감시당한다. 해설자는 이 체육관을 거기서 놀고 춤추었던 십대들의 수많은 역사가 겹겹이 쌓인 양피지로 독해한다. 첫 장은 이 소설에서 끝까지 전개될 핵심적인 긴장을 보여준다. 거리를 두고 보면 어쩐지 고독하고 방관적인 것 같은, 앞선 시대를 그리워하는 사적인 순간들이 미래에 대한 끝없이 낭만적인 환상과 뒤얽힌다. 그들 개개인의 의도적인 믿음과 해방에 대한 환상은 훈련 중에 다음과 같은 것을 배우게 한다.

소리를 거의 내지 않고 속삭이는 법을 배운다. … 우리는 아주머니들의 눈을 피해 팔을 뻗어 허공을 가로질러 서로의 손을 만질 수 있었다. 머리를 바짝 붙인 채로 옆으로 돌아누워 서로의 입을 지켜보며 입술모양을 읽는 법을 터득했다. 이런 식으로 우리는 침대에서 침대로 이름을 교환했다. 엘마(Alma), 재닌(Janine), 돌로레스(Dolores), 모이라(Moira), 준(June)(4).

이러한 전복적인 순간들은 길리어드 체제가 초래한 전체주의적 통제를 증명하는 것이며, 모이라를 제외하고는 결코 저항 행동으로 응집되지 않는다. 이러한 내적 드라마들은 새로운 체제에서 여성들의 공적 지위에 대한 보다 현실적인 묘사에 가깝다. 즉, 여성들은 감시당하고 경계 그어지며 협박당하고 단속된다. 따라서 시작하는 부분에서 우리는 개인의 사적인 의례들과 이후의 서사를 방향 짓게 될 집합적인 정체성의 공적 수행들 사이에서 나타나는 구조적인 긴장에 대한 묘사를 보게 된다.

"**시녀 이야기의 역사적 주해**"라는 제목의 두 번째 부분은 형식상 에필로그로 되어 있다. 이 부분은 소설의 첫 번째 부분이 "2195년 6월 25일, 누나비트의 디네이 대학에서 <국제 역사 학회 총회>의 일환으로 열린 <길리어드 연구학> 심포지움" 석상에서 발표된 하나의 '텍스트'인 것으로 밝혀지게 되는 회고적인 구성상의 장치이기도 하다. 우리는 "시녀 이야기"가 이 책의 첫 번째 부분의 해설자인 서른세 살 먹은 시녀의 이야기가 녹음된 주요 자료들을 역사가가 재구성한 것이라는 것을 알게 된다. 표면상으로 우리는 그녀를 이름이 '프레드'인 사령관에게 고용된 시녀인 '오브프레드'로 알고 있을 뿐이다.[9]

오브프레드의 이야기는 길리어드 공화국의 억압적인 체계를 더 자세히 묘사하고 있다. 그녀가 말하는 서사는 자신만의 관점으로 제한되지만 길리어드에 대한 묘사가 의례들에 대한 설명으로 이어질 때 시녀의 주체성이 하나하나 조립되는 것을 독자도 목격한다. 이러한 파편들 속에서, 오브프레드는 시녀들의 탈도덕화가 능숙하게 조정된 사회적 현상이라는 의미를 독자들에게 제공한다. 즉 시녀들의 탈도덕화는 자신의 생식 상태를 검사하기 위해 매달 의무적으로 산부인과 의사를 방문하는 것과 같은 공적인 의례에서도, 그리고 스크래블 게임*을 하기 위해 사령관을 은밀히 방문하거나 심지어 사령관의 운전사와 성교를 하는 전복적인 행동을 하는 보다 사적인 순간에서도 이루어진다. 두 번째 일련의 사건들은 그녀의 길리어드 생활에 대한 이러한 이야기를 방해한다. 이것들은 그녀의 남편, 급진적 페미니스트인 그녀의 어머니, 체제 승계의 기원, 그리고 <라헬과 레아 센터>에서 아주머니들과 함께한 그녀의 초기 훈련에 대한 개인적인 기억들과 문화사의 단편들이다.

앳우드는 한편으로는 종교와 의례 사이의, 다른 한편으로는 생식과 기술 사이의 현대적 결합을 전도시킨다. 그 결과 그녀의 소설에서 종교는 기술화되고(영혼 스크롤), 생식은 고도로 의례화되며 발본적으로 탈기술화된다. 이러한 전도는 현대사회를 비판하는 두 가지 분석 노선을 위한 장을 마련한다. 첫 번째는 기술의 호의적인 힘과 적용에 대한 유사-종교적인 믿음을 시사하며, 두 번째는 표면상 이전 세대의 급진적 페미니스트들이 수행한 생식기술들에 대한 격렬한 규탄을 말한다.

앳우드가 자신의 소설에서 시녀들이 당하는 모든 모욕은 실질적인 역사적 선례(뉴잉글랜드 식민지 시기의 사례들, 제2차 세계대전 시기

---

* 스크래블 게임은 알파벳이 쓰인 말들을 맞추어 상하좌우로 단어를 맞추는 일종의 오락으로, 길리어드 사회에서는 금기시된 게임이다.

유럽에서의 사례들)가 있다고 계속해서 주장했지만, 이 소설의 중요성은 (단지) 그러한 역사적 선례와 관련이 있다거나 다가올 미래 미국사회에 디스토피아적 투사를 제공한다는 것에 있지 않다. 오히려 이 소설의 중요성은 현대 미국문화에서 가임기 여성들이 처한 모호한 상황을 분명히 밝히고 그것을 이야기하는 데 일조한다는 사실에 있다. 이 소설에서 굴욕적인 내용으로 묘사된 감시체제는 일부 여성들에게는 전기만큼 사실적이지도 않지만 그렇다고 완전히 허구적이지도 않다. 이런 의미에서 우리는 이 소설을 SF로서 다루기보다는 오히려 문화기술지적으로 독해할 수 있을 것이다. 이 소설은 생식의 의미에 대한 문화적인 재절합에 관해 비판적으로 주목하고 여성의 몸과 미묘하지만 명백하게 감시장치로 이용되고 있는 생식기술의 새로운 형식들 사이의 상호작용적 의미를 독해할 수 있는 서사적 틀을 제공한다.

길리어드에서, 여성들은 1980년대와 1990년대의 미국사회와 마찬가지로 주로 생식 능력에 의해 규정된다. 그 과정에서, 여성의 몸은 생식의 기능적인 부분들로 해체된다. 오브프레드가 사령관과 세레나 조이(Serena Joy)와 함께 한 그녀의 첫 번째 '의식' 의례를 묘사할 때, 그녀는 파편화된 여성 몸의 주체성을 다음과 같이 분명하게 말한다.

> 내 빨간 치마는 허리께까지 걷어 올려지지만, 더 이상은 올라가지 않는다. 그 밑에서 사령관이 오입질을 하고 있다. 그가 범하고 있는 건 내 아랫도리다. 사랑을 나누는 행위라고는 말할 수 없다. 왜냐하면 그가 지금 하는 짓은 사랑을 나누는 것이 아니기 때문이다. 성교라는 말도 적절하다고 할 수 없다. 왜냐하면 성교란 두 사람이 하는 것이지 한쪽만 연루된 일이 아니기 때문이다. 강간이라는 말로도 설명할 수 없다. 지금 벌어지는 일들 중에 내가 자발적으로 계약서에 사인하지 않은 일은 하나도 없기

때문이다. 선택의 여지가 많았던 것은 아니지만 그렇다고 전혀 없었던 것도 아닌 걸 보면, 결국 지금 이것이 나의 선택이었다(94).

오브프레드는 두 다리가 있는 하나의 자궁으로서 자신의 사회적 중요성을 "나는 국가의 자원"이고(65), "성스러운 그릇"이며 "움직이는 성배"(136)라고 이해한다. 그녀는 자신의 몸을 하나의 도구로 생각했었던 때를 기억한다.

> 전에는 몸은 쾌락을 위한 일종의 도구이며, 운송수단이자, 내 의지를 성취하기 위한 보조수단이라고 생각했다. … 그러나 지금은 … 나라는 존재는 중심이 되는 대상을 둘러싸고 응집된 구름 같은 형상이 되어버렸다. 이 형상은 [먹는] 배와 비슷한 모양인데 나 자신보다 오히려 더 단단하고 현시적이다. 핵은 투명한 껍데기에 싸여 빨갛게 빛나고 있다. 그 핵 안에는 밤하늘처럼 거대하고 어둡고 굴곡이 진 공간이 하나 있다. 이 공간은 검은색이 아니라 검붉은색에 가깝지만, 별처럼 헤아릴 수 없는 빛의 미세한 점들이 그 속에서 불어나서 반짝거리고 터져 시들어간다. 달마다 달이 뜬다. 거대하고, 둥글고, 무거운 달이 징조처럼 떠오른다. 그리고 나는 절망이 기근처럼 내게 다가오는 걸 바라본다. 핵이 텅 비어 있다는 사실을, 다시, 또다시 되풀이해 느껴야만 한다(73-74).

하지만 그녀는 '국가의 자원'으로서 비타민을 섭취하고 몸에 좋은 음식을 먹는 것을 세심하게 지켜야 한다. 리디아(Lydia) 아주머니는 그녀에게 다음과 같이 가르친다. "너는 가치 있는 그릇이 되어야 한다. 기존 연구결과에 따르면 알코올은 물론이거니와 커피나 차를 마셔서도 안 된다"(65). 물론 이러한 연구 결과들은 그녀의 생애 이전에도 담뱃갑, 선술집 금전 등록기, 컴퓨터 모니터에 다음과 같은 경고 문구를 공고하도록 하는 정책에 영향을 미쳤다. "임신한 여성들에 대한 경고─흡연,

음주, 노동은 당신의 태아 건강에 해로운 영향을 미칠 수도 있다."

두 번째 비판적 분석 노선은 생식기술에 대한 일부 페미니스트들의 비판적 입장에 해당된다. 이 소설에서 이 구절들은 페미니스트로서 독해할 때 많은 면에서 아주 곤혹스러운 문제이다. 왜냐하면 이 믿음들은 상이한 맥락, 즉 우리 모두의 맥락에서는 매우 친절하고 아주 합당해 보일 수 있기 때문이다. 하지만 길리어드 사회의 제도화된 억압체계와 연결된 이러한 믿음들은 시녀들에게 국가를 위해 생식 서비스를 제공하라고 강요하는 족쇄의 한 고리를 형성한다. 오브프레드는 '생일' 의례에 대해 설명하면서 자기 어머니의 페미니즘적 신념을 회고한다. 우리는 기계가 분만실에서 추방당했다는 것을 발견한다. 1980년대에 일부 페미니스트들을 분노하게 한 원인이었던 남성의사들과 남성기술자들에 의해 통제되는 기술화된 분만 상황은 길리어드에서는 불법이 되었다. 시녀의 출산 중 비상사태를 대비하여 (기계들 및 남성들과 함께) 완벽한 장비를 갖춘 출산차가 대기하고 있었지만, 대부분의 경우에 남성들을 필요로 하지도, 원하지도 않는다.

> 옛날에는 달랐다. 의사들이 주도권을 쥐고 있었다. 부끄러운 일이었지, 라고 리디아 아주머니는 말했다. 굴욕이야. 그때 그녀가 우리에게 보여준 것은 구시대의 병원에서 찍은 영화였다. 한 임신한 여성이 기계에 전선으로 연결되어 있었다. 몸 구석구석에 전극이 연결되어 있어 고장난 로봇처럼 보였다. 팔에는 정맥 주사가 연결되어 체내로 주사액이 흘러들어 가고 있었다. 전조등을 이마에 단 남자가 소녀처럼 음모를 깎은 여자의 가랑이 속을 올려다본다. 반짝반짝 빛나게 소독한 메스가 잔뜩 들어 있는 트레이, 모든 사람들은 마스크를 썼다. 환자는 협조적이다. 먼저 그들은 여성에게 진정제를 투여한 후, 분만을 촉진하고, 회음부를 절개해 열었다가 다시 꿰맨다. 그것이 전부다.

공적 임신과 감시의 문화적 서사

> 미취제조차도 쓰지 않았다. 엘리자베스 아주머니는 미취제를 쓰지 않는 것이 아기에게 좋았다고 했다. 내가 네게 잉태하는 고통을 크게 더하리니 네가 수고하고 자식을 낳으리라 [창세기 3:16](114).

하지만 이 장면은 출산과 고통에 관한 의식주의적 성경 구절로 되돌아가기 위해, 페미니스트들과 그 밖의 사람들이 1980년대에 '자연' 분만 운동을 펼치기 위해 옹호했던 것과 유사한 분만 상황을 묘사한다.[10] 또 다른 기억이 오브프레드에게 떠오르는데, 이번에는 새로운 사회의 이점에 관해 시녀들을 재교육하려고 보여준 영화들이다. 이 영화들은 원시여성들이나 구시대의 포르노 영화에 대한 문화기술지적 필름일 것이다.

> 그녀가 보여주는 영화들은 70년대나 80년대에 만든 낡은 포르노 필름인 경우가 많았다. 무릎을 꿇고 앉아서 권총이나 페니스를 빠는 여성들, 끈이나 사슬에 묶이거나 목에 개목걸이를 하고 있는 여성들, 나무에 벌거벗고 목매달리거나 거꾸로 매달려 다리를 활짝 벌리고 있는 여성들, 강간당하고 매 맞고 살해당하는 여성들을 보여준다. 지금처럼 되지 않았다고 생각해 봐, 리디아 아주머니가 말했다. 옛날에 얼마나 끔찍하게 살았는지 알겠지? 저게 바로 당시에 여성을 보는 시각이었어(118).

오브프레드는 이 필름들 중에서 "밤을 다시 가져가라"는 구호를 내건 행진에 참여한 자기 엄마를 보게 된다. 그녀는 '선택할 자유', 즉 자신의 몸을 통제할 수 있는 여성의 권리에 관한 자기 엄마의 페미니즘적 확신을 반복해서 말한다. 그리고 더 젊은 여성들에게 거는 엄마의 기대에 관해서도 말한다. 오브프레드가 시녀의 집단적인 출산장면으로 되돌아 올 때, 그녀는 마음속으로 현재까지로는 가장 끔찍한 회상을 한다. "엄마,

젠더화된 몸의 기술: 사이보그 여성 읽기

당신은 여성들의 문화를 꿈꾸셨지요. 자, 이제 여기 이렇게 있어요. 당신이 꿈꾸시던 문화는 아니지만, 여기 이렇게 존재하고 있어요. 작은 자비에 감사하세요"(127).

이러한 비평 노선을 이해하기 위한 핵심은 또 다른 장에서 오브프레드 본인으로부터 나온다. 그녀는 사령관과 게임을 하기 위해 그의 서재에서 [그와] 비밀리에 만난 후에 이 모든 것을 어떻게 이해해야 할지 몰라 혼란스러워한다. "내게 필요한 건 올바른 시각이다. 액자 하나와 평면 위에 배열된 형상들을 통해 만들어진 깊이의 환영. 원근법이 필요하다. 그렇지 않으면 고작해야 2차원뿐일 테니. 원근법이 없으면 벽에 부딪혀 납작하게 으깨진 얼굴로 살아야 할 것이다. 세상만물이 거대한 전경이 되어 시시콜콜한 세부사항, 클로즈업, [털이며 이불 호청의 짜임까지 눈앞에 훤히 보일 것이다.] ⋯ 게다가 이 순간만을 살아야 한다"(143). 그녀가 추구하는 올바른 시각은 간단하게 이해된다. 오브프레드가 스크래블 게임과 금지된 틀을 일치시킬 때, 그녀는 "맥락이 가장 중요하다"고 생각한다. 우리는 머지않은 미래에 여성들이 생식기계로 보호받고 위협적인 위험인물로 매도당하는 것과 관련된 익숙한 페미니즘적 비평을 다시 접할 때 "맥락이 가장 중요하다"는 것을 명심해야 한다.

기술의 지배

산과학의 전문화에 대한 몇 가지 흥미로운 역사적 설명이 있지만, 대부분의 사람들은 어니(William Ray Arney)의 1982년 저작에 따라 "최근

산과학 역사의 주요한 특징이 급격한 기술상의 진보"라는 것에 동의할 것이다.11 어니는 제2차 세계대전 이후로 산과학의 지향성이 출산과정에 대한 개입에서 환자에 대한 모니터링과 감시로 바뀌었음을 시사한다. 그의 견해에 따르면 1940년대 후반에 "산과학의 개념 구성은 '분만'(confinement)에서 '감시'로 변했다. … 병원은 사회의 구석구석까지", 결국에는 여성들의 사생활에까지 확장된 "산과학적 감시체계의 중심이 되었다(123)." 그는 현대 세계에서 "산과학적으로 보면 개인의 모든 면들이 잠재적으로 중요하기 때문에, 여성 삶의 모든 면은 산과학적 시선에 종속된다"(153)고 단언한다. 따라서 침략적인 기술들의 실질적인 적용을 통해서건 혹은 사회적 모니터링과 감시의 기술적 실천을 통해서건 태아의 보호는 여성의 임신에 개입하기 위한 상식적이고 이데올로기적인 이론적 근거로서 자주 제시된다.12

어니는 출산에 대한 모니터링 증가는 모성의 몸과 태아를 더욱 광범위한 감시체계에 끌어들일 뿐만 아니라 산과학자들 자신을 통제하고 모니터하는 기능을 한다고 계속해서 주장한다. 지난 40여 년에 걸쳐 개발된 여러 가지 통제 '장치들'은 태아에 대한 관찰 능력을 높이기 위해 설계되었다. 예컨대 출산 시 자궁근육의 수축 정도를 측정하는 자궁 내 압력 카테터들, 태아 혈액의 수소이온농도(pH)를 해독하는 피하전극, 그리고 태아의 호흡운동을 모니터하는 초음파 장치들이 있다. 이러한 새로운 기술들의 전개와 함께, 전문가적인 판단을 포함한 전문적인 실천으로 규정된 지배적이고 전통적인 산과학은 과학적 방법에 입각한 임상적이고 기술적인 프로토콜*로 재규정된 산과학과 갈등을 겪게 된다. 산과의사들도 무엇을 모니터하고, 언제 개입할 것인가에 대해

젠더화된 몸의 기술: 사이보그 여성 읽기

알려주는 과학적 연구들이 전문가의 '주관적인' 판단을 방해한다고 주장한다. 여기서 우리는 트라이쉴러(Paula Treichler)가 자세히 설명한 것처럼, 산과의사의 권위적 역할이 갖는 타당성에 대한 이전의 규정은 그 자체로 역사적 투쟁의 산물이라는 것을 기억하는 것이 중요하다.[13] 새로운 모니터링 기술들의 출현과 함께 산과의사가 갖는 권위의 범위 일부가 축소될지도 모르지만, 반면에 기술적 모니터링은 임상적 판단과 관련한 권위의 손실을 막기 위해 제도적 사안들을 마련하는 방식으로 산과학적 통제체계가 된다. 즉 기술적 모니터링은 '역사적으로' 성취된 산과의사의 권위를 완전히 제거하지는 않는다. 따라서 어떤 의미에서 새로운 모니터링 기술들이 오늘날 기술적으로 강화된 임상적 실천에 대한 관념 때문에 산과의사의 통치권이 사라지고 대체되는 느낌이 들더라도, 또 다른 의미에서는 산과의사가 지닌 권위의 범위는 모니터링 장치들의 출력 정보를 해석하는 책임을 포함하는 것으로 확장되어왔다.

산과학 분야에서 이러한 기술들의 사용은 또 다른 역사적 맥락 속에서 보면, 지난 4세기 동안 성공적으로 진행된 모든 의료 분야에 기술이 도입되는 시기와 일치한다.[14] 이러한 서사와 일치하여 새로운 모니터링 기술의 도입은 산과의사들과 임신한 여성들 모두를 규범적인 감시체계로 끌어들이는 결과를 낳는다. 위에서 언급한 대로, 산과의사들의 행위성의 범위가 문화적·제도적으로 더 광범위해지더라도 말이다.

이와 마찬가지로 중요한 또 하나의 결과는 이러한 모니터링 장치들은 감시할 새로운 몸들을 만들어낸다는 것이다. 가장 확실한 몸은 새로운

---

* 프로토콜은 의학용어로 과학적 연구나 환자를 치료하기 위한 계획을 말한다.

이미지 기술들을 통해 가시화된 태아의 몸이다.15 이는 일부 산과의사들로 하여금 태아가 **주요한** 산과환자라고 주장하게 한다. 반면에 태아의 몸보다 덜 확실한 것은 여성 몸의 새로운 정체성을 만들어내는 것이다. 여성의 몸은 임신이 아닐 때조차도 **잠재적으로** '모성적인 몸'으로서, 배아 또는 태아를 위한 잠재적인 그릇으로서의 생리적이고 도덕적인 지위로 가치 평가된다.16 인간의 생식과 모성의 건강에 봉사하는 기술의 사용은 명백하게 모든 참여자들에게 정치적 중요성을 갖는다. 태아의 권리를 주장하는 사람들이 증명해주듯이, 그러한 기술의 사용은 오늘날 산과학과 결합하면서 하나의 역할을 담당하는 완전히 새로운 참여자를 구축하는 결과를 낳기도 한다. 그래서 듀든(Barbara Duden)이 설득력 있게 주장한 것처럼, "태아의 공적 이미지는 임신한 여성의 감정적이고 육체적인 인식을 형성한다."17

1978년 7월 25일 영국에서 최초의 '시험관' 아기인, 브라운(Louise Joy Brown)이 태어난 지 10년이 지나지 않아 미국에서는 88개가 넘는 체외수정(IVF) 클리닉이 문을 열었다. 체외수정 클리닉은 기술적인 생식 서비스를 제공하는 여러 종류의 기관들 중 하나일 뿐이다. 1987년에는 익명의 난자기증프로그램이 <클리블랜드 클리닉>(Cleveland Clinic)에서 최초로 확립되었다. 공식적으로는 이를 난모세포기증프로그램이라고 부른다. 이 프로그램의 관리자들은 사람의 난자를 "머리카락과 눈의 색깔, 신체 사이즈와 혈액형, 심지어는 민족적 혈통까지도 미래의 부모들과 맞춰줄 수 있다"고 주장한다.18 프로그램 시행 첫해에, 이 클리닉은 여성들의 난자기증 신청이 쇄도하고 있다고 보고했다. 이러한 쇄도는 부분적으로는 분명히 이 클리닉이 난자 기증 당 1,200달러를 여성에게 지불했기 때문이다. 이러한 서비스들의 이용 기술, 즉 소위 '신생식기술들'(NRT)이 난자를 처리하는 범위는 다음과 같다. (1) 수정되지 않은 난자를 생식력이 있는 자궁에서 추출해낸 다음, '자연적으로' 수정될 수 있도록 생식력이 없는 자궁에 넣어주거나 자궁 외부에서 수정시켜 또 다른 자궁에 착상시킬 수 있다. (2) 수정된 난자 또는 배아를 생식력이 있는 자궁에서 생식력이 없는 자궁으로 이식할 수 있다. 사실상 생리적인 생식 과정이 의료적으로 그리고 기술적으로 관리되는 정도가 확장되는 것은 사람들에게 출산을 하나의 산업으로 생각하게 했다. 이런 점에서 일부 비평가들은 생식클리닉은 '상업적인 아기 제조 서비스'일 뿐이라고 비판한다.[19] 실제로, 이러한 생식 서비스 비용은 미국의 일반인들이 감당하기에는 매우 비싸다. 예를 들어 1989년 현재 대리모 가격은 1만 달러이고 체외수정(IVF)은 하나의 생존 가능한 배아를 이식하는 데 통상적으로 3,000달러에서 7,000달러 사이의 비용이 들며 인공수정은 500달러에서 5,000달러까지의 가격대를 보인다. 이러한 서비스들이 아이를 임신하기 위해 3만 5,000달러 이상을 지불할 능력이 있는 중산층 이상의 (불임)부부들에게 주로 판매된다는 사실은 놀라운 일이 아니다.[20]

여성의 몸에서 자궁을 기술적으로 분리하는 것은 생식 과정 자체를 난자생산, 수정, 착상, 영양공급, 출산이라는 각각의 단계들로 나누는 것과 같은 생식의 합리화를 촉진한다. 이런 식으로, 신생식기술은 여성의 몸 안에서 정상적으로 발생하는 인간 생식의 물리적 과정을 분리하고 그것에 개입함으로써 말 그대로 여성의 몸에 대한 대상화와 분절화를 실행하는 여러 가지 바이오테크닉을 포함한다. 이러한 기술들에는 과배란제 투여, 인공수정, 복강경, 체외수정, 배아의 냉동보관, 초음파 스캔,

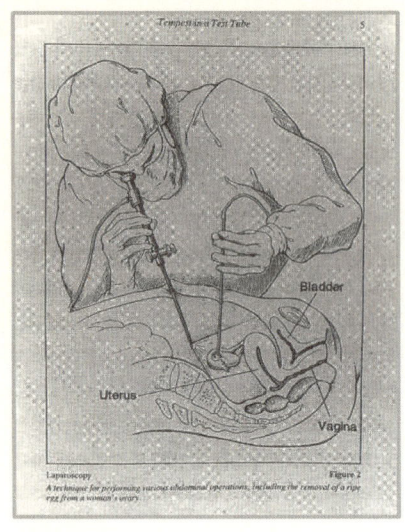

그림 22
내과의사가 복강경을 통해 [몸 내부를] 보고 있는 삽화.
E. peter Volpe, *Test-Tube Conception: A Blend of Love and Science*, Philip Mattes 그림(Macon, Ga.: Mercer UP, 1987), 5쪽.

그리고 체내에서 수정된 배아를 운반하기 위해 배아가 자궁경관을 통해 자궁강으로 이동할 수 있도록 특수하게 설계된 카테터와 같은 기구들의 사용이 포함된다.

    이러한 몇 가지 절차들은 연구자들과 내과 의사들에게 여성의 몸 내부의 생리적 상태와 성장 중인 배아/태아를 실제로 볼 수 있게 해준다. 브라운의 '시험관' 임신을 맡았던 영국의 두 과학자, 스텝토(Patrick Steptoe)와 에드워즈(Robert G. Edwards)는 여성의 난소에서 성숙한 난자를 얻기 위해 복강경이라는 외과적인 기술을 일부 변경했다(그림 22). 볼프는 복강경을 시각화 기구로 사용해서 난자를 복구하는 절차를 다음과 같이 묘사한다.

난소를 선명하게 보는 것은 가느다란 조명장치를 단 망원경 같은 기구, 또는 배꼽에 낸 작은 절개를 통해 삽입된 복강경을 이용하면 가능하다. 이 시각화 장치로 난소를 볼 수 있으며 외과의사들은 조직의 표면을 검사할 수 있다. 성숙한 난자를 함유하고 있는 둥근 난포는 얇은 벽으로 둘러싸인 핑크색 돌출부로서 난소 표면 위에서 쉽게 발견할 수 있다. 그때 특수하게 고안된 피하주사로 복부의 두 번째 절개를 관통하게 하고 부풀어 오른 난포의 내용물들(난재을 빨아들인다.[21]

복부가 복강경을 삽입하기 위해 꿰뚫어지듯이, 기술적인 시선은 여성의 몸에 있는 생식기관의 생물학적 기능작용을 면밀히 조사하기 위해 말 그대로 여성의 몸을 관통한다. 이 과정에서 '잠재적으로 모성적인' 여성의 몸은 샅샅이 조사하기 위한 시각적인 매개물로 대상화된다.

이러한 정교한 기술들을 이용해 체외수정한 배아가 성공적으로 착상된 후에도 '임신'은 세심하게 관리된다. 임신하기 위한 모든 노력, 돈, 그리고 육체적 불편함을 감수하고 나면, 배아/태아가 건강하게 성장하도록 노력하는 것이 가장 큰 관심사가 된다.

> ... 임신은 현재의 기술 수준에서 활용할 수 있는 모든 자원을 이용해 관리된다. 프로토콜은 지속적인 진료실 방문, 호르몬 분석, 초음파 스캔, 척추피혈을 알아보기 위한 혈청 알파페토프로테인검사, 태아의 생화학적이고 염색체적인 분석을 위한 양수천자, 정규적인 산과학적 실험실의 검사, 그리고 산모의 당뇨병 징후를 확인하기 위해 식후 2시간 후에 실시하는 포도당 검사를 포함해 정교하게 만들어진다.[22]

일부 전문가들은 태아에 대한 급증하는 관심은 부분적으로 시각화 기술의 발전과 태아 의학에 대한 새로운 의학전문분야로서의 전망 때문이라고 뻔뻔스럽게 합의한다. 최근에 한 신문기사는 어느 외과의사의 말을 다음과 같이 인용했다. "우리는 현재 태아를 볼 수 있다. 그리고 태아의 사이즈와 성을 결정할 수 있다. 만일 태아에게 질병이 있다면 수혈할 수 있고 자궁에 영양분을 공급할 수 있다. 그리고 우리는 섭식과 라이프스타일이 태내에 해를 끼칠 수 있다는 것을 알고 있다."[23] 따라서 체내 기능의 시각화를 통해 여성 몸의 대상화를 조장하는 기술적 진보는 동시에 태아의 '인격화'를 고무한다.

신생식기술의 정치적 결과를 평가하기

산부인과의 역사를 잘 알고 있는 많은 페미니스트들은 신생식기술의 적용과 전개 속에서 의료 전문직을 위한 과거의 캠페인이 지속되고 있는 것을 본다. 이 캠페인은 여성들에게서 출산 행위에 대한 통제권을 강제로 빼앗음으로써 의료 전문직의 문화적 권위를 강화하기 위한 것이다. 미드(Margaret Mead)는 이러한 욕망이 "새로운 생명을 생산하는 여성 능력에 대한 남성 질투"의 결과임을 이미 오래전에 시사했다. 그럼에도 불구하고 보다 최근에 몇몇 사람들은 남성들이 신생식기술의 발전과 적용에 참여하는 것은 '자연'을 통제하고 정복하려는 욕망을 표현한다고 주장해왔다. 이에 따라 일부 페미니스트들은 출산통제를 자궁통제로 재규정해야 한다고 주장한다. 예를 들면 코레아(Gena Corea) 는 『어머니 기계: 인공수정에서 인공자궁까지의 생식기술들』(*The Mother Machine: Reproductive Technologies from Artificial Insemination to Artificial Wombs*) 에서 현재 신생식기술의 적용은 단지 '다루기 어려우며' 생식력이 없는 자궁에만 관심을 갖는 것이 아니라 그것을 훨씬 넘어선 것이라고 확대 해석한다. 그녀에 따르면, "그것은 자궁과의 전쟁이다."[24] 이는 다른 페미니스트들에게 출산을 '생식 공학'으로 재규정하게 한다. 생식 공학의 주요 목적은 여성의 몸에서 일어나는 일을 돕는 것이 **아니라** 부계의 불확실성을 제거하는 것이다.[25] 앨버리(Rebecca Albury)는 체외수정(IVF) 프로그램들이 이러한 서비스를 제공받을만한 여성의 '적합성'(fitness)을 어떻게 판단하는지에 대해 다음과 같이 기술한다.

> 여성은 자신이 기술적인 임신 프로그램의 일부가 될만한 가치가 있다는 것을 입증해야만 한다. 즉, 그녀는 '좋은 어머니'에 대한 전문가의 견해와 일치해야 한다. 첫째, 그녀는 결혼한 상태여야 한다. … 또한 부모로서의 능력과 동기가 타당한지를 입증해야 한다.[26]

『어머니 기계』에서, 코레아는 우리에게 다음과 같은 것을 알려준다.

> 생식 공학자 대다수는 압도적으로 남성인 데 반해, 이 남성들이 실험하는 대상은 압도적으로 여성의 몸들이다. 사용된 기술은 실재에 대한 남성들의 가치와 판단에 따라 남성들에 의해 개발된 과학에서 나온다. … 생식기술은 남성적인 실재의 산물이다. 기술에 구현된 가치들, 즉 대상화와 지배는 전형적인 남성의 문화이다. 기술은 남성이 발생시켰으며 여성에 대한 남성의 권력을 강화한다(3-4).

이러한 분석에 따르면, 신생식기술의 적용을 통한 가부장적인 목표는 부계의 특권, 이성애적 결혼제도와 전통적인 가족구조의 장려, 의료시설을 위한 지속적인 이윤의 축적, 문화적이고 사회적인 이익을 위해 남성에 의한 여성 몸의 대상화를 재생산하는 것뿐만 아니라 과학적 권위를 공고화하고 유지하는 것을 포함한다. 건강한 아기를 출산하기 위한,

또는 더 좋은 출산 관리를 받기 위한 여성들의 목적은 새로운 출산기술을 적용하기 위한 수사적 구실을 마련할 목적으로는 자주 이용되지만 여성들 자신의 권리로는 거의 고려되지 않는다.27

　신생식기술들이 1980년대 발전한 만큼 페미니즘적 대응도 발전해왔다. 실제로 페미니스트 학자들 사이에서 중요한 논쟁적 쟁점으로 다루어진 특정한 입장들은 다음과 같이 구분된다. 예를 들어 와츠맨(Judy Wajcman)과 사위키(Jana Sawicki)는 'FINRRAGE'의 입장을 코레아, 햄너(Jalna Hamner) 등의 저작에 의해 지지되고 지도받는다고 요약한다.28 FINRRAGE는 <재생산 및 유전공학에 저항하는 페미니스트 국제 네트워크>(Feminist International Network of Resistance to Reproductive and Genetic Engineering)의 약어이다. FINRRAGE의 입장을 옹호하는 사람들은 생식기술의 발전과 이용을 여러 관점에서 비판하지만, 비판의 핵심적인 초점은 이 기술들이 여성에 대한, 그리고 과학적으로 관리된 생식에 대한 가부장적인 지배를 체현하고 제도화한다는 것이다. 전체의 단일화로서, 'FINRRAGE'라는 기호는 최소한 기호론적으로는 반기술적인 페미니즘의 대응을 나타내는 것으로 자주 연상된다. 과학과 기술 안에서 여성들의 역할에 대해 FINRRAGE 성원들 사이에서조차도 분명한 견해 차이가 있지만 이러한 페미니스트들은 과학적 지식의 발전과 적용이, 특히 생식, 모성, 여성 건강의 쟁점들과 관련될 때 '여성중심적인' 접근을 해야 한다는 것에는 대체로 동의한다. 이러한 입장에서 스펠룬(Patricia Spallone)은 다음과 같이 단언한다.

> 신생식기술에 대한 페미니즘적 저항은 부정적 태도가 아니라 긍정적 태도이다. 우리는 긍정적 태도로 생식, 생식 문제, 출산, 양육, 모성성, 낙태에 대한 우리 자신의 문제를 질문하기 위해 여성의 권력과 지식 그리고 경험을 다시 강력하게 주장할 수 있다.29

그럼에도 불구하고 FINRRAGE의 가장 지배적인 분석은 생식기술이 남성들의 이익을 위해 여성들을 착취하는 방식에 초점을 두는 경향이 있다. 이 때문에 코레아는 소수(불임)의 어려운 상태가 이러한 기술을 다수에게 광범위한 규모로 적용하는 것을 결정하는 데 이용되지 않게 하는 개입주의적인 저항 전략을 옹호한다. 근본적으로 그녀는 여성들이 "자신들이 겪는 모든 불의에 대항해 큰 목소리를 내고, 이렇게 함으로써 여성들의 복리(well-being)를 하나의 가치로 구현하는 데 기여하는"(322) 새로운 가치체계 발전을 옹호한다. 이는 여성들이 이러한 새로운 기술에 관해 문화적으로 주입된 혼란을 깨부수고 존엄과 가치에 대한 자신들의 판단을 강력하게 주장하기 시작할 때 발생할 것이다.

와츠맨과 사위키 모두 언급하듯이, FINRRAGE의 입장에 반대하는 페미니즘적 입장이 있다. FINRRAGE의 입장과 관련해 결정적인 쟁점은 생식기술들이, 그리고 그것들에 의해 체현된 과학적 지식이 여성들에 대해 본래부터 가부장적이고 억압적인지 또는 그렇지 않은지에 있다. 이러한 입장을 반대하는 페미니스트 학자들의 저서와 연구가 있는데, 그중에서도 특히 스탠워드(Michele Stanworth)는 FINRRAGE의 입장은 '자연적인' 생식에 대해 지나치게 낭만적인 관점에 사로잡혀 있으며 FINRRAGE의 대변인들은 생식기술의 영향력을 전체화한다고 주장한다.30 이러한 입장은 페미니스트들에게 기술적인 지식이 인간의 선택을 벗어나서 결정된다고 보는 기술 결정론적 시각에 저항하라고 촉구한다. 스탠워드가 설명하는 것처럼 신생식기술의 적용은 어떤 여성들에게는 이로울 수 있으며 모든 여성들에게 동일한 영향력을 갖지는 않는다는 것을 보여준다. 인공수정과 대리모는 아이가 없는 사람들(이들이 항상 이성애 커플인 것은 아니다)에게, 그리고 생리학적으로 아이를 가질 능력이 없는 여성들에게 희망을 준다.

와츠맨과 사위키는 겉으로 보기에 양립할 수 없는 이러한 페미니즘적 입장들 사이의 논쟁을 벗어나 자신들의 방식을 제안한다. 사위키가 소위 푸코의 차이의 정치학이 지닌 유용성과 관련한 더 광범위한 논의로 되돌아간 것에 비해, 와츠맨은 양자 모두에서 얻을 수 있는 중대한 통찰력에 대해 합당한 설명을 제공한다. 결론적으로 사위키와 와츠맨은 이러한 논쟁에 대해 다음과 같은 정당한 평가를 내린다. 즉 기술과 과학적 지식은 정치적이고 궁극적으로는 가부장적인 이해에 의해 형성되며 실제로 그것을 체현하고 있다. 그럼에도 불구하고 기술과 과학적 지식은 하나의 단일한 실재, 또는 모든 여성들에게 일련의 결과들을 똑같이 부과하는 획일적인 구조는 아니라는 것이다. 와츠맨이 기술의 정치적 의미를 평가하기 위해서 페미니스트들은 특정 기술들과 "권력과 권위가 특수하게 제도화된 양식들"(63)을 연결하는 사회적이고 경제적인 힘들에도 주목해야 한다고 단언할 때, 그녀는 이 책이 제시하고자 하는 방향을 분명하게 말해주고 있다.

나는 와츠맨의 통찰력에 근거해, 페미니스트들이 기술을 고립된 과정이나 물질적 인공물이 아니라 **형성물들**(formations)로 생각한다고 본다. 나아가 만일 우리가 기술적인 형성물들을 **문화적** 형성물들로 이해한다면, 그러한 다차원적인 문화적 배치에 대한 분석에는 각자 다른 정치적 목적을 가진 많은 페미니스트의 연구가 필요하다는 사실을 알 수 있다. 이러한 이해의 변화로 인한 한 가지 결과는 주어진 기술에 대해 '실리적인' 가치평가를 생산하고 방어해야 할 압박감이 더 줄어든다는 것이다. 이는 페미니스트들에게 기술적인 장치, 전문화된 지식, 과학적 실천과 다양한 방식으로 역사적으로 결정되고 물질적으로 체현된 더욱 광범위한 문화적 맥락 사이의 상호관계에 관해 더욱 복합적으로 사유할 것을 요구한다. 아마도 페미니스트 학자에게 더 비판적인 사안은 생식기술들의 발전과 기술 이용에 관한 관련 정보에 어떻게 접근할 것인지, 이 정보를 그러한 전문 지식의 대상이 될 여성들에게 어떻게 퍼뜨릴 것인지, 그리고 기술 이용과 관련해 어떻게 사람들에게 정보에 근거한 결정을 내릴 수 있게 할 것인지가 될 것이다.

나는 이러한 두 가지 페미니즘 관점에서 나타난 다양한 항목들을 일일이 열거하고 싶지는 않다. 다만, 여기에서는 핵심적이고 중요하다고 판단되는 것을 부연하고자 한다. 그것은 다양한 이론적이고 정치적인 자원을 가진 페미니스트들이 신생식기술의 발전과 그것의 적용을 '감시하고' 있다는 사실이다. 생식기술이 각기 다른 지정학적 위치 속에서 형태를 갖추는 광범위한 기술적 형성물의 일부로 절합된다는 점에서, 추적하고 모니터해야 할 수많은 쟁점이 있다. 그것은 윤리적, 법적, 그리고 정책적인 쟁점뿐만 아니라 교육, 여성 건강, 그리고 여성의 섹슈얼리티에 대한 규제와 관련한 쟁점들도 포함된다. 나는 윤리적이고 사회 정책적인 쟁점들에 대해 직접적으로 논의하지는 않겠다. 하지만, 그렇다고 해서 이러한 것들이 페미니즘의 분석에서 중요하지 않다고 말하는

공적 임신과 감시의 문화적 서사

것은 아니다. 오히려 페미니스트들과 그 밖의 사람들은 몇 권의 책을 통해 생식기술의 윤리학뿐만 아니라 더욱 광범위하게는 유전공학의 윤리학에 관한 쟁점까지도 상세하게 분석하기 시작했다.[31] 그렇지만 나는 신생식기술의 이용이 매체의 스펙타클로 변형된 공적 임신의 '사례들'을 만들어내는 것에 대해 대중매체에서 다루어진 몇 가지 실례를 통해 논의할 것이다. 이는 여성의 몸, 감시의 기술, 공중 보건에 미치는 위협 사이의 관계에 관한 대중매체의 서사들이 신생식기술의 의미를 결정하는 핵심적인 문화적 세력들 가운데 하나라는 것을 일러준다.

모성의 감시와 공중 보건

일단 난자가 수정되면, 그것은 배아가 된다. 그러나 하나의 원천(source)에서 난자를 얻고 또 다른 원천에서 얻은 정자와 수정한 후, 후세를 위해 냉동하거나 입양 부부―난자, 정자, 자궁 중 어떤 것을 제공할 수 있거나 아니면 그것들 중 어떤 것도 제공할 수 없는―를 위해 아이를 낳아 줄 대리모의 자궁에 이식하는 것이 기술적으로 가능하므로, '이것은 누구의 배아인가?'라는 질문이 제기된다. 이는 보관권(custody rights)에 관한 법적 분쟁의 핵심적인 쟁점이다.[32] 1989년 초 메리 수 데이비스(Mary Sue Davis)는 이혼소송절차의 일부로 자신과 남편이 텐니세스(Tennessee) 체외수정 클리닉에 수정시켜 냉동 보관한 7개 배아의 보관권을 위해 소송을 제기했다. 이 유명한 배아의 보관 분쟁에서, 메리 수 데이비스는 아이를 갖고자 하는 욕망을 실현하기 위해 보관권을 원했다. 그녀의 남편은 아버지가 되지 않으려고 보관권을 원했다. 이것이 완전히 논리적으로 보일지라도, 둘 다 많은 점에서 부자연스러운 청원을 표상한다. 즉 메리 수 데이비스는 전남편의 **미래**의 생식 결과를 결정할 권리를 위해 소송을 제기했다. 반면에 그녀의 남편은 임신 **이후에** 배아에게 발생하는 일을 결정할 권리를 얻고자 소송을 제기했다. 이는 새로운 기술 이용이 전례가 없는 '가능성의 조건들'을 생산하는 하나의 사례이다. 메리 수 데이비스의 전남편은 만일 배아가 자신의 동의 없이 착상된다면 [자신의] 재생산권이 침해당하는 것이라고 증언했다. 이로써 침해의 개념에 대한 법적 정의에서 새로운 판례의 서막을 열었다. 사실상 이 사건은 배아가 아이일까 아닐까 하는 생명의 시작에 대한 법적 정의를 기준으로 판결되었다. 이 사건에서 재판부는 인간의 생명은 임신 시점에서 시작하며, 그러므로 배아들은 '작은 사람들'로서 착상되고 태어날 권리를 갖는다고 판결했다.33 따라서 보관권은 어머니에게 주어졌다. 비록 이러한 판결이 겉으로는 여성의 소유권을 향상시킨 것처럼 보이지만, 그것은 '낙태 반대' 옹호자들에 의해 태어나지 않은 아이들의 승리로 초코드화되었고 보도되었다.34

데이비스 부부 사건에서 배아의 소유권이 잠재적으로 모성의 몸에 주어졌다 할지라도, 이 판결이 여성들의 권리에 유효한 판례로 확립되리라는 보장은 없다. 실제로 그것은 이미 혼란스러운 반발을 일으켰다. 1989년 5월 일리노이 주 의회 하원은 여성의 낙태를 막기 위해 아버지에게 법정 금지 명령 청구권을 주는 법안을 환영했다. 어떤 의원은 "우리는 여성의 권리만 인정했고 아버지의 권리는 무시했다. 이 개정안은 아버지에게도 일정 정도의 권리를 부여한다"고 주장했다. <미국 자유 인권

협회>의 일리노이 주 대표인 스코필드(Rob Schofield)는 정책입안자들에게 이 개정안에 반대하라고 촉구했다. 그는 "이 법안하에서는, 유죄가 선고된 강간범에게 강간 피해자가 낙태를 결정하지 못하게 할 수 있는 법적 권리를 갖게 할 것이다. 당신은 판사가 어떻게 할지 결코 알지 못한다"고 주장했다(Rick Pearson and Jennifer Halperin, "Abortion Rights Gain for Fathers," *Chicago Tribune*, 5 May 1989, sec. 1, 7).

신생식기술이 이러한 새로운 사회적 긴장들의 의미를 구축하는 데 있어서 유일한 결정요소는 아니다. 하지만 신생식기술은 새로운 일련의 가능성들을 생산하는 데 연루되며 그 안에서 임신한 여성의 권리는 임신에 개입하기 위한 것이든 태어나지 않은 태아를 위해 행동하는 것이든, 다른 사람들의 '권리'와 대립하는 것으로 설정된다.35 "아버지의 권리" 개정안은 일리노이 주에서 결국 무효화되었지만, 주 의회 하원이 승인한 또 다른 법안은 코카인이나 그 외의 불법 약물들에 중독된 채 태어나는 아이들을 법원 명령으로 보호하기 위해 보다 많은 권력을 주(州)에 부여했다.

1980년대 후반에 태아의 법적 권리를 위해 판례를 확립하고자 한 모든 법적 소송들 중에서 매체의 이목을 가장 집중시켰던 사건은 '코카인 어머니와 크랙 베이비'(Crack Babies)*의 문제였다. 1989년 5월, 일리노이 록퍼드의 멜라니 그린(Melanie Green)이라는 24세의 여성은 자신의 딸이 태어나기 전에 잠시 코카인을 복용한 것과 관련해 미성년자 규제 물질 전달 및 과실치사 혐의로 기소되었다.36 그녀의 아기, 비안카 그린

---

* 크랙 베이비는 산모의 코카인 복용으로 인해 코카인 중독 상태로 태어나는 아기들을 말한다.

(Bianca Green)은 분만 이전과 분만 동안의 산소 결핍으로 인한 뇌 팽창으로 태어난 지 이틀 만에 사망했다. 그린을 고소한 일리노이 주의 대리인 로그리(Paul Logli)는 임신 중 불법 약물복용을 범죄화할 더욱 엄격한 법률을 제정하기 위해 자신의 청원을 공표하는 기자회견을 열었다. 그의 설명에 따르면, 어머니의 자발적 약물복용은 태아의 비자발적 약물복용을 초래한다. 그는 처음부터 주(州)가 이 쟁점을 태아의 권리를 보호하려는 것으로 구성했다.37 그렇기에 신문기사와 함께 실린 멜라니 그린의 사진이 범죄 용의자 사진처럼 보이는 것은 놀라운 일이 아니다. 멜라니 그린은 흑인이고 임신 중이며 코카인에 중독되어 있다. 법(law)은 주 지방 검사의 이름을 빌어 그녀에게서 아이를 구하기 위해, 그리고 그녀가 사회질서를 위협한다고 판단될 경우 개입한다. 사실상 로그리는 모성의 권리를 희생시킨 대가로 태아에게 권리를 부여하는 '대리모의 정치학'에 착수하고 있었다. 그린 사건에서 보여주듯이, 이러한 정치는 공중보건의 수호자 역할을 하는 익명의 임명 관료들이 자주 실행한다. 그린 사건은 칭(Anna Lowenhaupt Tsing)이 주산기[임신 20주 이후 분만 28일 사이]의 가해성 혐의로 기소된 여성에 대한 자신의 연구에서 '괴물 이야기'라고 말한 측면을 갖고 있다.38 하토우니(Valerie Hartouni)가 백인 부부의 대리모였던 흑인 여성들에 대한 대중매체의 서사를 분석하면서 설명한 것과 유사한 측면에서, 그린은 진부하지만 '흑인 여성이 존재하는 방식'에 관한 인종적인 캐리커처와 문화적 서사라는 "원료 안에서, 그리고 그것에 의해 위치 지워지고 '촘촘하게 각인된 하나의 형상'"이다.39 그녀의 피부색깔은 문제가 되는 그녀의 도덕적 특성에 관해 특정한 문화적 서사들을 작동시킨다. 많은 측면에서 그녀의 이야기

는 그녀가 자신의 아기를 분만하기 이전부터 이미 쓰이고 있었다. 즉 콜린스(Patricia Hill Collins)의 용어를 빌리자면, '복지수당 어머니(welfare mother)'*는 흑인 어머니들에 대한 대중매체의 지배적인 이미지이다. '복지수당 어머니'는 흑인 여성들과 모성성에 관한 인종차별적 믿음을 신화적인 요소를 지닌 이데올로기적 서사로 만들어낸 것이다.[40]

실제로 태아권(fetal rights)의 출현을 연구한 페미니스트 다니엘스(Cynthia Daniels)는 다음과 같이 말한다.

> 임신한 여성들을 중독 때문에 기소하려고 하는 시도는 여성들에 관하여 강력한 사회적 신화를 만들어냈다. 이러한 신화의 힘은 때때로 법의 힘을 능가할 것이다. 비록 여성들의 권리가 법정에서 최종적으로 지지된다 할지라도, 더욱 광범위한 공적 문화는 전통적인 모성성의 경계를 위반한 사람들에 맞서 여성들을 향한 분노와 더욱 미묘한 형태의 사회적 강압을 계속해서 보증할 것이다. 사회적 불안과 분노는 백인, 중산층의 규범에서 가장 멀리 있다고 여겨지는 여성들에게 가장 쉽게 투사된다. 궁극적으로 정치적 힘은 법적 권리에 관한 기술적 판례에 의존하는 것이 아니라 보다 큰 공적 문화 속에서 여성들을 재현하기 위해 이용된 상징, 이미지, 그리고 서사에 의존할 것이다.[41]

그린에 대한 모든 소추가 기각되었지만, 이 사건은 모성의 책임과 태아의 건강 사이의 연관성을 확립하기 위한 캠페인의 범위에 대해 경고한다. 즉 모성의 부절제가 미칠 위험에 관하여 법정에서만이 아니라 '공식적인' 성명의 보급을 통해서도 진행되고 있는 캠페인 말이다.

다음과 같은 사례를 생각해 보자. 1990년에 미국 <보건복지부>

---

* '복지수당 어머니'는 미국의 모자가정에서 혼자 아이를 기르며 복지 수당을 받는 어머니를 가리키는 말이다.

(DHHS)가 출간한 정부의 소책자에는 "태어나지 않은 아이들"에게 유해하다고 잘 알려진 것들, 즉 "알코올, 담배, 마리화나, 코카인, 헤로인, 그 밖의 오피오이드*나 화학합성마취제들, 펜시클리딘[동물 마취약], 신경안정제 및 바르비투르산염"이 목록화되어 있다. 이 소책자에는 산전 태아에게 부작용을 일으키는 것으로 알려진 합법적인 약물들도 목록화되어 있다. 즉 항생물질, 경련방지제, 호르몬제, 그리고 "버퍼린, 아나신, 엠피린을 포함한 살리실산과 그 밖의 아스피린 함유 약제들이다."42 이 소책자의 목적은 간단히 말하면 어머니의 행동이 미칠 위험들에 관하여 임신한 여성들과 공중보건관계자들에게 교육하는 것이다. 이 소책자의 저자인 쿡(Cook), 피터슨(Peterson), 무어(Moore)는 어머니가 태아의 건강에 미치는 영향이라는 '문제가 갖는 한계'를 서문에서 간략히 지적한다. 그들은 이를 정보취득의 비신뢰성과 연관된 다차원적인 문제로 본다. 그들은 약물복용 사실을 말하고, 약물복용의 정도를 기억하며, 불법약물복용을 사실대로 인정하는 데 있어서 임신한 여성들을 신뢰할 수 없다고 말한다. 그들은 만일 자신들이 여성의 전체 임신기간 내내 복합적인 소변검사를 실시할 수만 있다면 이러한 비신뢰성을 극복할 수 있다고 시사하면서 "소변검사가 보다 신뢰할만한 방법"이라고 지적하고 있지만, 소변검사가 전체 임신 기간의 변화하는 약물패턴을 추적하기에는 충분하지 않다고 언급한다. 여성의 몸에서 여성을 기술적으로뿐만 아니라 개념적으로도 분리하는 것은 이러한 '검뇨의 정치학(urinal politics)'의 사례들과도 정확히 일치한다. 이러한 사례들에서 현재의

---

* 아편과 비슷한 작용을 하는 합성 진통·마취제

진리에서 신뢰할 수 없는 근원으로 이해되는 '인간'과 신뢰할 수 있는 물질적 몸이 대조적인 것으로 나타난다. 실제로 임신한 여성들의 실질적인 약물복용에 관하여 신뢰할만한 정보가 없는 상황에서, 저자들은 "가임기 여성들 사이에서 현재 유행하는 약물복용 행위에 대한 설문조사들"이 산전 약물 노출 '문제에 대한 범위'의 유용한 지표라고 제안한다. 미묘한 움직임 속에서, 가임기 여성들의 행위는 '잠재적인 문제'를 지닌 기호로 변형되며 가임기 여성의 몸은 '잠재적으로 임신한' 몸으로 재규정된다. 유사한 방식으로, 임신한 여성은 신뢰할 수 없고 불성실한 것으로 구축되는 반면 임신한 여성의 몸은 약물복용 사실을 보증하는 것으로 연상된다.

    기형아의 원인을 연구하는 기형학에 대한 관심이 증가한 것은 역사적으로 볼 때 탈리도마이드를 복용했던 여성들에게서 태어난 아기들의 높은 기형아 발생률에서 기인하는 측면이 있다. 탈리도마이드는 임신한 여성의 입덧을 진정시키기 위해 1960년 이전에 일상적으로 처방된 약물이다. 미국 <보건복지부> 소책자에 따르면, 탈리도마이드 사건은 처방약품, 일반약품, 공업약품, 살충제에 노출된 태아의 안전성을 측정하기 위한 연구 활동을 더욱 활성화시켰다. '탈리도마이드 베이비'에 대해 대중의 관심이 증가하면서 약물이 태아의 성장에 미치는 '사회적' 영향에 대한 관심도 증가하게 되었다. 소책자는 지난 20여 년에 걸쳐, 기형학의 범위가 "유아의 일생에서 나중에 나타나게 될 자녀의 보다 미묘한 행동 및 발달장애"(6)에 대한 연구를 포함하는 것으로 확장되었다고 설명한다. 따라서 기형학의 목표는 잠재적 위험 물질의 범위뿐만 아니라 성장 중인 태아 또는 태어난 아이에게 미치는 영향을 파악하기 위해 여성 몸의 행위를 세밀하게 조사할 수 있는 시간의 범위까지도 확장시켰다.

미국 <보건복지부>의 소책자에서 아버지들의 행위는 아예 다루어지지 않거나 거의 언급되지 않는다. "부모 중 **한 명이** 심각한 마리화나 흡연자일 때 자녀의 남녀 성비"(25-26)에 대한 연구에서 하나의 준거로 언급된 것 이외에는 아버지들의 약물복용이 태아 및 아이들에게 미치는 결과에 대한 어떠한 세부 사항도 논의되지 않는다.[43] 아버지의 건강 상태가 태아와 태어난 아이들이 성장하는 데 영향을 미칠지도 모르는 가능성을 시사하는 몇 가지 증거가 있다. 아버지의 음주에 대한 연구, 석유화학산업에 종사하는 남성 노동자의 직업과 자녀의 암 발병과의 연관성에 대한 연구는 남성에 의한 기형발생과 소아암 분야에서 최근에 연구되는 사례들이다.[44]

남성에 의해 매개된 기형에 대한 의료적 연구들을 승인하는 문화적 맥락 속에서 핵심적인 차이 가운데 하나는 아버지의 유죄에 관한 문화적 서사들이 없거나 있다 하더라도 거의 미비하다는 것이다. 예를 들면 최근 '걸프전 신드롬'에 관한 대중매체의 보도에서, 남성 걸프전 재향군인들의 아이들에게 나타난 기형의 책임은 걸프 지역에 복무했던 아버지들에게서 의료봉사를 했던 군의료관계자들에게로 교묘하게 이전된다. 드러나는 것은 기형의 발생에 대해 남성 군인들의 (있음직한) 책임을 탈오명화하는 것에 관한 서사이다. 복합적인 수사적 움직임 속에서, 미군은—하나의 가설을 제안하는 것처럼—걸프 주둔 군인들에게 투여한 백신예방접종의 결과를 완전히 이해하지 못했기 때문에 유독성의 책임이 있는 행위자가 된다. 코카인 어머니들에 대한 묘사와는 대조적으로 남성 군인들과 고통받고 있는 그들의 자녀는 군대의 무지에 의한 희생자로 비춰진다.

공적 임신과 감시의 문화적 서사

아버지의 생물학적 영향에 대한 새로운 관심에도 불구하고, 어머니의 몸과 성장 중인 태아의 관계를 세밀하게 조사하는 일은 계속되고 있다. 그렇다 하더라도 모성 건강관리의 쟁점은 많은 측면을 가지고 있다는 것을 기억하는 것이 중요하다. 임신하고자 하는 많은 여성은 산전관리가 부족하거나 제한되어 있다. 임신 중이면서 산전관리를 받지 못하는 여성들은 저체중아(2.5Kg 이하)를 낳을 위험이 상당히 커진다. 저체중은 단일 지표로는 가장 높은 유아사망률을 보이는 요인이다. 매체에서 수차례 언급되었듯이 미국은 유아사망률이 1,000명당 9.7명으로 선진국들 중에서 19위이다. 미국의 흑인 여성들은 백인 여성들보다 저체중아를 낳는 빈도가 더 높다. 흑인 아기들의 유아사망률은 1,000명당 18명으로 전체 유아사망률의 거의 두 배에 달한다.[45] 산전관리는 저체중아를 예방하는 데 있어서 가장 중요한 단일 요소이다. 하지만 백인 여성의 82% 이상이 일찍부터 임신관리를 받는 데 반해 히스패닉계 여성의 61%, 흑인 여성의 60%만이 임신관리를 받는다.[46] 이러한 치료율은 미국 공중보건서비스의 모성 및 아동건강(MCH) 프로그램의 역사에서도 동일하게 나타난다. 공중보건서비스는 '의료 서비스를 충분히 받지 못하는' 소수민족들의 필요에 부응하기 위해 예전부터 설계되었다.[47] 실제로 미국 소수민족의 범위가 아시아와 중앙아메리카에서 온 사람들을 포함하는 것으로 확장되면서, 새로운 보조 프로그램들은 서비스를 충분히 받지 못하는 아시아와 중앙아메리카 사람들의 건강상의 필요를 겨냥하고 있다.[48]

특정 시민들의 특별한 필요, 특히 임신 중이거나 임신을 원하는 소수민족 여성들을 위해 계획된 공중보건 프로그램의 개발이 전적으로 유익하고 도덕적인 것처럼 보이지만 그 과정은 의도하지 않은 결과들을 낳는다. 우리는 다음과 같은 사항들 사이의 절합이 지닌 결과에 관해 의문을 갖게 된다. (1) 태아를 위험하게 하는 물질과 행위에 대한 더 광범위한 목록을 확립하는 의료적 연구, (2) 어머니의 행위와 태아의 발달 사이의 관계에 관하여 확장된 주장, (3) 소수민족의 환자/고객 참여와 제도적/클리닉의 감시를 증가시키려고 노력하는 새로운 공중보건 프로그램, (4) 고무된 '약물과의 전쟁' 속에서 특정한 약물 소비의 형식을 범죄화하는 것. 이러한 사항들의 절합은 잠재적인 모성의 몸[여성의 몸]을 기술적으로 지배하기 위한 가능성을 확인하고 구조화한다.

테리(Jennifer Terry)는 자신의 논문 「침략당한 몸」(*The Body Invaded*)에서 가임기 여성들을 위한 '의료적 감시'의 실천이 갖는 정치적 중요성을 상세히 다루면서, 에이즈와 약물복용의 이중적 비상사태가 "가임기 여성들을 특별한 위험에 빠뜨리는 담론과 실천의 출현을 허용한다"고 지적한다.49 이러한 테리의 경고는 '모성' 정치학의 서로 다른 측면에 관심을 갖는 여러 페미니스트 학자들이 추적하고 있다. 어떤 학자들에게 이것은 모성성을 "여성의 사적 책임에서 공적 정책으로" 변형하는 것을 의미한다.50 다른 학자들에게 이것은 임신을 실제로 범죄화하는 사회복지활동을 탐색하고 분석하는 것을 의미한다. 마허(Lisa Maher)는 이를 '사법유전적(juridogenic) 법 권력'의 실례라고 말한다.

> 신생식기술에 관한 의료담론과 법률 담론의 공모는 여성의 삶에 더욱 지속적으로 침입할 수 있음을 나타낸다. 여성 삶의 더 많은 영역들이 의료 개입에 의해 식민화됨에 따라 그것들은 또한 법적 영역으로서 감시된다. … 크랙 임신을 둘러싼 현재의 담론과 그들의[임신한 여성의] 몸을 통해 여성들의 삶을 규제하고 통제하려는 역사적 시도의 상호관계는 '사법유전적' 법권력을 분명하게 보여준다.51

마허는 약물을 복용하는 어머니들을 처벌하고 규제한 결과를 철저히 살펴보면서 "태아의 건강을 위해 임신한 여성들을 처벌하는 것은 가부장적인 태도일 뿐만 아니라 공중보건과 같은 일이 어떻게 매우 형벌적인 측면을 가질 수 있는지를 논증하는 것"(179)이라고 결론 내린다. 임신한 여성을 다루는 방식, 즉 희생자로 다룰 것인지 또는 범죄자로 다룰 것인지에 관한 이러한 혼란은 공중보건정책의 핵심이며 약물을 복용한 임신 여성들을 '다루는 데' 제한적으로만 성공했음을 보여준다.

1994년 초에 몇몇 뉴스는 <질병통제예방센터>(The Centers for Disease Control and Prevention)가 폭력을 '비판적인 건강문제'로 새롭게 바라본다고 보도했다. 범죄성의 논리가 공중보건의 역학적 논리와 어떻게 충돌하는지에 대한 하나의 확장된 실례로서 1990년 5월 16일, 『미국의료협회 저널』(*Journal of the American Medical Association*)의 이슈란에 실린 랜달(Teri Randall)의 기사를 고려해 보자. 랜달은 CDC가 고용한 최초이자 유일한 범죄학자인 살츠만(Linda Saltzman)을 인용한다. 살츠만은 공중보건과 CDC가 폭력의 문제를 검토해야만 하며, "그렇게 하지 않는다면 가장 중요한 건강문제들 가운데 하나를 회피하려고 하는 것이나 마찬가지다"라고 했다.[52] 이것은 두 가지 '논리'의 결합이 여성들에게 중요한 결과를 미치는 사례이다. 살츠만이 설명했듯이 형사법적 접근은 범죄자를 강조하는 반면 공중보건적 접근은 희생자에 초점을 맞춘다. 역학적 관점에서 폭력을 분석하는 것은 폭력의 발생에 관해 다음과 같은 질문을 하는 것을 의미한다. 즉 누가 위험에 처한 사람들인가? 그리고 위험의 원인들/벡터들은 무엇인가? 이것에 뒤이어 살츠만에 따르면 "공중보건모델"은 "어떤 여성들이 가장 많이 폭력을 당하는가를 묻는다"(2612). 하지만 살츠만은 "누가 가해자이며 상대방과의 상호작용이 어떠한가에 [관해] 추가적인 질문"을 할 필요가 있다고 분명히 주장했다(2614). 이러한 종류의 질문들은 형사법적 모델에 포함된다. 그럼에도 불구하고 출산 12개월 전의 여성들에 대한 물리적 폭력 발생 연구에 관한 한 보고서에서, 조사자들은 물리적 폭력의 행위자들에 대해 어떠한 언급도 하지 않았다. 그 대신 이 연구는 폭력과 모성적 특성 사이의 관계에 초점을 맞췄다. 연구자들은 PRAMS(Pregnancy Risk Assessment Monitoring System), 임신위험평가모니터링시스템이라 불리는 감시체계에 근거한 데이터를 사용하면서, 12년 미만의 교육을 받은 임신 여성의 특정 하위집단은 더 많은 물리적 폭력의 위험에 처한다고 시사했다. 이 보고서의 편집자가 지적하듯이 이 연구의 중요한 한계들 가운데 하나는 인종, 경제적 지위, 그리고 민족적 배경의 문제를 포함하는 교육 수준의 구체적인 벡터를 확인할 수 없다는 것이다. 이 사례에서 모성 건강과 물리적 폭력에 대한 쟁점이 '모성주의적' 논리를 통해 개념화되지 않았다는 것은 분명하다. '모성주의적' 논리는 임신 여성에 대한 폭력이라는 쟁점을 여성 자신의 특성과 결합된 개인적인 문제라기보다는 오히려 폭력 남성의 특성과 밀접하게 결합된 사회적이고 체계적인 문제로 이해한다.[53]

테리는 페미니스트들에게 위에서 기술한 절합 속에서 일어나는 인종적 정치도 상기시킨다. 즉 의료 연구, 공중보건의 시작, 감시의 실천은 백인 여성들보다는 더 낮은 경제적 계급에 속한 유색인종 여성들에게 더 광범위하게 차별적인 영향을 미친다. 테리는 「침략당한 몸」에서 다음과 같이 말한다.

모든 여성들을 잠재적으로 위험하게 하는 감시와 처벌은 가난한 여성들과 유색인종 여성들에게는 선택적으로 적용된다. 이러한 여성들은 공공 클리닉 환자의 대다수를 차지하며 임신과 무관하게 사회복지체계의 형사법체계의 대상이 되는 경향이 있다. … 이러한 사례들 속에서 지난 10년간 미국에서 일어나고 있는 빈곤의 범죄화로부터 특정 여성들의 혐의를 구별하는 것은 불가능하다(21).

테리의 분석에 따르면 멜라니 그린 사건에서 실질적인 쟁점은 약물남용의 '숨겨진' 피해에 있다. 또한 임신한 여성들을 위한 치료 프로그램을 개발하기 위해 국가가 부적절하게 자원을 이용했다는 점에 있다. "특정 여성들의 혐의"에 관한 테리의 설명은 건강관리 제공자들에게 받는 산전관리진찰 유형에 나타난 인종적 불균형에 관한 논의에서 분명해진다. 위에서 언급했듯이 흑인 여성들이 저체중아를 낳을 위험이 더 크다 할지라도 그들은 자신들의 위험 상태에 관하여 백인 여성들과 동일한 수준의 산전 진찰을 받지 못한다. 또한 한 연구에 따르면 흑인 여성들은 음주와 흡연에 관한 특수 진찰을 덜 받는다.54 그 밖의 요인들도 산전관리 진찰의 적정성에 대한 쟁점을 혼란에 빠뜨린다. 예를 들면,

두 가지 위험 행위, 즉 흡연과 약물복용에 관한 진찰은 가난한 여성들을 대상으로 하는 경향이 있는 반면에 알코올 섭취와 모유수유에 관한 진찰은 부유한 여성들을 대상으로 하는 경향이 있다. [이러한 사례 속에서] 건강관리 제공자들은 공평한 원칙에 근거하지 않고 어떤 행위 유형에 포함되는 사람을 자신들의 편견에 근거해 진찰할 것이다.55

이러한 연구의 표본 집단은 흑인 여성과 백인 여성 사이의 중요한 차이를 보여주었다. 즉 "흑인 여성들은 백인 여성들에 비해 독신인

경우가 많으며, 고등학교 이상의 교육을 받을 가능성이 더 작고 수입도 더 낮다." 하지만 이 연구는 일련의 복잡한 결과들을 보여준다. 한편으로 흑인 여성들은 흡연, 알코올, 불법 약물복용의 위험들에 관한 종합 진찰을 덜 받는다고 보고한다. [그러나] 다른 한편으로는 흑인 여성들은 수입이 적지 않더라도 불법 약물복용에 관해 백인 여성들보다 많은 진찰을 받는다.56 충분한 진찰을 받지 못하는 것은 부당한 처우이지만 진찰이 특정 위험 행위에 관하여 이루어질 때는 가난한 흑인 여성들을 불법약물 복용자로 바라보는 편견과 '혐의'에 근거할 수 있다. 아무튼 이 연구는 페미니스트들이 오랫동안 우려해온 것, 즉 흑인 여성들은 공중보건 제공자들에게서 백인 여성들에 비해 동일한 수준의 산전관리진찰을 받지 못한다는 것을 보여준다. 이런 의미에서 더 많은 프로그램이 모든 여성들에게 더 나은 관리를 반드시 보장해주는 것은 아니다.

여성들이 산전관리를 받지 못하도록 하는 여러 장애물이 있다는 증거는 충분히 제공되었다. 특히 불법약물을 복용하는 여성들이라면 더욱 그렇다. 핀켈슈타인(Norma Finkelstein)이 지적하듯이 약물 남용에 대한 부정적인 인식과 같은 심리적 쟁점들이 분명히 작동하더라도, 젠더를 고려한 치료 서비스가 부족할 뿐만 아니라 약물복용과 연결된 사회적 낙인도 마찬가지로 산전관리를 가로막는 요인이 될 수 있다.57 하지만 만일 우리가 임산부의 코카인 복용에 대한 쟁점과 성장 중인 태아에게 미치는 코카인 섭취의 효과에 대한 문헌들을 살펴본다면, 의료적이고 과학적인 발견들은 임신 여성이 원하는 치료와 대립하는 일종의 감시를 정당화할 수 없다는 것을 알게 된다. 예를 들어, 『신경독성학과 기형학』(*Neurotoxicology and Teratology*)지의 1993년 특별호에 실린 몇몇 논문들은 성장 중인 태아에게 미치는 코카인의 뚜렷한 유독성에 관하여 신뢰할만한 정보를 얻기가 어렵다고 밝힌다. 문제가 되는 것은 중독량의 결정, 자진보고한 마약복용량의 비신빙성, 치명적인 효과에 대한 충분한 확인 부족, 그리고 조사 연구의 방법론적 설계이다. 주목할만한 점은 코카인 '남용'에 대한 연구들이 수행되는 문화적 맥락에 관하여 의학자 허칭스(Donald E. Hutchings)가 제공한 몇 가지 관찰이다. 인간과 코카인 복용에 관한 최근 연구를 논의하면서, 허칭스는 코카인의 산전 노출 효과를 다룬 의료 연구에 대한 <소아과학회>의 논문 채택률을 다음과 같이 소개한다. "코카인과 관련된 부작용을 보고한 연구들 중 58%가 채택되었다. 반면에 알려진 것과 같은 치명적인 효과가 없음을 발견한 연구들은 11%만이 채택되었다."[58] 그는 이것은 일부 의학저널의 편향적인 선택을 나타내며 이러한 편향적인 선택은 새로운 약물의 위험성을 비방하고자 하는 광범위한 매체와 정치적 이해에 의해 영향을 받는다고 주장한다. 방법론적 설계와 연구 결과에 대한 상세한 평가를 통해, 허칭스는 코카인의 유독성은 많은 복용자들이 잠재적으로 독성이 있는 수많은 그 외의 물질, 즉 알코올, 담배, 마리화나를 함께 섭취한다는 사실 때문에 혼란에 빠지는 복잡한 쟁점이라고 신중하게 주장한다. 그는 투약 정도가 유독성을 더욱 명백하게 측정하는 요인이라고 조심스럽게 제안하면서, 동시에 대부분의 연구에서, 특히 약물치료프로그램에 참여한 외래환자를 표본 집단으로 한 연구에서 투약 정도를 정확하게 측정하는 것은 어렵다고 지적한다.[59] 현재 진행된 연구를 토대로 코카인과 그 외 물질들의 상호작용적 효과에 관해 결론을 내리는 것은 거의 불가능하다. 연구자들은 절대로 그러한 연구를 하지 못한다.

코카인 유독성의 과학적 사실성에 관한 의학 연구의 이러한 논쟁을 접할 때, 우리는 1991년에 코카인 성분을 확인하기 위해 모든 유아를 대상으로 혈액 검사를 실시한 조지아(Georgia) 주 공립병원의 연구를 어떻게 이해해야 하는가? 겔브(Adam Gelb)는 『애틀랜타 저널 콘스티투션』(*Atlanta Journal Constitution*)지의 1쪽에 다음과 같이 보도했다. "1년 동안 조지아 주에서 태어난 모든 아기들은 임산부의 약물 문제에 대한 국내의 가장 방대한 연구의 일환으로 코카인 검사를 받게 될 것이다."60 이 기사는 계속해서 다음과 같이 보도한다.

> 비극적인 중독의 상징이 된 충분히 발육되지 않고 떨고 있는 유아들, 즉 '크랙 베이비'의 유행은 잘 알려져 있다. 하지만 크랙 베이비의 규모는 연방정부가 추산한 연간 10만 명에서 의사들이 인용한 37만 5,000명에 이르기까지 광범위하다. 이 연구의 책임자인 에모리대학(Emory University) 소아과 교수 페른호프(Paul M. Fernhoff) 박사는 "최종 수치는 사실상 아무도 모르며 일치할 수도 없다"고 말했다(AI).

이것은 모성의 부절제와 태아의 피해에 대한 지배적인 서사의 요약본이다. 겔브는 이 연구의 책임자인 페른호프 박사를 인용할 때, 이 '문제'의 중대함에 관해 독자들에게 잘못된 결론을 내리게 하는 중대한 실수를 범한다. 어떤 면에서 이 '문제'의 범위를 아무도 알지 못한다는 것은 사실이다. 하지만 위에서 요약된 의료 연구자들의 논의가 보여주듯이, 연구자들은 코카인 자체와 태아의 발육에 미치는 코카인의 영향력에 대해 모른다는 것이 중요한 사실이다. 연구자들은 연구와 공무상의 일은 관계가 없다고 말하지만, <질병관리센터>와 <조지아 인적자원부>는 "교육, 개입, 치료 프로그램, 산전 관리 지원책을 개발하는 데 이 연구의 결과"를 활용할 계획이라고 말한다. 매체가 '크랙 베이비'를 매우 유해하다고 다루는 것은 저널 특유의 선정성과 이러한 공중보건 수사의 결합 때문이다.61 데이(Nancy L. Day)와 리차드슨(Gale A. Richadson)은 <신경독성학과 기형학> 특별호에도 발표한 논문 「코카인 복용과 크랙 베이비들」에서 "어떻게 코카인의 위험이 이 정도로 확산되고 그렇게 빨리 공표될 수 있었는가?"라고 묻는다. 그들은 계속해서 코카인의 위험에 대한 관심이 스펙터클하게 증가한 것과 관련하여 몇 가지 쟁점들을 제기한다. 즉 "과학과 우리 사회 내에서 코카인의 효과를 드러내는 초기의 보고서들을 추진하고 코카인이 태어나지 않은 아이들에게 닥칠 끔찍한 재앙이라는 믿음을 꾸준하게 전파하고 있는 주요 힘들은 무엇이었는가?"62 그들은 이 특별호에서 다른 사람들이 지적한 것처럼 코카인이 미국 문화사에서 특별한 공간을 점하고 있음을 적절히 지적한다. 즉 코카-콜라에 사용되었다는 소문(기업의 공식사에서 말해지지 않은 엄청난 비밀로 남아 있다)에서부터 레이건 시대의 부유한 여피족들이 기분전환용 화학물질로 사용했다는 것, 중독성이 있으며 복지수당 어머니들의 약물로 악명이 높아진 현재에 이르기까지 코카인은 미국문화사에서 특별한 공간을 점하고 있다. 낸시와 게일은 "여성들에게 그리고 치료법도 없고 희망도 거의 없다고 낙인찍힌 '크랙 베이비들'에게 자행되어 온 피해를" 과학자와 의료 연구자가 "바로 잡아주기를"(293) 바란다. 그들은 의료 연구자들에게 인과관계를 결정짓는 쟁점의 복잡성에 관하여 다른 전문가들을 교육해 달라고 간청한다. 그리고 의료 연구자들에게 "행위들은 고립되어 나타나는 것이 아니라 여성 삶의 구조의 일부이며 그것에 의해 결정된다는 것"(293)을 유념해 달라고 간청한다. 하지만 이러한 권고는 쇠귀에 경 읽기가 될 것 같다. 왜냐하면 이 권고는 의료 시술자들과 연구자들에게 '최초의 사건' 사례를 위기의 기호로 파악하는 신문과 그 외의 매체와 같은 다양한 사회적 실체들과 자신들의 관계를 재사유하고 재정비하라고 요구한다는 점에서 그렇다. 그리고 발표된 의학적 발견들의 미묘한 뉘앙스를 논의할만한 소양을 갖추지 못한 저널리스트들과 자신들의 관계를 재사유하고 재정비할 것을 요구한다는 점에서 그렇다. 더욱 중요하게는 이 권고가 의료전문가들에게 여성들을 빈곤, 폭력, 탈도덕화와 같은 보다 광범위한 사회적 힘들의 관계에서 상이하고 복잡하게 위치 지워진 하나의 사회적 계급으로서 재고려하라고 요구한다는 점에서 그렇다.

광범위한 감시 장치의 설립을 위해 촉진된 여러 조건 중 하나로 사회 통제의 행위자로서 의료의 역사적 전개를 들 수 있다. 공중보건정책에 관한 전문적인 문헌 속에서 이러한 주제에 대한 몇 안 되는 논의들 가운데 하나를 다룬 스티븐슨(P. A. Stephenson)과 와그너(M. G. Wagner)는 1993년에 재생산권과 의료적 통제 상황을 다음과 같이 요약한다.

> 1987년 이래로 미국에서는 (의사를 포함한 많은 사람들이) 임신 기간 중 불법 약물을 복용했거나 의사의 지시를 따르지 않은 여성들을 상대로 한 대략 60건의 형사 사건이 있었다. 그 혐의에는 산전아동학대죄에서부터 과실치사죄까지 다양하다. 일부 여성들은 유죄 판결을 받았다. 또 다른 여성들은 자신들의 의지에 반하여 강제로 약물치료 프로그램을 받거나 '감금'(투옥의 완곡어법) 당했다. … 태아권의 옹호자들은 임신한 여성들을 확인하고 관찰하는 공무원의 보고 체계를 마련하라고 제안했다. 여성들은 산전 진찰을 받고 의사의 지시에 복종하도록 강요당할 것이다. 그리고 임신 기간 중의 흡연, 약물복용, 알코올 섭취를 이유로 기소되고 처벌받을지도 모른다. 유력한 의료적 견해를 반영하지

공적 임신과 감시의 문화적 서사

않더라도, 한 설문조사에서 산과학적 및 주산기의 교육 프로그램과 관계된 기관장들의 46%는 의료적 충고를 거부하고 그럼으로써 태아의 생명을 위험하게 만드는 여성들은 수감되어야 한다고 생각하는 것으로 나타났다.[63]

스티븐슨과 와그너가 의사의 명확한 유죄를 논의하는 데 관심이 없다 하더라도, 임산부에 대한 의사의 강압은 특정 사회 집단에게 생식건강관리를 차별적으로 거부하는 것과 같은 것이라고 지적한다. 즉 그들의 견해에 따르면 이러한 사건들은 근본적인 의료윤리의 고찰로 되돌아갈 것을 요구한다. 임산부에게 태아를 위하여 특정 절차를 밟으라고 강요하는 것은 아버지에게 아들을 구하기 위해 골수 이식을 하라고 강요하는 것과 마찬가지로 비윤리적이다. 그리고 그들은 국제의료윤리규범이 환자에 대한 그와 같은 강권을 명백히 금지하고 있음을 우리에게 상기시킨다. 하지만 그들은 "의료계가 (특별히) 생식 정책을 결정하는 자신의 특권을 자발적으로 포기할 것이라는 믿을만한 근거는 거의 없다"(180)고 주장하기도 한다. 우리가 이러한 특별한 정책이 특정 정세, 즉 이러한 정책을 확립하는 행위자들이 주로 백인 중산층 남성들이라는 점을 고려할 때, 그 정책은 "도덕성과 모성성에 관한 지배적인 문화의 믿음"(180)을 반영할 것이다. 스티븐슨과 와그너는 "명시적인 생식건강정책을 공식화하는, 어렵지만 본질적인 작업에 착수하기"(180) 위해, 그리고 자신들이 제안한 이러한 기획이 몇몇 국제인권조약의 지침이 되도록 하기 위해 법정과 의회의 개입을 요청한다.

태아 학대죄로 기소 중인 임산부들의 형법적 함의를 논의한 『트라이얼』(Trial)지에 실린 한 논문에서, 로버츠(Dorothy Roberts)는 이러한 소송이 어떻게 여성의 권리를 침해하는지에 대해 다음과 같이 쓰고 있다.

> 그것은 생식적 선택과 몸의 자율성에 관한 근본적인 보장을 침해할 뿐만 아니라 … 마약밀매법과 아동학대법을 임신 기간의 행동에 적용하는 것은 적정한 고지에 의해 적법한 소송절차를 밟을 수 있는 피고인의 권리를 침해하는 것이기도 하다. 형사처벌은 형법에 명시된 조항에 해당하지 않는 행동에 대하여 책임을 물어서는 안 된다.[64]

더 광범위하게 이러한 기소는 남성들과 남성의 몸 행위에 대해서는 그에 상응하는 감시가 없다는 점에서 여성들에 대한 불평등한 처우를 확립하는 것이다. 여성의 행위성이 임신 기간에 합법적으로 제한당하는 과정 속에서 차별적인 감시체계가 확립된다. 캘리포니아의 한 여성은 의사의 지시에 반하여 임신기간 동안 성교를 가졌다는 이유로 태아에 대한 부주의 혐의로 기소되었다. 하지만 의사의 지시를 마찬가지로 알고 있었던 그녀의 남편은 형사소송에서 공범자로 호명되지 않았다.[65] 태아에 대한 부주의로 기소 중인 임산부들은 자신들의 근본적인 생식적 선택과 타협하게 되며 국가가 아이를 낳을 권리가 있는 사람을 결정하도록 하는 판례를 확립시켜준다.

이러한 사건과 논쟁은 임신에 대한 관념을 탈개인화하고 여성의 생식건강을 공중보건정책의 문제로 만들기 위한 토대가 마련되어왔다는 사실을 확인시켜준다. 대중매체의 서사들은 임신한 여성을 새로운 공중보건 위기의 행위자로 확정한다. 즉 임신한 여성은 권한은 부여받지 못하면서 동시에 책임은 져야 한다. 범죄자로서 그녀는 범죄적 부절제로부터 자신의 아기와 사회를 보호하기 위해 추가적인 감시를 요구받는다. 그래서 한 산부인과 교수가 "북미에서 적극적인 분만관리는 공중보건과

공적 임신과 감시의 문화적 서사

많은 관련이 있는 문제로 설명된다"라고 말할 때, 우리는 여성들이 다음과 같이 매우 복잡한 서사 안으로 기입되는 과정을 목격한다. 즉 자궁은 다루기 어려운 것으로, 출산은 생득적으로 병리적인 것으로, 가임기 여성들은 신뢰할 수 없을 정도로 불성실하고 잠재적으로 위험한 것으로 규정된다.[66] 이러한 서사는 임신한 여성의 약물복용이 다른 사회적 힘들의 결과일 수도 있다는 점보다 먼저 이야기된다. 이러한 상황은 신중한 분석을 요한다. 즉 여성의 정체성을 피해자로 구체화함으로써 여성의 행위성을 부주의하게 한계 짓지 않는 분석, 그리고 여성에게 타락과 감염의 과장된 권력을 부여하지 않는 분석이 필요하다. 이러한 쟁점을 '모성주의적' 논리를 통해 이해하는 것은 여성의 약물복용에 영향을 미치는 사회적 힘에 대한 연구, 약물복용이 자신과 다른 사람에게 남용되는 조건에 대한 연구, 여성의 오명화된 정체성을 공중보건 위반자로서 지지하는 제도적 배치에 대한 연구를 제안하는 것이다. 이것은 여성과 건강관리 제공자 사이의 파트너십을 확립하고자 하는 더 심오한 철학을 반영한다. 이것의 목적은 여성들이 자기 관리, 태아 관리, 출산을 위해 자신들이 선택할 수 있는 정보를 증가시키는 데에 있다. 그리고 여기에서 건강관리 제공자는 분만과정과 공중보건 도덕성의 집행자가 아니라 어머니를 위한 상담자가 된다.

역사 쓰기, 폭로하기

1990년에 미국 <보건복지부>(DHHS)에서 발간한 『알코올, 담배, 그 밖의 약물들은 태아에게 유해할지도 모른다』(*Alcohol, Tobacco, and Other Drugs May Harm the Unborn*)라는 소책자의 "분만 및 양육의 위험에 관한 상담" 섹션에서, 한 전문가 패널은 여성들에게 산전관리에 대해 다음과 같은 권고를 되풀이한다.67

> 건강한 여성들이 건강한 아기를 가질 확률이 높기 때문에, 임신하기 전에 좋은 건강을 유지하는 것이 이로우며 표준화된 관리를 받아야 한다. 의료적 질환과 심리사회적 위험을 처치하기 위한 산전 진단과 개입은 어머니와 아기에 대한 위험요소들을 제거하거나 감소시켜줄 것이다. 또한 건강관리는 태아에게 해를 끼치지 않고 평가와 처치가 시작될 수 있기 때문에 산전에 하는 것이 보다 효율적일 것이다(50).

이 소책자에서, 여성들에게 분만 위험에 관하여 상담해주는 이러한 충고는 여성들의 이익을 돌보고 책임지는 것처럼 들린다. 하지만 『시녀 이야기』나 보험상품 가입을 위한 일부 사전 인터뷰처럼 조금만 다른 맥락에서 보면, 이러한 충고는 훨씬 더 불길한 논조를 취한다. 즉 여성들의 이익이 공중보건정책의 발전을 항상 추동하는 것은 아니다. 이 소책자의 저자들이 1990년대 임산부들의 상황을 요약하듯이, "아기를 보호하는 것에 관한 법적·사회적 관심 때문에 의료적 충고에 반하여 계속해서 약물을 복용한 임산부는 아기가 태어난 이후에 자신의 아기에 대한 권한을 박탈당할 위험에 처한다. 그녀는 몇몇 주에서는 형사상의 기소를 당할 위험도 있다"(57). 실제로 이 소책자에 따르면, <질병통제예방센터>는 여성에 대한 이러한 조치가 여성의 건강을 우선시한 것이라고 다음과 같이 밝히고 있다. 즉 "생식의 발생, 실천, 선택과 관련된 질병과 사망을 예방하기 위해 그리고 노동환경을 포함해 건강한 출산행위와 출산환경을 조성하기 위해"(18)서라는 것이다. 그러나 이러한 목적은 모성 사망의 원인, 유아 사망률, 임신 합병증을 밝히는 다양한 감시체계를 통해 성취되는 것이다.

> CDC는 역학 분야와 임신 및 그 결과들을 감시하는 데 있어서 기술지원을 담당하는 연방정부의 주요한 자원들 가운데 하나이다. 이 기관은 모든 수준에서 정부 기관 및 조직들과 협력하면서 임산부와 유아의 건강을 향상시키기 위해 국가의 임신 관련 건강 문제, 프로그램, 정책을 평가한다(20).[68]

역학적인 어휘 속에서, '감시'라는 용어는 경멸적인 함의를 담고 있지 않다. 감시는 건강과 관련된 현상의 전개과정을 관찰하는 조직화된 실천을 위한 하나의 기술적인 용어이다. 그럼에도 불구하고 특정 용어의 기호적 맥락은 그리 쉽게 경계 지어지지 않는다. 역학적 문헌에서 이 용어의 기술적 사용은 규율, 규범적 평가, 도덕적 판단에 대한 그 외의 함의도 연상시킨다.

나는 임산부의 감시에 관한 '공식적인' 공중보건 담론을 분석하는 과정에서, 공중보건담론을 생식하는 몸의 처우를 다룬 소설이 제공한 해석틀을 통해 독해함으로써 행간을 읽는 법을 배웠다. 이것은 SF문학이 우리가 현대적 상황을 이해하는 데 기여하는 것들 중 하나이다. 이러한 서사는 현재에서 허구적 미래(또는 과거)에 이르기까지 일반적으로 추정하는 소설로서, 독자에게 현대문화에 주입된 선입견을 이해할 수 있는 틀을 제공한다. 이런 의미에서 앳우드의 소설은 최근 미국의 가임기 여성들에게 발생한 상황을 검토할 수 있는 예리한 렌즈를 제공했다.

『시녀 이야기』의 곳곳에는 또 다른 담론의 파편들이 남아 있다.

젠더화된 몸의 기술 : 사이보그 여성 읽기

그것은 독자에게 직접적으로 말을 거는 이야기하기라는 행위에 관한 오브프레드의 자아 성찰적 사유와 연결된다. 어느 순간에 오브프레드는 독자에게 자신의 이야기가 허구일 수 있다고 말한다. 왜냐하면 그녀가 이야기의 결말을 일정 정도 통제할 수 있기 때문이다. 또 다른 순간에 우리는 "이것은 재구축이다. 모든 것은 재구축이다"라고 듣는다. 그리고 실제로 그녀 이야기의 서로 다른 지점에서, 독자는 동일한 사건에 대해 서로 다른 시각을 얻는다. 이는 서사 자체를 재구축하는 행위를 전면에 내세우는 서사적 기법이다. 소설의 말미에, 그녀는 "이 이야기가 달라졌다면 얼마나 좋을까. 이 이야기가 보다 품위 있는 이야기였더라면 얼마나 좋을까"(267)라고 우리들, 즉 독자에게 다음과 같이 사죄한다.

이 이야기가 이토록 고통으로 점철되어 있어서 당신에게 미안하다. 교차 사격 한가운데 꼼짝없이 갇혀서 사살당하거나, 사지가 찢겨 능지처참을 당한 시체마냥, 내놓은 이야기란 것이 산산이 흩어진 파편들이라서 미안하다. 하지만 아무리 노력해도 내가 바꿀 수 있는 건 없다. … 하지만 나는 이 서글프고 굶주리고 황폐하고 절뚝거리고 사지가 절단된 이야기를 계속하려 한다. 왜냐하면 그래도 나는 이 이야기를 당신에게 들려주고 싶기 때문이다. 만에 하나 기회가 닿는다면, 미래에든 천국에서든 감옥에서든 지하에서든 다른 어떤 곳에서라도 당신을 만나거나, 당신이 탈출했을 때 내가 당신의 이야기를 들어줄 테니까. 미래, 천국, 감옥, 지하, 거기가 어디든 여기가 아닐 것은 분명하다. 무슨 이야기라도 털어놓다 보면, 적어도 당신이 존재한다는 것을, 거기 있어서 내 말을 듣고 있다는 것을, 구체적인 사실로 믿을 수 있다. 이 이야기를 당신한테 털어놓음으로써, 당신이 존재할 것을 의지로 명하는 바이다. 나는 이야기한다, 고로 당신은 존재한다 (267-68).

이 구절은 "역사적 주해"라는 제목의 결론 부분과 분명히 연결되어 있다. 두 부분 모두 우리가 방금 읽은 서사적 상황의 불가능성을 전면에 내세우기 때문이다. 여기서 오브프레드의 이야기는 길먼(Charlotte Perkins Gilman)의 단편 소설 『누런 벽지』(*The Yellow Wallpaper*)에 나오는 해설자 중 한 명과 유사한 서사적 딜레마를 제기한다.[69] 우리는 읽는 것 또는 쓰는 것이 금지된 여성의 이야기를 어떻게 입수할 수 있는가? "역사적 주해" 부분에서 오브프레드의 설명은 그러한 미스터리의 일부를 다음과 같이 해결한다. 『시녀 이야기』는 오디오 테이프에서 발견된 서사적 자료를 토대로 하여 역사가가 재구축한 것이다. 그럼에도 불구하고 우리가 전혀 알 수 없는 것은 어떻게 그 테이프가 만들어졌느냐는 것이다. 즉 테이프의 발견에 대한 역사적 설명과 『시녀 이야기』의 결말에 대한 역사적 재구축 사이의 관계에 대해서는 들을 수 없다. 이것들은 오브프레드의 테이프인가 아니면 어떤 다른 이의 테이프인가? 누구의 목소리로 누구의 이야기를 하는가?

결국 나는 "역사적 주해" 부분이 가임기 여성들의 현대적 상황에 관하여 가장 흥미로운 진술을 제공한다고 본다. 일부 독자들은 이 부분을 학술회의에 대한 멋진 희화로 해석했다. 어떤 비평가는 "2195년의 학술회의는 문화사에서 모두가 진부한 탈선이라고 여긴 현존하지 않는 길리어드 사회에 대한 반드시 필요하면서도 유쾌한 속임수"라고 이 부분을 해석했다.[70] "역사적 주해" 부분이 전체 소설에서 가장 유토피아적인 부분이라는 것은 분명히 아이러니하다. 이러한 결말은 한편으로는 페미니즘적 기술비판에 반하여 보다 교훈적인 경고를 하며, 다른 한편으로는 가부장적 기술을 갈망하는 데 반하여 희망과 초월의 거짓 약속을 보여준다. 이는 어머니의 페미니즘에 대한 오브프레드의 회상 속에서 우리가

젠더화된 몸의 기술: 사이보그 여성 읽기

들은 믿음을 규정한다. 즉 "역사는 나의 죄를 용서할 것이다." 이는 근본적인 어떤 것이 사람들의 무지막지한 행동을 변화시킬 것임을 시사한다. 오브프레드 스스로도 우리가 현재 살고 있고, 겉으로는 별개의 사례처럼 보이는 기술적으로 강화된 생식의 감시체계에 둘러싸여 있는 세계의 혼란스러움을 묘사한다.

> 하지만 우리는 평상시처럼 살았다. 다들 대개는 그렇기 마련이다. 무슨 일이 일어나든 평상시와 다름없이. 심지어, 지금도 평상시와 다름없이 살고 있는 거니까. 우리는 평상시와 다름없이, 무시하며 살았다. 무시한다는 건 무지와 달리, 노력해야 하는 일이다. 즉시 변화하는 건 아무것도 없다. 천천히 데워지는 목욕물처럼 자기도 모르게 끓는 물에 익어 죽어버리는 거다. 물론 신문에는 많은 뉴스가 있었다. … 신문에 보도되는 이야기들은 우리에겐 꿈처럼 느껴졌다. 다른 사람들이 꾸는 악몽처럼. 진짜 끔찍하지 않니, 라고 우린 말하곤 했고 실제로 정말 끔찍한 일이었다. 하지만 그 끔찍하다는 게 도통 실감이 나지 않았다. 너무 신파조여서 우리 삶과는 전혀 다른 차원에서 일어나는 일인 것만 같았다. 우리는 신문에 이름이 오르지 않는 사람들이었다. 신문 가장자리의 여백에 사는 사람들이었다. 그게 훨씬 더 자유로웠다. 우리는 이야기와 이야기 사이의 간격 속에서 살았다(56-57).

이 구절에는 두 가지 메시지가 있다. 첫째, 현대사회에서 우리와 기술의 관계 그리고 기술적 진보에 대한 무비판적인 믿음의 위험성에 관한 것이다. 이는 무지의 특성이라기보다는 오히려 '무시하는' 행동으로 이해할 수 있다. 현대 미국 문화는 완전히 기술로 가득 차 있다. 하지만 우리는 기술적 침윤의 장기적인 결과를 무시하기 위해 적극적으로 노력해야 한다. 이 경우에 앳우드의 소설은 우리에게 겉으로는 별개의 것처럼 보이는 기술적 감시 사례들 사이의 관계를 이해할 필요가 있다는 관점을 제공한다. "관점은 반드시 필요하다." 오브프레드는 우리에게 전한다. "그렇지 않으면 당신은 당신의 얼굴이 벽에 부딪혀 납작해진 채로 살아갈 것이다."

둘째, 문화사에서의 여성들의 공간을 제기한다. '이야기와 이야기 사이의 간격 속에서' 주변부에 살고 있는 사람들, 즉 결코 뉴스거리가 되지 않는 삶을 살아가는 여성들은 기억되지 않는다. 여성들의 이야기, 즉 그들의 일상생활은 역사적 자료가 되지 않는다. 이런 의미에서 『시녀 이야기』는 여성들의 역사를 재코드화하는 것의 중요성을 촉구하는 역사적 실천에 대한 유토피아적 전망이다. 이것은 현대의 역사적 실천 내에서 일반적인 경향은 아니다. 그럼에도 불구하고 이것은 페미니즘 문화 연구의 기획이다. 내가 다른 지면에서 주장했듯이 문화기술지는 여성의 일상생활에 대한 서사를 기록함으로써 현재의 역사적 생산에 개입하기 위해 노력하는 페미니즘적 실천으로 재천명될 수 있다.[71] 이러한 관점에서 나는 앳우드의 소설을 속성상 디스토피아적 SF와는 다른 어떤 것으로서 고려할 것을 제안한다.[72] 나는 앳우드의 소설을 '결을 거슬러', 아마도 하나의 일반적인 틀에서 또 다른 틀로 횡단코드화되는 기술 시대를 살아가는 우리의 집단적 삶에 대한 사변적인 문화기술지로서 읽고 싶다. 그것은 새로운 생식 감시 기술들이 여성의 몸에 적용되면서 생길법한 결과들을 '무시하는 경향'을 없애줄 비판적 분석틀을 우리에게 제공한다. 우리는 이러한 독해를 통해 '골치 아픈' 신문기사를 일부러 무시하는 행동을 그만둘 수 있다. 그 신문기사들이 학자와 비평가로서의 우리의 실질적인 연구에 중요하지 않더라도 말이다. 나의 목표는 문화적 실천과 문화적 서사의 절합을 통해 성취된 현실의 서사적 구축과정을 탐색하는

젠더화된 몸의 기술 : 사이보그 여성 읽기

것이었다. '절합'은 의미가 구축되고 특정한 실천의 지형으로 배치되는 과정을 묘사하는 것이다. 그리고 절합은 의미가 실천의 효과이면서 그러한 실천을 결정하는 조건이기도 하다는 점에서 복잡한 과정이다. 이 장에서는 모성의 몸에 관한 한 쌍의 문화적 이야기들을 서술했다. 그것은 모성의 감시를 다룬 소설의 서사뿐만 아니라 임신과 의료적 프로토콜의 개발 및 적용에 관한 과학적 담론도 포함된다. 나는 이러한 담론적 자원들을 분석하면서 이러한 서사와 사회구조, 그리고 제도적 실천 사이의 관계를 밝히려고 노력했다. 또한 문학적 서사가 그 밖의 문화적 담론의 의미를 명백하게 밝히는 데 기여한 것으로 '해석되는' 문화적 분석 과정 자체를 검토하려고 노력했다. 그런 다음에 사회적 실천과 물질적 효과의 조직화 과정을 설명하고 비판하기 위해 문화적 담론을 이용했다. 담론적 계기들의 특수한 지형과 한 쌍의 문화적 실천 사이의 관계에 대한 하나의 지도로서, 이 장에서 나는 페미니즘 문화 연구자들이 개입해야 할 비판적 쟁점들뿐만 아니라 그러한 정치적으로 논쟁적인 상황들에 대해 분석하고 개입하기 위한 비판적 틀도 제안하였다.

Chapter 5

사이버공간의 가상적인 몸*

이 장에서는 전자 프론티어(electronic frontier)에 있는 몸에 관해 알아본다. 어떤 의미에서, 이 프론티어는 현대의 문화적인 사고의 지평을 알 수 있는 **상상적** 구축물이다. 그러나 다른 의미에서 프론티어는 주류 문화의 변방에 있는 현실적인 공간이다. 즉, '전자 프론티어'는 데이터베이스의 흐름, 전화와 광섬유 네트워크, 컴퓨터 메모리, 그리고 전자 네트워크 서비스 속에 이미 존재하는 정보교환의 공간을 말한다.[1] 여기서 개척지라는 은유는 광대하고 탐험되지 않은 영토를 시사한다. 즉, 해커로 알려진 컴퓨터광들은 개척지마을에 산다. 정찰병/순례자는 지금까지도 악명 높은 컴퓨터 바이러스, 웜, 그리고 트로이 목마를 포함하는데, 이들은 자신이 흘러들어 간 네트워크의 '지도를 그리기'(map) 위해서 아주 단순하게 설계됐다. 발로우(John Perry Barlow)는 서구 개척지 은유를 정교화하면서, "새로운 작은 마을에서 중앙로는 중앙의 미니컴퓨터다. … 마을 회의는 지속적으로 열리고 성 문제에서 감가상각표

---

* 이 장은 홍성태 편역, 『사이보그, 사이버컬처』, 문화과학사, 2000, Ⅱ부 3장에 "사이버공간의 가상적인 육체"로 번역되어 있으며, 옮긴이는 이 글을 번역에 참고하였다.

(depreciation schedule)에 이르기까지 모든 영역에 걸쳐 토론이 이루어진다"2고 설명한다.

더 구체적인 의미에서, 전자 프론티어는 응용 프로그램의 코드, 프로디지(Prodigy)와 컴퓨서브(CompuServe) 같은 정보 서비스 그리고 온라인 데이터베이스뿐만 아니라 워크스테이션,* 파일 서버, 네트워크, 게시판을 포함한다.3 이러한 프론티어는 컴퓨터/정보 산업의 하부구조로서 기능하고, 그 자체로 컴퓨터 기술과 서비스의 더 나은 발전과 보급을 구조화한다. 지난 10년간 가장 대중화된 컴퓨터 응용프로그램 중 하나로, 오늘날 '가상현실'(Virtual Reality)로 더 유명한 '가상환경'의 구축을 들 수 있다.4 1987년 이래, 가상현실은 그 자체가 하나의 산업으로 더욱 발전했다. 또한 가상현실은 컴퓨터가 생성하는 현실, SF, 공상 과학** 그리고 강력하게 등장한 새로운 시각화 기술들을 포함하는 신생 (하위)문화의 핵심에 있다.5 이 장에서 제기하는 중심적인 질문은 이러한 형성과정에서 몸의 역할과 관계가 있다.

이 장에서는 사이버공간에서의 몸에 대한 논의를 하기에 앞서, 가상현실산업의 문화적 측면을 독해할 것이다. 이러한 가상현실산업에는 사이버펑크 하위문화 속에서 몸의 체현, 매체에서 몸을 스펙터클하게 그리는 것, 그리고 팔려고 내놓은 상품들이 포함된다. 나는 사이버공간의 여행에 관해 보고하면서 몸을 어떻게 그렇게 쉽게 억압할 수 있는가에 관해 그리고 이러한 탈체현의 결과들에 관해 의문을 제기할 것이다. 마지막으로 가상현실의

---

* 정보 처리 시스템에 연결된, 독립해도 처리를 할 수 있는 단말 장치를 말한다.
** 과학에 있어서 사회구성주의적 측면을 강조한 표현. 과학 자체가 이제 절대적으로 진리를 생산하는 것이 아님을 나타낸다.

젠더화된 몸의 기술 : 사이보그 여성 읽기

생체정치에 관한 몇 가지 문제들을 제기하면서 결론을 맺을 것이다.

사이버공간을 마케팅하기

가상 기술은 그래픽 프로그램을 사용하여 컴퓨터로 생성한 삼차원적인 공간을 창조한다. 사용자/참여자는 유선 주변장치를 거쳐 이 공간과 상호작용하고, 동시에 이 공간을 조작한다. 현대 SF에서 컴퓨터가 생성하는 3차원 공간이나 가상환경은 '사이버공간'을 가리킨다. 사이버공간이라는 용어는 깁슨(William Gibson)이 자신의 사이버펑크 소설인 『뉴로맨서』(*Neuromancer*)에서 처음 사용했으나, 지금은 가상현실 기술자 사이에서 가상현실 응용프로그램의 내부 공간을 가리키는 데 통용되고 있다.6 소설에서는 사이버공간을 때때로 매트릭스 또는 고정된 컴퓨터와 휴대용 컴퓨터 사이의 연결에 의해 구축된 네트워크의 줄임말인 '네트'(net)라고 부른다.7 사이버펑크 소설에서는 '현실의'(real) 지리적인 도시-근교 공간을 '스프롤'(sprawl)이라 부르고, 비록 해커가 사이버공간을 통해 종종 숨어버리거나 자신의 길을 가야 할지라도, 현실의 '행동'은 항상 구조화된 매트릭스의 정보 공간에서 발생한다.

    상업적 형식에서는 사이버공간을 전자 매트릭스나 가상 환경으로 묘사한다. 또한 사이버공간은 가상현실을 위한 소프트웨어 도구들을 개발하는 가장 유명한 회사 두 곳 중 하나인 <오토데스크>(Autodesk)의 트레이드마크로 알려져 있다. 표준적인 사이버공간 하드웨어는 가상현실 소프트웨어를 실행하는 컴퓨터에 연결된 헤드의 움직임을 판독하는

사이버공간의 가상적인 몸

그림 23
『먼도 2000』의 표지(1991년 겨울 3월호), 헤리 (Debbie Harry) 특집

유선 고글 세트를 포함한다. 1985년에 컴퓨터 음악가인 레이니어(Jaron Lanior)는 "가상현실과 비주얼 프로그래밍의 개척자"임을 자부하는 <VPL>이라는 회사를 설립했다. 그 회사의 생산품보다 더 유명한 레이니어는 기술 혁신가, 대중문화 아이콘들, 게임 설계자, 컴퓨터 기업가를 구성원으로 포함하는 가상현실 하위문화의 숭배 대상이 되어왔다. 레이니어가 한 다음의 말은 종종 인용된다. "물리적 세계가 갖고 있는 것이 무엇이든지 간에 가상현실도 마찬가지로 갖고 있다."[8]

1990년대 유명한 해커잡지인 『먼도 2000』은 허구적인 사이버공간의 세계에서, 그리고 그 주변에서 형성된 하위문화를 감지할 수 있게 해준다 (그림 23). 이 표지는 대중적인 하위문화에 새로울 게 전혀 없지만, 실제로 이것은 『먼도』가 주요 독자들을 끌어당기는 매력 가운데 하나이다. 이 잡지는 우리로 하여금 내부 집단(in-crowd)으로 들어가게 해준다.

젠더화된 몸의 기술: 사이보그 여성 읽기

『먼도』에는 다음 세 가지 특징이 두드러지게 나타난다. 즉 화려하고 시각적으로 강렬하며 테크노 아트적인 배열, 전자 프론티어로부터의 우상파괴적인 정기 보고서, 그리고 버러우(William S. Burroughs)와 리어리(Timothy Leary) 같은 스트리트 테크의 고수들과의 간접 인터뷰가 그것이다. 『먼도』는 이외의 문화적인 사이버비평가(애커(Kathy Acker), 로넬(Avital Ronell), 넬슨(Ted Nelson) 등) 그리고 다양한 록 그룹, 행위예술가, 스마트 드러그(smart drug) 옹호자, 그리고 전자 산업의 거물뿐만 아니라 레이니어와 발로우와 같이 주목받는 공상가도 홍보한다. 요약하자면 『먼도 2000』은 새로운 하위문화의 핵심적인 특징인, '창시자들', 정체성의 신화적 서사, 특화된 언어, 그리고 수많은 신기술을 선전한다. 사이버펑크 산업의 기관지인 『먼도 2000』은 그렇게 하면서, 미시세계의 삶의 가능성에 중독된 자들의 세계관을 보급한다.

주제의 측면에서, 『먼도 2000』은 수사학적 질문 없이 그리고 대부분 문화 비평 없이, 맥루한(Marshall Mcluhan)의 『기계 신부』가 놓쳤던 부분을 끄집어낸다.9 맥루한이 섹스와 기술의 불길한 융합을 암시하는 잡지 광고에 주목하는 지점에서, 『먼도 2000』은 사이버펑크문화에 대한 자체 광고에서 섹스와 기술의 융합을 찬양하는 잡지가 되었다. 그러나 『먼도 2000』은 자신의 테크노-성욕에도 불구하고, 1960년대의 반(反)문화의 수사학을 기묘하게 환기시킨다. 이것은 부분적으로 1990년대에 확산된 1960년대 패션과 유행에 대한 향수를 반영한다. 그래서 『먼도 2000』의 한 호는 "길 위에서*" 이야기, 약물합성법, 모드족(mod)의

---

* 60년대 비트문학을 대표하는 존 캐루악의 소설 제목

패션 아이콘 그리고 언더그라운드(underground)로부터의 보고와 같은 회고적 화제들을 포함한다. 1960년대에 비해 1990년대에 달라진 점은 1990년대에는 약물들이 우리를 '똑똑하게' 만들려고 하고, 환각제들은 환각장르들로 대체되고, '언더그라운드'는 하나의 밴드이며, 그리고 최상의 섹스는 가상섹스라는 점이다.10 『빌리지 보이스』(The Village Voice)는 고어위츠(Shalom Gorewitz)가 큐레이트한 쇼를 비평하면서, 사이버공간의 예술가들과 해커들을 '곤조 테크노-히피들'(gonzo techno-hippies)*이라고 불렀다.11 실제로 반문화의 은유와 기술적 엘리트주의를 나란히 놓는 것은 가상현실 기술의 장려를 위한 흥미로운 장을 마련한다. 『먼도 2000』은 민주주의를 가장하지도 않고 쉽게 접근할 수 있도록 시도하지도 않으면서, 청탁하지 않은 원고는 때를 기다렸다가 불태워지고 "청탁하지 않은 예술 작품은 전자적으로 스캔되고 변경된 후 다른 잡지에 저자 허락 없이 실릴 것"이라고 독자들에게 말한다. 광고 면에는 깁슨과 스털링의 새로운 소설, 리어리 책의 재판본, 로넬(Avital Ronell)의 『전화번호부』라는 내집단 상품들이 실린다. 그러나 인지의 즐거움은 크다. 기사들은 '새로운 세계의 무질서'에 대한 적합한 태도를 보여주기는 하지만, 당신이 성원이 되기 위해 무엇을/누구를 알고, 읽고, 사는 것이 필요한지를 오직 모방을 통해서만 보여준다. 비록 전자적으로 접속된 사이버펑크들이 세계 곳곳에 흩어져 있을지라도 『먼도』에 따르면 그 사이버펑크가 발생한 장소는 미국의 서부 해안이라는 점이 아주 명백하다. 그래서 가상현실 기술의 발전에 대한 실제 이야기가 미국 전역에 걸쳐—특히

---

* 곤조(gonzo)는 근성 있는, 미친, 독단과 편견으로 가득 찬이라는 뜻의 일본어에서 유래했다.

젠더화된 몸의 기술 : 사이보그 여성 읽기

영국, 호주, 그리고 이탈리아(다른 장소들에서)—나타난다 할지라도, 최고의 (신화적인) 사이버공간 이벤트는 프론티어 논리와 일치하여, 미국의 매우 거친 서부에서 전부 발생하였다.

물론, 가상현실산업은 『먼도 2000』이 시각화한 하위문화보다 훨씬 더 많은 것을 포함한다. 홍보 면에서 가상현실산업은 매체의 이벤트처럼 연출된 다음의 회의들을 포함한다. 즉 예술, 엔터테인먼트, 교육부문에서 신생 기술에 대한 세계 포럼으로 기획된 '국제 사이버 아트' 그리고 <전지구재단>(Whole Earth Institute)이 후원한 멀티미디어 가상현실 박람회인 '사이버톤'(Cyberthon)이 있다.12 캐드리(Richard Kadrey)는 기술로 가득한 제1회 사이버톤의 24시간을 다음과 같이 묘사한다. "(1990년) 10월 6일~7일 … <전지구재단>은 샌프란시스코 <콜로셜 픽쳐스>(Colossal Pictures)의 음악 무대를 세계에서 가장 큰 가상현실 박람회장으로 바꿨다. 대략 4백여 명의 사람들이 현실을 마음대로 바꾸는 기술을 가까이에서 보고 체험할 기회를 얻었다. 제비뽑기에 당첨된 300명이 넘는 행운아들은 고글과 글러브를 착용하고 실제로 오토텍, <센스8> 그리고 레이니어의 <VPL>팀이 만든 가상 세계에 들어갈 기회를 얻었다."13 반어적으로, 『먼도』에서 광고되거나 전자게시판을 통해 퍼트려진 회의 공지는 회의 참가자들을 끌어 모으기 위해 '현실'이라는 수사학에 종종 의존한다.14 예를 들어, 공지는 물론 가상현실 프로그램들과 장비에 대한 값을 지불해야 하지만 '실제로' 이용 가능하다고 제안한다. 1991년 국제 사이버아트의 등록비는 450달러였고, 참가자들에게 사이버아트 갤러리(Cyber Art Gallery)와 '프로덕트 엑스포'(Product Expo)와 같은 특별한 전시회를 방문할 기회를 주었다. 이곳에서 참가자들

사이버공간의 가상적인 몸

은 청중이 음악을 지휘하는 쌍방향 음악 연주에 참가하면서, 또는 "통합매체(integrated media)의 생산을 **실제로** 연습"해보면서 생생하게 가상현실을 체험할 수 있었다. 사이버아트에서 『먼도 2000』이 후원한 사이버펑크의 밤은, 리어리의 사회로 "새로운 종류의 극적인 엔터테인먼트 **체험**"을 완비한, "우아한 엔터테인먼트와 첨단기술적인 환락의 밤"을 약속했다. 화면상에서 쇼와 소프트웨어 체계를 생생하게 경험하라고 권하는 것은 초매개적인 가상현실 스펙터클에 대한 반어적인 서브텍스트(subtext)* 이상을 시사한다. 그러한 장려로 인해 우리는 가상현실 기술이 사람과 생산물의 결합을 통해, 상품으로 변형되는 과정에 주목하게 된다.

모든 미디어의 과대광고에도 불구하고, 가상현실에 대해 청중들은, 한 토론목록 참여자가 썼듯이, 기껏해야 가상현실(VR)보다 선전(PR)이 앞서는 "키티 호크"(Kitty Hawk)** 단계에 놓여있다고 말한다. 그렇지만 '진지한' 가상현실연구는 또 다른 문제이다. 알려진 것처럼 몇몇 컴퓨터 과학자들은 <VPL>의 독불장군인, 레이니어가 처음으로 만든 '가상현실'이라는 용어를 좋아하지 않는다. 1991년 『고등교육연보』에 실린 논문에서 한 컴퓨터 그래픽 교수는 "'가상환경'이라는 용어가 과학적인 연구 영역에 더 잘 맞는다"고 주장한다. "가상현실은 인공지능처럼 달성할 수 없는 목표다."[15]

공식적인 가상현실의 역사가 전혀 기록된 바 없더라도, 컴퓨터 과학과

---

* 텍스트 배후에 숨은 의미
** 라이트형제가 만든 최초의 비행기를 지칭한다. 여기에서는 지금은 상상에 불과한 것이 미래에는 기술적으로 실현되리라는 환상을 심어준다는 의미로 쓰였다.

컴퓨터 그래픽은 가상현실의 토대이다. 이는 초기 계산기의 역사뿐만 아니라 인공지능 과학에 관한 1940년대에 쓰인 위너(Norbert Wiener)의 저작에 토대를 두고 있다.16 다른 역사적 공헌들은 2차원과 3차원 영상에 대한 1960년대의 연구와 '시각 연관'(visually coupled) 체계에 관한 1970년대의 작업을 포함한다. 1980년대에 가상현실관련 연구들은 디자인, 텔레로보틱스, 광학 센서, 시뮬레이션 파라미터, 이미지 프로세싱과 디스플레이 분야에서 급격히 증가했다. 때때로 인공현실의 아버지라고 흔히 부르는 크뢰거(Myron W. Krueger)가 이 영역의 역사에 관한 매우 흥미롭지만 간결한 글을 썼다. 그는 "인공 현실이라는 개념이 확립"되기까지는 기술 연구상의 몇몇 일반적인 제약들(극소수 학술지들과 새로운 기술들에 대한 부족한 자금)과 (상원의원 윌리엄 프록스마이어의 황금양털상*과 지리적 이동과 같은) 몇몇 문화적인 제약들 때문에 좀 더 시간이 걸렸지만 "쌍방향 컴퓨터 사용은 이제 표준이 되었다"고 설명한다.17 암묵적으로 그는 가상현실 연구를 가로막는 가장 큰 제약은 가상현실이 시장에 광범위하게 적용될 수 있는 가능성에 대한 이해가 부족했다는 점을 든다. 정찰과 무기 운용을 위해 머리에 장착하는 디스플레이(HMD)에 대한 <미항공우주국>(NASA)의 관심을 제외하고는, 어느 누구도 인간-기계 상호작용 체계에 대한 소비 시장의 잠재력을 상상하지 못했다.

1990년대 중반에 이르러 상황은 변해갔다. 전자통신, 수술 시뮬레이션, 그리고 컴퓨터를 이용한 디자인(CAD)에서 가상현실 응용 프로그램은 현재의 산업설계자들에게는 엄청난 관심거리가 되었다. 전자 산업에

---

* 미국에서 예산낭비가 가장 심한 정부기관이나 사업에 주는 상.

서 가상현실은 자본집약적인 사업 영역임에도 불구하고 매력적인 사업으로서 권장된다. 가상현실은 데이터글러브, 유선 바디수트, 머리에 쓰는 추적 장치, 고글, 헤드폰, 초소형 LCD 화면 및 디지털 카메라와 같은 생체기술적 장치들을 포함한 다수의 새로운 상품의 개발을 필요로 한다.[18] 이러한 장치와 프로그램은 개발하는 것뿐만 아니라 구입하는 것도 엄청난 비용이 든다. <VPL>이 판매하는 사이버공간 체계인 '2인용 (가상)현실'(A Reality Built for Two), 다시 말해서 RB2는 1991년 소매가격이 25만 달러였다. 그것은 두 개의 헤드셋과 두 개의 데이터글러브, 그리고 성능이 뛰어난 미니컴퓨터가 딸려있다. 화려한 가상현실 시연회와 대회의 주요 목적 가운데 하나는 가상현실 응용 프로그램들을 판매하기 위한 하나의 시장을 창출하는 동시에, 투자에 대한 관심을 불러일으키는 것이다. 프로그래머, 디자이너, 그리고 기술자인 사이버펑크 하위문화의 구성원들은 자신들의 상품을 판매하기 위한 시장을 창출할 경제적 필요성을 당연시하는 것 같다. 그 당시 오토데스크 사이버공간 프로젝트(Autodesk Cyberspace Project)의 책임자였던 왈서(Randal Walser)는 운동과 건강을 위한 사이버공간 여가장(playhouse)의 디자인을 기술하면서 다음과 같이 설명한다.

> 스포츠용 사이버공간을 구상할 때 중요한 것은 스포팅 데크(sporting deck)가 일반적으로 재조합형 자전거와 경사가 있는 러닝머신과 같은 정교한 장비들을 갖추고, 체육관이 그러한 데크를 시간단위로 빌려줌으로써 수익을 창출할 것이라는 점이다. 스포츠용 사이버공간의 목적은 사람들을 즐겁게 하고 그들의 건강을 유지하도록 하는 것에만 있지 않다. 오히려 그 목적은 그들의 데크를 계속해서 사람들로 가득 채움으로써 체육관 사업의 유지를 돕는 것에 있다.[19]

젠더화된 몸의 기술: 사이보그 여성 읽기

많은 산업 미래학자들은 일차적으로 엔터테인먼트와 레저 서비스를 위한 대규모 가상현실 장비들을 염두에 두면서, 최근 로봇공학을 이용한 테마파크를 가진 <디즈니>(Disney)나 <유니버설>(Universal)로 하여금 '쌍방향 롤플레잉 환경'에 기반한 '꿈의 공원' 개발에 투자하도록 유도한다.[20] 가상현실의 미래를 이렇게 보는 것은 그것의 잠재력에 관해 '손익 계산만을 고려하는' 메시지, 즉 사이버공간의 개발과 마케팅을 통해 엄청난 수익이 창출되리라는 것을 전달한다.

요약하자면, 이러한 새로운 하위문화의 핵심적인 특징은 대중문화의 가공물들(예를 들어 『먼도 2000』과 영화 『론머맨』 및 『코드명 J』), 일련의 신화적 창시자(넬슨, 레이니어), 컴퓨터 기술과학과 컴퓨터 프로그래밍 과학에 의존하는 전문 언어, 새로운 하이테크 상품들에 대한 전망을 포함한다. 기묘하게도, 새로운 하위문화는 새로운 기술의 섹시함을 고취하는 동시에 뻔뻔스럽게도 엘리트주의적이며, 동시에 기업문화 내에서의 저항 가능성에 대한 대항문화적인 신념을 일깨운다. 기술과 대항문화의 병렬, '현실 효과'와 현실적인 시연의 병렬 그리고 과학과 선전의 병렬은 사이버펑크 하위문화가 문화적 의미를 처리하는 작업에 적극적으로 개입하고 있다는 것을 시사한다. 가상현실의 미래는 스스로 드러내듯이 정보기술 산업의 자본주의적 구조에 직접적으로 매여 있다. 다양한 문화 공상가들은 가상현실의 미래를 상상하는 일에 관심을 가졌기 때문에 가상현실의 미래가 상품 구조에 완전히 접합될 것이라고 확신한다. 이제 우리는 연출된 하위문화적 이벤트를 통해 기술이 상품으로 변형되는 과정에 주목할 수 있다.

이러한 하위문화의 구성원들이 '대항문화적'이고 싶어 하는 것처럼,

가상현실산업은 실제로 현대문화의 불안과 편견을 재생산할 수밖에 없는 특정한 신화와 일련의 은유와 개념을 퍼뜨린다. 지프스(Jack Zipes)가 주장하듯이, "매체화된 꾸며진 이야기들 대다수의 결론은 항상 생산체계를 행복하게 재확인하는 것이다."[21] 대중언론은 시뮬레이션의 경험이 "위험한 세계에서 안전한 활동에 대한 기회를 제공한다"고 여러 차례 언급해왔다. '전자 LSD'나 '전자적으로 몸을 이탈하는 체험'이라고 부르는 가상현실은 그 찬양받는 매개 형식 속에서 진부한 현실로부터의 도피처럼 보인다. 즉 가상현실은 기업 이데올로기, 사회 구조, 그리고 물리적인 몸 그 자체의 형식 속에서 현실이 부과하는 가혹한 제약에 직면한 사람들을 위한 탈출구에 지나지 않는 것 같다.[22] 가상현실산업에 대한 보다 전통적인 이데올로기적 비판은 아마도 가상현실산업이 후기산업자본주의 생산양식에 참여하는 것을 상세히 설명하면서 시작할 것이고, 더 나아가 '대립적인' 하위문화는 창의성이 있는 천재, 극단적인 개인주의, 초월적인 주체성과 같은 부르주아적 개념들을 실제로 조장하는 방식을 폭로할 것이다. 로스(Andrew Ross)는, "대항문화 난도질하기"(Hacking Away at the Counterculture)에서, "새로운 문화적 기술들에 대해 비판적 좌파가 늘어놓는" 이야기가 어떻게 "원활하게 끊임없이 맞물려 작동하는 감시망 체계를 통해 별다른 노력 없이 달성되는 획일적이고 판옵티콘* 같은 사회통제 방식에 관한 이야기가 되는지"를 상세하

---

* 1791년 영국의 철학자 제러미 벤담이 죄수를 효과적으로 감시할 목적으로 고안한 원형 감옥으로, 죄수들은 밖을 볼 수 없지만 교도관 혹은 간수들이 항상 감시하고 있다고 받아들인다. 1975년 푸코 (Michel Foucault)가 《감시와 처벌 Discipline and Punish》에서 판옵티콘의 감시체계 원리가 사회 전반으로 파고들어 규범사회의 기본 원리인 판옵티시즘(panopticism)으로 바뀌었음을 지적하면서 새로운 주목을 받기 시작하였다.

젠더화된 몸의 기술: 사이보그 여성 읽기

게 설명한다. 그러나 그가 계속 쓰고 있듯이, 이것이 "항상 최상의 이야기는 아니다."23

나는 이러한 이데올로기적 비판이 지나치게 전체주의적일 수 있다는 데 동의한다. 새로운 기술을 논의할 때, 이러한 기술들이 기술 엘리트의 헤게모니적 통제를 필연적으로 그리고 일방적으로 확장한다고 주장하는 기술결정론의 함정을 피하도록 노력해야 한다. 기술은 제한된 행위성을 갖는다. 그럼에도 불구하고, 가상현실 기술은 지배적인 권력관계를 재생산하는 특정한 일련의 문화적 서사의 생산과 관련이 있다. 아마도, 이러한 새로운 기술의 의미를 평가하기 위한 보다 나은 접근법은 그러한 기술 그리고 더 중요하게는 그러한 기술의 사용이 보다 광범위한 사회적이고 문화적인 세력들에 의해 결정되는 방식들을 정교화하는 것이다.

가상현실에 대해 가장 자주 반복되는 주장 가운데 하나는 가상현실이 몸에 기반한 ('현실의') 정체성의 결정으로부터 자유로운 개인적인 현실을 구축할 수 있는 기술적 수단을 제공한다는 점이다. 가상현실을 장려하는 사람들도 가상현실 게임들에 대한 홍보에서 가상현실의 주관적이고 표현적인 차원들에 주로 관심을 두기 때문에, 사용자들은 물리적인 몸이 가상세계에서는 중요하지 않다고 듣기도 한다. 비록 몇몇 게임들이 게이머들에게 자기 자신의 시뮬레이션인 개인 아바타나 퍼핏(puppet)을 디자인하도록 기꺼이 허용할지라도, 더 자주 가상현실은 몸으로부터 자유로운 환경, 즉 젠더와 인종의 육체적 체현에서 도피하는 장소로 선전된다. 나는 가상현실의 '생생한' 경험을 분석하면서 이러한 몸에 대한 개념적인 거부가 물리적인 몸에 대한 물질적인 억압을 통해 성취된다는 것을 발견했다. 사이버공간의 현상학적 경험은 물질적인 몸을 의도적으로 억압하는 것에 의존하고 사실상 그것을 필요로 한다. 우리는 가상현실 기술에 대한 이데올로기적 비판을 확장할 필요가 있다. 페미니즘적 관점에서, 물질적인 몸에 대한 억압은 분명히 탈체현되고 젠더로부터 자유롭다고 가정되는 가상현실이라는 세계에서 젠더 편견을 나타내고 있다. 나는 이러한 억압을 기술적 현상이라고 논의하면서도 그것이 기술에 의해 전적으로 결정된다고 말하고 싶지 않다. 반대로 가상현실 기술이 젠더화된 몸의 현상을 자연화하는 효과를 낳기 위해 테크노바디에 관한 문화적 서사를 어떻게 절합하는지 앞으로 상세히 설명하고 싶다.

사이버공간으로의 여행

가상현실 응용프로그램은 2차원 데이터베이스와는 대조적으로 사용자들이 3차원 정보 재현과 상호작용을 할 수 있게 한다. 그래서 가상현실 이용자들 어휘 지표나 컴퓨터 코드에 대한 데이터베이스를 찾는 대신에 데이터 저장 환경과 상호작용하고 그래픽으로 재현되는 정보를 훑어볼 수 있다. 『주간 산업』(*Industry Week*)의 한 기사에 따르면, 가상현실과 함께 "당신은 실제로 살아있는 듯한 CAD 모형들을 상상할 수 있고 … 그 모형 속으로 들어갈 수 있다. 당신은 모형들을 어떤 규모로도 만들 수 있다. 예를 들어, 그것은 분자 모형일 수 있고, 당신은 그 모형의 구조를 설명하기 위해 분자 속으로 들어가 돌아다닐 수 있다."24 이러한 방식으로, 사이버공간의 매트릭스는 컴퓨터 이용자들이 항해할 수 있는 추상적 환경을 제공한다.

　모든 가상현실 체계들은 몇몇 종류의 생체 장치의 사용에 있어서 몸과 기술의 인터페이스를 포함한다. 자주 볼 수 있는 세 가지 인터페이스는 닌텐도 파워글러브와 LCD 화면을 장착한 모자, 유선 작업복(overall)* 세트인 '핫수트'(Hotsuit)이다.25 나의 첫 번째 가상현실(고글과 트랙볼**을 이용한)로의 여행은 별로 특별할 게 없었다. 헬멧 앞면에 장착된 작은 렌즈들을 통해 투사된 장면을 쉽게 볼 수 있었는데 작은 LCD 화면들에 투사된 영상은 노란색 벽, 주황색 바닥, 갈색 식탁이 있는 만화 같은 세계였다. 이용자/사용자들이 고개를 돌리면 그에 따라 바뀌는 눈높이에서 가상현실의 내부 공간들과의 접촉점―이러한 장면을 이해할 수 있는 방식―이 형성된다. 작은 화면에서 일어나는 변화는 어떤 사람이 정상적으로 고개를 돌리면 스스로 충분히 예상할 수 있는 실시간 시각 변화와 정확히 일치한다. 비록 여러 가상현실 사용자들이 고개를 돌리면 일어나는 장면 변화에서 주목할만한 시간 지체 현상을 언급했지만, 나는 현저한 시간 지체 현상을 알아채지는 못했다. 장면 변화의 타이밍은 내가 고개를 돌릴 때 '정상적으로' 기대할 수 있는 변화와 아주 근접하게 일치했다. 내가 가상현실을 여행할 당시 일어난 가장 당황스러웠던 효과는 장면을 통해 '시점'을 서툴게 이동한 이후에는 관점을 '올바르게' 유지하기 어려웠다는 점이다. 왜냐하면 장면은 여전히 컴퓨터 애니메이션처럼 보이고, 장면을 바로 잡는 표지로서 사용할 시각적인 단서가 별로 없었기 때문이다. 더군다나, 내가 사용한 프로그램 속에는 중력이

---

* 아래위가 한데 붙은 작업복.
** 스크린의 커서를 회전할 수 있는 볼을 사용하여 움직이는 장치.

없었으므로, 몸을 운동감각의 준거점으로 사용하는 장면에서는 중심을 잡을 방법이 없었다.

가상현실 프로그램 대부분에서, 사용자는 탈체현된 시선, 즉 탈체현된 카메라 '눈'의 움직임을 흉내 내면서 떠다니고 움직이는 '관점'을 통해 가상현실을 경험한다. 이것은 아마도 영화의 현상이 지닌 친숙한 측면일 것이다. 여기에서 카메라는 관점의 매개체로서 몸의 자기준거적인 시각 점검을 거의 포함하지 않는 관점의 움직임을 모방한다. 몸에서 눈이 이탈하는 것은 눈의 관점에서 높이와 각도에 접근하는 카메라의 조작을 통해 달성된다. 그 눈이 좀처럼 보이지(드러나지) 않고 결코 느껴지지 않는다는 점에서 그 눈을 가진 몸은 억압된다. 영화적 시선의 자연화는 정신분석학적 영화 비평을 지지하는 기초 가운데 하나이고 그다지 새로운 발견물은 아니다. 그러나 내가 가상현실과 조우했을 때 흥미로웠던 점은 몸의 억압이 기술적으로 자연화되는 방식이었다. 나는 '관점'이 자연적으로 조직되는 감각 지식의 장소일 정도로 우리가 기술적 시선을 내면화하기 때문에 이런 일이 발생한다고 생각한다. 결과적으로, 감각 장치로서의 몸은 사이버공간 여행자들에게는 불필요한 짐일 뿐이다.

가상적인 몸의 생체정치

가상현실 응용프로그램과 조우했을 때 시각화 기술이 더 이상 단순하게 현실을 흉내내거나 **재현하지**는 않는다는 것은 점점 분명해지고 있다. 오히려 시각화 기술은 가상적으로 현실을 재창조한다. 그러나 가상현실

세계에서 구축되는 현실과 일상 세계에서 구축되는 현실 사이의 차이는 존재론의 문제가 아니라 인식론의 문제다.[26] 시각화 기술은 매체와 여러 형식의 일상적인 기술들이 완전히 스며들어 있는 기술적인 구축물이자 문화적인 구축물이다. 가상현실과 관련하여 다양한 가상세계, 가상현실 산업, 또는 가상현실 하위문화 속에서 누구의 현실/관점이 재현되는지를 묻는 것은 더 이상 의미가 없다. 오히려 우리는 어떤 현실이 그 안에서 **창조되는**지 그리고 이러한 현실이 어떻게 기술, 몸, 그리고 문화적인 서사들 사이의 **관계를 절합하는지를** 물어야 한다. 첫 번째 질문의 방향은 '관점'과 '시선'이 지식의 주요 경로라고 가정하는 데 반해, 두 번째 질문의 방향은 가상현실에 단 하나의 현실은 없고 그 안에서 구축되는 '현실'은 가상현실을 프로그램하는 사람들의 욕망을 체현한다고 주장한다.[27]

페미니즘적 인식론이 제공한 또 하나의 비판적인 틀은 사이버공간의 현실에 대해 약간 상이한 일련의 질문들을 제기한다. 즉 이러한 산업의 형성과 가상 기술의 사용에 기반을 둔 오늘날의 하위문화를 가정하면, 사이버공간 속 가상적인 몸의 생체정치는 무엇인가? 다시 말하면 가상현실 기술은 사회적으로 그리고 문화적으로 표시된 몸에 어떻게 관여하는가? 이러한 일련의 질문들은 물질적 몸과 함께 시작하고, 제도적이고 사회적인 쟁점들을 제기한다. 물질적인 몸과 가상기술이 제공하는 '감각적인' 시뮬레이션의 관계는 무엇인가? 기술적으로 매개된 몸의 현상학적 차원들은 무엇인가?[28] 가상현실은 몸에 기반을 둔 주체성들을 변형시키는가? 다양한 인터페이스는 사용자들의 물질적인 몸과 인지 현장 사이의 분리를 어떻게 처리하는가? 여기서 인지 현장은 가상세계에서 자유롭게 떠다니거나 몇 가지 방식으로 가상 퍼핏(puppet)에 연결된다. 인구학적으로 어떤 종류의 몸이 사이버공간에 거주하는가? 휴머노이드? 보다 구체적으로 젠더와 인종의 기호들이나 논리는 어떻게 탈체현된 기술적인 시선을 표시하는가? 어떤 종류의 '잉여 현실'이 생산되는가? 가상 '현실'이 사고 팔릴 때 이윤을 얻는 사람은 누구일까? 컴퓨터 구성요소들의 생산에 있어서 어떤 종류의 몸이 인공두뇌학적으로 사용되는가? 어떤 수준에서 가상현실은 참여자가 감각 정보 처리 방식을 조정하도록 함으로써 자발적으로 불신을 중단할 수 있게 한다. 특정 감각들은 모사된 경험을 처리하기 위해 (중력 없는 시각처럼) 재편성되는 반면, 이외의 현실에 대한 기록들은 억압된다. 떠다니는 관점이 의미가 명료하다라는 사실은 체현된 감각 기관들의 유연성을 증명한다. 그래서 비록 몸이 가상세계에서 재현적으로는 사라질지 모르지만—실제로 우리는 몸을 억압하고 그것의 준거적인 흔적들을 지우려고 혈안이 되어 있을 것이다—몸은 가상현실 장치들과 함께 인터페이스에서 또는 그 문제와 관련하여 사용자의 현상학적 틀에서 물질적으로는 사라지지 않는다.

지식이 '데이터 상호연관성'으로서 작동될 수 있는 가상현실 담론에서는, 그것에 대한 문화적인 비판의 개별 사항들에 관한 합의는 말할 것도 없고 가상현실의 주요 문제 설정에 관한 합의도 거의 없는 실정이다. 스프링(Michael Spring)에게 있어서, 주요 개념적인 문제는 데이터 상호연관성을 시각화하는 확고한 모델을 개발하는 것이다.[29] 확고한 모델의 중요성을 알아챈 가상현실 연구자들은 현실 구축 과정에 대한 충분한 이해를 절합하려고 노력한다. 그들은 거의 직관적으로 시각적인 재현과 의미 사이의 관계를 구체화해야 할 필요성을 느낀다. 그러나 그들은 종종 소통 과정의 기계적 모델에 빠진다.[30] 예를 들어 왈서는 영화와 사이버공간의 차이를 서술하면서 다음과 같이 쓰고 있다. "영화는 관객에게 현실을 묘사해주는 반면, 사이버공간은 모든 관객에게 하나의 가상적인 몸과 역할을 부여한다."[31] 왈서의 이러한 설명은 영화, 재현, 관람 상황 사이의 관계를 극히 단순하게 이해하는 것이다. 예술가들이 가상세계의 설계에 참여하게 됨에 따라 가상세계가 점차 변화하고 있을지라도, 가상현실 응용프로그램들은 대체로 관객성, 주체성, 또는 현상학적 체현은 말할 것도 없고 시각적인 재현의 동학마저도 거의 이해하지 못하고 있다는 것을 보여준다. 그렇더라도 레이니어가 우리에게 상기시키듯이, 결국 "물리적인 세계가 갖고 있는 것이 무엇이든지 가상현실도 갖고 있다." 그러므로 가상현실은 정확히 무엇을 제공하는가? 라는 질문이 등장한다.

요약하면 이러한 가상현실 조우자들이 실제로 제공하는 것은 현실과 자연에 대한 그리고 특히 다루기 어렵고 젠더 및 인종 표시적이며 본질적으로 죽을 수밖에 없는 몸에 대한 통제라는 환영이다. 몸이 젠더, 인종, 민족성, 능력 비판에 점차 취약해질 뿐만 아니라 점차 (담론적으로 뿐만 아니라 글자 그대로) 감염되기 쉬운 것으로 이해된 1980년대 동안 가상현실이 등장한 것은 우연이 아니다. 우리는 가상현실과 함께 몸으로부터 자유로운 세계에 대한 비전을 제공받는다. 걸프전의 스펙터클에 대한 언론보도는 걸프전은 닌텐도 게임식의 전쟁이 아니었다라는 수사학적 부인에도 불구하고, 탈체현된 기술적인 시선의 전개에 대한 무수한 사례를 제공했다. 폭탄의 시선(Bomb's Eye View)은 어쩌면 가장 매혹적이고, 현실의 폭력을 가리는 탈체현된 시선을 가진 유혹적인 권력을 보여주는 가장 불안한 사례였다.[32] 여기서 비판점은 이러한 새로운 기술적인 응용프로그램들—가상현실, 닌텐도, 또는 폭탄-캠—이 탈체현된 시민들을 창조하지 않는다는 것이다. 오히려 그것들은 그 자체로 이미 곳곳에 퍼져있는 사회적 변화들의 결과이다. 만일 '개척지'가 새로운 컴퓨터/정보 기술들의 개발을 위한 사회, 경제적인 맥락을 설명하는 하나의 은유라면 '사이버공간'은 초기술적 정보사회에서 탈체현된 '사회적인' 것의 공간을 설명하는 은유다. 대중문화의 구축물로서 사이버공간은 대중문화가 [페일(Fred Pfeil)의 표현을 빌려] 문화이론에 '반항할' 때 무슨 일이 일어날 수 있는지를 우리에게 보여준다. 사이버공간은 탈산업자본주의사회에서 사회적인 것(the social)의 위치에 대해 생각하는 방식을 제공한다. 비록 이 공간이 구조화될지라도 이에 대한 지도를 그리는 것은 불가능하며, 상황에 대한 총체적인 비전을 구축하는 아르키메데스의 점*은 없다. 기껏해야 당신은 가상공간 곳곳을 떠돌아다니면서 읽고 쓸 수 있고, 그러다가 당신을 위해 프로그래밍이 되지 않은 어떤 것과 우연히 마주칠지 모른다. 만일 당신 자신이 찾고 있는 것이 무엇인지 안다면, 정보의 풍요 속에서 사이버공간의 경험은 항상 국면적이다. 다시 말해 사이버공간의 경험은 교차하는 실천들의 효과, 즉 경제적·기술적·신체적·정치적·문화적 실천의 효과이다.

    티스데일(Sallie Tisdale)은 『에스콰이어』(*Esquire*)지에 실은 가상현실에 관한 기사에서 "가상 세계의 안과 밖 모두인 사이버톤에는 이상하게도 서사가 없다"고 언급한다. 거기에는 플롯(plot)이 없다. 즉 아직까지는

---

* 아르키메데스 점이란 관찰자가 탐구 주제를 총체적 관점에서 객관적으로 지각할 수 있는 유리한 가설적 지점을 가리킨다. 연구 대상을 그 밖의 모든 것들과 관계에서 볼 수 있도록 하며, 그것들을 독립적인 것들로 유지하도록 하는, 그 연구 대상에서 '자신(관찰자) 제거하기'라는 이상(Ideal)은 바로 아르키메데스 점의 관점으로 묘사된다.

이야기도 없고 우주론도 없다."³³ 부분적으로 이것은 사실이다. 가상현실의 옹호자들은 문화 비평가가 아니라 컴퓨터 과학자와 시스템 해커이며 그들 대부분은 이러한 사실을 인정한다. 이러한 사실은 그들이 예술가와 여러 문화적 몽상가의 작업에 개입하려는 의지와 열망을 부분적으로 설명해준다. 다른 한편 이러한 새로운 기술들은 적어도 하나의 매우 전통적인 문화적 서사, 즉 초월 가능성의 재생산과 연관이 있다. 이로 인해 물리적인 몸과 그것의 사회적 의미는 기술적으로 중립화될 수 있다. 만일 탈체현된 시선을 인지 장소로서 이용하는 응용프로그램이 몸을 완전히 제거한다면, 몸의 재현을 포함한 응용프로그램은 개인적인 체현 형식을 통제하려는 유토피아적인 욕망을 투사한다. 피셔(Scott Fisher)는 가상현실과 연결된 몸에 대한 전망을 자신의 논문 '가상환경'에서 다음과 같이 설명한다.

> 두 명의 사용자는 공유된 가상환경에 참여하고 그곳에서 상호작용할 것이다. 그러나 그들 각각은 자신들의 상대적이고 공간적으로 분리된 관점에서 가상환경을 볼 것이다. 가상환경의 목적은 멀리 떨어져 있는 참여자들이 원격으로 면대면 회의에서 느끼는 약간의 미묘한 차이들을 사용하는 것이다. 이를 통해 가상적으로 상호작용하는 동시에 자신들의 개인적인 데이터 공간 장비들에 접근할 수 있는 협력적인 세계 공간을 제공한다. … 각각의 사용자들은, 자신의 실물크기 가상 재현, 즉 일종의 전자적 페르소나를 선택하는 형식으로 이 공간 속에서 완벽한 몸으로 돌아다닐 수 있는 능력을 가지고 자신을 재현할 수 있을 것이다. … 이러한 가상적인 형식들은 환상적인 형상에서 무생물 대상까지 또는 상이한 형상에서 상이한 사람들까지 가능하다.³⁴

가상현실의 사변적인 담론 속에서, 우리는 원하는 몸이 무엇이든 그것을 가질 수 있다. 이것은 내가 이미 가지고 있는 몸과 이미 체현하고 있는 의미화 경제*에 관해 아무것도 말해주지 않는다. 사람들이 물리적인 재구조화의 고통 없이 혹은 비용을 들이지 않고 자신들의 가상적인 몸을 디자인할 수 있다면, 그들은 어떤 체현 형식을 선택할까? 만일 우리가 몸을 재구축하는 프로그램에 이미 참여하고 있는 사람들을 본다면 우리는 그들의 재구축된 몸이 아름다움, 힘, 섹슈얼리티에 대한 전통적인 젠더 및 인종 표지들을 보여주고 있다는 점을 발견할 것이다. 재구축된 몸이 재구축된 문화 정체성을 보장하지 않음을 시사하는 풍부한 증거가 있다. 또한 '몸으로부터의 자유'는 사람들이 이미 즐기거나 욕망하고 있는 몸이 아닌 어떤 다른 종류의 몸이 '될 자유'를 보장해주는 것은 아니다.

사이버공간을 배경으로 한 소설에서는 몸을 쓸모없는 고깃덩어리로 치부하는 환상을 연출하지만, 이러한 소설들이 몸에 기반을 둔 차별 및 지배 체계를 제거하지 않는다는 것은 결코 놀라운 일이 아니다. 사실상 페일은 "남성들이 쓴 대다수의 새로운 SF들은 그것이 극화하는 경계의 침식과 파괴에도 불구하고 남성주의적 틀에 갇힌 채 남아있는 몇 가지 방식들"을 보여준다.35 예를 들어 깁슨의 『뉴로맨서』 3부작에서 남자 주인공의 몸은 결과적으로 피부 조각들로부터 재구축될 뿐 아니라 그에 따라 그의 남성-마초 정체성도 재구축된다. 사이버펑크 서사 속에서 개별적인 남성의 몸과 여성의 몸은 우세한 문화적 규범과는 조금 다르게 코드화될 수도 있다는 것은 사실이다. 예를 들어 여주인공 몰리(Molly)는

---

* 버틀러가 『젠더 트러블』에서 사용한 용어로, 리비도 경제와 마찬가지로 맑스주의에서 말하는 토대/상부구조 도식을 해체하는 표현이다. 정신분석학에서 말하는 상징계를 지칭한다.

무기를 몸에 이식하면서 기술적으로 변형된다. 한편, 이식된 무기는 그녀를 여성 정체성의 강력한 체현물로 만들고 그녀는 더 이상 수동성과 적절한 여성성의 규범들에 제한받지 않게 된다. 다른 한편, 몰리의 몸 임플란트는 그녀의 여성적인 몸이 지닌 위협적인 특성을 보다 완벽하게 보여준다. 남자 주인공 케이스(Case)는 자신의 모험 초반부에 몰리의 몸 안으로 들어가는 사이버공간 침투를 감행해야 한다. 몰리는 승객을 태우고, 케이스는 "단지 이 청바지가 얼마나 꽉 조이는지" 알아내려 한다(53).

> 그런 다음 그는 새 스위치를 열었다. 다른 사람의 살덩어리에 들어가는 갑작스러운 충격 … 몇 분 동안 그는 누구의 도움도 없이 그녀의 몸을 통제하려고 애썼다. 그런 다음 수동성을 받아들이고, 그녀의 시야 뒤에서 승객이 되었다. … 그녀의 몸짓은 갈피를 못 잡게 했고, 그녀의 외모는 이국적이었다. 그녀는 계속해서 누군가와 부딪치려는 것 같았고, 그러면 사람들은 옆길로 비켜서서 길을 내주었다(56).

케이스는 몰리의 몸 '안에' 들어가자마자 '수동적인 상황이 짜증난다는 것'을 발견한다. 이러한 수동성은 그가 몰리의 몸을 통제하지 못함을 뜻한다. 그러므로 어떤 의미에서 케이스는 가상현실 기술의 도움을 받아 더욱 전통적으로 여성적인 몸의 상태를 경험한다. 그러나 그의 심스팀(Simstim)* '경험'은 지속적인 인상을 남기지 못했다. 또한 그것은 젠더화된 몸의 정치에 대한 통찰력을 발전시킬 수 있는 기회를 제공하지 않는다. 그의 수동성은 쉽게 성애화된다. 몰리는 그를 괴롭히려고 그녀의

---

* 깁슨이 소설에서 고안한 것으로, 스타의 모든 기억과 자료들을 데이터베이스로 만들어놓고, 다른 사람이 그 스타의 기억을 즐기며 새로운 삶을 체험하는 것이다.

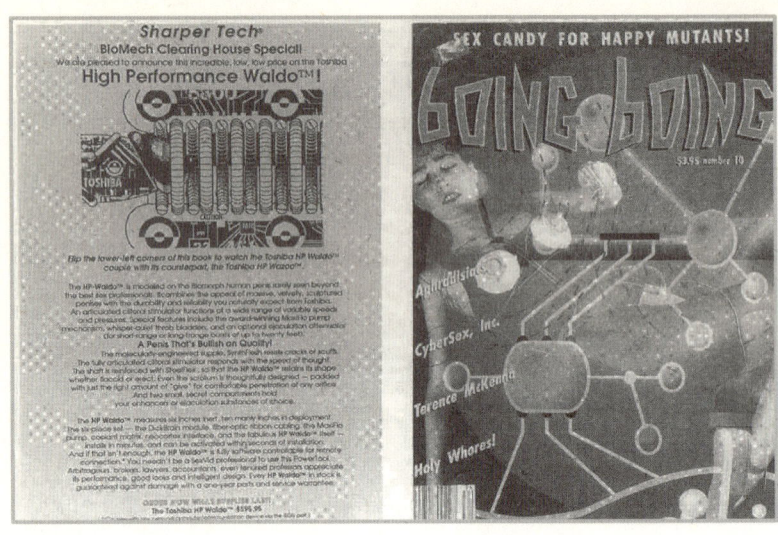

그림 24 "하이 퍼포먼스 왈도"에 대한 묘사. Semiotext(e) SF(New York: Autonomedia, 1989), 15쪽.
그림 25 『보잉 보잉』(bOING bOING)의 표지(제10호: 특별호, "행복한 돌연변이들을 위한 섹스 캔디!")

재킷 속에 손을 넣어 "따뜻한 실크 아래에서 손끝으로 젖꼭지를 비틀었다. 케이스는 숨을 거칠게 몰아쉬었다"(56). 케이스가 "자신이 그녀 속으로 들어간 순간 그들은 합체에 대해 서로 불평을 늘어놓았다"고 회상할 때, 우리는 케이스와 몰리 사이의 성적 조우 다음에 이러한 사이버네틱적 침입이 뒤따른다는 점을 발견한다(56). 사이버공간의 안에서 또는 밖에서 이렇게 사이버네틱적으로 연결된 몸 사이의 관계는 종종 전통적인 이성애적 젠더 정체성을 재창출한다.36

『시미오텍스트 SF』(Semiotext(e) SF)라는 제목의 SF 모음집처럼 새로운 사이버펑크 작가들의 남성주의적인 가치를 효과적으로 드러내는 작품집은 아마 없을 것 같다. 초대 편집장인 루커(Rudy Rucker)와 윌슨 (Peter Lamborn Wilson)은 상업적 SF 출판 산업에 '충격'을 주려는 시도로, 더 주류적인 잡지들이 거부했던 기고문들을 모아서 실었다. 그들이 설명했듯이, "우리는 대다수 SF 출판사들이 지닌 늘어만 가는 인습성, 신보수주의, 거액에 대한 열광, 비열한 취향에 반대하여 거의 말하지 못했던 깊고 큰 분노의 파도를 끌어내고 싶었다"(12).[37] 그들은 주류 잡지들이 거부한 자료들을 모았음에도 불구하고 사이버펑크 작가들의 젠더 보수주의를 표방하는 책을 출판했다. 관통하는 페니스는 "하이 퍼포먼스 왈도"(High Performance Waldo)(그림 24)에 대한 플립북(flip book)*의 모든 삽화에서 두드러지게 등장한다(15). 하이 퍼포먼스 왈도는 "최고의 섹스 전문가들만이 볼 수 있는 바이오모프(biomorph) 인간 페니스"에 근거해 모델화된 페니스이다. 실제로 여성 몸의 성애화는 다양한 사이버펑크 단편소설에서 공통적인 주제이다. 이 지점에서, 로스(Andrew Ross)는 사이버펑크 소설이 "백인 남성 신화의 도시적 환상들"을 가장 완벽하게 묘사한다고 주장한다.[38] 또한 그는 가상현실 응용프로그램에 체현된 기술 환상들의 배후에 있는 논리를 기술한다. 이상적인 청중 구성원인 당신은 가상현실에서는 멋진 프랑스 여성을 희롱의 대상으로 삼으면서 완벽한 프랑스어를 습득하는 데 이용할 수 있다. 가상현실 프로그램처럼 현대의 사이버펑크 서사에서 가상공간의 주인공들은 항상 남성이고 그들의 인종적 정체성이 좀처럼 분명하게 묘사되어 있지 않지만 맥락적으로는 백인이다. 때때로 사이버공간의 놀이상대들은 매우

---

* 한 권의 종이 묶음에 연속적인 그림을 그려 넣은 다음 연달아 순간적으로 보여주어 움직임을 만들어내는 기법.

강인함에도 불구하고 대개 아름답고 섹시한 여성들이다(그림 25). 사이버 공간은 백인 남성들이 문화적 정체성의 짐을 벗어버릴 수 있는 유혹적인 안식처를 제공한다. 이러한 의미에서 비록 사이버공간이 역사의 짐에서 해방된 하나의 영토를 재현하는 것처럼 보이지만, 사이버공간은 사실상 젠더화되고 인종표시적인 몸을 기술적이자 관습적으로 각인하기 위한 또 다른 장소로서 작용할 것이다. 그러므로 가상현실 기술이 몸에 기반을 둔 정체성을 구축하고 수행하기 위한 새로운 무대를 제공한다는 것이 사실이지만, 낡은 정체성을 계속해서 더 편안하게 여기고 결국에는 그 정체성을 더 빈번하게 재생산할 것이다.

낡은 정체성을 새로운 기술에 재절합하기

가상적인 몸은 단순히 서구 문화의 지배적인 서사들이 쓰인 표면도 아니고, 아름다움의 문화적인 이상 또는 성적 욕망에 대한 문화적인 이상의 재현도 아니다. 가상적인 몸은 문화적 표현의 매개체 그 자체로 변형되어 가상 환경 속에서 조작되고, 디지털화되며, 기술적으로 구축된다. 강화된 시각화 기술은 물질적인 몸을 경계 지어진 실체로서 끊임없이 생각하는 것 또는 몸의 내부와 외부, 몸의 표면과 내면, 몸의 아우라와 투사를 끊임없이 구별하는 것을 어렵게 만든다. 가상적인 몸이 정보의 매개체 및 암호화의 매개체로서 배치될 때, 경계 지어진 물리적 대상으로서 물질적인 몸을 구조적으로 통합하는 것은 기술적으로 해체된다. 만일 우리가 몸을 체현물로, 하나의 산물로서가 아니라 오히려 하나의 과정으로, 그리고 효과로서 생각한다면, 우리는 몸이 어떻게 상이한 현실 속에서 서로 다르게 연출되는지에 대해 질문할 수 있다. 가상 환경은 몸을 연출하기 위한 새로운 무대를 제공한다. 어떤 드라마가 이러한 가상 세계에서 상연될 것인가?

비록 그러한 기술적인 장치들(특히 화려한 데모 테이프 장치들)이 지닌 물신주의적인 본성이 가상환경 기술자들의 환상(궁극적으로는 세계 지배를 위한)을 부추길지라도, 가상적으로 안전한 섹스에 대한 리비도적인 약속보다는 기업 후원의 사회경제적인 배경이 이러한 환상을 실현할 가능성이 더 크다. 이는 가상현실의 연구와 개발이 상업적인 투자 없이는 지속될 수 없음을 나타낸다. 그러나 이것이 이야기의 전부는 아니다. 『먼도 2000』과 대회 공고문 곳곳에 산재해 있는 일종의 긴장이 기업 상품 체계와 담론적으로 협상하려는 시도 속에서 나타나는 동시에, 이러한 긴장은 대항문화적인 통념파괴, 개인의 천재성, 그리고 예술가적 창조성이라는 대립적인 개념들을 지지한다. 그 결과 아메리칸 드림의 해커 버전을 제공하는 가운데 무의식적으로 엘리트주의적이며 종종 음흉한 탈근대적인 스키조-문화가 형성된다.

해러웨이가 주장하듯이, 우리는 기술-주창자들과 문화 비평가들이 생산한 수사학을 넘어설 수 있어야 한다. 왜냐하면 이들은 기술의 악마학 (demonology)을 무심결에 구축하기 때문이다. 우리가 조사할 필요가 있는 쟁점들은 가상현실 기술이 쉽사리 '선'이냐 '악'이냐 또는 도덕적이냐 비도덕적이냐 라고 판단할 수 없는 동시 효과를 생산하는 방식에 관한 것이다. 예를 들어 가상현실 응용프로그램은 이상적인 형식으로 원거리 아웃포스트(outpost)에 위치한 개인-기계 인터페이스들의 네트워

사이버공간의 가상적인 몸

크를 포함한다. 이러한 의미에서, 가상현실은 기술적인 접근과 탈중심화 모두를 촉진한다. 그러나 이때 가상현실은 일상생활의 도구적 합리주의를 한층 더 강화하는가? 아니면 새로운 인식론적 다원주의를 강화하는가? 가상현실 기술이 새로운 형식의 상호주체성을 약속할 때조차 그것은 이제까지 알려지지 않은 문화적 자폐증이라는 전염병의 원인이 된다. 친밀감은 이제 인간의 몸과 기계의 상호작용의 특질로서 재규정된다.[39] 프라이버시 개념과 위생학 개념은 어떠할까? 누가 가상현실 응용프로그램에 접근할 것인가? 그리고 보다 넓게는 누가 출현 중인 정보사회의 하부구조로 기능하는 네트워크에 접근할 것인가? 감각 처리는 과학 연구를 위한 비옥한 땅이다. 사실상 우리는 두뇌 기능 작용을 기술적으로 측정할 수 있을지도 모른다는 가능성에 매료되어있다. PET(양전자방사단층사진촬영법), MRI(자기공명영상처리), MEG(자기두뇌사진)과 같은 몇 가지 정교한 새로운 시각화 기술들은 두뇌 활동을 시각화하는 방법을 제공한다. 긍정적으로 말하자면 이것은 두뇌 정보 처리 패턴의 지도를 만든다는 희망을 가지고서 수행된다. 그러나 이러한 기술들이 과학 연구에 대한 새로운 전망을 약속할 때조차, '생물학에 기반을 둔' 몸의 기능 작용의 새로운 기준들―예를 들어, 신경발화(neural firing) 패턴에 따라 어떤 것이 '정상적'인가를 규정하는―을 확립할 가능성은 새로운 시각화 기술들이 정치적으로 중립적인 것은 아니라는 점을 시사한다. 새로운 이미지화 기술들이 '더 나은' 인간의 해부 이미지를 생산한다는 사실은 의사들이 그 이미지를 사용하여 '더 나은' 진단 그리고/또는 환자를 위한 치료 프로그램을 생산한다는 점을 보장하지 않는다.[40] 비유적으로 가상현실이 새로운 정보 환경을 제공한다는 사실은 사람들이

젠더화된 몸의 기술: 사이보그 여성 읽기

정보를 더 나은 방식으로 사용할 것임을 보장하지 않는다. 마찬가지로 이러한 새로운 기술들은 주로 구식 케케묵은 이야기들, 즉 하이테크를 가장하여 젠더화된 인종-표시적인 몸에 대한 전통적인 서사들을 재생산하는 이야기를 말하는 데 사용될 것이다.

Chapter 6
치료 불가능한 정보중독자를 위한 페미니즘

내 어머니는 계산원(computer)이었지만, 운전을 배운 적이 없었다. 할머니는 남성이 대부분인 창고에서 주문을 받는 점원이었다. 할머니는 영어를 배우기 전에 운전을 배워서, 가족을 위해 운전을 도맡아 했다. 할머니의 첫 차는 자동시동기를 장착한 포드사의 1916년산 T-모델이었다.[1] 1940년대에 내 어머니와 할머니는 <시어스 로벅>(Sears, Roebuck and Co)사에서 일했는데, 어머니가 긴 종이에 주문서를 받아오면, 할머니는 창고에서 그것들을 처리했다.[2] 내 어머니는 첫 월급을 받자마자 계산원 일을 배우려고 야간학교에 등록했다. 어머니는 2년 만에 <펠트와 타란트 컴프토미터학교>(Felt and Tarrant School of Comptometry)를 졸업하였고, 여기에서 전자계산기 이전에 광범위하게 사용되었던 전자계산기의 일종인 컴프토미터(Comptometer) 자격증을 받았다.[3] 어머니는 자신의 업무가 기계로 대체될 때까지 <시어스 로벅>사에서 2년간 더 근무했다.

여동생과 나는 기술국가(techno-state)를 위해 일했다. 그것은 아주 자연스러워 보인다. 1991년에 여동생은 기술적으로 환각무기를 사용했던 걸프전 기간 전후로 일명 '편의 제공 작전'(Operation Provide Comport) 이라고 불리는 미군의 인도주의적 노력의 일환으로서 쿠르드족 망명자들에게 의료 조치를 취하기 위해 이라크 북부와 터키의 남서부 사이의 경계지역에 배치되어 있었다.4 같은 시기에 나는 젠더 연구(그들의 용어) 또는 페미니즘(나의 용어)을 가르치는 기술 연구소에 임용되었다. 상이한 역사적 국면들에 위치해 있는 문화적일 뿐만 아니라 전기적인, 이러한 기술적 만남들은 과학과 기술의 페미니즘 연구를 위한 몇 가지 연구 주제들을 제공한다.

이러한 노동 계급의 역사들은 완성하려면 100년도 넘게 걸릴 것이다. 이 기간조차도 이주자의 가문별 분류에 따라 정한 임의적 기간이지 서사의 종결이라는 공식적인 의미에 의해 정한 기간이 아니다. 나는 이 글에서 경험적인 틀을 적용하고 싶지는 않다. 즉 할머니, 어머니 또는 여동생이 기술을 사용하고 기술로 대체되며 또는 심지어 기술의 뒤치다꺼리를 하게 된 주관적인 경험들에 관해 말하려는 것이 아니다. 그 대신에, 이러한 자서전적 기록들을 현재의 (사이버)문화 시기의 페미니즘적 독해를 기획하기 위한 발판으로 이용하고자 한다. 팻 카디건(Pat Cardigan) 소설의 주인공인 해커소녀 샘(Sam)이 '정보 열광'에 사로잡혀 있다고 말한 장면은 [인터넷에] 접속하고, 온라인상에 있고, 최첨단(new edge)에 살고 있다고 자부하는 동시대의 우리들을 반영한다.5 카디건의 사이비펑크 소설 『시너스』(Synners)에 등장하는 해커나 국내 망명자들처럼 우리 또한 '치료불가능한 정보중독자'의 모습에 딱 들어맞는다.6

내가 서두에서 언급한 것들은 노동 계급의 역사에 관한 것이었지만, 1991년도에 출간된 카디건의 두 번째 소설 『시너스』는 훨씬 더 탈산업적인 현재에 관한 것이다. 사이버펑크 서사라는 특수한 종류의 SF 소설로서 『시너스』는 가까운 미래의 기술 신화를 제공한다.7 『시너스』가 사이버펑크 소설로 논의될 때, 카디건은 흔히 그러한 하위 장르를 쓴 몇 안 되는 여성들 중 하나로 언급된다. 텍스트적으로, 『시너스』는 새로운 SF의 가장 뛰어난 언어적 독창성과 브리콜라주(bricolage)적인 문체의 특성을 보여준다. 하지만 카디건의 경우에, 그녀의 농담조의 말투는 닥터 수스(Dr. Seuss)를 연상시키며 줄거리는 드류(Nancy Drew)의 미스터리와 아커-핵트(Kathy Acker-Hacked)의 할리퀸 로맨스를 섞어놓은 것이다. 미스터리한 줄거리는 기업의 불법공작과 영웅적인 해킹처럼 잘 알려진 사이버펑크 장치들을 포함한다. 로맨스 줄거리는 여성 곁에 있을 수 없는 남성에게 매료되는 여성의 성향에 대해 부드럽게 비판한다. 하지만 이 경우에 그 남성이 여성 곁에 있을 수 없는 이유는 그가 광대한 사이버공간을 위해 자신의 살덩어리를 포기했기 때문이다. 더 흥미로운 점은 그녀의 후렴구, 즉 "기계로 변할거니?"가 자판기의 문자 그대로의 질문에서 기술화된 인간의 본성에 관한 철학적 논평으로 변화하는 방식이다.

현대 사이버문화를 해석하고 이데올로기적인 측면을 연구하기 위한 한 가지 방법은 사이버펑크 신화를 사이버공간의 내부와 주변에서 만들어진 새로운 문화적 형성물의 출현과 연관시켜 보는 것이다.8 우리는 (가장 뛰어난) 책 제목의 목록, 작가의 일화, 비판적 해석, 독자의 서평들 및 그것들 사이의 모순을 분석함으로써 사이버펑크 SF의 담론 지형을 그릴 수 있지만, 이것은 더 광범위한 형성물의 하부구조 역할을 하는 분산과 해석의 실천을 부분적으로만 묘사하는 데 그칠 뿐이다.9 『먼도

치료 불가능한 정보중독자를 위한 페미니즘

그림 26
『먼도 2000 사용자를 위한 최첨단 가이드』의 표지, 러커 편집(New York: HarperCollins, 1992).

2000』이 '최첨단'이라고 부르는 것의 **문화적** 형성물을 완전히 연구하려면 전자 뉴스그룹, 게시판, 토론 목록, 머드(MUDs, Multi User Domain),* 온라인 언론, 인터넷 잡지 및 IRChats(Internet Relay Chat)**와 같은 새로운 혼성적인 **사회적-텍스트적** 형태들뿐만 아니라, 만화책, 잡지 그리고 이외의 대중출판문화물과 같은 관련된 **담론적** 형태들을 조사할 필요가 있다(그림 26).[10] 콘스(CONS, 대중팬클럽), 광란의 파티(raves), 바디 피어싱, 스마트 드러그, 컴퓨터 해킹, 비디오 아트와 같은 관련 하위문화에 참여하는 사람들이 이러한 텍스트적으로 매개된 사회 공간을 구축하면서 그곳에 산다고 가정할 수 있다. 그렇다면 문화적 형성물로서 최첨단에

---

* 컴퓨터 통신상에서 여러 사용자가 함께 사용하는 게임이나 프로그램
** 인터넷을 통해 전세계 사람들과 대화를 나눌 수 있도록 설계된 채팅 프로그램

젠더화된 몸의 기술: 사이보그 여성 읽기

대한 보다 발전적이고 역사적으로 특수한 분석을 하기 위해서는 물질적 몸이 사이버펑크 정체성을 보여주는 대중문화의 공간들에 대한 다학제적인 분석이 필요하다.11 그러한 다각적인 분석을 하는 것이 도전적인 과제일지라도, 나의 의도는 그러한 기획이 이미 진행 중이라는 것을 보여주는 것이다. 이러한 자료를 종합하는 데 있어서, 사이버펑크 SF의 표현적 실천과 페미니즘 문화연구의 정치적 목적 모두에 주목하는 사회역사적인 특정 국면에 대한 비판적 분석을 생산하는 것이 필요하다고 제안하고 싶다. 그리고 그러한 분석은 사이버펑크와 페미니즘 문화연구 사이의 의미 있는 연관성을 끌어낼 수 있다. 그렇다면, 나의 목표는 『시너스』를 인지적인 지도이자 문화적으로 주목할 만한 작품으로 독해하는 것이다.

하나의 페미니즘적 상상물로서 사이버펑크

드 로레티스(Teresa de Lauretis)는 1980년대의 상황을 다음과 같이 잠정적으로 묘사했다. "모든 역사적 시기에서 특정 예술형식은 주어진 사회의 에피스테메 또는 역사적 비전을 보여주는 중심이 된다. … 만일 SF를 전통적인 소설이나 탈근대적인 소설과 비교해 본다면, 우리는 SF가 이제부터 중요해질 것이라고 짐작하게 된다."12 이렇게 말하면서 로레티스는 탈근대적인 독자들이 즐기는 사이버펑크 SF에 대해 비판적인 반응을 기대했다. 새로운 SF의 하위 장르인 사이버펑크를 처음으로 보고한 사람들 가운데 한 명인 수빈(Darko Suvin)은 윌리엄스(Raymond Williams)

치료 불가능한 정보중독자를 위한 페미니즘

를 인용하면서, 사이버펑크 소설들(특히 깁슨William Gibson의 소설)은 감성의 새로운 구조, 즉 "한 세대 또는 한 시대의 감각을 제공하는… 사회적 경험 및 관계의 특수한 특성"13을 절합한다고 말하면서 사이버펑크 소설의 문화적 중요성을 주장했다. 몇몇 비평가들은 사이버펑크와 탈근대적인 감수성의 관계에 대한 세부사항들을 논의해왔다.14 예를 들어 홀링거(Veronica Hollinger)는 자신의 논문 「사이버네틱 해체: 사이버펑크와 포스트모던」에서 탈구조주의적인 반인본주의(antihumanist)를 통해 그것을 독해한다.15 탈구조주의는 사이버펑크를 인간과 기계의 탈근대적인 동일시에 관한 하나의 분석이라고 주장한다. 그녀의 중심적인 주장은 사이버펑크가 인간주체성의 (탈근대적인) 해체에 참여한다는 것이다. 그녀의 독해에 따르면, 사이버공간의 가상현실이 '현실'에 대한 전통적인 인본주의적 관념을 문제가 없는 '현실'로 탈중심화하는 작동방식과 유사하게, 사이버펑크 서사는 본질적인 자아의 신성한 아이콘인 인간의 몸을 발본적으로 탈중심화한다.16 그럼에도 불구하고 그녀의 분석 말미에서 우리는 사이버펑크에 대한 반인본주의적 비판이 유지되지 않는다는 것을 발견한다. 사이버펑크는 그 자체의 장르적 요소가 지니는 무게 때문에 붕괴된다. 홀링거는 사이버펑크는 여전히 형성 과정에 있는 기술적인 현실에 '인간이 재개입하는 것'에 관한 것이라고 주장한다.17 이러한 결론에 따르면, 사이버펑크를 '기술'과 '인간'이 대립적인 용어라기보다는 오히려 인접한(연속된) 용어로 이해되는 탈인간적 실존에 대한 하나의 시각을 제공하는 것으로 보는 것이 더 유용하다. 이러한 관념은 '기술'과 '인간'의 관계를 이분법이 아니라 오히려 친족 관계로 간주하는 두 용어 사이의 연속체를 시사하는 것이다. 즉 이러한 도식에

젠더화된 몸의 기술: 사이보그 여성 읽기

따르면, 인간 정체성은 두 개의 (이념화된) 양 극단 사이의 어딘가에 있는 하나의 가치로 이해된다.

탈인간적 조건에 대한 사이버펑크적 고찰의 일례로, 『시너스』는 사람들의 거주지가 '네트'인 '호모 데이텀'(Homo datum)을 가정한다. 그 세계에서 사는 시너(synner)들은 거주하는 세계와의 분리도, 정보경제와의 분리도 있을 수 없다(그림 27). 여기서 등장인물들은 세 가지 종류의 인간으로 분류되는데, 합성하는(synthesizing) 인간, 합성된(synthesized) 인간, 그리고 이 둘 사이의 사생아인 인공지능이 그것이다.[18] 이 경우에 본래의 신(syn)은 행동하지도 위반하지도 않으며 그보다는 '치료불가능한 정보중독자인' 인간의 존재조건이 된다. 이 논리에 의하면, 죽음은 [물리적인 몸의 죽음이 아니라] 뇌파가 일직선을 이루는 상태를 말한다.

우리가 탈근대적 사회이론을 통해 사이버펑크를 독해할 정도로, 이 둘 사이의 가장 분명한 주제적 연결들 중의 하나는 각각의 담론이 사회적인 것의 공간을 형상화하는 방식이다. 탈근대적 사회이론과 사이버펑크 모두 사회적인 것의 공간을 다국적 자본주의 기업들 사이의 관계망에 의해 구조화된 풍경으로 형상화한다. 제임슨(Fredric Jameson)이 시사하듯이, 사이버펑크 SF의 일반적인 구조는 "현대 세계 체계의 불가능한 총체성을 사유하기 위한" 시도를 재현하는 것이다.[19] 은유적으로 사이버공간이라고 알려진 이러한 '탈중심화된 전지구적 네트워크' 공간은 육체적 장소와 '초국적 기업 현실'의 총체성 사이의 관계도를 구축하기 위해 그/그녀 자신의 방책을 남겨두고자 하는 개인/주체에게는 당황스러운 장소이다.

『시너스』에서 핵심적인 긴장 지점은 다국적 기업인 <디버시피케이

치료 불가능한 정보중독자를 위한 페미니즘

그림 27
팻 카디건의 『시너스』 표지 (New York: Bantam, 1991).
표지 디자인: Franciso Maruca.

션>(Diversfications)사가 독립 뮤직비디오를 생산하는 <아이-트랙스>(Eye-Traxx)사와 의료 연구자를 고용해 뇌 소켓 임플란트(socket implant)에 관한 시술절차를 개발하고 특허출원한 <홀 갤런 엔터프라즈>(Hall Galen Enterprises)사라는 작은 두 회사를 합병하는 과정과 관련이 있다. 4명의 주요 등장인물들 가운데 지나(Gina)와 비주얼마크(Visual Mark)는 기업합병의 결과로 <디버시피케이션>사의 기업 자산이 된다. 비주얼마크는 원래 <아이-트랙스>사의 시너들 중 한 명으로 50세에 가까운 인간합성자(synthesizer)이다. "그는 마치 어떤 근본적인 꿈의 지점으로 가는 보급관을 가진 것처럼 보였다. 그곳은 공감각적 열광 속에서 음악과 이미지가 상호작용하면서 그림이 음악을 만들어내고, 음악이 그림을 생산하는 지점이다."[20] <디버시피케이션>사는 가상현실

록 비디오를 제공함으로써 새로운 뇌 소켓을 판매하려고 한다. 비주얼마크는 이 업계에서 가장 뛰어난 뮤직비디오 시너이다. <디버시피케이션>사의 뇌 소켓은 뮤직비디오를 뇌 속으로 수신하도록 할 뿐만 아니라 뇌와 컴퓨터 간에 직접적인 인터페이스를 제공한다. 이렇게 뇌와 컴퓨터를 결합한 유형은 무시무시한 결과를 초래하는 것으로 판명되었다. <디버시피케이션>사가—소켓과 소켓 안으로 주입되는 것[가상현실 록 비디오]을 제공함으로써—수익성이 좋은 새로운 형식의 전자 중독 시장을 장악하기 위해 노력하는 동안에, 그들의 소켓 고객들은 뇌 발작으로 "두개골 내부가 녹아내리는" 치명적인 부작용을 겪게 된다.

페일(Fred Pfeil)은 사이버펑크 SF와 그것의 선조격으로 알려져 있는 뉴 웨이브(New Wave), 그리고 1960년대 후반에서 1970년대까지의 페미니스트 SF 사이의 차이를 설명하면서 다음과 같이 말한다. "나는 [사이버펑크 소설이] 정치적으로 몰지각하지는 않다고 말하고 싶다. [오히려] 사이버펑크 소설은 신경증적인 징후를 탐구하고 규명하는 대신, 우리에게 상대적으로 열린 행위를 발견하고 평가할 수 있게 해주는 작품의 일종이라고 말하고 싶다."21 사이버펑크 소설의 신경증적 징후들은 흥미만을 유발하는 문화적 텍스트의 특성을 갖는 것으로 여기기 쉽지만, 페일은 다음과 같이 사이버펑크가 하나의 생산적이고, 창조적인 돌연변이라고 주장한다.

> 이 새로운 SF는 우리가 소설 속에서 현실 사회의 모습을 찾아내고 간파하는 데 문학 분석가의 정교함을 거의 필요로 하지 않는다. 즉 SF는 소설에 주입된 집단적 불안과 욕망을 비교적 공공연하게 일깨우고 작동시킨다. 그리고 형식적이고 심미적인 실험에서

치료 불가능한 정보중독자를 위한 페미니즘

사회적 사유의 실험으로 되돌아가는 전환은 다음과 같은 점을 시사한다. 즉 우리는 최소한 어떤 감각과 영역에서 자유, 권력, 질서에 대한 예전의 인본주의적 투쟁으로부터 어느 정도 새로운 혹은 최소한 변화된 사회적, 이데올로기적인 지반으로 실제 이동해 왔다는 것이다. 이는 다시 한번 명백히 시도될만하고 탐색될 만큼 충분히 열려 있으면서 신선한 것이다.[22]

페일의 공식화에 따르면, 『시너스』의 경우에 '현실사회의 모습'은 적대적 기업 합병에 대한 줄거리일 뿐만 아니라 다국적 자본주의 사회에서 인간의 삶을 기술적으로 형상화하는 것에 관해 텍스트의 표면에서 읽어낼 수 있는 것이기도 하다. 몇 가지 주제들은 그 자체로 새로운 기술의 사회적 결과물을 통해 생각해볼 수 있는 실험들로 상정된다. 그 주제들 가운데 어떤 것이든지 간에 카디건의 우주론에 대한 해석적 지도를 자세히 설명해 주는 조직적 관점을 제공할 수 있다. 즉 전자 중독의 자본주의적 생산, 비디오 불침번들의 녹음 행위나 텔레비전 채널의 증가는 포르노그래피의 새로운 형태들, 즉 재해포르노, 의학포르노, 음식포르노에 몰두한다. 『시너스』는 새로운 소통 기술의 동학에 대해 고찰하는 동시에 정보의 상품화에 대해 비판적으로 접근한다.

> 진실은 값싸지만, 정보는 비용이 든다. … 페즈(Fez)가 말하길 "오늘날 당신이 어떤 실질적인 정보를 얻으려면 부유해지는 것과 더불어 별도의 예리함을 지니고 있어야 한다. 당신은 당신이 찾고 있는 것이 무엇이며 그 정보가 어떻게 정리되어야 하는지를 알아야 한다. 브라우저(Browser)는 사용할 필요가 없다. 아무튼 브라우저를 박살내라. 나는 신문이 그립다."[23]

젠더화된 몸의 기술 : 사이보그 여성 읽기

이러한 하위텍스트는 '인스턴트 정보 혁명'의 한가운데에서 정보의 이용가능성에 대한, 그리고 필요한 정보를 선택하는 어려움에 대한 정치적 비판도 담고 있다.

> "잘 알아맞혔습니다. 하지만 진짜 제목은 '**알 필요성**'(Need to Know)이라는 것을 생각해 보세요"라는 동일한 음성이 그의 귓가에 들렸다. "그건 정보가 분산되어 있는 우리의 현재 체계에 대한 하나의 고발입니다. 당신은 정보 황제들이 당신이 알 필요가 있다고 결정한 것만 알도록 허용되어 있어요. 정보 황제들은 그러한 결정이 '시장 조사'와 '자원의 효율적인 사용' 그리고 '낭비를 하지 않기' 위해서라고 말하지만, 그것은 그들이 1세기 이상 우리에게 해 온 오래된 거짓말이며 우리들에게 혼란스럽고 무지한 상태에 있으라는 거예요. 당신은 진짜 일어나고 있는 것을 찾아내기 위해 [정보부흥기 속에서 허울뿐인] 돌대가리 슈퍼 르네상스인이 되어야 합니다."²⁴

페일은 정보선택에 있어서 이렇듯 분리시키는 이행이 집단적 불안의 표현임을 확인하는 데는 굳이 문학적 독창성까지 필요로 하지는 않다고 말하는 데, 그것은 옳은 말이다. 실제로 정보 과부하 및 정보 조작에 대한 이러한 회의적인 진술들은 탈근대적인 상황에 대한 보드리야르(Jean Baudrillard)의 독해와 매우 유사하다. 즉 "우리는 점점 더 많은 정보가 있지만, 의미는 점점 더 적어지는 세계 속에 있다"는 것이다.²⁵ 그러나 마빈(Carolyn Marvin)은 보드리야르가 제시한 독해와 대조적으로 다음과 같이 주장한다. "정보가 의미를 전혀 가지지 않는다면 정보는 존재한다고 말할 수 없다. 그리고 의미는 오직 문화적인 준거 및 가치와 함께 사회적 관계 속에서 확립된다."²⁶ 마빈은 상품으로서의 정보(정보화 시대의 이데올로기에 있어서 핵심적인 관념)라는 정보에 대한 지배적인

치료 불가능한 정보중독자를 위한 페미니즘

지나(GINA) (표시된 몸)	비주얼 마크(VISUAL MARK) (사라지는 몸)
샘(SAM) (노동하는 몸)	게이브(GABE) (억압된 몸)

그림 28 팻 카디건의 사이버펑크 소설 『시너스』에서 네 인물의 유형 및 그들의 가상현실 체현들

관념을 비판하면서, 정보를 양적 실체가 아니라 오히려 '지식(앎)의 상태'로 재규정한다. 그래서 마빈은 인식하는 **몸**이 정보의 필수적인 물적 토대라고 거듭 강조한다. 이러한 체현된 정보라는 관념은 『시너스』의 핵심이다. 다국적 자본주의의 형상화와 기술적인 인간정체성의 해체에 초점을 맞추는 사이버펑크 SF에 대한 탈근대적 독해 주변을 서성이면서, 나는 『시너스』에 대한 대안적인 독해를 정교화하고자 한다. 그것은 사이버공간에 대한 물질적인 몸의 관계에 초점을 맞추는 것이다.

카디건은 자본주의적 정보경제에 대한 이데올로기적 비판을 전개하는 과정에서 종종 정보화 시대의 억압된 측면, 즉 정보화된 몸의 구성에 관심을 갖는다. 문제는 정보가 '비용'이 든다거나 심지어 그것이 기하급수적으로 복제된다는 것만이 아니라, 정보가 결코 담론적인 것만은 아니라는 점에 있다. 우리가 카디건의 소설에서 접하는 것은 사이버펑크적 체현의 네 가지 상이한 버전들 즉 표시된 몸, 사라지는 몸, 노동하는 몸 그리고 억압된 몸에 대한 서사화이다. 이러한 의미에서 네 명의 중심인물들은 이론적으로든 허구적으로든, 우리가 정보 접근과 정보

젠더화된 몸의 기술: 사이보그 여성 읽기

교환의 비물질적 공간과 맺을 수 있는 상이하게 **체현된** 관계들을 상징한다. 그림 28은 샘, 게이브, 지나 그리고 비주얼 마크가 사이버공간의 내부와 주변에서 구축된 네 가지 정체성 유형을 재현하는 방식을 나타낸 것이다. 샘이 자신의 몸을 동력으로 이용하는 단말기를 통해 네트를 해킹한다면, 비주얼 마크는 육체에서 분리된 감각적 인공지능(AI)으로 변형됨으로써 네트워크에 실제로 거주한다. 지나와 게이브는 사이버공간을 통해 자신들이 가고자 하는 어떤 곳이든지 여행하지만, 게이브는 사이버공간 시뮬레이션에 중독되어 있고, 지나는 그것에 중독되어 있지 않다. 각각의 인물들은 사이버공간 안에 있는 소설의 절정의 대립구도에서 중요한 역할을 수행한다. 그 역할은 <디버시피케이션>사와의 개별적인 관계에 의해, 그리고 그들이 지닌 몸의 정체성에 의해 부분적으로 결정된다.

게이브의 딸이자 네 명 중 유일하게 진짜 해커인 샘은, 네트에 접근하는 데 있어서 대가이다. 샘은 컴퓨터 해킹노동과 사이버공간 여행의 가상 아크로바틱[곡예]을 가장 잘 보여주는 인물이다. "당신이 바닥 위로 걸을 수 없다면, 천장 위로 걸으면 된다. 당신이 천장 위로 걸을 수 없다면 벽 위로 걸으면 되고, 벽 **위로** 걸을 수 없다면 암호화된 벽 **안으로** 걸어 들어가면 된다. 순수한 해킹."[27] 샘은 네트의 사이버공간 배치를 바꿔 내는 데 유능한 만큼, 제도적 구조의 외부에서 자신의 체현된 삶을 살고자 한다. 그녀의 유일한 제휴집단은 일종의 공동체를 형성하여 '맨하탄-허모사 지역'(Manhattan-Hermosa)에서 생활하고 있는 펑크족들과 해커들이다. 아이들이 미모사(Mimosa)라고 불렀던 이 지역은 예전에 지진으로 소실된 땅의 일부이다.[28] 샘은 암호화된 데이터와

치료 불가능한 정보중독자를 위한 페미니즘

해킹 능력을 흩어져 있는 부품 조각과 생필품으로 교환한다. 샘은 결정적으로 중요하다고 입증된 '정보 상품' 취득물에서, 몸의 에너지를 소진시키는 인슐린 펌프 칩 해독기에 대한 설계서를 해킹한다. '시스템'(the System)에 연결된 모든 단말기들이 성능을 저하시키는 바이러스에 감염되지만 샘의 인슐린 펌프 칩 해독기는 유일하게 감염되지 않은 네트의 접속점이다. 샘의 배에 이식된 얇은 바늘에 연결된 칩 해독기는 그녀의 몸으로부터 동력을 공급받는다. 열일곱 살의 샘은 영웅적인 카우보이 역할을 멀리하는 인물로, 상당한 능력을 지닌 사이버공간의 해커다. 그래서 대부분의 경우에 샘은 다른 사람들, 즉 지나와 게이브가 마지막 결전을 치루는 동안에 기꺼이 동력을 공급해 준다.

　　게이브는 예술적 잠재력에 어울리지 않는 생활 때문에 자신을 경멸하는 현실의 아내에게 주눅이 들어서 대부분의 시간을 일하는 데 보낸다. 그는 광고 캠페인을 설계하고, 오래된 스릴러 영화의 단편으로 만들어진 컴퓨터 시뮬레이션에서 (최신) 필름 느와르를 선도하는 역할을 해야 한다. 그의 사이버공간의 두 여성동료는 "두 명의 실제 생존인물을 조합해 만든 모형"이다.29 비주얼 마크는 현실 세계가 그의 광대한 시각적 마인드를 채울 수 있을 만큼 거대하지 않기 때문에 사이버공간에 집착한다. 반면에 게이브는 실제 세계가 너무 부담스러워져서 사이버공간에 중독된다. 게이브는 시뮬레이션이 제공하는 안전과 친밀성 때문에 그것에 푹 빠져 산다. "그는 시뮬레이션 안에서 너무 오랫동안 돌아다녀서 현실 생활, 현실의 일상을 살아가는 방법을 잊어버렸다. 그가 실수했을 때 자신을 위해 나서서 바로잡아줄 안전한 네트 프로그램이 없다는 것도 잊어버렸다."30 소설 곳곳에서 게이브는 현실의 삶과 모사된 판타지

세계를 들락날락한다. 현실에서 그의 몸은 고통, 중독 그리고 지나에 대한 욕망을 통해 지속적으로 되살아난다. 첫 번째는 마크를 겨냥했던 지나가 실수로 게이브의 얼굴을 때렸을 때고, 그다음은 게이브가 중독되어서 지나가 그에게 두 개의 로터스랜즈('부드러운 환각음료')를 먹였을 때이다. 그들이 처음으로 사랑을 나눈 후에, 지나는 게이브가 전에도 욕망을 느껴봤을지에 대해 의문을 갖는다. "그녀는 게이브 루도빅은 자신의 인생에서 고속열차에 뛰어들어 본 적이 없을 거라고 생각했다. 15년의 결혼 생활 끝에서, 게이브는 섹스보다 더 많은 것을 원했다. 그가 원한 것은 그들 둘 다를 놀라게 한 거의 만질 수 있을 것 같은 열정이었다."31 절정의 사이버공간 투쟁이 끝나고 그의 억압된 몸은 다시 깨어난다. 게이브는 지나의 도움으로 자신의 몸을 다시(또는 처음으로) 느끼는 법을 배운 것이다.

지나는 비주얼 마크처럼 가상현실 뮤직비디오를 생산하기 위해 이미지, 음악 그리고 특수효과를 합성하는 시너이다. "난폭한 지나 아이에시"(Badass Gina Aiesi)는 다른 사람들이나 제도들을 경멸하며 노골적으로 적대감을 표시하지만, 20년 된 그녀의 파트너 마크와는 강렬한 감정적 접속을 맺는다. 그녀는 이것을 이상한 방식으로 낭만화한다.

그들은 혐오스러운 얼굴은 아니었지만, 그녀에게나 그에게나 그건 중요하지 않았다. … 비록 한 번 … 3,4,5년 만에 단 한 번 광기에 빠졌더라도 그들은 하룻밤을 함께 했던 장소에 있었고, 그것은 색다른 것이었다. … 그가 도착하고 그녀가 도착해서, 거기에 머무른 잠시 동안 그들은 절정에 도달했다. 아마도 그날은 소위 **그들의 삶**이 조금은 겹쳐진 공간이 생겨난 밤이었을 것이다.32

치료 불가능한 정보중독자를 위한 페미니즘

'야생 활엽수림'의 색으로 표시된 지나의 몸과 레게 머리는 처음에는 비주얼 마크와 그다음에는 게이브와의 성적 조우에 대한 서사적 묘사 속에서 두드러지게 나타난다. <디버시피케이션>사의 외과의사가 계약에 의해 그녀와 비주얼 마크에게 뇌 소켓을 이식하면 그들은 연결되어서 공유된 메모리의 시각적 재생을 경험한다. "시점은 마크의 얼굴을 가로질러 그녀의 얼굴로 이동할 때는 극도로 느렸고, 지나의 땋은 머릿결에서 잠시 머물다가 다시 그의 창백한 늘어진 살을 지나 최종적으로 마크의 피부와 대조적인 지나의 진갈색 피부로 움직였다."[33] 지나를 표시하는 특성들은 그녀의 분노, 그녀의 마크에 대한 격정적 사랑 그리고 그녀의 피부색이다.

비주얼 마크는 연결 소켓을 구입한 다른 사람들처럼 오프라인에서 지내는 시간이 점점 더 줄어들고, 점점 더 많은 시간을 '시스템'(the System)이라고 불리는 전지구적 네트워크에 연결되어 보내기 시작한다. 이것은 그에게 자신의 물리적 몸의 형이상학적(metaphysical) 특성을 반영하게 한다. "그는 50년 가까이 자신의 감옥이었던 살덩어리에 대한 모든 인식을 잃어버렸고, 무거운 짐을 내려놓았다는 안도감은 그 자신만큼 엄청난 것이다."[34] 비주얼 마크는 연결되어 있는 동안 (뇌 소켓의 불쾌한 부작용 중의 하나인) 작은 충격을 겪은 후에, 그의 의식을 시스템으로 해방시키고 그를 살덩어리로부터 벗어날 수 있게 해 줄 것이라는 '큰 충격'을 대비한다.

> 그는 자아의 본질이 다중 인식과 단일한 중심 둘 다를 가진다는 관념에 이미 익숙해져 있었다. 예전에 살덩어리(육체) 기관은 그런 종류의 현실에 대처할 수 없었을 것이다.

하지만 그는 여기에서는 작은 셔츠를 더 큰 셔츠로 바꾸듯이 더 많은 능력을 전유할 수 있었다.35

아니나 다를까, 마크의 몸이 연결되는 동안 마크는 발작을 일으킨다. 그가 지나에게 플러그를 빼라고 했으나 이미 늦어 버렸다. 그의 살이 죽을 때, 그의 의식은 발작과 함께 '시스템'으로 들어간다. 이 과정에서 그의 발작은 전 세계 네트워크의 붕괴를 일으키는 치명적인 바이러스(또는 스파이크)로 변형된다.

『회로맨』(Circuitry Man), 『론머맨』(Lawnmower Man), 『공포의 혹성』(Mindwarp)과 같은 최근 사이버펑크 영화들의 극적인 클라이막스처럼 『시너스』에서도 최후의 결전은 사이버공간에서 일어난다.36 국내 추방자, 해커, 펑크족들의 소규모 공동체는 협력해서 (샘의 인슐린 펌프 칩 해독기로 가동되는) 워크스테이션(workstation)을 조립한다. 이것은 지나와 게이브가 바이러스/발작과 싸우기 위해 온라인에 들어갈 수 있도록 하기 위해서이다. 이 바이러스와 발작은 현재 전체 네트워크 세계의 통합을 위협하는 것으로 추정되는 존재론적 지위를 지닌 지능적 실체이다. 사이버공간의 터미네이터(Terminator)처럼 바이러스/발작은 그것을 찾게 되면 누구든 감염시키고 파괴한다. 게이브와 지나는 사이버공간에서 싸우는 동안에, 그들 각자가 더욱 공포스러워 하는 바이러스의 시뮬레이션에 직면한다. 막바지에 이르기까지 '영웅으로 불리기를 꺼렸던' 게이브의 사이버공간의 적은 단순한 구축물, 즉 육화(embodiment)의 공포이다. 게이브는 사이버공간에서 최후의 결전을 치루는 동안 "나는 몸을 갖고 있다는 것이 어떤 기분인지 기억이 나지 않아"라고 강박적으로 반복해서 말한다. 그가 대결을

치료 불가능한 정보중독자를 위한 페미니즘

통해 배운 것은 자신의 온몸이 핫슈트(hotsuit)라는 점이다. 즉, 그는 자신이 기술적으로 억압해 왔던 몸을 느끼는 법을 배우게 된다.

사이버공간에서 지나의 투쟁은 놓쳐버린 기회들, 잃어버린 사랑, 숨 막히는 책무에 대한 자신의 가장 깊은 공포들의 체현과 같은 것들이다. 사이버공간에서 지나의 마지막 결전은 마크를 찾아 헤맨 20년간의 강박적인 긴 세월을 다시 반복한다. "오래된 습관들, 그것들은 고치기가 매우 어려워. 마크를 찾는 것, 그건 너의 습관이야. 그렇지 않아?"37 "너는 왜 여전히 사랑을 원해?"라고 박식한 바이러스가 그녀에게 묻는다. 어떤 의미에서 그녀의 투쟁은 중독자[마크]를 사랑하고, 여전히 그를 구하고자 한다는 사실에 있다. 지나가 해야 할 중대한 결정은 아무 고통도 없고, 어떤 분리도 없는 사이버공간에서 마크와 함께 머무를 것인지, 아니면 그를 포기하고 그러한 사랑이 불가능한 현실 세계로 되돌아갈 것인지에 관한 것이다. 결국, 게이브와 지나는 바이러스를 퇴치했고, 전지구적 네트워크의 연결은 곧바로 다시 복구된다. 하지만 지나가 최종적으로 게이브와 재결합된 것을 깨닫게 되었을 때, 우리는 **그들이** 기계를 위해 변했을지라도 기계는 그들을 위해 변하지 않았다는 것을 발견하게 된다. "문은 오직 한 방향으로만 빙 돌며 열린다. 일단 그것이 상자 밖에 있으면, 그것은 항상 너무 커서 안으로 되돌아가지 못하게 한다. 그 기술을 매장해 버릴 수는 없다. … 모든 기술은 그것의 원죄를 갖는다. … 그리고 우리는 여전히 우리가 만든 것과 함께 살게 된다."38

수빈은 사이버펑크적 감수성의 형식에 관해 두 가지 질문을 덧붙인다. 그것은 누구의 감정 구조인가? 그리고 이데올로기적 식견이나 결과들이 그것을 어떻게 적용하는가? 페일은 이 질문들에 답변을 하듯이 다음과 같이 주장한다. 대부분의 사이버펑크 SF는 "남성중심적 틀에 매여 있으며" 대부분의 비디오게임 서사들처럼 사이버펑크 드라마들에서도 "세계를 통해 자신의 고독한 길을 헤쳐나가는 … 남성 주인공의 투쟁에 초점을 맞춘다."[39] 로스(Andrew Ross)는 페일의 견해에 동의하면서 다음과 같이 덧붙인다. "비록 그것이 남자 청소년 판타지의 바로크적 체계를 폭로하기 위해 아무리 신중하게 묘사한다 할지라도, 사이버펑크 장르의 표면에 흠집을 낼 필요는 거의 없다."[40]

페미니즘적 상상력으로 『시너스』를 독해하는 데 있어서, 나는 『시너스』가 몸은 항상 젠더화되어 있으며 인종에 의해 표시된다는 가정에서 출발하는 사이버펑크 정체성에 대한 대안적 서사를 제공해준다고 주장할 것이다. 어떤 의미에서 카디건의 소설은 해러웨이의 사이보그 정치학이라고 알려진 다음과 같은 의미를 암묵적으로 담고 있다. 즉 인물들 사이의 젠더 구분은 젠더 차이를 지닌 사이보그적 형상화에 들어맞으며, 그에 따라 여성의 몸은 몸과 연결된 것으로, 남성의 몸은 몸과 분리된 것으로 코드화된다. 『시너스』는 등장인물들이 기술적 정보 공간과 관계 맺는 방식 속에서 젠더화된 차이를 명확히 보여준다. 두 명의 여성 해커인 샘과 지나는 다른 사람들과 소통하기 위해서 사이버공간의 범위를 적극적으로 조종한다. 반면에 게이브와 비주얼 마크는 자신의 물질적 몸이 지닌 고독으로부터 벗어나기 위해서 사이버공간에 중독된다.

소설에서 인물들 사이의 인종적 구분은 성적 욕망의 재현을 통해 드러난다. 지나는 피부색이 확인되는 유일한 등장인물이다. 그녀는 잠깐 동안은 마크에 의해서 그리고 좀 더 빈번하게는 게이브에 의해서 이성애

치료 불가능한 정보중독자를 위한 페미니즘

적 욕망의 집중적 대상이자 주체이기도 하다. 그래서 우리는 두 남성의 인종적 정체성을 지나의 정체성으로부터 표시된 차이에 의해 알게 된다. 이러한 방식으로, 표시되지 않은 인물들(비주얼 마크와 게이브)은 확인할 수 있는 표시들의 부재에 의해 표시된다. 비록 우리가 비주얼 마크와 게이브의 인종적 정체성을 직접적으로 듣지는 않았지만 피부색과 머릿결이 분명하게 묘사된 지나와 대조하여 그들이 맥락상 백인임을 확인할 수 있다. 상이한 방식들로 그리고 서로 다른 정치적 함의들을 가지고서, 『시너스』는 젠더와 인종이 포스트휴먼 정체성을 규정하는 요소들임을 재천명하고 있다. 따라서 『시너스』는 기술적인 체현의 상이한 형식들을 담론적으로 재현할 때조차도, 정보화 시대에 대한 모든 분석에서 몸들의 물질성이 결정적으로 중요하다는 것을 재천명한다.

사이버펑크 소설의 상징적 선점이 상대적으로 접근하기 용이하다는 점에서, 사이버펑크 소설이 정치적인 의식이 없는 것은 아니라는 페일의 주장은 옳을지도 모른다. 하지만 『시너스』를 독해하면서 그것의 사이버펑크적 특성을 강조하기보다는 페미니즘적 선점에 주목함으로써, 나는 『시너스』가 일종의 우화적인 서사 형식을 표현한다고 암묵적으로 주장하고 있다. 즉 페미니즘적 상상력의 작업으로서, 『시너스』는 문화적 담론을 가로질러 페미니즘적 사유를 고무하는 특정한 긴장과 강박을 서사화한다. 나는 카디건의 서사가 여성의 몸을 물질적인 몸이자 노동하는 몸으로 상징적으로 재현한다고 주장했다. 반면에 남성의 몸은 억압되거나 사라지고 있다. 이러한 독해는 탈근대적 체현이 나타나는 형식은 "사라지는 몸"이라고 주장한 크로커(Arthur Kroker)의 탈근대적인 몸 이론에 대해 약간의 재정립이 필요함을 시사한다. 앞에서 논의한 『시너스』

두드러진 몸 지나(현존/표시된) 다문화적 몸 문신, 피어싱	**가상적 몸** 비주얼 마크(부재/표시된) 성형 수술 생명공학
노동하는 몸 샘(현존/표시되지 않은) 여성 보디빌더 자궁으로서 어머니	**억압된 몸** 게이브(부재/표시되지 않은) 가상현실 컴퓨터 커뮤니케이션

그림 29 기술적 체현의 탈근대적 형식들.

의 인물 지형을 확장시킨 그림 29를 보라. 이 지형(수정된 기호적 사각형)에서 카디건의 각 인물은 탈근대성 고유의 기술적인 체현의 서로 다른 형식을 재현한다.41 이러한 허구적 인물들은 (크로커의 주장과는 대조적으로) (기술적인) 탈근대적 현장에서 살고 있는 서로 다른 종류의 몸들을 시사한다. 이 몸들 가운데 일부는 성형수술 고객의 몸, 모성적 몸, 여성 보디빌더를 다룬 이 책의 앞 장들에서 이미 논의했다. 5장에서는 가상현실 이용자들의 억압된 몸에 대해 논의했고, 이 장의 마지막 절에서 이러한 몸에 대해 계속해서 논의할 것이다. 이 외의 몸들은 문화 비평가들의 추가적인 연구가 필요하다. 예를 들면, 최신유행을 알리기 위한 마네킹으로 이용되는 다문화적 몸들을 둘러싼 생체정치학은 무엇인가? 손상된 장기의 부분들을 대체하기 위해 개발된 인공적인 몸의 부분들을 누가 이식받을지 결정할 사람은 누구인가? 이러한 질문 때문에, 이러한 지형은 가까운 미래에 페미니스트 학자들이 점유할만한 몸에 대한 새로운 기획

치료 불가능한 정보중독자를 위한 페미니즘

들을 시사한다. 탈근대적인 체현의 다양한 형식들이 젠더화되어 있음을 묘사하는 데 있어서, 『시너스』는 기술과의 만남에서 사이버공간과 물질적 몸의 관계 및 행위성의 구축을 위해 페미니즘 이론을 정교화할 수 있는 장을 마련해 준다. 하지만 내가 이렇게 말한다 할지라도, 이러한 독해의 최종적인 지평이 카디건의 소설인 것은 아니라고 주장해야 한다. 오히려 그것은 새로운 정보 기술의 정치학에 대한 페미니즘적 분석을 위해 통찰력을 제공하는 것이다. 이 때문에, 『시너스』는 현대 사이버문화의 지도를 정교화하는 데 있어서 출발점을 제시하며 현대 사이버문화에서 기술은 젠더와 인종 정체성의 문화적 서사를 재각인하기 위한 하나의 장소(site)로서 기능한다.

새로운 정보 기술의 생체정치

『시너스』에 대한 이러한 독해는 어떤 기술에 대한 정치적 판단을 추상화하기 어렵다는 점도 함의한다. 기술들은 항상 복합적인 효과들을 갖는다. 그러한 효과들의 의미를 결정하는 것은 단순한 과정이 아니다. 예를 들면, 가상현실의 현상에 관한 몇몇 뉴스 기사들은 '버추얼 발레리'(Virtual Valerie)와 900으로 시작되는 폰섹스 서비스 번호와 같은 가상현실 응용프로그램이 안전한(분비물이 없는) 섹스기술이라고 대담하게 주장한다. 애틀랜타에 기반을 둔 어느 섹스전문가는 가상현실이 10년 이내에 자극적이면서도 성병에 걸릴 염려가 없는 섹스를 도와주는 주류 공간이 될 것이라고까지 말한다. 그렇지만 나는 바로 그 동일한 현상이 어떻게 새로운 형식의 사회문화적인 자폐증을 낳게 되는지에 주목한다. 가상현실의 연구자이자 설계자인 로렐은 다음과 같이 보고한다. "많은 남성들이 이러한 가상현실 프로그램에 빠져드는 이유들 중의 하나는 미국에서 남성에게 요구되는 사회적 측면들로부터 벗어나기 위해서라고 나에게 말했다.—특히 여성들로부터 벗어나기 위해서라고 말했다."42

스톤(Sandy Stone)은 폰섹스 노동자들뿐만 아니라 가상현실 체계 공학자들을 포함해서 사이버공간에서 노동하는 전자공동체 및 몸들을 연구한다. 스톤은 가상적인 몸을 분석하면서 사이버공간에서는 젠더화된 방식의 탈육화와 재육화가 동시에 일어난다고 결론짓는다. "인간/기계의 경계를 횡단하고, 통과하고, 융합하려는 사이버공간에서 발생한 욕망은 … 여성에 대한 남성의 불확실한 열망을 허구적으로 끊임없이 불러일으키면서, 특정한 개념적이며 정서적인 특성들을 공유하고 있다." 스톤은 계속해서 주장하기를, 하지만 "사이버공간에 들어가는 것은 사이버공간을 물리적으로 입는 것이다. 사이보그가 되는 것, 즉 드레스처럼 매혹적이면서도 위험한 사이버네틱 공간을 입는 것은 여성성을 입는 것이다"라고 말한다.43 그녀는 사이버공간 접속의 젠더화된 측면을 자세히 설명할 때조차, 물질적인 몸의 사실성과 연관된 사이버공간 기술들에서 본래의 모호함을 인식한다. 사이버공간 기술들이 새로운 형태의 가상적 결합 기회를 제공하는 만큼, "재형상화된 가상적 몸은, 제아무리 아름답더라도, 에이즈에 걸린 사이버펑크의 죽음을 지연시킬 수 없다. 테크노 주체의 시대에서조차도, 삶은 몸을 통해 살아가게 된다"44고 스톤은 올바르게 주장한다.

치료 불가능한 정보중독자를 위한 페미니즘

가상현실과 같은 새로운 소통 기술들이 한편으로 인식하고/말하고/기호화하고/성교하는 몸에 대한 새로운 맥락들을 만들어 내는 것처럼, 그 기술들은 물질적 몸에 대한 새로운 억압 형태들을 가능하게 하기도 한다. 예를 들면 전자 소통의 새로운 양식에 대한 연구들은 컴퓨터 스크린이 제공하는 익명성이 '프레이밍'(framing)*과 같은 반사회적 행동과 불법 침입, 이메일 훔쳐보기(snooping) 및 머드(MUD)게임에서의 강간과 같이 거의 불법에 가까운 행동들을 부추긴다고 지적한다.45 그렇지만 수많은 컴퓨터 소통에서, 그것들이 제공하는 익명성에도 불구하고, 전형적으로 젠더화된 대화의 패턴들을 재생산한다.46

『자곤 파일』(The Jargon File)의 "젠더와 민족성" 도입부에서는 다음과 같이 주장한다.47 "해커문화가 여전히 현저하게 남성적"일지라도 해커들은 "문자에 기반을 둔" 네트워크 채널을 통해 (일차적으로) 소통한다는 사실 때문에, 다른 해커와 상호작용할 때 젠더 차별적이거나 인종 차별적이지 않다. 이러한 주장은 "문자에 기반을 둔 채널"이 젠더 중립적인 의견 교환의 매개를 재현한다는 가정과 언어 자체는 젠더, 인종 또는 민족적 결정요소의 모든 형식으로부터 자유롭다는 가정에 의존한다. 전자 소통과 해석 이론에 관한 페미니즘 연구뿐만 아니라, 사이버펑크의 가상 하위문화에 참여하는 여성 네트워크 사용자들은 이러한 두 가정을 모두 의문시한다.48 이는 극적으로, 또는 오히려 텍스트적으로 퓨처컬처(FutureCulture) 상에서, 즉 사이버펑크 하위문화에 기여한 전자 토론 목록에서 발생하는 의견 교환 속에서 명백히 밝혀진다. 부유하는 유토피

---

* 인터넷 상에서 타인의 사이트의 내용을 불법적으로 링크하거나 계정을 사칭하여 여론을 조작하는 것 등을 말한다.

아에 관한 그 토론의 스레드(thread)*는 '오토피아'(Autopia)라고 불렀다.[49] '오토피아'에서 여성들에 관한 의견 교환은 순수하게 한 학생의 사이버데크에서 시작되었다.

> 단지 나의 상상인지도 모르지만, 오토피아 토론에 참여하는 사람은 대부분 남성인 것 같다.
>
> 그리고 누군가는 '퓨처컬처'에 있는 사람들이 대부분 남성인 걸 알아채지 않았을까? 사실 네트에 있는 대부분의 사람들은 [남성임]을 언급할 필요도 없다. 나는 여성을 이 토론 속으로 끌어들이고 싶지만 '퓨처컬처'에 한 사람의 여성이라도 있는지 아직 확신이 서지 않는다.
>
> 있나요?

한 남성 참여자는 다음과 같이 댓글을 달았다.

> 당신은 알아채지 못했겠지만 이 네트워크에서 대부분의 사람들은 남성이다. 어떤 장소에서는 남성들이 약 80%라는 높은 비율을 차지하기도 한다.
>
> 그렇다. 분명히 인터넷은 남성이 지배한다. 여성들의 몇몇 접근은 이제 막 자리를 잡아가고 있는 것 같다. 수백의 남성 컴퓨터 폐인들과 함께 한 공간에서 어울린다는 것은 정확하게 유토피아에 대한 내 생각이 아니다.:)

여성 참여자는 다시 대답했다.

---

* 인터넷의 뉴스 그룹에서 하나의 게시물과 그에 대한 답장을 한 곳에 모아놓은 것으로 한 가지 주제에 대한 집중적인 토론을 진행하는 데 도움을 준다.

치료 불가능한 정보중독자를 위한 페미니즘

현재 이건 괴로운 질문이다. 많은 여성들은 사이버 성희롱을 허용하면서까지 스스로 네트를 열어두지는 않을 것이다. 물론, 만약 여자들이 여기까지 온다면, 그들은 좀 더 대담하거나/용감하거나/멍청한 유형일 것 같다.

나는 왜 토론방에서 나가는가?

이유는, 그래. 나는 여성이고, 인터넷에서 살고, 사이버펑크(소설)을 읽고, 락(locks)을 거는 것을 흥미로워하면서 컴퓨터를 한다. 나는 프로그램을 만들지도 않고, MU*/D/SH도 하지 않는다. 나는 기술적인 일/수리를 한다. 나는 쓴다. 나는 읽는다. 나는 비교적 명석한 사람이다.

위의 게시물은 스스로 성차별주의자라고 인정한 한 남성 참여자의 진술에 답한 것이다. 그 남성 참여자는 다른 사람들에게 네트 속에 있는 여성들이 심하게 매력이 없다는 것을 발견했는지 물었다. 논의 속에서 몇 명의 다른 남성들로부터 욕을 먹은 이후에, 첫 게시자를 비난하는 다음과 같은 댓글이 달렸다.

신체적 미에 대한 개념들은 '살덩어리'(MEAT) 공간에서나 유효하다. 네트에서 물리적 아름다움이라는 개념들은 적합하지 않다. 우리는 인광체 흐름(phospor stream)* 속에서 표류하는 비트(bit)와 바이트(bite)일 뿐이다.

신체적 미에 대한 개념들은 '살덩어리의 소관'일지도 모르지만, 젠더 정체성은 우리가 그것을 원하든 그렇지 않든 간에 '인광체의 흐름' 속에서

---

* 인광체는 UV, X-Ray, 전자빔 등 외부의 에너지를 받아 가시광선 및 자외선, 적외선을 발생하는 물질이다. 인광체는 단순히 말해 에너지 변환기라고 할 수 있다. 인광체 흐름은 흔히 액정 모니터로 번역되기도 한다.

도 지속된다. 결국 그 스레드는 한 여성이 '오토피아', 즉 부유하는 유토피아라는 생각에 대해 말했을 수 있는 것에 대한 문제로 되돌아왔다. 몇몇 게시물이 올라온 후에, 동일한 여성 참여자가 다음과 같이 대답했다.

그리고, 전반적으로 내가 왜 오토피아에 관심이 없는지 알고 싶은가? 나는 책임감이 있는 사람이기 때문이다. (만약 당신이 지나친 책임감으로 사소한 심리학적 의미론에 가담하기를 원한다면, 그것은 또 다른 문제이다.) 책임감 있는 사람으로서 나는 전통적으로 여성의 일로 간주되어 온 모든 것들을 하지 않거나 하게 될 것으로 기대된다. 빨래, 설거지, 요리, 집 보수, 수리, 쓰레기 처리 같이 다른 사람들은 생각하지 않는 사소한 모든 일들. 이것은 내가 전형적인 '여성'(FEMALE) 역할에 빠져있다고 말하는 것이 아니다. 왜냐하면 여성과 남성 모두가 이러한 일들을 나의 몫으로 돌리기 때문이다. 내가 그 일을 하지 않는다고 해서 다른 누군가가 그 일을 처리하는 것은 아니다. 당신은 사람들이 얼마나 오랫동안 쓰레기와 설거지를 방치하는지를 알면 놀랄지도 모른다. 그리고 얼마나 많은 사람들이 드라이버를 사용할 수 없거나 망치를 올바르게 다룰 수 없는지에 대해 놀랄지도 모른다.

또한, 안전은 어떠한가? 특히 네트 상에서, 어떤 컴퓨터 네트워크든지 간에 그 속에 있는 사람들은 폭력적인 비겁한 행동을 넘어서 고도의 지적 존재라는 일종의 가정이 지속되고 있다. 50명의 남성 때문에 모든 여성들이 손해를 봐야 한다면 당신은 어떻게 그녀의 안전을 보장할 것인가?

따라서 안전 문제, 쓰레기 처리, 요리 및 청소하는 일, 어떤 배든 간에 선내 컴퓨터의 실질적인 배선에 대해 얘기해보자. 어떻게 당신은 거친 바다에서 안전하게 항해를 할 예정인가? 이동 중에 당신은 어떻게 먹을 예정이고 어떻게 교대로 잠을 잘 것인가? 누가 키를 잡을 것이고, 어떻게 항해사들을 구할 것인가?

당신들은 어디서 노력의 댓가를 받을 것인가? 만약 당신들이 항해를 거부하고 섬으로

치료 불가능한 정보중독자를 위한 페미니즘

돌아가려고 결심한다면 침략 중인 원래 거주지를 어떻게 다룰 것인가? 만약 *그* 섬에서만 살아온 몇몇 종들을 멸종시키게 된다면 당신들은 무엇을 할 것인가? 당신은 이 행성에서 상처의 세계로부터 도피한 자들과 무엇을 할 것인가? 누가 도피할 장소를 찾고 있는가?

토론에서 또 다른 한 (남성) 참여자가 지적했듯이 이것은 긴급한 실천적 관심사이지만, 침묵하고 있었던 여성참여자가 침묵을 깨고 토론에 참여할 때까지 제기되지 않은 관심사였다. 그녀가 원래 말하고 싶었던 요점은 다음 토론 과정에서 제기되었을 때조차 바로 무시되었다. 여성참여자들에게 전자 토론방은 종종 불친절한 담론적 상호교환의 젠더화된 코드들을 제공한다. 이는 온라인 소통이 또 다른 환경에서의 소통과 유사하게 구조화되며 젠더, 지위, 연령 그리고 인종 결정요인의 형식에 공공연하게 종속된다는 점을 시사한다.

바우이트<BAWIT>(Bay Area Women in Telecommunication)의 회원인 투롱(Hoai-An Truong)은 다음과 같이 쓴다.

> 컴퓨터 네트워킹 체계가 물리적 특성을 모호하게 한다는 사실에도 불구하고 많은 여성들은 온라인 커뮤니티 상에서 젠더가 자신들을 따라다닌다는 것을 발견한다. 그리고 커뮤니티 상에서의 공적이고 사적인 상호작용을 위해 말투를 조율한다.[50] 일부 여성들은 일부러 젠더 중립적인 정체성을 선택하거나 자신의 의사표시를 제한하면서까지 말투를 조율한다.

따라서 우리는 흥미로운 역설이 작동하는 것을 발견한다. 사이버공간은 몸이 문제가 되지 않는 곳으로 가정되지만, 많은 여성들은 몸이 문제시된다는 것을 발견한다. (주로 남성 사용자들에 의한) 몸에 대한 잘못된 부정은 소통을 하기 위해 (주로 여성 사용자들에 의한) 몸에 대한 방어적인 부정을 요구한다. 일부 여성들에게서 몸에 대한 이러한 부정은 노력할 하등의 가치도 없다. 대부분의 남성들은 절대 알아채지 못한다.

사이버공간 풍경들의 젠더화된 지형들

스티드만(Carolyn Steedman)은 정신분석학과 노동계급 사회사의 장르를 파괴한 이론적 비판서인 『좋은 여성에 대한 풍경』(*Landscape for a Good Woman*)에서 자서전이 문화 비평을 생산하는 데 유용하다고 주장한다. 왜냐하면 "과거사에 대한 개인적 해석—사람들이 그들이 현재 거주하고 있는 장소에 어떻게 도달하게 되었는지를 설명하기 위해 스스로 말하는 이야기들—은 문화의 공식적인 해석 장치들과 때로는 심각하게, 때로는 모호하게 충돌하기 때문이다."51 스티드만은 개인적으로 문화 이론을 채택할 때 그녀가 경험하는 갈등에 대해 다음과 같이 기술한다.

> 계급 분석 구조들과 문화 비평학파들은 … 나의 어머니의 삶에 대해 말할 수 있는 모든 것을 다룰 수 없다. … 그 책의 전기적인 것과 자전적인 것의 핵심적인 유용함은 그 책이 유년기, 즉 노동계급이었던 유년기와 거의 언급되지 않은 소녀 시절에 대한 우리의 전통적인 이해방식의 많은 부분에 도전할 수 있게 해준다는 점이다.52

스티드만은 지배적인 문화에서 중심적이지 않은 이야기, 특히 그녀의 노동계급으로서의 유년시절과 권위적이지 않았던 아버지에 대한 이야기를 쓰면서 정신분석 이론의 통찰력과 문화 비평의 담론적인 전통을 동시에 개정한다. 더 구체적으로 그녀는 노동 계급으로서의 유년기에 대한 자전적인 설명을 고전적인 정신분석 사례연구(프로이트의 도라 이야기)의 서사 비평을 위한 맥락으로 기능하는 어머니의 계급 결정에 대한 전기적 설명에 연결시킨다. 즉 스티드만의 목적은 자아의 서사와 역사의 서사 사이의 관계를 절합하는 것이다. 그녀의 더욱 광범위한 목적은 노동계급의 역사들이 사례연구나 자서전적인 서사들로서 그것들이 어떤 형식으로 발견되든지 간에, 지배문화의 공식적인 해석 장치들과 자주 모순된다는 점을 증명하는 것이다. 스티드만의 연구는 그러한 갈등을 유발하는 것이 공식적인 해석의 지속적인 성문화(codification)를 방해할 수 있는 기회를 창출한다고 주장한다.

　이러한 갈등에 대해 또 다른 설명들이 있을 수 있겠지만, 나는 이 장의 서두에 쓴 자서전적인 언급들과, 정확히 공식적이지는 않지만 우리 시대―탈근대―의 지배적이고 해석적인 이론들 사이의 '모호한 갈등'은 영속적인 현재를 축복하려는 경향과 관련이 있다고 제안한다. 베스트(Steven Best)와 켈너(Douglas Kellner)는 이러한 경향을 '발본적인 현재주의'(radical presentism)라고 명명하면서 다음과 같이 주장한다. "심층을 지우는 것은 역사와 경험을 단조롭게 하는 것이기도 하다. 탈근대적 현재에서 잃어버린 것은 그러한 축적된 전통, 즉 연속성과 역사적 기억으로부터 떨어져 나온 것이다. 연속성과 역사적 기억들은 역사의식을 고양시키고 풍부하게 직조된 다차원적인 현재를 제공한다."53 현재주의는 정보화 시대의 두 가지 이데올로기적 기획을 증가시킨다. 그것은 탈육화된 가상적 사고방식으로 설명되는 사회이론을 구성하는 것이고 여성

없이, 노동자 없이, 정치 없이 쓰여진 기술사를 구성하는 것이다.[54]

나는 최첨단과 정보화 시대의 중심이라고 여겨져 온 이러한 기술들의 발전이 지닌 젠더화된 측면을 논의하는 것으로 결론을 맺고자 한다. 그러한 기술들은 극소전자공학, 전자통신 네트워크, 그리고 그 외의 컴퓨터 기술들이다. 예를 들어, 우리는 정보기술의 발전에 대한 설명들을 독해하면서 여성이 기술적 지식, 혁신, 직업에 관심을 보이며 소질을 갖기 시작했다고만 결론 내릴지도 모른다. 하지만 이러한 신호들은 정보화 시대에 퍼져있는 또 다른 신화에 불과하다. 즉 모든 것은 올바른 접근 코드를 가지고 철저하게 접근하는 방법을 아는 것이 중요하다. 페미니스트들은 다르게 알고 있다.

기술사의 젠더화

물리 및 자연과학, 공학, 수학, 군사과학 및 천문학을 포함해, 전통적으로 남성 지배적인 기술적이고 전문적인 분야들에 참여했던 여성들에 대해서 기본적인 전기적 자료를 수집하는 것조차 쉬운 기획이 아니다.[55] 구할 수 있는 역사적 자료에서는 과학기술 분야에서 많은 여성이 자신의 관심과 연구를 수행하기 위해 극복해야만 했던 위압적인 구조적 장벽들을 묘사하고 있다. 구조적 장벽들이란 여성의 교육에 대한 공식적인 금지에서부터 여성의 재산권을 법적으로 제한한 것에 이르기까지 다양하다. 여성의 재산권에 대한 법적 제한은 많은 여성 발명가들이 자신의 발명품을 남자 형제들이나 남편의 명의로 특허를 받게 하는 원인이

치료 불가능한 정보중독자를 위한 페미니즘

되었다. 로스차일드(Joan Rothschild)는 24년의 역사를 지닌 저널, 『기술과 문화』(역사와 기술에 대한 사회저널)지에 실린 젠더 및 여성에 관한 주제를 다룬 보고서에서, 기술에 대한 사료편찬에서 젠더에 관한 논의가 **부족한** 이유들 가운데 하나는 "기술과 남성의 기본적인 동일시"의 결과라고 주장한다.56 이러한 남성과 기술의 결합은 최근 페미니즘 연구에 의해 심각하게 도전받고 있다. 이러한 페미니즘 연구들은 상이한 기술들의 역사적 발전과정에서 여성들이 기여한 점을 발견하려고 했을 뿐만 아니라, 기술사를 페미니즘적 관점으로 다시 생각해보고자 한다. 한 가지 예로 스탠리는 기술사에서 여성들이 생략되는 것은 부분적으로 기술들의 범주적 제외 때문이라고 주장한다. 기술들의 범주적 제외란 여성들이 기술의 '적절'한 범주에 속하지 않는 기술의 발전에 있어서 특히 도구적이었다는 것이다. 여기서 그녀는 그러한 기술들로 음식 준비, 간호 및 유아 돌보기, 그리고 월경 기술들을 사례로 든다.57 다른 페미니스트들은 신생식기술들처럼 여전히 남성 과학자, 공학자, 의료 연구자들에 의해 지배되는 특수한 영역에 대한 연구들뿐만 아니라 가사기술들과 같이 여성들의 삶에 직접적으로 영향을 미치는 기술들에 대해 남성중심의 동일시를 재생산하는 사회적 배치들을 연구한다.58

내가 내 어머니의 계산원 시절의 개인사에 관해 도입부의 언급에서 암시했듯이, 작업장 기술과 여성의 관계는 좋지 않은 관계였다. 제1차 세계대전 이후에 사무직의 확대는 이러한 직업들의 여성화를 초래했다. 즉 여성들은 남성들보다 우선하여 고용되었는데, 그 이유는 여성들을 고용하는 데 드는 비용이 더 저렴했기 때문이다. 이것은 비용의 팽창을 억제시켰다. 제2차 세계대전 이후에는 수많은 형식의 여성 사무직의 일이 과학적 관리 분석에 종속되었다. 업무가 정례화되었으며 합리화되었다. 회계담당자들과 다른 사무노동자들은 "표준화된 반복적인 계산 작업을 수행하는 기계의 보조자"가 되었다.59 이러한 반복적인 작업은 자동 계산기의 완벽한 연구 자료가 되었다. 일부 노동사가들은 전자계산기와 컴퓨터의 도입이 경제 팽창기에 발생했으며 그로 인해 대체노동자를 활용할 수 있는 수많은 사무직종을 실질적으로 증가시키는 효과를 가져왔다고 주장했지만, 새로운 직업들은 더 많은 보수를 받는 데이터 처리 업무들이 남성들로 충원된 것처럼 흔히 성적으로 층화되어 있었다. 나는 제1차 세계대전 이래로 최소한 미국의 상업과 산업에서 전자 정보기술을 실행하는 데 여성들이 참여해왔다는 사실을 간략하게 언급하고자 한다. 이러한 기술들은 여성의 고용에 모순적인 영향을 미쳤다. 즉 새로운 직업을 가질 기회는 늘어났지만, 동시에 새로운 기계를 다루기 위해 고용되는 사무직 노동자의 숙련도는 떨어뜨렸다.60 또한 이러한 기술들이 여성들의 삶에 미친 영향력을 판단하는 데 있어서, 1950년대의 전자기술의 도입으로 인해 계산원 업무에서 대체된 여성들이 이를 반드시 취업 실패로 경험한 것은 아니었다는 점을 기억하는 것이 중요하다. 의심할 여지 없이 나의 어머니처럼 그들 중 일부는 결혼하고 아이를 갖고 가족을 돌보는, 일상 생활의 실질적인 일을 계속해 나갔다.

대량생산된 소비품으로 개인 컴퓨터를 광범위하게 이용할 수 있게 된 지 10년 후, 컴퓨터는 집에서나 사무실에서나 작업장의 완전히 자연스러운 비품이 되었다.61 또한 기업체와 산업체에 개인컴퓨터를 판매하기 위한 일차적인 마케팅 전략인, 컴퓨터가 사무 노동자의 생산성을 향상시킨다는 주장을 비판하는 것은 상식이 되어 버렸다. 어떤 비판가들은

치료 불가능한 정보중독자를 위한 페미니즘

컴퓨터 및 워드 프로세스 체계가 실제로는 문서를 작성하는 데 드는 시간의 양을 증가시켰다고 항의하고, 또 다른 비판가들은 컴퓨터화된 사무실이 물리적 불편함과 정보 과부하로 인해 노동 생활의 질을 떨어뜨린다고 주장한다.62 컴퓨터 도입의 젠더화된 측면에 대한 사회학적 연구들은 서로 다른 산업 유형들에서 여성 사무직 노동자들이 탈숙련화되고 해고되는 것에 초점을 맞춘다. 노동자로서의 여성들에 관한 이러한 연구들은 컴퓨터의 사회경제적 영향력을 이해하는 데 있어서는 중요하다. 하지만 여성들의 창의적이거나 교육적인 정보 기술의 이용 또는 컴퓨터 역사에서의 여성들의 역할을 알 수 있는 연구는 거의 없다. 또한 이러한 연구들에 반영된 계급적 편향도 있다. 즉 이러한 연구들은 작업장에서의 여성의 컴퓨터 사용에 초점을 맞춤으로써, 오늘날 미국에서 많은 여성들이 너무 비싸서 숙련도를 달성하지 못하는 고비용의 기술에 접근하는 여성들에 대한 비판적 탐색을 제한한다. 여성의 고용과 컴퓨터 기술에 대한 문제는 또 다른 방식으로 제기될 수 있다. 예를 들면, 레비도우(Les Lebidow)는 값싼 컴퓨터 장치의 전자부품으로 기능하는 작은 실리콘 칩을 만드는 여성들을 연구한다. (최근까지도) 부유한 실리콘 밸리와 상대적으로 가난한 말레이시아(페낭, Penang) 모두에서, 대다수의 칩 생산자들은 형편없는 임금을 받는 이주 여성들이다.63

하지만 계급과 관련된 쟁점들에 보다 민감하게 여성과 기술사의 문제에 접근하는 또 다른 방식은, "누가 중요한가?"를 묻는 것이다. 이것은 어떤 정체성을 지닌 사례로 간주되는 사람들을 누가 결정하는가와 데이터베이스를 구축하는 데 있어서 숫자나 사례로 다루어지는 사람들은 누구인가에 대한 탐색을 하게 한다. 데이터베이스의 정치학은

젠더화된 몸의 기술: 사이보그 여성 읽기

'온라인'상의 업체, 서비스, 국가 대행기관의 숫자가 증가하는 만큼 1990년대에 비판적인 의제가 될 것이다. 누가 데이터에 접근할 수 있으며 '일반인들'(the public)이 이용할 수 있는 데이터의 접근권을 어떻게 획득할 것인가를 결정하는 것은 다차원적인 기획이다. 이것은 컴퓨터의 사용, 네트워크 접속 기술, 정부가 지원하는 데이터베이스에 대한 접근권을 위치 짓고 협상하는 데 있어서의 교육을 포함하는 것이다. 미국의 지질학적 데이터를 조사하는 총책임자조차도 "데이터 시장, 데이터 접근성, 데이터 확산이 지금은 복잡하고, 분명치 않고, 감정적인 주제들"이라고 주장한다. 그녀는 "그것들이 향후 10년 동안 주요한 쟁점이 될 것이라고 예견한다."[64]

컴퓨터 시대에 정보에 대한 공적 접근과 정보의 위상이라는 문제는 이제 막 대중적인 관심을 끌고 있다. 알렌(Kenneth B. Allen)이 주장했듯이, "우리에게 정보를 창조하고, 조정하고 확산시킬 수 있게 한" 동일한 기술들이 역설적이게도 "정부의 정보에 대한 공적인 접근을 축소시키겠다고 위협한다."[65] 정보적 시민권이라는 쟁점은 컴퓨터에 정통한 시민 대변자들에 의해 감시될 필요가 있다. 그러한 대변자들을 어디에서 구할 것이가라는 질문이 제기될 수 있는데, 두 가지의 즉각적인 대답이 가능하다. 대변자들은 교육이나 선출을 통해 확보될 것이다. 페미니스트 학자들과 교사들은 여학생들이 자신들의 연구 기획에서 정보 정책의 쟁점들을 설명할 수 있도록 고무함으로써, 그리고 정보의 접근을 통제하는 연방 및 주(state)의 부서에 근무할 여성 후보자들을 지지함으로써 기여할 수 있다.[66]

이러한 후보자들과 정책을 공부하는 학생들은 몸, 정보, 형사 고발을

치료 불가능한 정보중독자를 위한 페미니즘

포함하는 몇 가지 어려운 쟁점들에 분명히 직면할 것이다. 주(state) 의회는 1993년에 국가가 입안한 하나의 사안, 즉 규제 물질에 태아가 노출되는 것에 대한 조치(the Prenatal Exposure to Controlled Substances Act)에 대해 기술한다. 이 조치는 "약물 남용 치료 요원들에게 주(州)아동 가족부에 마약이나 알코올에 중독된 모든 임신한 여성을 보고하라"고 요구할 것이다.67 이러한 조치의 긍정적인 결과는 각 주(state)가 "알코올 그리고/또는 규제 물질을 남용하는 임신한 여성들에게 치료 서비스를 제공하라고" 요구한다는 점이다. 하지만 "규제 물질을 미성년자[태아]에게 전달하는 것"에 대해 임신한 여성을 범죄화하는 것과 같은 부정적인 결과들은 언급되지 않는다. 이러한 조치는 테리(Jennifer Terry)가 제안한 것처럼, '감시의 기술'로 기능할 수 있다. 아직 태어나지도 않은 태아는 임신한 여성에게는 거부되는 특정 권리들을 보장받는다. 즉 "사회 복지와 형사상의 정의(justice) 체계를 통해 가난한 여성들의 일상생활에 개입하는 것은 다소 논란의 여지가 있기는 하지만 프라이버시권을 침해하는 것이다."68

최첨단의 문화적 형성 과정

체현의 실천과 형식을 의미화하는 것에 대한 강조와 더불어 등장하고 있는 문화적 형성물에 대한 설명을 종합해 보면, 문화적 형성물이 생산, 소비, 소통, 통제의 지배적인 문화적 형식들과 연관되어 있음을 설명하기 위해 수행된 많은 연구가 있다는 것이 분명하다. 나는 역사, 몸, 페미니스트 선구자들에 대한 억압과 같은 진행 중인 이데올로기적 기획들이 어떻게 새로운 정보 기술들의 이용을 통해 재절합되는지를 보여주고자 했다. 특히 더욱 광범위한 문화적 형성물에 대한 연구는 페미니즘의 현재와 미래를 위한 새로운 주체들을 제안한다. 그것은 전지구적 노동자들, 가사노동자들, 지식 기술자들, 기업과학자들, 두뇌경찰(Brain police), 영속적인 비정규 노동자들이다. 『시너스』는 기술과 기술 전문가 사이의 조직화와 그것이 기업의 통제에 어떻게 종속되는지에 대한 사이버펑크적 이야기를 하면서, 정보화 시대의 대항신화를 제공한다. 정보화시대에서 정보는 공짜로 제공되는 것이 아니라, 정보에 대한 접근이 점점 비싸져서 많이 비싸지는 것이다. 억압적이고 히스테리컬한 남성의 몸에 맞서 싸우는 여성의 몸에 힘을 부여하는 포스트페미니즘의 묘사를 통해, 『시너스』는 젠더화된 기술사와 일치하는 기술적 체현의 대안적 비전을 제공한다. 『시너스』에서 기술은 몸으로부터 탈출하거나 몸을 초월하는 수단이 아니라 다른 몸들과의 소통 수단이자 연결 수단이다. 『시너스』는 기술 시대에 인종의 의미에 관해 여러 가지 질문들을 제기하기도 한다. 기술적인 탈체현은 인종적 정체성을 초월하고자 하는 욕망에 대해 어떻게 언급하는가? 물질적인 몸들은 기술적인 조우를 통해 어떻게 인종이 표시되는가? 인종적인 정체성은 기술적인 진보의 신화에 어떻게 절합되는가?[69] 치료불가능한 정보중독자라는 우리의 존재 조건에도 불구하고, 우리는 새로운 정보기술의 구체적인 측면들에 관해 충분한 정보를 가지고 있지 않다. 간단히 말하면, 우리는 비판적인 정치적 개입의 토대를 제공할 수 있는 정보화시대의 분석을 구축하기 위해 훨씬 더 많은 것을 필요로 한다.

치료 불가능한 정보중독자를 위한 페미니즘

또한 『시너스』는 과학적이고 기술적인 형성물들에 대한 페미니즘 문화 연구를 구축하기 위해 사이버펑크 신화가 중요하다는 것을 보여준다. 지나와 샘은 그들의 기술적 능력과 시너로서의 재능이 페미니스트 활동가들에게는 여성들이 기술적인 능력을 발전시킬 수 있도록 고무하게 한다는 점에서, 그리고 페미니스트 교사들에게는 여성들의 기술적 해독 능력을 향상시키기 위한 교육적 노력을 하게 한다는 점에서 페미니즘 이론을 위한 흥미로운 주제들을 만들어낸다. 그 도전은 새로운 기술 노동자들의 노동을 사기업의 이윤으로 흡수시키는 증가하는 산업 제국주의에 대항해 투쟁하면서도 기술적인 지식의 힘을 페미니즘 의제에 어떻게 활용할 것인지에 관한 것이다.[70] 문제는 기술적 행위자들이 정당한 종류의 사회 변화를 위해 일할 수 있도록 그들에게 어떻게 힘을 부여할 것인지에 관한 것이다.

에필로그
과학과 기술에 대한
페미니즘 문화연구에서 몸의 역할

바렛(Michele Barrett)은 『오늘날의 여성 억압』(*Women's Oppression Today*)의 1988년판 서문에서, 현대 페미니즘 사상의 변화된 지형을 제시하였다. 이 책의 초판이 발간된 이후로 8년 동안 중요하게 변화해 온 영역을 소개한 것이다. 그녀가 논의한 페미니즘 연구의 새로운 영역들 가운데 하나는 '육체 페미니즘'(corporeal feminism)이었다. 육체 페미니즘은 몇몇 호주 페미니스트들, 특히 그로츠의 연구에서 확인할 수 있다. 그로츠에 따르면, 육체 페미니즘이란 "가부장적 구조를 전복시키고 자기-규정적인 표현과 재현방식을 형성하기 위한 페미니즘 투쟁과 양립할 수 있는 육체성에 대한 이해"를 가리키는 말이다(3).[1] 이러한 설명과 함께, 그로츠는 1980년대 말과 1990년대 초 사이에 수많은 페미니스트들을 사로잡았던 기획을 다음과 같이 서술한다. 그것은 섹스화된 몸들(sexed bodies)에 대해 고정되고 본질주의적인 정체성을 함의하지 않는 몸의 개념을 어떻게 복권시킬 것인가에 관한 것이다. 이러한 기획은 복합적인 반응을 일으켰는데, 어떤 페미니스트들은 몸에 대한 새로운 관심은 여성을 몸으로 다시 제한하기 위한 장을 마련하는 퇴보하는 주제라고 생각했고, 반면에 또 다른 페미니스트들은 몸은 20세기 후반에 여성의 권리를 위한 가장 중요한 투쟁의 장이었고 앞으로도 그럴 것이라고 주장했다.[2] 이 마지막 장에서는 '육체 페미니즘'에 관한 그로츠의 연구와 그것이 테크노-바디에 관한 연구에 제공하는 통찰력에 대해 간략하게 검토하고자 한다.

그로츠는 자신의 책 『뫼비우스 띠로서 몸』(*Volatile Bodies*)은 "몸을 분석의 주변에서 중심으로 이동시키고, 몸이 현재 주체성을 구성하는 가장 중요한 '요소'임을 이해할 수 있게 하기 위해 몸을 재형상화한 것이라고" 주장한다.[3] 그녀의 주장은 몸에 관한 주요 철학적 연구들, 즉 프로이트, 라캉, 메를로-퐁티, 니체, 푸코, 들뢰즈와 가타리의 저작에 대한 철저한 검토에 기초하고 있다. 초반부에 남성 이론가들의 연구에 광범위하게 초점을 맞춘 그녀의 의도는 몸을 특정한 속성들이 부여된 보편적인 구축물로 다루기 위한 역사적 토대를 자세히 설명하기 위한 것이었다. 하지만 책의 마지막 부분에서는 몸을 섹스화된 특수성 속에서 재개념화하려는 여성들과 페미니스트들의 저작에 초점을 맞춘다.[4] 그로츠가 다음과 같이 물질적인 몸의 존재론적 지위에 대한 일련의 질문들을 제기할 때, 그녀는 '육체 페미니즘'에 관한 논쟁의 핵심에 이른다.

> 존재론적으로 몸은 무엇인가? 몸의 '요소', 몸의 질료는 무엇인가? 몸의 형식은 무엇인가? 그것은 주어지는가 아니면 만들어지는가? 또는 소여성과 문화적 질서 사이에는 어떠한 관계가 있는가? 성적으로 중성적이고 불확정적인, 또는 자웅동체적인 몸들은 우리가 친숙하게 여기는 성적으로 특정한 형식을 생산하기 위해 각인되는가? 혹은 몸들, 즉 모든 몸들(가령, 인간이 아닌 몸들조차도)은 몸의 형태학에 따라 심리적이고 문화적으로 각인된 특수하게 성적인 차원(남성이든, 여성이든, 자웅동체이든 간에)을 갖는가? 달리

말해, 성차가 우선이고, 성적 각인은 존재론적으로 우선하는 차별을 문화적으로 덮어씌우거나 다시 쓰는 것인가? 혹은 성차별은 문화적으로 특정한 몸에 대한 다양한 형식의 각인의 산물인가?[5]

요약하면, 질문은 다음과 같다. 어느 쪽이 존재론적으로 우선하는가? 물질적인 몸의 성차인가 아니면 성차별의 문화적인 배치인가? 그로츠는 이러한 질문들에 답하는 것이 자아뿐만 아니라 더 넓게는 사회체계 내에서 몸을 의미 있게 만드는 복잡한 실천들에 대한 다면적인 연구를 요구하는 것이라고 주장하면서, 다른 페미니스트 학자들에게 난해한 연구의제를 제시한다. 그로츠의 더 광범위한 요점은 주체성을 "섹스화된 몸들의 특수성들"에 연결하고, 주체를 "더 이상 하나의 실체(심리적이든 육체적이든 간에)로서가 아니라 모든 물질성의 양태들을 구성하는 근본적으로 순수한 차이의 효과로" 이해하는 분석모델을 정교화하는 것이다.[6]

이 책에서는 이러한 성차 개념을 일단 근원적이면서도 끊임없이 대체되는 것으로, 그리고 젠더화된 몸의 기술적인 생산을 설명하는데 매우 유용한 '다름'(alterity)으로 이해했다. 몸의 기술은 다름을 조작할 뿐만 아니라 그것을 재생산한다. 성차는 젠더화된 몸을 기술적으로 생산하는 투입물이면서 동시에 산출물이다. 육체 페미니즘의 발전에 기여한다는 측면에서, 이 책에서는 섹스화된 주체성의 새로운 물질성에 대한 철학적 토대를 논의하기보다는 물질적인 몸에 젠더화된 정체성이 기술적으로 생산되는 방식들을 서술하였다. 여기서 기술은 기계와 장치뿐만 아니라 사회적, 경제적, 제도적 힘도 포함하는 것으로, 푸코적인 의미로 사용되었다.

과학과 기술에 대한 페미니즘 문화연구에서 몸의 역할

이 책에서 논의한 새로운 몸의 기술들은 이제 막 나타나기 시작한 테크노-바디라는 문화적 형성물의 일부이다. 이러한 형성과정에서 담론적인 요소들은 신문 기사와 잡지 이미지들에서부터 의학적 연구와 <시어스>(Sears)사의 카탈로그 내용에 이르기까지, 서로 다른 형태들을 포함하고 있다. 나는 이 연구가 젠더화된 몸을 만들어 내는 문화적인 장치들을 탐색하는 것이라고 생각한다. 내가 검토한 제도적 실천, 사회적 관계, 담론의 형태, 그리고 논리 체계를 특정하게 형상화한 것은 "현대 미국문화 속에서 몸을 독해한" 나의 해석 행위를 통해 이러한 별개의 문화적 장치를 보여주는 하나의 징후이다. 푸코를 따라 이러한 징후를 장치라고 부르는 것은 그것이 몸의 수준에서 분명한 물질적 효과를 생산하는 구조화된 현상이라는 점을 시사하는 것이다. 장치 또는 기계라는 개념이 지각있는 행위자에 의해 관리되고 합리적이고 의도적인 목적을 위해 사용되는 경계적 실체를 시사한다는 점에서, 이 용어는 자칫 오해를 불러일으킬 소지가 있다. 젠더화된 몸의 문화적 장치가 경계들을 정해왔지만, 하나의 담론적인 장소를 충분히 조사한다는 것은 검토해야 할 그 밖의 장소들도 있다는 것을 알려준다는 의미에서 나는 아직 그것들을 충분히 알아내지 못하고 있다. 말하자면, 젠더화된 몸의 생산을 주도하는 유일하게 책임있는 동인(agent)을 나는 아직 확인하지 못했다. 이는 역동적인 형성물이다. 즉 행위성, 의도, 정치적 결과는 사람, 제도, 기술 사이에 널리 퍼져있다. 결국 이 책의 여러 장은 테크노-바디의 문화적 형성과정에서 **역사적으로** 분명히 나타나는 징후에 대해 설명한다는 점을 기억하는 것이 중요하다.

또한 이 책에서는 앞으로의 역사 연구들에 무언가를 기여하는 것 이외에도 탈근대 문화에서 이용할 수 있는 기술적인 체현형식의 범위를 서술하고자 했다. 보디빌딩, 미용성형수술, 가상현실과 같은 기술적인 실천들은 억압, 개념의 분절화, 그리고 물질적인 몸의 상품화에 의존하며 실제로 기여한다. 기술적으로 분절된 몸의 부분들은 전통적이고 이원론적인 '본성'에 따라 상이한 몸들에 차별적인 가치를 부여하는 문화적으로 결정된 '차이들의 체계'에 절합된다. 이러한 방식으로, 젠더 '차이'라는 추상적인 개념은 별개의 젠더 정체성들을 나타내는 개념으로 구체화된다. 몸에 대한 새로운 기술들의 발전과 전개과정을 추적하면서, 나는 젠더 정체성에 대한 전통적인 서사들이 물질적인 몸들 위에 모사되고 재각인되는 서로 다른 기술적 메카니즘들을 묘사했다.

1장에서 논의했듯이, 물질적인 몸은 문화적인 표현의 중요한 상징적 자원이며 '몸'이 담론적인 구축물로서 연구될 수 있을지라도 그것의 상징적인 형식은 **항상** 실재하는 물질적인 몸과의 상호작용 속에서 구축된다는 점은 분명하다. 나는 젠더가 권력관계 및 지식의 바탕이 되는 조직화된 차별 체계로 기능한다는 가정에서부터 출발하여, 각각의 장에서는 젠더 정체성의 의미가 새로운 기술들의 적용 속에서 **재생산되는** 방식들에 주목하였다.

예를 들어, 우리는 미용성형수술에서 사용하는 시각화 기술들을 검토하면서 신기술이 젠더에 대한 전통적이고 이데올로기적인 서사들과 절합되는 과정을 목격할 수 있다. 이것은 여성의 몸을 계속해서 규범적인 시선의 특권화된 대상으로 위치지우는 절합이다. 그에 반해 남성의 몸은 충분히 할 수 있으며 노동하는 몸으로서, 그 미적인 비율은 사업 자산의 역할을 할 때만 중요한 것으로 다루어진다. 그렇지만, 성형수술

기법에 관한 의학 문헌을 보다 면밀하게 읽어 보면, 젠더 정체성의 이원론적인 코드는 외과수술 절차에 영향을 주는 기호 체계들 가운데 하나일 뿐이라는 점이 분명해진다. 젠더 정체성뿐만 아니라 인종적인 정체성 코드들 또한 기술적인 수술의 의미를 구조화한다. 백인 얼굴의 양화된 비율이 이상적인 외과수술의 목표를 구성하는 당연한 토대가 되는 반면, 흑인과 아시아인의 얼굴 특성은 '동양적인 눈꺼풀'의 사례에서처럼 종종 특별한 '교정수술'을 요하는 비정상적인 것으로 규정된다.

조금 다른 의미에서 생식기술들도 여성의 살 위에 권력관계를 행사할 수단을 제공함으로써 물질적인 몸 위에 젠더 정체성의 지배적인 서사들을 재각인한다. 생식기술들은 두 가지 방식으로 그렇게 하는데, 첫째 여성의 몸의 생리적인 기능에 개입함으로써, 둘째 감시적인 실천을 제도화하는 기술적인 하부구조를 제공함으로써 그렇게 한다. 더욱이 이러한 신기술들이 만들어 낸 현실은 권리와 책임의 재형성을 요구한다. 신생식기술의 발전과 함께 일련의 새로운 가능성들과 일련의 새로운 사회적 행위자들이 문화적으로 만들어졌다. 새로운 사회적 행위자들인 태아, 대리모, 난자/정자 기증자 각각은 이제 생식적인 조우의 결과에 대해 권리를 주장할 수 있다. 따라서 새로운 윤리적, 사회적, 정치적인 딜레마들이 발생한다. 더구나 이러한 가능성들은 또 다른 사회적 배치를 만들어나가기 위한 발판을 마련하고 있다. 이러한 새로운 조건들이 다양한 환경 속에서 그리고 다양한 제도적인 사건의 결과로서 나타나기 때문에, 느리게 변형되고 있는 현실 속에서 길을 찾기란 어렵다. 소설과 이론에서 페미니즘 비평의 목적은 우리의 몸에 그리고 우리도 모르게 발생하는 변형들을 이해하기 위해 인식의 틀을 제공하는 것이다.

가상현실과 컴퓨터 네트워크와 같은 새로운 소통 기술들은 말 그대로 젠더 정체성의 수행과 실행을 위한 문화적인 장소의 역할을 한다. 테크노-센스에 관한 사이버네틱 영역에서, 젠더 정체성의 기술적인 변형은 현실적이기보다는 오히려 가상적이다. 몸의 초월성, 젠더 '중립성', 무인종성에 대한 약속은 정보화시대의 주요한 이데올로기적 항목들이며, 젠더의 **재현**은 그것의 기술적인 소멸로 사라질 것이라고 예측된다. 그렇지만, 가상 세계라는 새로운 사회적 공간 속에서 젠더의 구별은 여전히 지속되고 있다. 몸에 대한 컴퓨터 시뮬레이션은 섹스화된 참여자들을 위해 전통적인 젠더정체성을 모사하는데, 버추얼 발레리와 펜트하우스 플레이메이츠는 현재 CD-ROM으로 이용할 수 있다. 인터페이스의 즐거움에 대한 사이버펑크적인 호소는 새로운 기술적인 조우의 중심에서 물질적인 몸을 다시 주장하는 것처럼 보이지만 실제로는 물질적인 몸의 억압에 의존하는 호소이다. 우리가 하드웨어, 소프트웨어, 그리고 컴퓨터로 만든 인간의 두뇌, 즉 컴퓨터를 매개로 한 현실들이 생산되는 관계들의 네트워크를 포함하는 것으로 분석의 범위를 넓혀보면, 소수의 해방은 다수의 희생으로 얻어진다는 사실이 명백해진다. 컴퓨터를 매개로 한 소통네트워크들이 민주주의적 이상을 실현하는 수단으로 자주 장려되지만, 이러한 기술적인 장에서 실행되는 문화정치는 실제로는 아주 보수적이다.

페미니즘 문화연구의 보다 광범위한 기획은 이를 테면 역사들과 효과들처럼, 겉으로 보기에는 분리된 담론의 계기들을 우리가 변형물들이 나타날 때 그것들을 이해할 수 있게 해주는 하나의 서사로 연결할 이야기들(stories)을 쓰고 이야기들(tales)을 말하는 것이다. 이 점에 있어서 허구적 서사들은 이중의 목적에 기여한다. 허구적 서사들은 한편으로는 문화적 편견들을 주제로 다룰 수 있다. 이것은 남성중심적이고 이성애적인 욕망의 구축을 플롯으로 한 사이버펑크 SF에 대한 나의 독해에서 명백히 확인할 수 있다. 하지만 허구적 서사들은 새롭게 발생한 문화적 배치의 인식 지도들을 제공하는 표현적인 자원의 역할을 하기도 한다. 앳우드의 소설 『시녀 이야기』와 카디건의 소설 『시너스』는 모두 이러한 지도 제작의 실천을 전형적으로 보여준다. 텍스트적인 지도들을 독해하는 것은 페미니즘 문화연구의 비판적인 작업 가운데 일부일 뿐이다. 특히 그것이 과학적이고 기술적인 형성물들에 대한 연구에만 관심을 둘 때는 더욱 그렇다. 이러한 노력은 과학 및 의학적 실천과 새로운 기술들의 발전 및 전개를 위한 토대로서 기능하는 구조화된 권력관계 및 지식에 대해서도 연구하는 것이 요구된다. 이것은 과학 및 기술적인 지식의 생산과 결정에 대한 분석을 반드시 포함해야 하지만, 이 책에서 나는 그러한 지식이 대중문화와 일상생활 속에서 유포되는 방식과 여성의 삶의 물적 조건을 구조화하는 방식에 더 많은 관심을 가졌다. 문화적인 서사들과 과학 및 기술적인 담론 사이의 상호텍스트적 연관성에 초점을 맞춤으로써, 나는 과학과 기술에 대한 문화적 연구를 분명히 보여주고 싶었다. 나는 문화적 서사들과 과학 및 기술적인 담론 모두 물질적인 몸을 젠더화하는 기술들이자 아주 현저한 문화적인 기술들이라고 생각한다.

현대문화 속에서 몸을 독해하는 목적은 지배적인 문화적 편견들을 파악하기 위한 것이다. 탈근대성 속에서 지배적인 문화적 편견들이 젠더화된 몸의 지위에 영향을 미칠 때에는 더욱 그렇다. 현대문화 속에서 몸을 독해하는 또 하나의 목적은 페미니즘 연구의 향후 의제를 제안하기 위한 것이다. 테크노바디에 대한 이러한 독해의 목표는 즉각적인 정치적 개입과 사회적 변화를 위한 장소들을 구체적으로 명시하는 것이다. 나는 젠더가 재현들과 담론의 유포에 의한 효과일 뿐만 아니라 특정한 사회적, 경제적, 제도적인 권력관계의 효과라고 계속해서 주장해왔다. 이러한 배치는 끊임없이 재생산되어야 하는 역사적 절합들이며, 물질적인 몸들과 기술적인 장치들의 상호작용 속에서 이원론적인 젠더 정체성이 강박적으로 재각인되는 것을 설명해 준다. 그러나 이러한 배치가 끊임없이 재생산되어야 한다는 사실은 이러한 절합들이 붕괴될 수도 있는 가능성을 시사하는 것이다. 나는 젠더화된 기술적인 몸의 정체성을 다시 절합하는 투쟁에 참여하기 위해서는 페미니스트들이 그것의 의미가 기술적으로 그리고 이데올로기적으로 어떻게 배치되는지를 이해해야 한다고 암묵적으로 주장해왔다. 과학과 기술에 대한 페미니즘 문화연구의 비판적인 쟁점들이 드러나고 있다. 즉 정보의 정치학, 전지구적인 기술적 노동 분업, 여성의 재생산에 대한 착취가 그것이다. 이러한 쟁점들은 단순하게 결정론적인 의미에서 새로운 기술들의 발전을 통해서만 성립된 것이 아니라 오히려 기술들, 문화적인 서사들, 사회적·경제적·제도적인 힘들 사이의 절합을 통해 발생한 것이다.

이 책에서는 이러한 기술들을 배치한 결과들에 관하여 논쟁적인 주장들을 제공했다. 이러한 기술들은 여성들에게 항상 최선의 이익을 제공하는 것은 아니지만 다양한 결과를 발생시킬 수도 있다. 나는 육체적인 변형이 약속한 것들에 대해 의혹을 갖고 있지만 몸에 적용되는 이러한 새로운 기술들에 여전히 철저하게 매료되어 있다. 나는 페미니즘 문화연구의 학술적이고 정치적인 목표들에 대해 더욱 중심적인 다른 쟁점들도 논의하였다. 그것은 역사적인 서사들의 구축, 문화비평 쓰기, 여성 교육, 그리고 새로운 과학 및 기술적인 형성물들에 대해 교육받을 수 있는 정치적 급선무에 관한 쟁점들이다. 이러한 모든 설명 속에서, 나는 몸에 **대한** 담론들과 특정한 몸들이 **지닌** 물질성 사이의 구성적인 상호작용의 장소로서 몸을 다루었다. 몸은 페미니즘의 역사와 페미니즘의 미래, 그리고 더 넓게는 페미니즘 문화비평의 정치적 목표들에 대해 다르게 사유하기 위한 장소로서도 유용하다.

부록

■ 주석

서문

1 표지사진의 남성은 초소형컴퓨터와 이어폰을 장착한 액정 모니터 안경을 쓰고 있다. 보는 즐거움을 위해, 컴퓨터는 비디오 이미지와 다양한 시청각 자료를 안경 스크린에 전달할 수 있다. 표지사진은 미래의 하이테크적 몸을 인상적으로 보여주는 시각적 상징이며, 『라이프』(*LIFE*)지의 관점에서 그 상징은 젠더화된 남성으로 나타난다. "The Future and You," A 30-Page Preview: "2000 and Beyond," *LIFE* Feb. 1989.

2 1987년 휴마나재단(Humana Foundation)의 연차보고서에서는 재단의 성공 이유들 가운데 하나로 "인공심장프로그램과 같은 혁신적인 활동을 통해 [제정된] 탄탄한 신용재단"의 마련을 들고 있다. 인공심장프로그램은 병원 입원자 수의 감소에 대비해 환자를 유치할 수 있게 해주는, 〈휴마나〉병원에 경쟁력을 부여하기 위해 설계된 핵심적인 전략으로 간주된다. 재정 정보는 다음의 자료에서 인용. The Humana Inc. 1987 *Annual Report*, "American Health Care: A World of Dramatic Change."

3 페어(Michel Feher)는 몸과 기술 사이의 문화적 관계를 연구하는 하나의 방법을 묘사하기 위해 '심도 깊은 인지'라는 푸코적 용어를 사용한다. Michel Feher, "Of Bodies and Technologies," *Discussions in Contemporary Culture*, ed. Hal Foster, DIA Art Foundation (Seattle, Wash.: Bay, 1987) 159-65. 다음 글의 서문에서는 이 개념을 더욱 구체적으로 설명한다. *Fragments for a History of the Human Body*, part 1, Zone 3 (New York: Urzone, 1989) 11-17.

4 드 세르토(Michel de Certeau)의 "침범하는 것으로서의 독해"(Reading as Poaching)와 관련한 장(chapter)은 적극적인 독해의 실천에 대해 설득력 있는 논의를 담고 있다. 나는 드 세르토의 독해론에 대해 체계적인 결정과정에 영향을 받지 않고 순수하게 '경험적' 실천으로만 이루어지는 독해는 없다고 지적한 프로우(John Frow)의 해석을 끌어들인다. 하지만 나는 "대중문화 이용자의 목소리를 중간계급 지식인의 목소리로 매개하는 것이 갖는 드 세르토의 정치적 난점"에 대해 분명히 프로우보다는 덜 우려하고 있다(Frow, 59-60). 나는 제도적인 측면에서 보면, '중간계급' 학자이지만 노동계급의 감수성과 상당히 강한 친화력을 갖고 있기 때문이다. Michel de Certeau, *The Practice of Everyday Life*, trans. Steven Rendall (Berkeley: U of California P, 1984); John Frow, "Michel de Certeau and the Practice of Representation," *Cultural Studies* 5. 1 (1991): 52-60. [『문화, 일상, 대중』, 박명진 외 편역, 한나래, 1995].

5 몸을 규정짓는 과정은 내가 이 책에서 탐색하는 핵심적인 문화적 작동 가운데 하나이다. 어떤 의미에서는 미국학계에서 몸에 관한 적절한 분과학문은 신체운동학(kinesiology) 분야일 것이다. 신체운동학은 인간의 몸의 움직임에 대한 연구이자 과학이다. 최근의 신체운동학 분야는 신체활동에 대한 연구뿐만 아니라 생물에너지학, 인체계측, 몸 상징주의 및 사회적 인체 해부학에 대한 연구까지도 포함된다. 몸동작의 의미에 관한 기초적 분석연구로는 다음을 참고하라. Ray Birdwhistell, *Kinesics and Context:*

Essays on Body Motion Communication (Philadelphia: U of Pennsylvania P, 1970).
의학과 생물학 분야 또한 몸에 대한 연구를 수행한다. 면역학은 몸을 연구하는 모든 생의학 분야 중에서 사회정치적 의제와 가장 긴밀하게 관련되어 있는 분야일 것이다. 에이즈, 암, 세균전, 환경에 의해 유발된 알레르기, 부계와 관련된 법률적 쟁점들 각각은 면역학적 연구의 실질적인 적용을 필요로 한다. 면역학은 복잡한 유기체의 구조적이고 기능적인 통합의 유지와 관련된다. 또한 면역학은 동일시와 차이, 코드화와 자기인식, 그리고 유지와 감시에 대한 쟁점과 연관된다. 면역학의 전염병학 및 법의학적인 적용을 논의한 하나의 연구로는 다음을 참고하라. F. M. Burnet, *The Integrity of the Body: A Discussion of Modern Immunological Ideas* (Cambridge: Harvard UP, 1963)
심리학 분야에서는 몸의 이미지와 몸에 대한 인식이 경험이 몸에 각인되는 방식에 개입하고 있다고 본다. 다소 상이한 관점으로 상징적 상호작용론자들은 몸과 물리적 자아의 사회적 구성과정을 탐색함으로써 몸을 사회학의 연구대상으로 다룬다는 점에서 민족지학자들과 맥을 같이 한다. Virginia Olesen, Leonard Schatzman, Nellie Droes, Diane Hatton, and Nan Chico, "The Mundane Complaint and the Physical Self: Analysis of the Social Psychology of Health and Illness," *Social Science of Medicine* 30.4 (1990): 449-55; Harold Garfinkel, "Passing and the Managed Achievement of Sex Status in an Intersexed Person," *Studies in Ethnomethodology* (Englewood Cliffs, N.J.: Prentice-Hall, 1967); Norman K. Denzin, "Harold and Agnes: A Narrative Undoing," paper presented to the symposium on Writing the Social Text: Anthropological, Sociological and Literary Perspectives, University of Maryland, College Park, 18-19 Nov. 1989 등을 보라.
철학 또한 실존주의 및 현상학적 전통 내에서, 그리고 형이상학에 대한 니체의 비판 속에서 몸을 이론적 대상으로 하는 논의를 진행해왔다. 하이데거, 메를로-퐁티 그리고 니체는 인간의 몸을 철학적으로 다룬 주요한 인물들이다. 또한 David Michael Levin, *The Body's Recollection of Being: Phenomenological Psychology and the Deconstruction of Nihilism* (London: Routledge & Kegan Paul, 1985)을 보라.
우리는 인간의 몸에 대한 풍부한 선행연구들에서 '연구 대상'으로서의 몸이 인간 삶에 있어서 몸의 '실제(fact)'를 다루는 새로운 분야로 변화하고 있음을 발견할 수 있다.

6 Robert Bud, "Biotechnology in the Twentieth Century", *Social Studies of Science* 21 (1991): 415-57.

7 감염에 의한 죽음의 공포는 분명히 새로운 현상은 아니다. 예를 들면 1950년대에, 맥루한(Marshall McLuhan)은 그의 책 『기계신부』(*The Mechanical Bride*)에서 다음과 같이 말했다.

> 미국의 욕실은 산업 문명에서 가장 발달하였고, 깨끗하게 유지하고, 설비하길 원하는 영역으로 격상되었다. 하지만 다가올 미래에 기계적 생산과 소비의 지배적인 이미지에 익숙해진 세계에서, 우리의 몸과 환상이 그러한 지배적인 이미지에 복종하는 것보다 더 자연스러운 것이 있겠는가? 그러한 세계의 항문성애적(anal-erotic) 망상은 피할 수 없다. 그리고 그것은 히스테리컬한 위생학을 생산하는 우리의 배설적 망상이다. 여기에는 역설이 존재하는데, 한편으로는 죽음과 상해의 망상을 다룬 통속소설이 넘쳐나면서도, 다른 한편으로는 장례식장에서 결국 죽음에 직면하는 것을 거부한다(62). ([역주] 즉 죽음에 대한 망상과 죽음을 거부하는 망상이 함께 공존한다.)

개인 위생학의 숭배는 많은 방식으로 에이즈 감염에 있어서 민감한 결론에 이르게 한다. 몸과 비(非)몸(이 방인, 타자, 적)의 접촉은 감염에 대한 통제의 상실 및 공포와 연관된 불안을 만들어낸다. 몸 대 몸(자아 대 타자) 접촉의 쾌락적인 측면은 현재 감염(포진, 성병사마귀, 매독, HIV)에 대한 공포로 대체되었다. 에이즈 감염이 최근 역사에서 몸에 관한 가장 중요한 쟁점 가운데 하나라는 것은 분명하다. 어떤 점에서 그것은 몸의 최종적인 기술적 "죽음"에 관하여 감춰진 문화적 공포들을 드러내 준다. 기술이 점차 발전하면서 우리는 질환이 더 많은 연구비와 빈번한 약물 검사, 보다 비싼 이미지 장비들에 의해서만 치료될 수 있다고 생각하도록 자발적으로 유도되고, 계획적으로 이끌어진다. 기술적인 불멸성이 실제 가능한 것처럼 보이게 되는 것이다. McLuhan, *The Mechanical Bride: Folklore of Industrial Man* (Boston: Beacon, 1951).

8 텍사스의 반(反)약물 프로그램(D-FY-IT)은 무작위 소변검사에 자발적으로 참여하는 10대들에게 레스토랑이나 옷가게, 게임방에서 할인을 해주는 형태의 보상을 제공한다. 이 프로그램의 회원은 성공적인 테스트를 조건으로 참여하지만, 역으로 이러한 참여과정은 억압 과정과 다를 바 없이 작동한다. 연장된 회원은 통보를 받고 48시간 이내에 약물테스트를 받아야 한다. 참여하지 않는 10대들은 약물을 복용한다는 의심을 받는다. 그래서 그 외의 사람들은 그러한 빅 브라더(Big Brother)와 같은 프로그램이 밀고 및 동료의 감시를 부추길 것이라고 우려한다. 학생감독위원회는 정책을 세우고, 처벌을 시행하며, 학생들이 익명으로 다른 학생들을 고발하는 것을 허용한다. "Texas Antidrug Program Talks Teens' Language" *Chicago Tribune* 15 June 1989, sec. 1: 1, 9. 인디애나의 라피엣(Lafayette)지역에서는 1989년 8월에 고등학교 운동선수들에게 무작위 소변 약물검사를 실시하기 시작했다. 그러나 일군의 사람들은 10대 학생들에 대한 무작위 약물테스트가 그들의 기본권을 침해하는 것이라고 생각한다. 도슨(Marcida Dodson)은 다음과 같이 주장한다.

> 교직원들은 약물 검사가 제4차 헌법개정안(FAC)에 의거해 검토 및 압류 중에 있다는 점과 1985년 미연방 법원의 판례에 따라 '합당한 혐의'가 있을 때에만 교직원에 의한 조사가 행해질 수 있다는 점을 명심해야 한다(36).

그렇다 해도 단순히 인구학적으로 특정 연령 집단에 속해 있다는 것이 혐의를 두는 합당한 근거가 되지는 않는다. Marcida Dodson, "New Kind of School Test-for Drugs," *Los Angeles Times* 2 June 1989, part 1: 1, 36-37.

무작위 약물 검사는 많은 법적 분쟁을 야기하고 10대들의 우정에 갈등을 일으킬 것이다. 로이코(Mike Royko)는 (1,500명의 무작위 표본 중 900명에 달하는) 많은 10대들이 약물을 복용하는 친구들을 폭로하겠다고 말하는 것으로 보고한다. 그들은 "친구의 장례식에 가는 것보다는 살아있는 인간의 우정을 포기하는 편이 더 낫다"고 말한다는 것이다(Mike Royko column 11 June 1989). 이러한 10대의 약물 복용과 남용에 대한 엄청난 관심은 미국 건강관리 부문에서 청소년정신의학 분야의 급속한 성장을 가져왔다. 내년에 25만 명에 달하는 10대들이 정신의학 치료를 받을 것으로 예상된다. 많은 사람들은 이것을 약물 및 알코올과 관련된 '의존성' 때문에 허용할 것이다. John Kass, "Youth Psychiatry: What's the Bottom Line?" *Chicago Tribune* 28 May 1989, sec. 1: 1, 18.

9 물론 이러한 젠더화된 차이의 체계는 다양한 맥락을 통해 발전한다. 한 가지 중요한 근거로는 근대적이며 사회적이고 과학적인 생명의 기원에 관한 이야기가 있다. 성교육 팸플릿(『당신에 관한 이야기』, *A Story about You*)의 "당신의 생명은 어떻게 시작되었는가"라는 제목의 한 장(chapter)에서는

주석

생명의 시작에 관한 미스터리가 생물학적 개념들과 유사과학적인 도표를 이용해 설명된다.

    인간에게는 상이한 종류의 많은 세포들이 존재한다. 근육세포, 피부세포, 뼈세포, 신경세포, 그리고 혈구가 그것이다. 그리고 2개의 매우 특별한 종류의 세포가 있는데, 그것들은 새로운 인간의 생명을 탄생시키는 데에 필요하다. 엄마의 난자와 아빠의 정자가 그것이다 … 당신을 성장시킨 난자는 엄마 뱃속에 난소라는 특별한 장소에서 만들어졌다 … 소녀와 여성은 난소, 자궁, 질을 가지고 있다. 소년과 남성은 몸에 이러한 부분들을 가지고 있지 않다 … 때때로 난자는 자궁에 머물면서 아기로 성장하기 시작한다. 이는 아빠의 정자가 엄마의 난자와 만났을 때 일어난다 … 남아는 태어날 때 이미 고환과 페니스를 갖고 있다. 소녀와 여성은 몸에 이러한 부분들을 가지고 있지 않다 … 이러한 기관들은 성별 사이의 주요한 차이를 만든다 … 때때로 사람들은 성(sex) 기관을 '생식 기관'으로 부른다. 왜냐하면 성 기관들은 새로운 인간을 만들어 내기 위해 생명을 전달함으로써 생명을 '재생산'하는 몸의 부분들이기 때문이다. (만일 이 장의 내용이 어렵다면, 당신의 엄마와 아빠에게 함께 읽자고 요청해야 한다) (12-13)

Marion O, Lerrigo, Helen Southard, Milton J. E. Senn, MD, *A Story About You*, prepared for the Joint Committee on Health Problems in Education of the National Education Association and the American Medical Association, Chicago, 1964.

10 실리콘 가슴형태는 〈시어스〉사의 건강관리 상품안내서(*Sears Health Care Specialog*)에서 유일하게 이용가능한 인공신체 부분이다(Sears, Roebuck and Co., 1988). 그것들은 '유방절제술 이후 필요한 물품'(Post Mastectomy Needs)을 다룬 두 쪽에서 한 면을 차지하고 있으며, 반대 쪽에는 유방절제술용 브래지어가 있다. 인공보형물인 '클래시크'(Classcique, [역주] 시어스의 실리콘 가슴 형태의 등록상표)는 "자연스러운 모양, 부드러운 착용감과 여성 가슴의 자연스러운 움직임을 재창조한다"고 표현된다… "클래시크는 이용이 간편하고, 변경하기가 쉬워서 근치유방절제술을 받은 사람에게 적합하다." 클레시크는 비대칭적 모양, '젊고, 대칭적인' 모양, 그리고 유두가 있는 타원형 모양을 포함해 서로 다른 4가지 모델이 있다. 가격은 60달러에서 160달러까지 다양하며, 1988년 3월 카탈로그에 나와 있다.

11 『더 캔서』(*The Cancer Journals*, [암 전문잡지])지에서 로드(Audre Lorde)는 '인공보형물의 이면'을 알리고, '이전과 같은' 가슴을 가지려는 환상으로 인공보형물을 선택한 여성들이 유방암을 일으키는 제도적 원인을 문화적으로 은폐하는 일에 동참하고 있다고 설명한다. 로드는 일부 여성들에게 인공 가슴형태를 착용할 수밖에 없게 하는 다름으로 인한 고립감과 유사성에 대한 압박을 인정하기는 하지만, 인공보형물의 이데올로기적 기능에 대한 비판을 굽히지 않는다.

    한쪽 가슴만을 가진 여성들이 인공보형물의 가면 혹은 위험한 재구성의 판타지 뒤로 숨을 때, 나는 그것을 거부한다. 물론 인공보형물을 미용술과 같은 것으로 느끼는 나의 거부감이 여성이 처해 있는 보다 광범위한 상황 속에서 거의 지지받지 못하리라는 것을 안다. 하지만 나는 사회적으로 승인된 인공보형물이 유방암에 걸린 여성들을 침묵하게 하고 서로를 분리시키는 또 다른 방법일 뿐이라고 믿는다. 예를 들면, 의회에

난입하여 발암물질인 소 사료용 지방축적 호르몬[인공보형물의 성분]의 이용을 요구하는 한쪽 가슴만 있는 여성들을 불법화한다면 어떤 일이 일어날까? (16)

로드는 유방절제술 이후 시술을 받은 여성과 간호사 간의 상호작용에 대해 계속해서 설명한다. 간호사는 수술을 받은 여성에게 수치심을 주어 가슴보형물을 착용하도록 상담한다. 기능적인 것보다 사회기준에 맞춰 가슴 인공보형물을 하게 만드는 것은 여성들이 끊임없이 시술에 참여하도록 장려함으로써 자아를 지워버리는 추가 사례이다. 나는 개인적으로 내가 옳거나 규범적이라고 보는 것만 받아들일 수 있다는 메시지를 참을 수 없다. 그러한 규범은 내가 누구인가라는 나 자신의 관점과 아무런 관련이 없다⋯ 내가 내 오른쪽 가슴을 애도할 때, 그것은 생김새 때문이 아니라 그[가슴이 없다는] 사실과 감정 때문이다. 그러나 외형적인 것이 최상인 곳에서, 여성이 한쪽 가슴만 있어도 아름다울 수 있다는 생각은 사회적 도덕을 험담하거나 기껏해야 기괴한 위협으로 밖에 여겨지지 않는다(65). Audre Lorde, *The Cancer Journals* (San Francisco: Spinsters Ink, 1980).

12 몸의 기술을 논의하면서, 나는 젠더라는 코드가 어떻게 이 논의를 가로지르며 쟁점들을 틀 지우고 몸의 실천에 적용되는지에 관심이 있다. 또한 남성과 여성을 구분하는 일련의 코드, 더 나아가 각각의 실천과 연관된 젠더라는 기호를 독해하는 도구로서 경계적 모델에 기대어 있다. 전통적인 젠더코드는 여성의 몸을 (1) 외모와 관련된 것 (2) 섹슈얼리티의 표현 그리고 (3) 생식[재생산]력으로 기호화한다. 단순대립은 아닐지라도 대조적으로 남성의 몸은 (1) 정체성 구축과 관련된 것, (2) 시선의 특권, 그리고 (3) 생산력으로 표시된다.

13 나는 푸코의 '성의 기술'이라는 개념을 '젠더의 기술'이라는 개념으로 변형시킨 로레티스(Teresa de Lauretis)의 연구를 암묵적으로 끌어들이고 있다. 『젠더의 기술』(*Technologies of Gender*)이라는 책에서 로레티스는 "제도적 담론, 인식론 및 비판적 실천뿐만 아니라 영화와 같은 다양한 사회적 기술들에 의한 재현 및 자기재현 모두에서" 젠더가 생산되는 과정을 명명하고자 '젠더의 기술'이라는 용어를 사용한다(ix). 그녀가 끼친 영향은 "젠더를 신체의 자산이나 인간 존재에 근원적으로 존재하는 어떤 것으로 이해하는 것이 아니라 몸, 행위, 그리고 사회적 관계 속에서 생산된 일련의 효과"로 이해하고 있다는 점이다(3). 이는 페미니즘 이론에서 다음과 같은 중요한 역설을 드러낸다. 어떻게 여성이 재현이면서 동시에 재현의 대상이 되는가이며, 어떻게 여성이 재현과 대상화의 조건으로 존재하는가이다. 페미니즘에서 어떻게 이러한 재현이 구성되고, 수용되며 체화되고 재생산되는가를 고려하는 것은 여전히 남아 있는 중요한 질문이다. Teresa de Lauretis, *Technologies of Gender: Essays on Theory, Film, and Fiction* (Bloomington: Indiana UP, 1987).

14 문화 연구에서 절합 이론들의 정교화에 관해서는 그로스버그(Lawrence Grossberg)를 보라. Lawrence Grossberg, *We Gotta Get Out of This Place: Popular Conservatism and Postmodern Culture* (New York: Routledge, 1992).

15 Judy Wajcman, *Feminism Confronts Technology* (University Park: Pennsylvania State UP, 1991) 149. [『페미니즘과 기술』, 조주현 역, 당대, 2000.]

16 Judith Butler, *Gender Trouble: Feminism and the Subversion of Identity*. (London: Routledge, 1990) 33. [『젠더 트러블』, 조현준 역, 문학동네, 2008.]

17 Gregory Bateson, *Steps to an Ecology of Mind* (New York: Ballantine, 1972) 319. [『마음의 생태학』, 박대식 옮김, 책세상, 2006] 베이트슨은 사이버네틱 체계를 수신자 노드들 사이의 정보-전달

연결망으로 기술한다. 비록 그가 인간 문화를 그러한 하나의 사이버네틱 체계로 간주한다 할지라도, 그는 그러한 체계의 인간 구성원/참여자를 '명명'하는 것으로 나아가지는 않는다. 오히려 그의 분석의 의도는 과학문화를 탐색하기 위한 적절한 접근 방식을 발전시키는 데에 있다.

18 그로츠는 자신의 책 서문과 페미니즘과 몸에 관한 『오스트레일리아 페미니즘 연구』(*Australian Feminist Studies*)의 특별호에 실린 논문, "육체 페미니즘에 대한 소고"에서 이 용어를 처음으로 사용했다. (Vol. 5, Summer 1987: 1-16) 바렛은 『오늘날의 여성억압』(Woman's Oppression Today)의 1988년 편집 개정판의 서문에서 동시대 페미니스트 이론 영역의 새로운 부분으로 그로츠의 '육체 페미니즘'을 소개했다. (London: Verso, 1980; rev. ed. 1988)[『페미니즘과 계급정치학』, 신현옥 외 2인 편역, 여성사, 1995].; and Elizabeth Grosz, *Volatile Bodies: Toward a Corporeal Feminism* (Bloomington: Indiana UP, 1994)[『뫼비우스 띠로서 몸』, 임옥희 옮김, 여이연, 2001.]

19 『뉴스위크』(*Newsweek*)지는 새로운 이상적인 근육을 '유연함으로 어필'하고자 하는 아름다움이라고 실었다. Charles Leerhsen and Pamela Abramson, "The New Flex Appeal," *Newsweek* 6 May 1985: 82-83. 또한 갤럽 여론조사에 따르면 현대 여성은 깡마르기보다는 강해지기를 원한다고 보고하고 있다. 운동선수이지만 성적 매력이 있는 맥퍼슨(Elle Macpherson)은 새로운 이상적인 미인으로 소개된다. Reported in A. G. Britton, "This Is Out, Fit Is In," *American Health* July/Aug. 1988: 66-71.

20 라클라우(Ernesto Laclau)와 무페(Chantal Mouffe)는 사회관계의 요소들과 담론의 절합된 부분들인 계기들(moments)을 구분한다. 요소들은 담론적으로 절합되지 않지만, 담론적으로 절합된 것으로 이용할 수 있다. 반면에 계기들은 어떤 담론적인 총체성 내에서 절합된 정체성을 갖는다. 즉 계기들은 의미 구성과정에서 채택되는 요소들이다. 계기들은 담론 내에서 절합된다. 그러나 "담론적 형성과정이 봉합된 총체성은 아니기 때문에... 요소들에서 계기들로의 변형은 결코 완전하지 않다." Ernesto Laclau and Chantal Mouffe, *Hegemony and Socialist Strategy: Toward a Radical Democratic Politics* (London: Verso, 1985) 107. [『사회변혁과 헤게모니』, 김성기 외 3인 옮김, 도서출판 터, 1990.]

Chapter 1

1 출처: 1989년 Strange Angels 앨범 [두 번째 트랙에 수록된] "원숭이의 발"(Monkey's Paw)이라는 노래의 가사. 또한 로리 앤더슨의 *Stories from the Nerve Bible: 1972 Retrospective 1992* (New York: HarperCollins, 1994)에서 인용. '신경질적인 성경'(nerve bible)은 몸을 나타내는 앤더슨의 용어이다. [역주] 로리 앤더슨은 미국의 유명한 페미니스트 미술가이자 음악가이다.

2 Michel Foucault, *The History of Sexuality: Vol. 1, An Introduction* (New York: Vintage, 1978); *The Use of Pleasure: Vol. 2 of The History of Sexuality* (New York: Vintage, 1985); *The Care of the Self: Vol. 3 of The History of Sexuality* (New York: Vintage, 1986). Bryan S. Turner, *The Body and Society: Explorations in Social Theory* (Oxford, Eng.: Basil Blackwell, 1984); Susan Rubin Suleiman, ed., *The Female Body in Western Culture: Contemporary Perspectives* (Cambridge: Harvard UP, 1985); Catherine Gallagher and Thomas Laqueur, eds., *The Making of the Modern Body: Sexuality and Society in the Nineteenth Century* (Berkeley: U of California

젠더화된 몸의 기술: 사이보그 여성 읽기

P, 1987); Emily Martin, *The Woman in the Body: A Cultural Analysis of Reproduction* (Boston: Beacon, 1987).
사회문화적 접근을 통해 인간의 몸의 역사를 다룬 그 밖의 연구들은 다음과 같은 것들이 있다. Barry Glassner, *Bodies* (New York: Putnam, 1989); Stephen Kern, *Anatomy and Destiny: A Cultural History of the Human Body* (Indianapolis, IN: Bobbs- Merrill, 1975); John O'Neill, *Five Bodies: The Human Shape of Modern Society* (Ithaca: Cornell UP, 1985); Robert Brain, *The Decorated Body* (New York: Harper and Row, 1979); Nancy M. Henley, *Body Politics: Power, Sex, and Nonverbal Communication* (Englewood Cliffs, N.J.: Prentice-Hall, 1977); Ted Polhemus, ed., *The Body Reader: Social Aspects of the Human Body* (New York: Pantheon, 1978).

3 드레퓌스(Hubert L. Dreyfus)와 레비나우(Paul Rabinow)는 자신들의 책에서 이러한 구체적인 관계에 대한 푸코의 상세한 설명을 인용한다. Hubert L. Dreyfus and Paul Rabinow, *Michel Foucault: Beyond Structuralism and Hermeneutics* (Chicago: U of Chicago P, 1982) 223.

4 사위키(Jana Sawicki)는 특정 페미니즘 이론과 푸코의 연구 사이의 논쟁점 및 일치점을 개괄한다. 비록 그녀가 '급진적 페미니즘'이 푸코를 기각하고 있다고 비난할지라도 푸코가 『성의 역사』에서 여성의 몸을 구체적으로 다루는 데 실패했다는 점을 인식하고 있다. 그녀는 푸코가 "여성, 어머니 그리고 히스테릭"이라는 제목의 논문을 의도적으로 썼다고 언급함으로써 이를 방어한다. 나는 젠더화된 몸의 페미니즘적 연구를 위해 푸코의 통찰력이 지닌 상당한 중요성을 주장하는 그녀의 목적에 전적으로 동의함에도 불구하고 사위키가 다른 페미니스트들에 비해 푸코의 '훈육'(disciplining)을 덜 고려하고 있다고 본다. Jana Sawicki, *Disciplining Foucalt: Feminism, Power and the Body* (New York: Routledge, 1991).

5 Irene Diamond and Lee Quinby, eds., *Feminism & Foucault: Reflections on Resistance* (Boston: Northeastern UP, 1988); 특히 Biddy Martin의 논문 "Feminism, Criticism and Foucault"(3-19)와 Francis Bartkowski'의 논문 "Epistemic Drift in Foucault"(43-60)를 보라.

6 Bartkowski, "Epistemic Drift in Foucault," *Diamond and Quinby* 47.

7 Susan Rubin Suleiman, ed., *The Female Body in Western Culture: Contemporary Perspectives* (Cambridge: Harvard UP, 1985).

8 Mary Douglas, *Natural Symbols: Explorations in Cosmology* (1970; New York: Pantheon Books, rev. ed. 1982). Mary Douglas, *Purity and Danger: An Analysis of the Concepts of Pollution and Taboo* (1966; London: Ark Paperbacks, 1984). [유제분·이훈상 옮김, 『순수와 위험』, 현대미학사, 1997.]

9 Douglas, *Natural Symbols* 90. 더글라스는 이 점을 정당화하기 위해 모스의 논의에 상당히 의존하고 있다. 그녀는 모스가 어떻게 "그러한 것이 자연적 행위가 될 수 없는가를 대담하게 주장했다고 설명한다. 먹는 것부터 씻는 것, 휴식을 취하는 것에서부터 운동하는 것, 무엇보다도 섹스에 이르기까지, 모든 종류의 행동은 교육의 흔적을 반영한다." (*Natural Symbols* 65). Marcel Mauss, "Techniques of the Body", *Sociologie et Anthropologie*, intro. by Claude Levi-Strauss, 4th ed. (Paris: Presses Universitaires de France, 1968) 364-86. 이 글은 최근에 영어로 다시 재발행되었다. Jonathan Crary and Sanford Kwinter, eds., *ZONE 6: Incorporations* (New York: Urzone, 1992) 454-77.

10 Beverley Brown and Parveen Adams, "The Feminine Body and Feminist Politics" *m/f* 3 (1979): 35-50.
11 Thomas Laqueur, "Organism, Generation, and the Politics of Reproductive Biology," Gallagher and Laqueur 1-41. 2-3쪽에서 인용.
12 Mary Poovey, "'Scenes of an Indelicate Character': The Medical Treatment of Victorian Women," Gallagher and Laqueur 137-68. 139쪽에서 인용.
13 Arthur Kroker and Marilouise Kroker, eds., Body Invaders: Panic Sex in America (New York: St. Martin's, 1987). 이 책의 대부분의 논문들은 *The Canadian Journal of Political and Social Theory*, vol. 11. 1-2(1987)에 처음 실린 것들이다.
14 크로커는 『기술과 캐나다의 정신』(*Technology and the Canadian Mind*)에서 맥루한의 연구가 전제로 삼고 있는 것은 "기술의 가장 음흉한 효과는 생물학, 즉 몸 자체의 식민화를 심화시키는 것이라는 것을 밝히는 데 있다"(71-72)고 말한다. 크로커는 맥루한의 기술에 대한 이해를 다음과 같이 자세히 설명한다.

> 중앙신경체계 자체가 처음으로 외면화되었다. 그것은 기술적 모조품을 통해 처리되는 우리의 곤혹스러운 상태를 나타낸다. 즉, 단지 몸 감각들에 대한 광대한 시뮬레이션이고 확장일 뿐이 '테크노구조'(technostructure)에 강렬하게 그리고 완전히 참여시키기 위한 것이다(57).

크로커에 따르면, 맥루한은 기술적 휴머니스트(그리고 급진적 경험주의자)이다. 맥루한의 "의도는 전자 매체의 무언의 메시지를 드러낼 수 있는 반(anti)-환경을 창조하는 것이었다"(54). 맥루한의 휴머니즘은 새로운 매체가 작동하는 방식을 이해함으로써 창조적 가능성을 고취시키고자 한다. 그것은 정신을 마비시키는 매체 기술의 영향력에 대해 비판하고자 하는 맥루한의 연구 취지일 뿐만 아니라 그의 글쓰기와 표현 양식이기도 하다. 크로커는 맥루한을 독해하는 과정을 다음과 같이 명시적으로 소개한다.

> 맥루한은 독자들에게 '환유'를 그의 '은유'로 독해하게 한다. 즉 그는 '맥루한을 독해하는' 행동을 급진적인 실험에 위험스럽게 참여하는 것으로 변형시킨다. 그러한 참여는 궁극적으로는 기술적 메시지에서 의식을 마비시키는 과정을 탐색하는 것이다(58).

맥루한은 문화적 대상과 함께 매체의 경험으로부터 해방되기 위해 '직관'이라는 관념을 가정한 실존주의 철학에 뿌리를 두고 있다. Arthur Kroker, *Technology and the Canadian Mind: Innis/McLuhan/Grant* (New York: St. Martin's, 1984).
15 이러한 질문은 오스트랜더(Greg Ostrander)의 논문에서도 제기되었다. "Foucault's Disappearing Body," Kroker and Kroker, 169-82.
16 나는 "포스트모던 파헤치기"(Unwrapping the Postmodern)에서 페미니즘적 관점으로 볼 때, 탈근대성이 선점한 위기들은 위기들로 나타나지 않는다고 주장했다. 왜냐하면 근대성과 탈근대성 사이의 단절은 대개 불분명하고 자의적이기 때문이다. 즉 가부장적 지배관계는 저지되지 않은 채 지속되고 있다. 여성의 목소리는 탈근대적 담론 내에서 여전히 적극적으로 억압된다. 실제로, 페미니스트들은 탈근대성을 새로운 문화적이고 역사적인 시기로 해석하는 것만큼이나, 탈근대성이 지닌 인식론적

위기들을 평가하면서 그것을 하나의 가부장제의 사례로 해석할 것이다. 탈근대성이 광범위한 이론적, 문화적 유행을 획득하게 되면서, 탈근대성은 새로운 인식론의 출현을 특수하게 페미니즘 인식론으로 검토하고자 하는 페미니즘 학문을 침식할 만큼 위협적인 것이 되었다. Anne Balsamo, "Unwrapping the Postmodern: A Feminist Glance" *Journal of Communication Inquiry* Ⅱ. 1 (1987): 64-72.

17 크로커(Arthur Kroker)와 쿡(David Cook)은 식수(Cixous)와 이리가라이(Irigaray), 고띠에 (Gauthier)의 새로운 프랑스 페미니즘이 몸에 관한 쟁점들을 가장 잘 이론화하고 있다고 말한다. 이들의 이론을 토대로 크로커와 쿡은 탈근대성 안에서 다음과 같은 일이 일어나고 있다고 밝힌다. 즉 "성차를 억압하는 것과 성별분업이 같은 것이라고 이론화하는 것, 그래서 이를 젠더를 대체하는 근거로 오인하도록 상대화하는 것…"(19) 물론, 이러한 쟁점들은 포스트모더니즘에서만 나타나는 독특한 것이 아니라 오랫동안 페미니즘의 의제로 제기된 것들이다. Arthur Kroker and David Cook, *The Postmodern Scene: Excremental Culture and Hyper Aesthetics* (New York: St. Martin's, 1986).

18 Alice Jardine, *Gynesis: Configurations of Woman and Modernity* (Ithaca: Cornell UP, 1985) 37.

19 위너(Norbert Wiener)는 사이버네틱스를 과학적으로 정교화하여 인간의 몸과 정보처리기술 사이의 관계를 명백하게 묘사한 선구적 학자들 가운데 한 명이었다. 위너는 과학의 전문화가 점점 심화되는 것을 폄하하면서 학제적 연구를 시작했다. 그는 학제적 연구를 하기에 가장 효과적인 분야로 보이는 수학, 물리학, 생물학 분야 사이를 연구하고자 했다. 위너는 최초로 시간 처리와 행동 경제학이라는 측면에서 계산기의 필요조건을 구체적으로 명시했다. 그는 기본적인 컴퓨터 연산법으로서 이진법을 사용하는 것을 필요조건의 하나로 명기했다. Norbert Wiener, *Cybernetics of Control and Communication in the Animal and the Machine* (New York: John Wiley & Sons [The Technology Press], 1948).

위너는 연구 초기부터 사이버네틱스가 인류를 위해 **실천적인** 어떤 것을 완수하길 원했다. 인공사지[팔, 다리]는 위너가 제안한 또 다른 실천적 적용이었다. 즉 인공사지는 팔, 다리의 기능을 돕기 위해 실제 사지를 대체할 부분들일 뿐만 아니라 몸의 중앙신경체계로 전송돼 인간의 몸이 지닌 감각기관의 사이버네틱 정보네트워크를 재생산할 인공적 부분들이다.

> 인공사지의 경우에는 어떤 것을 실행할 수 있는 명백한 가능성이 있다. 사지 일부의 손실은 손실되고 남은 부분의 기계적 확장으로서 잃어버린 일부나 그것의 가치를 단지 소극적으로 지원하는 것이 손실되었다는 것을 의미한다. 그리고 근육의 수축력이 손실되었다는 것을 의미한다. 또한 사지를 구성하고 있는 모든 피부 및 운동감각 기능이 손실되었다는 것을 의미한다. 첫 번째 두 가지 것들[남은 부분을 기계적으로 확장하는 것과 근육의 수축력을 보강하는 것]은 현재, 인공-사지 제작자들이 대체하려고 노력하고 있다. 하지만 세 번째 것[피부 및 운동감각 기능을 살리는 것]은 아직 우리의 능력 밖에 있다(35-36).

여기서 위너는 사이보그를 설계하는 과학적 토대를 설명한다. 즉, 인공사지뿐만 아니라 몸의 신경체계에

주석

의해 통제되며 물리적 감각을 전달할 수 있는, 실제로 몸에 연결된 대체 가능한 몸 부분들이 그것이다. 사이버네틱스의 이러한 적용은 '초고속 계산기'(ultra-rapid computing machine)를 발전시킨 것이었다. 위너는 '초고속 계산기'는 이상적인 중앙신경체계처럼, 말하자면 기계의 산출(output)이 직류 모터, 광전자 세포, 온도계 및 그 밖의 감각장치를 지시하고, 그리고 나서 이러한 산출은 다시 그 기계(피드백 회로를 장착한 장치 등)를 조절하는 자동조절장치로서 기능해야 한다고 주장했다. 그의 보다 광범위한 요점은 '피드백'을 몸, 사회, 문화를 포함해 수많은 과학적 현상에서도 발견되는 새로운 기술시대의 지배적인 테크닉으로 규정하는 것이었다. 위너는 기술의 세 가지 주요한 시기를 다음과 같이 서술한다. 17세기와 18세기 초는 상업(clocks)의 시대로, 18세기 후반에서 19세기 초까지는 증기기관의 시대로, 그리고 현재는 (위너에 따르면 1948년) 소통과 통제의 시대로 규정한다. 각각의 시대 규정은 기술에 의해 표시된다. 현재는 전자기계장치가 활동을 수행할 뿐만 아니라 그 수행된 결과를 보고 받으며, 그리고 나서 다음 활동에 영향을 미치기 위해 사용되는 과정인 피드백 기술에 의해 규정된다. 위너에 따르면, 피드백 기술은 근본적으로 소통 과정이다. 따라서 위너와 그의 동료들은 통제 및 소통 이론 분야를 지칭하기 위해 1947년에 '사이버네틱스'라는 용어를 고안했다. 위너가 인간의 몸을 소통 부분들의 유기적인 정보-처리 체계로 개념화하는 데 있어서 사이버네틱스라는 개념에 근거했다는 것은 명백하다. 그렇게 하는 데 있어서, 그는 사이버네틱스의 근거가 되는 두 개의 가정을 접합했다. (1) 인간의 몸은 자동 기계의 발전을 위한 최상의 모델이라는 것. (2) 푸코가 몸을 기계로 분석한 것과는 미묘하게 대조적으로, 오늘날 몸은 기계적이거나 해부학적일 뿐만 아니라 과정적이며 소통적이라는 믿음. 위너의 소통 및 통제의 사이버네틱 과학은 다음과 같은 몇 가지 수준들에서 작동한다. 즉, 인간의 몸 자체는 (피드백 메커니즘과 정보 처리능력을 가진)사이버네틱 체계일 뿐만 아니라 그것이 배태된 보다 광범위한 사회적 체계라는 것이다.

20 위너처럼, 맥루한도 기술 (특히, 소통 기술)을 인간의 몸 감각의 확장으로 규정한다. 기술은 몸에 대한 개념을 창조할 뿐만 아니라, 소통 기술은 몸 자체를 재생산한다는 것이다. 이 때문에, 맥루한은 소통 기술이 어떻게 새로운 몸 감각기관으로 기능하는지를 설명하기 위해 대중문화의 다양한 이미지와 텍스트를 검토한다. 우리는 기술적인 감각기관들(자기-감시 장치들)을 통해 우리의 몸을 인식하고 우리가 인식하는 몸은 기술적인 실천에 의해 돌이킬 수 없게 변형되어왔다. 위너가 사이버네틱스가 어떻게 인간의 몸의 모사(simulation)에 근거하고 있는지를 보여준다면 반대로 맥루한은 인간이 기계를 흉내 내기 시작했음을 시사한다. 우리는 맥루한의 연구에서 섹스와 기술 사이의 관계에 대한 상세한 설명을 읽을 수 있다. 즉, 인간의 몸은 우리의 육체적 유한성에 대한 철저한 검토를 통해 생식, 진화, 불멸성을 용이하게 하는 기계들을 지닌 성적 기관들이 된다는 것이다. 유사한 방식으로, 위너와 맥루한은 몸에 대한 탈근대적 이론들을 생산하는 사이버네틱 몸에 대한 독해를 제공한다. Marshall McLuhan, *The Mechanical Bride: Folklore of Industrial Man* (Boston: Beacon, 1951).

21 Andreas Huyssen, "Mapping the Postmodern". *New German Critique* 33 (1984): 5-52.

22 Donna Haraway, "A Manifesto for Cyborgs: Science, Technology, and Socialist Feminism in the 1980s," *Socialist Review* 80.2 (1985): 65-108. 인용은 96쪽.

23 Sandra Harding, *The Science Question in Feminism* (Ithaca: Cornell UP, 1986)[『페미니즘과 과학』, 이박혜경·이재경 옮김, 이대출판부, 2002.]; Ruth Bleier, *Science and Gender: A Critique of Biology and Its Theories on Women* (New York: Pergamon, 1984); Paula A. Treichler, "AIDS, Gender, and Biomedical Discourse: Current Contests for Meaning," *AIDS: The Burdens of History*,

ed. Elizabeth Fee and Daniel M. Fox (Berkeley: U of California P, 1990) 190-266. 과학, 기술, 인식론 및 방법론에 관한 페미니즘적 저서들로는 다음과 같은 것들이 있다. Rita Arditti, Pat Brennan, and Steve Cavrak, eds., *Science and Liberation* (Boston: South End, 1980); Carolyn Merchant, *The Death of Nature: Women, Ecology, and the Scientific Revolution* (New York: Harper and Row, 1980)[『자연의 죽음』, 이윤숙 외 2인 옮김, 미토, 2005.]; Sandra Blaffer Hrdy, *The Woman That Never Evolved* (Cambridge: Harvard UP, 1981); Ruth Hubbard, Mary Sue Henifin, and Barbara Fried, eds., *Biological Woman: The Convenient Myth* (Cambridge, Mass.: Schenkman, 1982); Margaret Rossiter, *Women Scientist in America: Struggles and Strategies to 1940* (Baltimore: Johns Hopkins UP, 1982); Sandra Harding and Merrill Hintikka, eds., *Discovering Reality: Feminist Perspectives on Epistemology, Metaphysics, Methodology and Philosophy of Science* (Dordrecht: Reidel, 1983); Joan Rothschild, ed., *Machina ex Dea: Feminist Perspectives on Technology* (New York: Pergamon, 1983); Jan Zimmerman, ed., *The Technological Woman: Interfacing with Tomorrow* (New York: Praeger, 1983); Evelyn Fox Keller, *Reflections on Gender and Science* (New Haven: Yale UP, 1985)[『과학과 젠더』, 이현주 옮김, 동문선, 1996); Anne Fausto-Sterling, *Myths of Gender: Biological Theories about Women and Men* (New York: Basic, 1985); Sandra Harding ed., *Feminism and Methodology: Social Science Issues* (Bloomington: Indiana UP, 1987); Sandra Harding and Jean F. O'Barr, eds., *Sex and Scientific Inquiry* (Chicago: U of Chicago P, 1987); Cheris Kramarae, ed. *Technology and Women's Voices: Keeping in Touch* (New York: Routledge, 1988); Sally Hacker, *Pleasure, Power, and Technology: Some Tales of Gender, Engineering, and the Cooperative Workplace* (Boston: Unwin Hyman, 1989); Donna J. Haraway, *Primative Vision: Gender, Race, and Nature in the World of Modern Science* (New York: Routledge, 1989); Alison M. Jagger and Susan R. Bordo, eds., *Gender/Body/Knowledge: Feminist Reconstructions of Being and Knowing* (New Brunswick, N.J.: Rutgers UP, 1989); Ludmilla Jordanova, *Sexual Visions: Images of Gender in Science and Medicine Between the Eighteenth and Twentieth Centuries* (Madison: U of Wisconsin P, 1989); Marcel C. LaFollette, *Making Science Our Own: Public Images of Science 1910-1955* (Chicago: U of Chicago P, 1990); Mary Jacobus, Evelyn Fox Keller, and Sally Shuttleworth, eds., *Body/Politics: Women and the Discourses of Science* (New York: Routledge, 1990); Helen E. Longino, *Science as Social Knowledge: Values and Objectivity in scientific inquiry* (Princeton: Princeton UP, 1990); Donna J. Haraway, *Simians, Cyborgs, and Women: The Reinvention of Nature* (New York: Routledge, 1991)[『유인원, 사이보그 그리고 여자』, 민경숙 옮김, 동문선, 2002].; Sandra Harding, *Whose Science? Whose Knowledge?: Thinking from Women's Lives* (Ithica: Cornell UP, 1991)[『누구의 과학이며 누구의 지식인가』, 조주현 옮김, 나남출판, 2009.]; Londa Schiebinger, *The Mind Has No Sex? Women in the Origins of Modern Science* (Cambridge: Harvard UP, 1991); Gill Kirkup and Laurie Smith Keller, eds. *Inventing Women: Science, Technology and Gender* (Cambridge: Polity, in conjunction with the Open University, 1992).

24 Haraway, "A Manifesto", 82.
25 Paula A. Treichler, "AIDS, Homophobia, and Biomedical Discourse: An Epidemic of Signification"

Cultural Studies 1.3 (Oct. 1987): 263-305.

26 Treichler, "AIDS, Gender, and Biomedical Discourse: Current Contests for Meaning," *AIDS: The Burdens of History*, ed. Elizabeth Fee and Daniel M. Fox, 190-266.

Chapter 2

1 Lynda I. A. Birke and Gail Vines, "A Sporting Chance: The Anatomy of Destiny?" *Women's Studies International Forum* 10.4 (1987): 337-47.

2 Helen Lenskyj, *Out of Bounds: Women, Sport and Sexuality* (Toronto: The Women's Press, 1986) 18.

3 Patricia Vertinsky, "Exercise, Physical Capability, and the Eternally Wounded Woman in Late Nineteenth Century North America," *Journal of Sport History* (Special issue: "Sport, Exercise, and American Medicine") 14.1 (1987): 7-27.

4 인용한 기사의 원문은 다음과 같다. "Prizewinning Bodybuilder Quits Taking Steroids Because...Drugs Were Turning Me Into a Man," *National Enquirer* 22 Sept. 1987: 4.

5 Phil Hersch, "Griffith-Joyner Sets U.S. Record in Style," *Chicago Tribune* 23 July 1988, sec. 4: 1.

6 이 기사는 『시카고 트리뷴』(*Chicago Tribune*)의 스포츠기고가 허쉬(Phil Hersch)의 기사에서 인용했다. 이 기사는 스포츠면이 아니라 '템포(Tempo)'면에 실렸다. ('템포'는 디어 애비와 밥 그린의 칼럼을 실은 지면으로 최근의 사회적 쟁점과 예술에 포커스를 맞춘 작은 소식란이다). 이 기사의 주요 관심은 그리피스-조이너의 육상복과 육상 경력이었다. 기사에는 경쟁자 토렌스(Gwen Torrence)를 함께 언급하는데, 토렌스는 그리피스-조이너가 입은 한쪽 레깅스 따위에는 관심이 없다고 말한다. "우리는 슈퍼우먼처럼 보이길 원하는 것이 아니라, 슈퍼우먼처럼 달리기 위해 나온 것이다." Phil Hersch, "Running Style," *Chicago Tribune* 22 July 1988, sec. 2: 1, 2.

7 하그리브스(Jennifer A. Hargreaves)는 자신의 논문에서 스포츠에서 두드러지게 나타나는 남성성 이데올로기에 대해 분석한다. "Where's the Virtue? Where's the Grace? A Discussion of the Social Production of Gender Relations in and through Sport," *Theory, Culture and Society* 3.1 (1986): 109-21. 몸의 이데올로기적인 체계에 관한 또 다른 훌륭한 연구로는 다음을 참고하라. Sander L. Gilman, "Black Bodies, White Bodies: Toward an Iconography of Female Sexuality in Late Nineteenth-Century Art, Medicine, and Literature," *Critical Inquiry* 12 (Autumn 1985): 96-117.

8 Robert Kennedy and Vivian Mason, *The Hardcore Bodybuilder's Source Book* (New York: Sterling, 1984).

9 슐츠(Laurie Jane Schulze)는 텔레비전 프로덕션의 경제적 조건과 텔레비전 영화의 서사 형태라는 측면에서 『게팅 피지컬』(*Getting Physical*)이라는 TV용 영화를 분석한다. 그녀의 분석에 따르면, 이 영화는 여성 보디빌더라는 잠재적으로 문제설정적인 인물의 헤게모니적 회복을 방해하기 위한 몇 가지 도상학적인 전략들을 보여준다. Laurie Jane Schulze, "Getting Physical: Text/Context

/Reading and the Made-For-Television Movie," *Cinema Journal* 25.2 (Winter 1986): 16-30.
10 *Pumping Iron Ⅱ: The Women*, dir. George Butler with Carla Dunlap, Bev Francis, and Rachel McLish, 1985.
11 Kennedy and Mason, *The Hardcore Bodybuilder's Source Book* 181.
12 이는 생리학적으로 지방함유량과 수분보유의 문제이다. 지방을 제거하는 것은 근육을 불룩 나오게 하고, 많은 남성들이 대중화시킨 울퉁불퉁한 근육을 만드는 것이다. '울퉁불퉁한 근육'이 된다는 것은 모든 근육, 힘줄, 정맥이 피부 아래서 돌출해 나와 있음을 의미한다. 즉 피부에 지방함유가 매우 적음을 보여주는 것이다. 여성의 근육을 부드럽고, 곡선모양의 매끄러운 것으로 정의하는 것은 피부의 외피층과 근육 사이에 더 많은 지방이 있기 때문이다. 또한 더 많은 남성적 근육을 획득하려는 여성은 체내 수분 축적에 대한 생리학적인 민감성에 대처해야 하기 때문에 '가장 중요한 시기'(시합 전 마지막 4일간)에 나트륨 섭취량을 최소화 하라는 충고를 받는다. 지방을 제거하기 위한 결정은 지방구성률이 더 높은 여성의 생리학적 성향이 나타나면 외모 문제보다 더 큰 문제가 된다. 지방제거는 여성 몸의 생물학적 구성을 변경하는 문제이다. 지방제거는 몸의 모든 불필요한 지방을 태우는 활동으로 주로 다이어트 및 기계, 웨이트를 동반한 강력한 훈련 요법을 통해 달성된다.
13 이 영화는 『펌핑 아이언 Ⅱ-유례없는 여성』(*Pumping Iron Ⅱ: The Unprecedented Woman*)이라는 책을 원작으로 게인즈(Charles Gaines)와 버틀러(George Butler)가 제작했다(New York: Simon and Schuster, 1984).
14 영화의 한 장면은 싱크로나이즈를 하는 칼라의 모습을 담고 있다. 『철의 여인』(*Women of Iron: The world of Female Bodybuilders*) 이라는 그녀의 전기에서는 마루체조, 요가, 스피드 수영, 댄스 전문가인 그녀를 강박적인 운동선수로 묘사한다. 칼라는 1980년 초반까지만 해도 보디빌딩을 하는 극소수의 흑인 여성들 가운데 하나였기 때문에, 흑인이라는 점이 어떤 문제가 되었는지를 종종 질문받았다. 그녀는 다음과 같이 대답한다. "아니요, 결코 피부색이 약점이라고 배운 적이 없습니다... 아버지는 뉴어크에서 화학자로 일했으며, 우리 형제들은 필요한 모든 것을 제공받았습니다. 저에게는 네 명의 여자형제와 한명의 남자형제가 있습니다. 우리들은 커다란 집에서 살았습니다. 말과 보트가 있었고 심호흡을 하기에 충분한 넓은 공간이 있었습니다. 그것은 전형적인 미국 중산층의 삶이었습니다."(59). 칼라는 보디빌딩 경력 초기에 많은 심사위원들에게 '너무 남성적인 근육'이라고 여겨졌던 몸의 구조가 골칫거리였다고 말했다. Nik Cohn and Jean-Pierre Laffont, *Women of Iron: The world of Female Bodybuilders* (New York: Wideview Books, 1981).
15 Annette Kuhn, "The Body and Cinema: Some Problems for Feminism," *Grafts: Feminist Cultural Criticism, ed. Susan Sheridan* (London: Verso, 1988) 11-23. 18쪽에서 인용.
16 bell hooks, *Feminist Theory: From Margin to Center* (Boston: South End, 1984) 13.

Chapter 3

1 생의학적 이미지에 대한 기술문헌은 생물학적 이미지를 창조하고 분석하기 위한 컴퓨터 시스템의

구성에서부터 그러한 이미지화 시스템들의 근간이 되는 의료적 모델에 이르기까지, 모든 것을 논한다. 1989년 『컴퓨터 의료 이미지와 그래픽』(*Computerized Medical Imaging and Graphics*)이라는 저널에서는 이미지화 시스템의 근간이 되는 의료적 모델에 관하여 다음과 같이 지적했다. 컴퓨터 이미지화에 대한 논의 속에서 자주 간과되는 한 가지 요소는 "이미지 자체를 만들어 내는 근간인 생리학적 모델의 특성이다. 만일 생리학적 모델에 심각한 오류가 있다면, 컴퓨터 이미지로 가능한 최상의 분석이라는 것은 그저 잘못된 정보에 근거한 개념을 지속시킬 뿐이다(2)." Donald L. McEachron, "Editorial," *Computerized Medical Imaging and Graphics* 13.1 (Jan.-Feb. 1989): 1-2.

또한, 비의학적인 사례에서도 의학적 이미지화 프로그램이 이용되고 있다. 예를 들면, 시카고 일리노이대의 두 의학전문 삽화가들이 개발한 새로운 컴퓨터 프로그램은 잃어버린 아이들이 나이가 들어감에 따라 변화되어 가는 모습을 예측해 보여주는 것이다. 8년 전에 아버지에게 유괴당한 두 명의 어린 소녀들의 연령별 변화 실사 사진이 1985년에 방송된 후에, 이 소녀들은 어머니에게 돌아올 수 있었다. Richard Brunelli, "Picturing Age: A Computer Breakthrough Can Help Find Long-Lost Kids," *Chicago Tribune* 17 Nov. 1989, sec. 3: 1, 9.

2 1980년대 초부터 의사들은 컴퓨터를 이용해 수술을 했다. 이러한 수술은 선천적으로 기형적인 두개골을 가지고 태어난 아동의 3-D모델을 만들어내는 일련의 컴퓨터 그래픽 프로그램과 결합하였다. 이는 성형외과 의사들이 수술을 하기 전에 어떻게 두개골을 재건할 것인지 결정하는 데 도움을 주었다. Glenn Garelik, "Putting a New Face on Surgery," *Discover* May 1983: 86-90. 댈런(A. Lee Dellon)은 어떻게 CT가 조직에 넓게 퍼져있는 안면장애를 보다 잘 이해할 수 있게 도와주는지를 설명한다. A .Lee Dellon, MD, "Plastic Surgery," *Journal of the American Medical Association* 265.23 (19 June 1991): 3160-61.

3 히르샤우어(Stefan Hirschauer)는 자신의 논문 「몸 수술의 매뉴팩쳐」(The Manufacture of Bodies surgery)에서 외과수술시 인체를 다루는 것에 대한 흥미로운 민족지학적 설명을 제공한다. *Social Studies of Science* 21 (1991): 279-319.

4 Carlole Spitzack, "The Confession Mirror: Plastic Images for Surgery," *Canadian Journal of Political and Social Theory* 12.1-2 (1988): 38-50.

5 장애 여성과 주조된 여성적인 미의 관계는 브라운(Susan E. Browne), 코너스(Debra Connors), 스턴(Nanci Stern)이 엮은 논문집에서 몇몇 기고가들에 의해 논의된다. *With the Power of Each Breath* (Pittsburgh: Cleis Press, 1985).

6 Spitzack 39.

7 Mary Ann Doane, "The Clinical Eye: Medical Discourses in the 'Woman's Film' of the 1940's" *The Female Body in Western Culture: Contemporary Perspectives*, ed. Susan Suleiman (Cambridge: Harvard UP, 1986) 152-74.

8 이 논문에서 성형수술의 토대가 되는 미적 이론은 A(인식), R(관계성), T(기법)의 의미를 설명하는 주석을 달아 상세히 설명된다. A(인식)은 "형태, 내용, 명암, 색, 그리고 균형에 관한 보편적인 특성을 기본적인 해부학과 생리학의 의학적 이해와 결합시켜" 인식하는 것을 의미한다. R(관계성)은 '정상'이라는 측면에서 이해되는 특징[생김새]을 의미한다. T(기법)는 측정, 정제, 조각하는 기법들을 말한다. Stewart D. Fordham, "Art for Head and Neck Surgeons," *Plastic and Reconstructive Surgery*

of the Head and Neck (Proceedings of the Fourth International Symposium of the American Academy of Facial Plastic and Reconstructive Surgery) Vol. 1: *Aesthetic Surgery, ed. Paul H. Ward and Walter E. Berman* (St. Louis, Mo.: C.V Mosby, 1984) 5.

9 인체측정학은 "하위분야로 좀 더 나뉠 수 있다. 즉 인체계측학은 살아 있는 몸과 죽어 있는 몸[시체]을, 두부측정법은 얼굴과 머리를, 골상학의 경우 골격과 그것의 부분들을 측정한다. 그리고 두개측정학은 두개골을 측정한다." William M. Bass, *Human Osteology* (Columbia: Missouri Archaeological Society, 1971) 54. 인체계측학에 대해 자주 인용되는 글 가운데 하나는 다음과 같다. M. F. Ashley Montagu, *A Handbook of Anthropometry* (Springfield, IL: Charles C. Thomas, 1960).

10 Richard G. Snyder (and Highway Safety Research Institute, University of Michigan), "Anthropometry of Infants, Children, and Youths to Age 18 for Product Safety Design," *Final Report, Prepared for Consumer Product Safety Commission* (Warrendale, Pa.: Society For Automotive Engineers, 1977).

11 Stephen Pheasant, *Bodyspace: Anthropometry, Ergonomics, and Design* (Philadelphia: Taylor & Francis, 1986).

12 Melville Herskovits, *The Anthropometry of the American Negro* (New York: AMS Press, 1969); L. G. Farkas and J. C. Kolar, "Anthropometrics and Art in the Aesthetics of Women's Faces," *Clinics in Plastic Surgery* 14.4 (1987): 599-616.

13 Nelson Powell and Brian Humphreys, "Glossary of Terms," *Proportions of the Aesthetic Face*, (New York, Thieme-Stratton, 1984), p. 65.

14 파웰과 험프리스는 계속해서 다음과 같이 주장한다. "아름다움 자체는 균형과 조화의 상대적인 측정이지만, 대부분의 사람들은 그것을 양화시키기 어렵다는 점을 안다. 하지만 라인, 각도, 윤곽은 측정되거나 계량될 수 있을 것이다. 바로 그때 정의하기 어려운 아름다움의 목적을 평가하기 위한 기준이 만들어질 수 있다"(ix). 따라서 그들의 책의 나머지 부분은 '이상적인 얼굴'의 기하학적인 구성을 보고하는 데 할애된다. 파웰과 험프리스에 따르면, 이상적인 얼굴은 다섯 가지의 '주요한 미적인 부분들'로 나뉜다. 각각의 부분들은 해부학적 간격, 윤곽선, 얼굴의 각도라는 측면에서 수학적이고 기하학적으로 섬세하게 묘사된다. 저자들은 "미적인 삼각구도와 얼굴의 주요한 미적 부분들인 이마, 코, 입, 턱, 목을 상호 연관시키는" 분석방법을 개괄하고, 이러한 방법을 진단의 도구로 이용할 것을 제안한다. 그에 따라 악안면기형은 이상적인 비율에서 이탈된 것으로 규정된다. Powell and Humphreys 51.

15 Powell and Humphreys 4.

16 Napoleon N. Vaughn, "Psychological Assessment for Patient Selection," *Cosmetic Plastic Surgery in Nonwhite Patients*, ed. Harold E. Pierce, MD (New York: Grune & Stratton, 1982) 245-251.

17 실제로 피어스(Pierce)가 「비백인 환자들의 미용성형수술(Cosmetic Plastic Surgery in Nonwhite Patients)」에서 논의한 가장 핵심적인 쟁점들 가운데 하나는 흑인 환자, 동양인 환자, 검붉은 혈색의 환자가 코카서스인 환자보다 켈로이드 혹은 비대성 흉터가 형성되는 경향이 더 높다는 점이다. Macy G. Hall Jr., MD, "Keloid-Scar Revision," Pierce 203-08.

18 Howard E. Pierce, "Ethnic Considerations," Pierce 37-49.

19 Arthur Sumrall, "An Overview of Dermatologic Rehabilitation: The Use of Corrective Cosmetics,"

Pierce 141-54.
20 Jackie White, "Classic Schnozz Is 80s nose," *Chicago Tribune* 8, July 1988, sec. 2: 1, 3.
21 미국판 『엘르』(*Elle*)지는 프리미티비즘[소박한 형태 및 사상을 가장 가치 있다고 보는 철학, 예술, 문학적 사조]을 최신 유행으로 변신시킨 몇 가지 사례를 제공한다. 잡지에서 패션[유행]과 패션피겨[패션피겨란 패션일러스트레이션을 위해 변형되고 양식화된 인체를 의미한다. 패션을 전달하는 데 가장 이상적인 인체를 표현하기 위해 과장된 기법을 사용하며, 실제 인체에서는 있을 수 없을 만큼 가늘고 긴 체형으로 표현한다]는 이전에 논의된 이상적인 백인 얼굴의 기하학과는 상당히 거리가 먼 라인과 각도를 보여준다. 두 개의 '대안적인' 패션을 소개한 기사는 매길라(Martin Margiela)의 해체주의적인 디자인을 특집으로 다루고 있으며, 새로운 안티패션 운동의 섬광을 제공한다. "From Our Chicest Radicals: Alternative Fashion Routes," *Elle* (Sept. 1991): 324-39; '이국적인 여성'의 어필에 대한 논의와 새로운 다문화적인 슈퍼모델들의 부상에 대해서는 다음을 보라. Glenn O'Brien, "Perfect Strangers: Our Love of the Exotic," *Elle* (Sept. 1991): 274-76. 흑인모델과 백인모델을 메인으로 세운 파격적인 두 개의 표지사진은 여성적인 미의 이상의 다문화적인 개조를 상징화한다. 이것은 『엘르』(*Elle*)지 1988년 5월호와 1991년 11월호에 실려 있다.
22 또한 바르데(Bardach)는 많은 이란 여성들이 작고 낮은 콧대를 '오똑한 높은 콧대'로 바꾸길 원한다고 말한다. "The Dark Side of Cosmetic Surgery: Long Term Risks Are Becoming Increasingly Apparent," *New York Times Magazine* 17 Apr. 1988: 24-25, 51, 54-58.
23 Bradley Hall, Richard C. Webster, and John M. Dobrowski, "Blepharoplasty in the Oriental," Ward and Berman 210-25. 210쪽에서 인용.
24 Hall et al. 210.
25 Richard T. Farrior and Robert C. Jarchow, "Surgical Principles in Face-lift," Ward and Berman 297-311.
26 J. S. Zubiri, "Correction of the Oriental Eyelid," *Clinical Plastic Surgery* 8 (1981): 725. 서구의 학자들(인류학자들, 과학자들)이 '동양'을 하나의 이데올로기적 준거 체계로 구성하는 담론적 전략들에 관한 논의로는 다음을 보라. Edward Said, *Orientalism*, (New York: Vintage, 1979). [『오리엔탈리즘』, 박홍규 옮김, 교보문고, 2007].
27 Hall et al. 210.
28 Marwali Harahap, MD, "Oriental Cosmetic Blepharoplasty," Pierce 77-97. 78쪽에서 인용.
29 6살 된 여자아이가 정상적인 눈꺼풀이 아니거나 눈이 떠지지 않는 잠복안구증('숨겨진 눈')을 갖고 태어났다. 이 아이는 정상적인 (안구)개폐술을 개발한 일리노이대의 전문의에게 치료를 받았다. 초음파 검사를 통해 아이가 하나의 눈만 가지고 있다는 것을 알았고, 그래서 의사는 눈 주변에 구멍을 내 '정상적으로 보이게 하는' 한 쌍의 위/아래 눈꺼풀을 만들어 주었다. 이것으로 그녀가 볼 수 있게 되기를 바란다. "Surgery Will Give Girl a Chance for Sight," *Chicago Tribune* 17 Jan. 1988, sec. 2: 1.
30 1989년 『롱거비티』(*Longevity*)지의 기사에서는 '젊음의 수술' 가운데 하나로 간주되는 '복강성형술[미용을 위한 복벽 지방, 피부 절제술]'의 절차를 하나하나 끔찍할 정도로 세세하게 묘사했다. John Camp, "Youth Surgery: A Stitch-by-Stitch Guide to Losing Your Tummy," *Longevity* June 1989:

33-35.

31 Shirley Motter Linde, ed., *Cosmetic Surgery: What It Can Do for You* (New York: Award, 1971) 7.

32 Martha Smilgis, "Snip, Suction, Stretch and Truss: America's Me Generation Signs Up for Cosmetic Surgery," *Time* 14 Sept. 1987: 70. 성형수술 이용에 대한 가장 터무니없는 묘사중 하나는 애틀랜타의 미용성형외과 의사의 B.P.I (Body Profile Improvement)상담 광고에서 볼 수 있다. 그는 '셀룰라이트 (cellulite [여성의 둔부 등의 지방축적물]) 보정' 그리고 '수직중력 지방흡입술' 서비스를 제공하겠다고 주장했다. 이 광고는 다음에서 볼 수 있다. Hoyt's Midtown Theater, opening night of Death Becomes Her, 31 July 1992.

33 Ruth Hamel, "Raging Against Aging," *American Demographics* 12 (Mar. 1990): 42-44. 또 다른 저널리스트는 이와 관련된 기사에서 점차 증가하는 성형수술 유행은 죽음과 죽을 수밖에 없는 자신들의 운명을 통제하기 위해 수단과 방법을 가리지 않는 베이비 붐 세대의 강박관념을 보여주는 증거라고 여겼다. Debra Goldman, "In My Time of Dying: Babyboomers Experience Interest in Death," *ADWEEK* 33 (2 Mar. 1992), Eastern ed.: 18.

34 『셀프』(*SELF*)지에 실린 자렛(Peter Jaret)의 기사는 충치로부터 자유로워진 시대의 새로운 치아 기술에 대해 설명한다. 치아성형술은 성장하고 있는 사업이며, 다음과 같은 기술들을 포함한다. 포셀린 베니어 교정(porcelain venee, [포셀린은 치아의 색깔이 나는 재료의 일종으로 심미적인 측면에서 치아의 자연스러운 색조와 투명성을 갖게 하는 장점이 있다]), 썩거나 빠진 치아를 대체하기 위한 치아 임플란트, 과거의 금속 고정기를 대체하는 세라믹 고정기와 같은 기술들이 있다. Peter Jaret, "Future Smiles," *SELF* Apr. 1989: 186-89.
노화에 대한 이러한 두려움이 신체퇴화에 직면한 나이 든 베이비 붐 세대들이 야기한 새로운 현상으로 보이지만, 사실상 1900년대 초부터 이미 눈가 잔주름을 외과적 방법을 통해 치료할 수 있는 노화의 '상태'로 규정했다. Sylvia Rosenthal, *Cosmetic Surgery: A Consumer's Guide* (Philadelphia: J. B. Lippincott, 1977).
여드름 치료제로 거의 20년 동안 사용된 크림인 레틴-A(Ratin-A)는 최근 새로운 '젊음의 크림'으로 시판되었다. 레틴-A는 여드름 치료제일 뿐만 아니라 기미와 주름 제거에도 효과적이다. 피부 손상을 줄이는 레틴-A의 효과를 맨 처음 발견한 과학자 보르히(John Voorhees)가 말한 것을 인용하면, "나는 이것이 젊음의 원천이라고 말하고 싶지는 않다. 하지만 그것은 오늘날 우리가 [젊음에] 가장 가깝게 접근할 수 있게 해줄 것이다." 〈미국의료협회〉(*The American Medical Association*) 저널의 한 기고문에서는 보르히의 연구 업적을 두고 "새로운 시대가 열렸다"라고 공표했다. 〈오르토 제약회사〉(Ortho Pharmaceutical)의 모회사인 〈존슨 앤 존스〉(Johnson & Johnson)의 주가는 그 기고문이 나온 이후 3포인트 올랐다. Tim Friend, "Youth Cream: 'A New Age Has Dawned,'" *USA Today* 22 Jan. 1988, sec. 1. 1.
유럽에서 테스트되었지만 미국에서 시판되지 못한 그 밖의 회춘제로는 다음과 같은 것들이 있다. 제로바이탈(gerovital)은 프로카인(procaine, [극소마취제의 일종])과 안정제를 혼합한 것으로 기억력을 향상시키고, 근육과 피부조직을 강화하는 것처럼 보인다. 또한 센트로페녹씨네(centrophenoxine)는 피부노화가 천천히 진행되게 하는 화합물이다. DHEA(dehydroepiandrosterone, 디히드로에피안드로스테론)는 동물들의 면역기능과 생존력 향상을 보여주었던 것으로 청년층에서도 자연스럽게 발생하는 호르몬으로 알려졌다. 피라세탐(piracetam[뇌대사개선제])은 기억기능향상의 신호를 보여준 뇌기능 활성제이다. 그리고 뇌에서의 혈액순환을 원활하게 하는 약으로 뇌동맥 혈관확장제가 있다. 이는 지능을 향상시키려는 목적으로 이용된다. Lynn Payer, "Rejuvenation Drugs," *Longevity* June 1989: 25.

35 그 신문기사는 다음과 같이 이해된다. "스미스딜(Charles D. Simthdeal) 박사가 『로스앤젤레스』(*Los Angeles*)지에 실은 광고는 확실히 시선을 사로잡는다. 강렬한 색으로 지면을 가득 채운 모델 페라티 (Rebecca Ferratti)는 빨간 페라리에 거의 누드 상태로 기대어 있다. 그녀의 완벽한 균형[몸매]은 로스앤젤레스 미용성형외과 의사인 스미스딜을 믿을만한 사람으로 여기게 한다." Donna Kato, "A Shot of Glitz for Medical Marketing," *Chicago Tribune* 30. Jan. 1989, sec. 2: 1, 3.

36 Farrior and Jarchow 298.

37 워드(Ward)와 버만(Berman)의 논문집에 실린 몇몇 글들은 잠재적 환자들에게 외과적 시술의 심각성을 알려야 한다고 강조한다. 하지만 그들은 또한 "자신의 이미지를 매력적으로 유지하고 향상시키려는 환자의 욕망과 [환자의 시술결정이] 사업적, 사회적, 감정적인 부분과 연관된 최상의 고려"임을 인정한다. Farrior and Jarchow 297.

38 G. Richard Holt and Jean Edwards Holt, "Indications for and Complications of Blepharoplasty," Ward and Berman 251.

39 Mike Mitka, "Recession Hits Some Specialists Doing Elective Procedures," *American Medical News* 34 8 Apr. 1991: 9; and "Cosmetic Surgeons See Slowdown in Procedures: Recession, Breast Implant Controversy Cited," *American Medical News* 34 (23 Sept. 1991): 18.

40 Luiz F. DeMoura and Patricia DeMoura, "Rhytidoplasty in the Otolaryngologic Practice," Ward and Berman 324-329. 인용은 324쪽.

41 Mary Wright, "The Elective Surgeon's Reaction to Change and Conflict," Ward and Berman 525-29. 인용은 525쪽.

42 피어스(Harold Pierce)는 코성형술을 원하는 비백인계 환자의 동기를 논의하면서 "코성형술을 하고자 하는 비백인계 환자는 자신의 인종적 유산을 상징적으로 거부하는 것이라는" 주장에 반박한다. 오히려 피어스는 그러한 환자들이 "3차원적 윤곽에서 좀 더 작고, 좀 더 대칭적이며 만족스러운 코"를 원한다고 주장한다. "이것은 인종과 상관없이 코 성형술을 원하는 모든 환자들이 공유하는 욕망이라는"것이다 ("Ethnic" 48). 그는 민족적 자긍심이 높아지는 시대에 수많은 흑인과 아시아인의 미용성형수술 환자가 늘고 있는 모순에 주목한다. 그는 이러한 역설을 경제 세력들이 직업적인 부속물로서 '매력적인 외모'를 요구하기 때문이라고 설명한다.

43 Kathryn Pauly Morgan, "Woman and the Knife: Cosmetic Surgery and the Colonization of Women's Bodies," *Hypatia* 6.3 (Fall 1991): 25-53. 28쪽에서 인용.

44 Suzanne Dolezal, "More Men Are Seeing Their Future in Plastic-the Surgical Kind," *Chicago Tribune* 4 Dec. 1988, sec. 5, 13쪽에서 인용.

45 Michael M. Gurdin, MD, "Cosmetic Problems of the Male," Linde 105-14. 107쪽에서 인용.

46 Dolezal, "More Men Are Seeing Their Future in Plastic," 13. 1989년 랜더스(Ann Landers)는 칼럼에서 텍사스 감옥에서는 죄수들에게 무료 미용성형수술을 종종 치료법으로 제공한다고 보고했다.

"루이지애나에서 복역 중인 강간범들은 국가가 약 5,000달러에 달하는 비용을 지불하여 뉴올리언스의 자선병원에서 임플란트[인공] 고환을 시술받았다. 임플란트 고환은 1987년에 질병으로 인해 외과적으로 제거되었던 고환을 대체했다. 텍사스 감옥 시스템이 제시한 시술의 정당성은 다음과 같다. 재소자들에게 시행된 미용성형수술은 성형의사들에게 실습기회를 제공하며, 또한 재소자들이 자기 자신을 보다 나은 사람으로 느끼게 한다. [이러한] 연구들은 재소자들이 더 높은 자존감을 가진 경우에 감옥으로 되돌아올 가능성이 더 낮다는 것을 증명하는데 인용된다." Ann Landers column, 13 July 1989.

47 '아름다움의 비용'에 관한 수많은 기사들은 더 많은 돈을 버는 여성들이 더 나은 미용 서비스와 편의시설을 요구할 것이라고 말한다. 『보그』(*Vogue*)지는 많은 회사가 '새로운 공략 대상인 경영 간부진 여성들'에게 상당한 투자영역이자 비즈니스 스타일의 일부분이 될 수 있는 편리한 관리 프로그램을 제공함으로써 이에 호응하고 있다고 보고한다. 실제 일부 경영 간부진들에게 주어지는 중요한 특전은 이미지를 유지하고 다듬는 비용을 제공한다는 계약이다. 이것은 남성과 여성이 성형수술을 합리화하는 이유의 차이가 사라지고 있음을 보여준다. 즉 여성들 또한 노동환경의 논리 속에서 성형수술을 정당화하기 시작한 것이다. Dorothy Schefer, "The Real Cost of Looking Good," *Vogue* Nov. 1988: 157-65.

48 비즈니스와 관련된 이유로 미용성형수술을 정당화하는 여성들에 대한 무서운 이야기들은 매우 위험한 상황과 함께 보고된다. 실제로 베벌리힐즈의 한 여성 부동산 중개인은 나름대로 매우 예쁘다고 느꼈지만, 매력적인 여성 고객들과 비교해봤을 때는 자신의 외모에 전반적으로 불만족스러웠다. 인위적으로 '광대뼈를 높이기' 위해 실리콘 치료를 받고 나서 3년 후, 그녀의 얼굴은 흉물스럽게 변하기 시작했다. 그녀는 성형수술을 담당한 의사에게 곧바로 연락했지만 응답이 없었으며, 2년 후에는 자살을 시도했다. 그 여성은 얼굴 피부 아래 실리콘 덩어리들이 움직이고 있어 여전히 고통받고 있으며, 손상을 치료하기 위해 여러 번 수술을 받는다 할지라도, 다시 예전의 모습으로 돌아갈 수는 없을 것이다. 그녀는 경쟁에서 '유리한 고지'를 점하고자 했던 여성으로 설명되었지만, 결국은 거래하고자 했던 것 이상의 대가를 치르고야 말았다. Bardach, "The Dark Side of Cosmetic Surgery" 24-25, 51, 54-58.

49 둘(Dull)과 웨스트(West)는 젠더가 구성되는 사회적 과정에 대해 흥미로운 분석을 제공한다. 그들은 이러한 과정을 '젠더의 성취'로 명명한다. 즉 그들은 "문화기술지적 관점에서 젠더를 일종의 성취로서, 즉 젠더를 위치지어진 사회적 행동에 의해 획득된 속성으로서" 설명한다(64). 이 글은 그들의 작업을 기반으로 젠더 또한 어떻게 완전히 **문화적인** 성취물인지를 구체적으로 밝히는 것과 관련되어 있다. Diana Dull & Candace West, "Accounting for Cosmetic Surgery: The Accomplishment of Gender," *Social Problems* 38. 1 (Feb. 1991): 54-70. 67쪽에서 인용.

50 Blair O. Rogers, MD, "Management after Surgery in Facial and Eyelid Patients," Linde, 53-61. 인용은 57쪽.

51 Wendy Chapkis, *Beauty Secrets: Women and the Politics of Appearance* (Boston: South End, 1986) 14.

52 1988년 『시카고 트리뷴』(*Chicago Tribune*)지에 실린 지방흡입술에 대한 몇몇 광고들은 이 시술로 달라지는 점을 설명하고자 여성의 몸 -허리에서 종아리 위까지- 의 사진을 이용했다. 〈지방흡입술 연구소〉(The Liposuction Institute)(시카고의 워터타워팰리스, 알링턴 하이츠, 오크브룩 지역)의 광고

는 시술 '전'의 사진으로 엉덩이 아래에 불룩 튀어나온 '양쪽 허벅지 살들'을 보여준다. 그리고 시술 '후'의 사진으로 매끈하고 날씬한 허벅지를 보여준다. 광고는 "지방흡입술, 혹은 지방제거수술은 다이어트나 운동으로 없어지지 않는 살들, 특히 항아리 배, 아랫배 군살, 볼록하게 튀어나온 엉덩이 아래의 허벅지 살, 둔부, 이중 턱, 종아리, 허벅지, 허리 그리고 남성처럼 넓은 가슴 지방을 영구적으로 제거함으로써 당신의 신체를 유선형으로 만드는, 진료실에서 이뤄지는 뛰어난 외과 시술이다"라고 말한다. 여기서 남성 같은 가슴을 언급하는 것은 지방흡입술의 독자이자 고객으로 가정되는 사람이 바람직하지 못한 몸의 지방을 기술적으로 교정하고자 하는 여성임을 시사한다. 『베인』(Vein)지의 특별호에 실린 또 다른 광고에서는(워터타워팰리스, 앨링턴 하이츠, 오크브룩에도 있다) "신사는 아름다운 다리(LEGS)를 선호한다… 정맥이 아니라"라고 선전한다. 또다시 여성들은 정맥류 제거 서비스를 받는 독자/고객으로 상정된다.([역주] 흔히 '힘줄'이라고 이야기하는 정맥류는 푸르거나 검붉은 색의 혈관이 꽈리처럼 부풀어 다리 피부를 통해 튀어나와 있는 상태를 말하며, 누워있을 때는 잘 안보이나 서 있으면 다리에 혈액이 모여 혈관의 압력이 높아져 지렁이가 기어가는 것처럼 보인다.) *Chicago Tribune Sunday Magazine* 26 June 1988: 24.

53 라스베이거스(Las Vegas)의 안과의사인 앙그레스(Giora Angres)는 피부 바로 아래에 지워지지 않고 항상 있는 영구적인 아이라이너를 주입한다. 가장 대중적인 색깔은 회색과 갈색이 가미된 검갈색의 음영이다. 이식된 색소는 매우 자연스럽게 보이며 대략 10년 정도 지속된다. 문신 효과가 나타나려면 20분 정도 걸리며, 비용은 800에서 1,000달러 정도이다. "그것은 아마도 현재까지 개발된 가장 효과적인 문신 방법 가운데 하나일 것이다"라고 〈미국안과학회〉의 대변인은 말한다. American Health Dec. 1984: 33. 아이라이너 문신을 제거하는 것은 흔하게 '파생적으로 발생하는' 시술이 되고 있다. 『시카고 트리뷴』지에 보고된 바에 따르면, 시카고의 미용성형의 두 명이 자신의 아이라인 문신 모양을 마음에 들어 하지 않았던 여성들에게 행했던 시술의 어려움을 설명하고 있다. "Medical Notes," *Chicago Tribune* 21 Aug. 1988, sec. 2: 5.

54 〈듀라소프트〉(DuraSoft)사는 1990년 설문조사에서 흑인 여성의 43%가 갈색렌즈에, 26%는 푸른색에, 14%는 녹색렌즈에 관심이 있다는 것을 발견했다. Leslie Savon, "Green looks very natural on Black woman; but in blue, they look possessed," *Village Voice* 2 May 1988: 52

55 Carol Lynn Mithers, "The High Cost of Being a Woman," *Village Voice* 24 Mar. 1987: 31.

56 어느 의학 보고서는 만족할 줄 모르는 욕망 혹은 수술중독을 보이는 환자들이 '수술반복 증후군'(Polysurgical Syndrome)을 보인다고 밝힌다. 라이트(Mary Ruth Wright)는 "문제 있는 환자를 통제하고 인식하는 방법"이라는 논문에서 "수술중독은 뿌리 깊은 심리적 갈등을 반영한다"고 주장한다(532). 라이트는 성형수술환자의 이러한 심리적 측면에 대해 모든 "성형수술 환자들은 정신의학적 환자들"이고, 결국 "잠재적으로 문제를 지닌 환자들"이라고 주장한다(530). 라이트에 따르면, 편집증적 정신분열증이 가장 위험하다. 그녀는 "선택적 성형수술이 증가하는 것만큼, 선택적 성형수술을 해주는 의사들과 연루된 살인사건도 증가하고 있다"고 말한다(532). 그녀는 더 많이 수술을 받길 원했던 환자의 진료를 거부해서 암살당한 아논(Vasquez Anon) 박사의 사례를 언급한다. Mary Ruth Wright, "How to Recognize and Control the Problem Patient," Ward and Bermen 530-35. 아논 박사에 대한 더 많은 정보는 다음을 보라. U.T.Hinderer, "Dr. Vasquez Anon's Last Lesson," *Aesthetic Plastic Surgery* 2(1978):375.

57 Annette C. Hamburger, "Beauty Quest," *Psychology Today* May 1988: 28-32.

젠더화된 몸의 기술: 사이보그 여성 읽기

58 "Scalpel Slaves Just Can't Quit," *Newsweek* 11. Jan. 1988: 58-59.
59 David M. Sarver, DMD, Mark W. Johnston, DMD, and Victor J. Matukas, DDS, MD, "Video Imaging for Planning and Counseling in Orthognatic Surgery," *Journal Oral and Maxillofacial Surgery* 46 (1988): 939-45. 939쪽에서 인용. 저자들은 일반적으로 목표가 일치하지 않을 수 있다고 지적한다. "외과의사 혹은 치열교정의사가 이상적으로 간주하는 것은 환자의 욕망과 일치하지 않을 수 있다(939)."
60 라라비 주니어(Wayne F. Larrabee Jr.), 사이들스(John Sidles), 슈튼(Dwight Sutton)은 전통적인 이차원적 얼굴분석법과 얼굴 분석에 대한 새로운 접근법을 제공한 삼차원적 디지털 방법을 설명한다. Wayne F. Larrabee Jr., MD, John Sidles, and Dwight Sutton, "Facial Analysis," *Laryngoscope* 98 (Nov. 1988): 1273-75.
61 모건(Kathryn Pauly Morgan)은 미용성형외과 의사들이 사용하는 외과 기구들과 '고통스럽다는 생각'이 연관되어 있다는 점을 폭로하였다. "지금 당장 주사와 칼을 봐라. 그것들을 주의 깊게 봐라. 오랫동안 봐라. 그것들이 너의 피부를 가르는 것을 상상해봐라. 당신이 사랑했던 사람에게 선물로 이러한 수술을 받았다고 상상해봐라." Morgan, "Women and the Knife" 26.
62 Larrabee et al. 1274.
63 J. Regan Thomas, MD, M, Sean Freeman, MD, Daniel J. Remmler, MD, and Tamara K. Ehlert, MD, "Analysis of Patient Response to Preoperative Computerized Video Imaging," *Archives of Otolaryngol Head and Neck Surgery* 115 (July 1989): 793-96.
64 Thomas et al., "Facial Analysis" 793.
65 애틀랜타의 한 성형외과 의사는 인디애나폴리스의 〈트루비전〉(Truevision)사에서 설계한 독점적인 이미지처리 체계를 사용한다. 이것은 IBM컴퓨터(컴퓨터 주변장치를 가진) 마우스와 타블렛(tablet), 아날로그 RGB모니터와 비디오카메라, 그리고 트루비전사의 TARGA+ 보드와 캘리포니아 주 산타모니카의 〈미용이미지화시스템〉(Cosmetic Imaging Systems)사에서 만든 이미지-I 소프트웨어로 구성되어 있다.
66 Sarver et al., "Video Imaging" 940.
67 새로운 의학적 이미지 장치의 사용은 1980년대부터 잘 기록되어 있다. A. Favre, Hj. Keller, and A. Comazzi, "Construction of VAP, A Video Array Processor Guided by Some Applications of Biomedical Image Analysis", *Proceedings of the First International Symposium on Medical Image Analysis*, Vol. 375 (Berlin, FRG, 26-28. Oct, 1982).
또한 한 보고서에 따르면, 컴퓨터 이미지화는 레지던트 성형외과 의사들이 환자시술 계획회의를 어떻게 할 것인지를 배우는 교육적 용도로 사용되기도 한다. 환자시술 계획회의는 일반적으로 가르치기 매우 어렵다고 간주되는 능력이다. Ira. D. Papel, MD, and Robert I. Park, MD, "Computer Imaging for Instruction in Facial Plastic Surgery in a Residency Program," *Archives of Otolaryngol Head and Neck Surgery* 114 (Dec. 1988): 1454-60.
또 다른 글에서는 '악교정수술의 결과를 예측하는 수단'으로 비디오이미지를 사용하는 것이 의사의 시술 계획 능력을 향상시키는 것으로 보인다고 말한다. Sarver et al., "Video Imaging" 939.
68 Dido Franceschi, MD, Robert L. Gerding, MD, and Richard B. Fratianne, MD, "Microcomputer

Image Processing for Burn Patients," *Journal of Burn Care and Rehabilitation* 10.6 (Nov.-Dec. 1989): 546-49.
69 동의서는 환자, 의사, 증인이 서명해야만 하는 5개의 항목을 포함하고 있다. 동의서의 사본은 다음에서 볼 수 있다. William B. Webber, MD, "A More Cost-Effective Method of Preoperative Computerized Imaging," *Plastic and Reconstructive Surgery* 84.1 (July 1989): 149.
70 한 뉴욕광고업자는 최근 신문기사에서 자신이 "고객에게 정치광고에서 수정기법을 어떻게 사용하는가를 보여주었으며, 이 기법을 통해 우리는 마이클 두카키를 빌 브래들리처럼 키가 커 보이게 변형시킬 수 있다. … 우리는 부시가 술에 취한 것처럼 보이게 할 수 있다. 그것은 가능하다"라고 말했다. "Image 'Morphing' Changes What We See and Believe," *Atlanta Journal-Constitution* 29 June 1992: sec. 4, p. 6.
71 하우그(Frigga Haug)와 『여성의 형성』(*The Frauenformen Collective*)에 따르면, 주체화의 과정은 적극적인 참여를 필요로 한다. 여성의 성애화의 과정에 대한 그들의 연구인 『여성의 형성』 은 소녀들과 여성들이 "스스로를 현존하는 구조에 맞춰 구성하고, 그럼으로써 그들 자신이 형성되는 방식"을 명백하게 찾고 있었다(42). 그 논집의 질문은 상투적인 표현 또는 매체에 나타난 이미지의 사회화가 어떻게 여성들을 수동적으로 조작했는지가 아니라, 오히려 어떻게 젠더화된 몸이 여성들 스스로에 의해 적극적으로 재생산되었는지에 관한 것이다. 하우먼과 논집에 따르면, 이러한 변형은 주체화 과정의 동인이다. 즉 "개개인들이 의식적으로 결정하지 않은 사회적 구조에 스스로를 포함시키는 과정"인 것이다(59). Frigga Haug, *Female Sexualization: A Collective Work of Memory* (London: Verso, 1987).

Chapter 4

1 Janice Kaplan, "Public Pregnancy," *SELF* April 1989: 155.
2 스펠룬(Patricia Spallone)은 인간태아 연구에 대한 『워녹 보고서』(*Warnock Report*)에 대해 자신의 관점으로 태아(fetus)의 단계별 명칭의 중요성과 언제 태아(embryo)가 되는가를 결정하는 정치학에 대해 논의한다. Patricia Spallone, "Introducing the Pre-embryo or What's in a Name," *Beyond Conception: The New Politics of Reproduction* (Granby, Mass.: Bergin & Garvey, 1989): 50-55.
3 여기서 내가 위험한 논거를 제시하고 있음에도 불구하고, '모성성의 허구'에 대한 나의 인습 타파적 수사학은 일부 여성들은 모성성을 더 이상 신비한 약속이나 경이로움으로 간주하지 않는다는 것을 주장하기 위한 시도이다. 예를 들면, 아동폭력의 생존자들은 아이들이 어떠한 '축복'도 받지 못하는 가정에서 성장하면서 잊을 수 없는 수치심을 경험한다는 것을 안다. 엄마와 태아의 관계에 대한 상이한 모델에 관한 논의로는 다음을 보라. Barbara Katz Rothman, *In Labor: Women and Power in the Birthplace* (London: Norton, 1991).
4 Margaret Atwood, *The Handmaid's Tale* (Boston: Houghton Mifflin, 1986). 이하 인용된 모든 페이지 표기는 이 판을 준거로 한다. [역주] 『시녀 이야기』. 김선형 옮김. 황금가지. 2002. 이 장에서 발사모가 『시녀이야기』를 인용한 부분은 이 책에서 찾아 인용하였음을 밝혀둔다.

젠더화된 몸의 기술: 사이보그 여성 읽기

5 E. Peter Volpe, *Test-Tube Conception: A Blend of Love and Science* (Macon, Ga.: Mercer UP, 1987) 63-64. 볼프는 현재 체외인공수정에 소요되는 비용을 각주에 다음과 같이 쓰고 있다. "전형적으로, 대리모를 이용하고자 하는 커플은 최소 2만 2,000 달러가 필요하다. 1만 달러는 대리모에게 지불되고, 5,000 달러는 의료적 처치를 위해서, 5,000 달러는 아이의 최종입양을 서약하고 준비하기 위한 법적 수수료로 지불된다. 그리고 대략 2,000 달러 정도가 기타비용으로 사용된다"(65).

6 젠더화된 몸의 기술로써 초음파의 역할과 관련된 연구로는 다음을 참조하라. Lisa Cartwright, *Screening the Body: Tracing Medicine's Visual Culture* (Minneapolis: U of Minnesota P, 1995). Carole Stabile, "Shooting the Mother: Fetal Photography and the Politics of Disappearance," *Camera Obscura* 28 (1992): 179-205; and Jennifer L. Stone, "Contextualizing Biogenetic and Reproductive Technologies," *Critical Studies in Mass Communication* 8 (1991): 309-32.

7 법적 판결 및 정책적 진술이 여성의 몸과 어머니의 몸을 구분 짓지 않는 방식에 대한 논의로는 다음을 보라. Zillah R. Eisenstein, *The Female Body and the Law* (Berkeley: U of California P, 1988).

8 앳우드의 소설이 디스토피아적이라는 데에 동의하지 않는 많은 비평가들이 있다. 예를 들면 다음과 같은 글들을 보라. Christopher Lehmann-Haupt, rev. of *The Handmaid's Tale*, by Margaret Atwood, *New York Times* 27 Jan. 1986: C24; Joyce Johnson, "Margaret Atwood's Brave New World," *Washington Post* 2 Feb. 1986, "Book World": 5; Mary McCarthy, "Breeders, Wives and Unwomen," *New York Times* Book Review 9 Feb. 1986: 1, 35; Peter S. Prescott, "No Balm in this Gilead," *Newsweek* 17 Feb. 1986: 70; Jane Gardam, "Nuns and Soldiers," *Books and Bookmen* Mar. 1986: 29-30; Barbara Ehrenreich, "Feminism's Phantoms," *New Republic* 17 Mar. 1986: 33-35; Bruce Allen, rev. of *The Handmaid's Tale*, by Margaret Atwood, *Saturday Review* 12.2 (May-June 1986): 74; Gayle Greene, "Choice of Evils," *Women's Review of Books* 3.10 (July 1986): 14.

9 많은 비평가들이 지적하듯이, 그녀의 '이야기'를 면밀히 독해해보면 그 시녀의 이름은 아마도 준(June)이고, [이 이름은] 첫 장의 명단에 있는 이름들 가운데 하나이며 소설 속에 등장하는 또 다른 시녀들에게는 붙어 있지 않은 유일한 이름이다.

10 Paula Treichler, "Feminism, Medicine and the Meaning of Childbirth," *Body/Politics: Women and the Discourses of Science*, ed. Mary Jacobus, Evelyn Fox Keller, and Sally Shuttleworth (New York: Routledge, 1990): 113-38.

11 William Ray Arney, *Power and the Profession of Obstetrics* (Chicago: U of Chicago P, 1982) 123. 오셔슨(Samuel Osherson)과 애머라사인햄(Lorna AmaraSignham)의 비평이 세밀하지 않음에도 불구하고 그들의 논문은 미국의 출산 실천의 역사에서 기계적 모델이 지닌 문화적 역할에 대해 탐색하고 있다. "The Machine Metaphor in Medicine", *Social Contexts of Health, Illness and Patient Care*, ed. Elliot G. Mishler, Lorna R. AmaraSingham, Stuart Hauser, Samuel D. Osherson, Nancy E. Waxler, and Ramsay Liem (London: Cambridge UP, 1981): 218-49.

12 이는 마틴(Emily Martin)의 논문, "재생산의 이데올로기"의 핵심적 주장이다. 즉 재생산은 '자연스러움'이라는 특정한 경향에 관한 이데올로기적 사고의 형식을 충족시키는 사회생활의 영역이다. 그녀는 특히 페미니스트들에게 계급 편향적인 이데올로기적 신념에 치우쳐 있는 재생산에 관한 우리의

사유방식을 철저하게 검토하라고 요구한다. Emily Martin, "The Ideology of Reproduction: The Reproduction of Ideology," *Uncertain Terms: The Negotiation of Gender in American Culture*, ed. Faye Ginsburg and Anna Lowenhaupt Tsing (Boston: Beacon, 1990): 300-14.

13 트라이쉴러(Paula Treichler)는 내가 여기서 언급한 산과의사들에 대한 이전의 규정, 즉 "전문가적 판단을 포함한 전문적인 실천"이 어떻게 산파와 초기 외과의사들 사이의 권력투쟁의 결과물인지에 대해 설명한다. 이는 임신한 여성의 몸을 넘어서 새롭게 전문화된 산과의사들의 제도화된 권위를 구축했다. 이러한 문화적 투쟁에 대한 더욱 풍부한 논의로는 다음을 보라. Treichler, "Feminism, Medicine and the Meaning of Childbirth".

14 라이저(Stanley Joel Reiser)는 1978년 저작에서, "지난 4세기 동안의 의료적인 기술과 실천에서의 기술적 진보"(ix)의 역사적 전개과정을 추적했다. 그의 연구가 신생식기술이 광범위하게 사용되기 이전의 시기에 국한되어 있음에도 불구하고, 그는 1970년대 현재 "근대 의료가 '주관적인' 증거를 기반으로 한 진단에서 실험 절차와 기계 및 전자 장치가 제공하는 '객관적' 증거를 기반으로 한 진단으로 대체되어 발전해왔다"(ix)고 주장했다. Stanley Joel Reiser, *Medicine and the Reign of Technology* (Cambridge: Cambridge UP, 1978).

15 태아 이미지의 정치학에 관한 논의로는 다음을 보라. Rosalind Pollack Petchesky, "Fetal Images: The Power of Visual Culture in the Politics of Reproduction," *Feminist Studies* 13.2 (Summer 1987): 263-92. '태아 기술'의 범위에 관한 논의로는 다음을 보라. Sarah Franklin, "Fetal Fascinations: New Dimensions to the Medical-Scientific Construction of Fetal Personhood," *Off-Centre: Feminism and Cultural Studies*, ed. Sarah Franklin, Celia Lury, and Jackie Stacey (London: HarperCollins Academic, 1991). 긴스버그(Faye Ginsburg)는 낙태논쟁에서 태아의 공적 역할에 대해 다음과 같이 논의한다. "The 'Word-Made' Flesh: The Disembodiment of Gender in the Abortion Debate," *Uncertain Terms: Negotiating Gender in American Culture*, ed. Faye Ginsburg and Anna Lowenhaupt Tsing (Boston: Beacon, 1990): 59-75. 또한 프랭클린(Sarah Franklin)의 관련 논문으로는 '출산 이야기'에 관한 『문화로서의 과학』(*Science as Cultural* 3.4, no. 17 1993)지 특집 글들을 보라. Sarah Franklin, "Postmodern Procreation: Representing Reproductive Practice" 522-61; Barbara Duden, "Visualizing 'Life'" 562-600; and Janelle Sue Taylor, "The Public Foetus and the Family Car: From Abortion Politics to a Volvo Advertisement" 601-18.

16 사위키(Jana Sawicki)는 새로운 모니터링 장치의 효과에 대해 통찰력 있는 견해를 제공한다. 그녀는 신생식기술이 "새로운 의료 대상 및 주체의 창출뿐만 아니라 불임 …에 대한 합법적이고 국가적인 개입을 용이하게 한다고 주장한다. 대리모, 유전적인 문제가 있는 어머니들, 임신하기에 적합하지 않은 몸을 가진 어머니들… 그러한 어머니들의 자궁은 태아에게 부적절한 환경으로 여겨진다는 점이다"(84). Jana Sawicki, *Disciplining Foucault: Feminism, Power and the Body* (New York: Routledge, 1991).

17 Barbara Duden, *Disembodying Women: Perspectives on Pregnancy and the Unborn* (Cambridge: Harvard UP, 1993) 52. 신체 및 태아의 공적 구성에 관한 역사적 선례를 자세히 설명한 글로는 듀든(Duden)을 보라.

18 Timothy J. McNulty, "Growing Pains Afflict Birth Technology," *Chicago Tribune* 28 July 1987,

sec. 1: 1, 9.

19 이 연구의 주제는 아니지만, 유망한 신종 산업인 생명기술의 성장은 새로운 생식서비스의 발전이 미친 경제적이고 정책적인 영향에 대해 더욱 광범위한 맥락을 보여준다. Edward Yoxen, *The Gene Business: Who Should Control Biotechnology?* (New York: Oxford UP, 1983); David J. Webber, ed. *Biotechnology: Assessing Social Impacts and Policy Implications* (New York: Greenwood, 1990); Robert Teitelman, *Gene Dreams: Wall Street, Academia, and the Rise of Biotechnology* (New York: Basic, 1989)을 보라.

20 이러한 가격 정보는 『시카고 트리뷴』(*Chicago Tribune*)지 기사에서 인용하였다. Timothy J. McNulty, "Science Turns Birth into New Industry," *Chicago Tribune* 9 Aug. 1987, sec. 1: 1, 10.

21 Volpe, *Test-Tube Conception* 4. 또 다른 사례들에서, 초음파 스캔은 난소의 성숙한 난자를 잘 보이게 하기 위해 사용된다. 난자 채취과정은 복강경을 사용하는 것과 유사하지만, 복부에 절개를 한 번만 내면 된다. 초음파 스캐너는 난소를 잘 보이게 하기 위한 광학적 장치를 대신해, 난자를 채취할 때 사용하는 피하주사를 삽입하기 위한 시각적 가이드 역할을 한다.

22 Volpe, *Test-Tube Conception* 33. [역주] 척추피혈은 추골궁이 완전히 닫히지 못하는 기형을 말하며 알파페토프로테인은 태아에 의해서만 생성되는 혈청 단백질이다. 양수천자는 양수를 추출해 태아의 성별 확인 및 염색체 이상을 판정하는 방법이다.

23 Marney Rich, "A Question of Rights," *Chicago Tribune* 18 Sept. 1988, sec. 6: 1, 7.

24 Gena Corea, *The Mother Machine: Reproductive Technologies from Artificial Insemination to Artificial Wombs* (New York: Harper& Row, 1985) 303. 미드(Mead)에 대한 인용은 35쪽에 수록되어 있다.

25 뉴먼(Elkie Newman)은 또한 생식기술이 어떻게 여성의 출산능력을 통제하기 위한 투쟁에 연루되는가를 설명한다. Elkie Newman, "Who Controls Birth Control?" *Smothered by Invention: Technology in Women's Lives*, ed. Wendy Faulkner and Erik Arnold (London: Pluto, 1985): 35-54. 로우란드(Robyn Rowland)는 신생식기술의 발전 속에서, 여성의 적절한 임신 및 출산을 시도하는 과정에서 남성들은 여성들을 "생명창조를 통제하기 위한 남성적 욕망이 투여된 실험용 생체 물질, 즉 가부장제의 살아있는 실험실"(14)로 바꿔버림으로써 임신과 관련해 여성의 소외를 만들어낸다고 주장한다. Robyn Rowland, *Living Laboratories: Women and Reproductive Technologies* (Bloomington: Indiana UP, 1992).

26 Rebecca Albury, "Who Owns the Embryo?" *Test-Tube Women: What Future for Motherhood?* ed. Rita Arditti, Renate Duelli Klein, and Shelley Minden (London: Pandora, 1984) 58-72. 14쪽에서 인용.

27 Treichler, "Feminism, Medicine, and the Meaning of Childbirth."을 보라.

28 특히 와츠맨(Wajcman)의 다음을 보라. "Reproductive Technologies: Delivered into Men's Hands", *Feminism Confronts Technology*, 54-80[『페미니즘과 기술』, 조주현 옮김, 당대, 2001, 106-148.]. 사위키(Sawicki)의 "Disciplining Mothers: Feminism and the New Reproductive Technologies," *Disciplining Foucault*, 67-94 [황정미 편역, 『미셸 푸코, 섹슈얼리티의 정치와 페미니즘』, 새물결, 1995, 187-226.]을 보라.

29 Spallone, *Beyond Conception* 190. 스팰룬(Spallone)은 "여성중심적 윤리학"(women-centered ethics)을 토대로 신생식기술에 대해 정교하게 비판한다.

30 Michelle Stanworth, ed., *Reproductive Technologies: Gender, Motherhood, and Medicine* (Minneapolis: U of Minnesota P, 1987).

31 이러한 쟁점을 페미니즘적으로 다루는 글들, 즉 코레아(Corea)와 같이 위에서 언급한 몇 명의 페미니스트들의 쟁점을 다시 다루는 글로는 다음을 참조하였다. Rita Arditti, Renate Duelli Klein, and Shelley Minden, eds. *Test-Tube Women: What future for Motherhood?* (London: Pandora, 1984); Ann Oakley, *The Captured Womb: A History of the Medical Care of Pregnant Women* (Oxford, Eng: Basil Blackwell, 1984); and H. Patricia Hynes, *Reconstructing Babylon: Essays on Women and Technology* (Bloomington: Indiana UP, 1991). 비페미니즘적 연구의 대표적인 사례로는 다음과 같은 것들이 있다. Amitai Etzioni, *Genetic Fix: The Next Technological Revolution* (New York: Harper Colophon, 1973); Philip Reilly, *Genetics, Law and Social Policy* (Cambridge: Harvard UP, 1977); Yvonne M. Cripps, *Controlling Technology: Genetic Engineering and the Law* (New York: Praeger, 1980); R. C. Lewontin, Steven Rose, and Leon J. Kamin, eds., *Not in Our Genes: Biology, Ideology, and Human Nature* (New York: Pantheon, 1984); Daniel J. Kevles, *In the Name of Eugenics: Genetics and the Uses of Human Heredity* (New York: Alfred A. Knopf, 1985); Ruth F. Chadwick, ed. *Ethics, Reproduction and Genetic Control* (London: Routledge, 1987); Anthony Dyson and John Harris, eds. *Experiments on Embryos* (London: Routledge, 1990); Joel Davis, *Mapping the Code: The Human Genome Project and the Choices of Modern Science* (New York: John Wiley, 1990); Derek Chadwick, Greg Bock, and Julie Whelan, eds., *Human Genetic Information: Science, Law and Ethics Proceedings from the Ciba Foundation Symposium* (Chichester, Eng.: John Wiley & Sons, 1990); Daniel J. Kevels and Leroy Hood, eds., *The Code of Codes: Scientific and Social Issues in the Human Genome Project* (Cambridge: Harvard UP, 1992).

32 1989년, 호주 정부의 판결은 1981년 이래로 냉동보관 되었던 수많은 배아의 운명을 결정했다. 냉동배아의 기증 부모들은 1983년 4월, 비행기 충돌 사고로 숨졌다. '자연적으로' 임신할 수 없었던 부부는 체외수정을 이용한 미래의 착상을 위해 배아를 보관하고 있었다. 배아의 법적 지위는 배아가 죽은 부모의 자산에 대한 법적 권한을 가질 수 있다는 가능성을 제기했기 때문에 논쟁이 되었다. 이 사건에서, 재판부는 그 배아는 어떤 법적 권한도 갖지 않으며 그 밖의 어머니들에게 착상된 배아로부터 출생한 어떤 아이들도 그 자산에 대한 법적 권한을 갖지 않는다고 판결했다. "Ruling Takes Frozen Embryos Out of a 4-Year Legal Limbo," *Chicago Tribune* 2 Dec. 1987, sec. 1: 14.

33 구드만(Ellen Goodman)은 판사의 판결을 쟁점화한다. 특히 판사가 일곱 개의 냉동된 배아를 "아이들", "거의 아이가 아닌 것" 그리고 다시 "거의 사람이 아닌 것"으로 다양하게 규정하는 것에 주목한다. 배아들은 사실상 전-배아, 즉 분화되지 않은 세포들이다. 이는 "그것이 세포이기 때문이 아니라 한 명의 아이가 될 가능성이 있기 때문에 존중받을만한 가치가 있는 것"이다. 구드만은 이 판결이 모호한 측면이 있음을 정확히 지적하고 있다. 만일 첫 번째 배아가 "선택"된다면 남아 있는 여섯 개의 배아는 어떠한가? 수정되지 않은 것은 착상시키지 않는 출산조절장치는 어떠한가? 물론, 낙태 반대 옹호자들은 이 판결을 전적으로 지지했다. Ellen Goodman, "The Frozen Seven: Judge Misses

Larger Picture in Microscopic Ruling," *Chicago Tribune* 1 Oct. 1989, sec. 5: 8.

34 Associated Press, "Woman Gets Custody of Frozen Embryos," *Chicago Tribune* 1 Oct. 1989, sec. 1: 3. 이러한 대응은 "낙태청구소송이 먼저 태어난 사람[어머니]의 사회적 문제를 해결하기 위해, 한 사람(어머니)에게 다른 사람(태아)을 죽일 수 있는 법적 권한을 제공하는 것이라고" 주장한다는 점에서 반낙태 수사학과 동일하다. 반낙태 팸플릿에서 인용. "Did You Know?" distributed by the Hayes Publishing Co., Inc., 6304 Hamilton Ave., Cincinnati, Ohio, 45224.

35 시카고의 어느 산부인과 의사는 여성이 자신의 태아에 대한 시술을 허락하지 않을 때 발생하는 난감한 상황을 다음과 같이 묘사했다. "만일 당신이 정당한 권한을 가진 성인의 명백한 거부에도 불구하고 외과적 시술 절차를 수행한다면, 당신은 여성에 대한 폭력행위로 책임을 져야 할 것이다. 다른 한편으로, 만일 당신이 여성의 거부를 존중하여 개입하지 않아 아기에게 어떤 위해가 발생한다면, 당신은 여성의 남편이나 가족에게 태아를 방치했다는 이유로 고소당할지도 모른다." Rich, "A question of rights" 7. 태아의 도덕적 지위는 다음에서 논의되었다. Volpe, *Test-Tube Conception*.

36 그린은 자궁 속 유아에게 규제약물을 전달했다는 이유로 과실치사죄로 기소된 최초의 여성이었다: People of the State of Illinois v. Green, 88-CM-8256, Cir. Ct., filed 8 May 1989. 다음 책에서 인용. Cynthia Daniels, *At Women's Expense: State Power and the Politics of Fetal Rights* (Cambridge: Harvard UP, 1993).

37 리어던(Patrick Reardon)은 『시카고 트리뷴』(*Chicago Tribune*)지에 다음과 같은 기사들을 통해 이 사건을 보도했다. "'I Loved Her,' Mother Says: 'Shocked' Over Arrest in Baby's Drug Death," 11 May 1989, sec. 1: 1, 8; "When Rights Begin: Baby's Cocaine Death Adds to Debate on Protection of the Unborn," 14 May 1989, sec. 5: 8-9; "Drug and Pregnancy Debate Far from Resolved," 28 May 1989, sec. 1: 1, 5.

38 Anna Lowenhaupt Tsing, "Monster Stories: Women Charged with Perinatal Endangerment," *Uncertain Terms: Negotiating Gender in American Culture*, ed. Faye Ginsburg and Anna Lowenhaupt Tsing (Boston: Beacon, 1990) 282-99.

39 Valerie Hartouni, "Breached Birth: Reflections on Race, Gender, and Reproductive Discourses in the 1980s," *Configurations* 1 (1994): 73-88. 85쪽에서 인용.

40 Patricia Hill Collins, "Mammies, Matriarchs and Other Controlling Images," *Black Feminist Thought: Knowledge, Consciousness, and the Politics of Empowerment* (New York: Routledge, 1990): 67-90.

41 Cynthia R. Daniels, *At Women's Expense* 7.

42 Paddy Shannon Cook, Robert C. Petersen, and Dorothy Tuell Moore (ed. Tineke Bodde Haase), *Alcohol, Tobacco, and Other Drugs May Harm the Unborn*, U.S. Department of Health and Human Services (DHHS), Office of Substance Abuse Prevention, DHHS Publication #(ADM) 90-1711 (Rockville, Md.: U.S. DHHS, 1990) 45.

43 약물남용예방국의 국장인 존슨(Elaine M. Johnson)은 소책자의 서문에서 다음과 같이 쓰고 있다. "궁극적으로, 이 소책자는 가임기 여성들과 그녀들의 파트너를 위한 것이다. 나는 아버지도 포함했는데, 왜냐하면 남성은 스스로 절제를 통해 약물로부터 벗어난 여성의 라이프스타일 및 안전한 임신, 그리고

주석

아이의 건강에 중요한 기여를 할 수 있기 때문이다"(iii). 이러한 언급 이외에, 이 소책자는 아버지가 태아의 건강에 미칠 영향에 관해서는 아무런 언급도 하지 않는다.

44 다음을 보라. Ruth E. Little and Charles F. Sing, "Father's Drinking and Infant Birth Weight: Report of an Association," *Teratology* 36 (1987): 59-65; David A. Savitz and Jianhua Chen, "Parental Occupation and Childhood Cancer: Review of Epidemiological Studies," *Environmental Health Perspectives* 88 (1990): 325-37; Devra Lee Davis, "Fathers and Fetuses," *The Lancet* 337 (12 Jan. 1991): 122-23; Christine F. Colie, "Male-Mediated Teratogenesis," *Reproductive Toxicology* 7 (1993): 3-9; Andrew F. Olshan and Elaine M. Faustman, "Male-Mediated Developmental Toxicity," *Reproductive Toxicology* 7 (1993): 191-202.

45 사람들은 저체중으로 태어나는 아기들로 인해 고민하게 되는 요인을 논할 때, 그 요인은 아기나 엄마의 삶의 질에 대한 관심의 맥락보다는 그 아기들의 생명을 유지하는 데 매우 많은 비용이 소요된다는 사실과 관련된다. 한 보고서의 저자들은 이에 대해 다음과 같이 쓰고 있다. "저체중아에 대한 관심은 미국이 다른 선진국들에 비해 저체중아의 출산율이 훨씬 높기 때문만이 아니라 저체중아들이 금전적·가족적·사회적 측면에서 '값비싼 아기들'이기 때문에 발생되었다. 저체중아의 초기 입원비용은 1만 3,000달러가 넘는 것으로 추정된다"(288). J. Brooks-Gunn, Marie C. McCormick, and Margaret C. Heagarty, "Preventing Infant Mortality and Morbidity: Developmental Perspectives," *American Journal of Orthopsychiatry* 58.2 (April 1988): 288-96.

46 보건복지부 차관보가 쓴 보고서에서 인용한 통계정보, James O. Mason, MD, *Journal of the American Medical Association* 262.16 (27 Oct. 1989): 2202. 서로 다른 인종들 간의 유아사망률에 대한 그 밖의 정보는 다음과 같은 자료들이 있다. Edward G. Stockwell, David A. Swanson, and Jerry W. Wicks, "Economic Status Differences in Infant Mortality by Cause of Death," *Public Health Reports* 103.2 (Mar.-Apr. 1988): 135-42 ; Frank Dexter Brown, "Expanding Health Care for Mothers and Their Children," *Black Enterprise* (May 1990): 25-26, Teri Randall, "Infant Mortality Receiving Increasing Attention," *Journal of the American Medical Association* 263.19 (16 May 1990): 2604-06; Priscilla Painton, "$25,000,000: Mere Millions for Kids," *Time* (8 Apr. 1991): 29-30.

47 "MCH(Maternal and Child Health)의 활동은 초기부터 의료적 서비스를 충분히 받지 못하는 여성들과 아이들에게 주의를 집중해왔다. 이들은 빈곤, 보건 복지 체계에 접근하는 방법에 대한 무지, 소통 불능, 이동수단의 부족 그리고 시설과 제공자의 부족으로 인해 보건 서비스의 수혜에서 제외된 사람들이다. 또한 소수민족들은 이러한 장벽에 의해 불균등한 영향을 받아왔다"(621). Vince Hutchins and Charlotte Walch, "Meeting Minority Health Needs through Special MCH Projects," *Public Health Reports* 104.6 (Nov.-Dec. 1989): 621-26.

48 예를 들어, 호놀룰루에서의 HI 프로젝트는 단순한 철분 결핍과 구별되는 것으로서 아시아계 미국인 가족의 유전성 빈혈증을 밝히기 위해 진행 중인 기획이다. 이를 통해 이 집단의 향후 보건과 관련된 요구들을 평가할 수 있다. Vince Hutchins and Charlotte Walch, "Meeting Minority Health Needs".

49 Jennifer Terry, "The Body Invaded: Medical Surveillance of Women as Reproducers," *Socialist Review* 19.3 (July/Sept. 1989): 13-43. 14쪽에서 인용.

50 Seth Koven and Sonya Michel, eds., "Introduction: 'Mother Worlds,'" *Mothers of a New World: Maternalist Politics and the Origins of Welfare States* (New York: Routledge, 1993) 2.

51 Lisa Maher, "Punishment and Welfare: Crack Cocaine and the Regulation of Mothering," *The Criminalization of a Woman's Body, ed. Clarice Feinman* (New York: Harrington Park, 1993) 174.

52 Teri Randall, "Coping with Violence Epidemic," *Journal of the American Medical Association* 263.19 (16 May 1990): 2612-14. 2612쪽에서 인용.

53 Reported in the *Morbidity and Mortality Weekly Report* (*MMWR*) under "Current Trends." M. VandeCastle, J. Danna, and T. Thomas, "Physical Violence During the 12 Months Preceding Childbirth- Alaska, Maine, Oklahoma, and West Virginia, 1990-1991," *MMWR* 43.8 (4 Mar. 1994): 132-37.

54 Michael D. Dogan, Milton Kotelchuck, Greg R. Alexander, and Wayne E. Johnson, "Racial Disparities in Reported Prenatal Care Advice from Health Care Providers," *American Journal of Public Health* 84.1 (Jan. 1994): 82-88.

55 Dogan et al., "Racial Disparities" 86.

56 이는 흑인 비혼 여성들에 비해 불법 약물복용에 대한 더 많은 충고를 받았다고 말한 백인 비혼 여성들의 사례에서만 반대로 제시된다. 그들의 수입 수준은 논의되지 않았다. 위험 '사실들'을 규명하는 것은 혼란스럽다. 특히, 최근에는 흡연이 코카인을 흡입하는 것보다 더 많은 해를 끼친다고 보고된 바 있다. 이에 대해서는 다음을 보라. Paul Cotton, "Smoking Cigarettes May Do Developing Fetus More Harm Than Ingesting Cocaine, Some Experts Say," *Journal of American Medical Association* 271.8 (23 Feb. 1994): 576-77.

57 Norma Finkelstein, "Treatment Issues for Alcohol-and Drug-Dependent Pregnant and Parenting Women," *Health and social Work* 19.1 (Feb. 1994): 7-15. 핀켈슈타인은 케임브리지의 〈중독, 임신과 양육협회〉(Coalition on Addiction, Pregnancy and Parenting)의 부서장이다.

58 Donald E. Hutchings, "The Puzzle of Cocaine's Effects Following Maternal Use during Pregnancy: Are There Reconcilable Differences?" *Neurotoxicology and Teratology* 15.7 (1993): 281-86. 286쪽에서 인용.

59 임신한 여성 환자들의 코카인 복용에 관한 부작용을 연구한 약물치료센터의 차스노프(Ira Chasnoff)는 허칭스(Hutchings)가 아주 상세하게 논의한 저자들 가운데 한 명이다. 허칭스의 연구는 『신경독성학과 기형학』(*Neurotoxicology and Teratology*)지의 동일한 쟁점에 대해 차스노프의 논평에 따른다. 두 사람 모두 태아의 건강에 영향을 미치는 코카인의 위험성이 미디어에 의해 과장된 현상이며 수없이 많이 놓친 퍼즐 조각들이 있다는 것에 동의한다. 이는 부분적으로 '약물 문화'의 변화에 기인한다. 약물 문화란 "도시의 약물 이용 가능성, 이용 패턴, 여러 종류의 마약 사용 패턴을 말한다. 그리고 여성들의 약물복용은 그 문화가 허용하는 범위 내에서 이루어진다." '연구자로서' 차스노프가 주장했듯이, "우리는 이러한 쟁점들이 임신 및 신생아에게 어떤 영향력을 미치는지 알 수 없다"(287). Ira J. Chasnoff, "Commentary: Missing Pieces of the Puzzle," *Neurotoxicology and Teratology* 15.8 (1993): 287-88.

60 Adam Gelb, "State's Newborns to Get Cocaine Tests," *Atlanta Journal Constitution* 12 Mar. 1991: A1. 지금까지는 후속연구가 진행되지 않았다. 이 연구는 미국 소아마비 구제 모금운동본부에서 대규모의 연구자금을 지원받아 이루어졌다.

61 이것은 언어, 특히 '생식 이야기'(re-prospeak)는 생식에 관한 사회의 태도를 강력하게 표현한다는 로우란드(Robyn Rowland)의 주장과 일치한다. 이에 대해서는 다음을 보라. "'Reprospeak': The Language of the New Reproductive Technologies," *Living Laboratories: Women and Reproductive Technologies* (Bloomington: Indiana UP, 1992) 230-45.

62 Nancy L. Daly and Gale A. Richardson, "Cocaine Use and Crack Babies: Science, the Media, and Miscommunication," *Neurotoxicology and Teratology* 15.5 (1993): 293-94.

63 P. A. Stephenson and M. G. Wagner, "Reproductive Rights and the Medical Care System: A Plea for Rational Health Policy," *Journal of Public Health Policy* (Summer 1993): 174-82. 176쪽에서 인용. 스티븐슨과 와그너는 태아의 권리를 옹호하는 사람들의 입장에 대해 아래의 글을 요약, 인용한다. M. A. Field, "Controling the Woman to Protect the Fetus," *Law Medical Health Care* 17 (1989): 114-29.

64 Dorothy E. Roberts, "Drug-Addicted Women Who Have Babies," *Trial* April 1990: 56-61. 58쪽에서 인용.

65 이 사건의 참고자료는 다음과 같다. *People v. Stewart*, no M508097 California, San Diego Mun. Ct. 23 Feb. 1987, slip op. Dorothy E. Roberts, "Drug-Addicted Women Who Have Babies"에서 인용.

66 라벨 대학의(Laval University) 산부인과 부교수이며 퀘벡에 소재한 아시즈의 성프란체스코 병원(Hospital St-Francois d'Assise, Quebec)에 재직 중인 프레이저(William Fraser)의 논문에서 인용, "Methodological Issues in Assessing the Active Management of Labor," *Birth* 20.3 (Sept. 1993): 155-56. 프레이저의 글은 분만의 적극적 관리가 갖는 이점과 위험에 대한 토론회에서 발표되었다. 동일한 쟁점에 관해 『분만』(*Birth*)지에 실린 그 밖의 글들은 다음과 같다. Karyn J. Kaufman, "Effective Control or Effective Care?," 156-58; Barbara Katz Rothman, "The Active Management of Physicians," 158-59; and Marc J. N. C. Keirse, "A Final Comment... Managing the Uterus, the Woman, or Whom?" 159-61.

67 이 권고는 산전관리의 내용에 관한 공중보건서비스 전문가 패널의 1989년 보고서에서 인용한 것이다. "Caring for Our Future: The Content of Prenatal Care." 이는 Shannon Cook et al.에서 논의되었다.

68 또한 이러한 작업은 직업과 노동환경이 여성들의 월경 질환 및 생식 건강에 미치는 영향을 모니터하기 위해 실행된 수동적인 국가감시체계들이기도 하다. *Priorities for Women's Health: A Report from the centers for Disease Control and Prevention* (Published by the CDC and the U.S. Department of Health and Human Services, Public Health Service, Spring 1993). CDC의 역사와 역학의 발전에 있어서의 CDC의 역할에 관해서는 다음을 보라. Elizabeth M. Etheridge, *Sentinel for Health: A History of the Centers for Disease Control* (Berkeley: U of California P, 1992).

69 "The Yellow Wallpaper" in *the Charlotte Perkins Gilman Reader: "The Yellow Wallpaper" and Other Fiction*, ed. Ann J. Lane (New York: Pantheon Books, 1980) 3-20. [역주] 길먼은

1916년 최초의 페미니스트 유토피아 소설 『여자만의 나라』를 쓴 페미니스트이다. 길먼의 『누런벽지』는 남성 중심적 정신의료기술로 인해 서서히 미쳐가는 여성의 내면을 형상화한 작품으로 알려져 있다(출처: 일다. 2005. 3. 15).

70 Elaine Kendall, rev. of *The Handmaid's Tale, Los Angeles Times Book Review* 9 Feb. 1986: 15.
71 Anne Balsamo, "Rethinking Ethnography: A Work of the Feminist Imagination," *Studies in Symbolic Interactionism* 11 (1990): 75-86.
72 말락(Amin Malak)은 이 소설을 보다 광범위한 디스토피아적 전통 내에 위치시킨다. "Margaret Atwood's The Handmaid's Tale and the Dystopia Tradition," *Canadian Literature* 112 (Spring 1987): 9-16. 케터러(David Ketterer)는 이 소설을 "맥락적 디스토피아"라고 부른다. "Margaret Atwood's The Handmaid's Tale: A Contextual Dystopia," *Science-Fiction Studies* 16 (1989): 209-17. 버그만(Harriet F. Bergmann) 또한 이 소설을 디스토피아적 소설로 분류한다. "'Teaching them to Read': A Fishing Expedition in The Handmaid's Tale" *College English*, 51.8 (1989): 847-54. 머피(Patrick D. Murphy)는 이 소설이 갖고 있는 디스토피아적 장르의 특성을 탐색한다. "Reducing the Dystopian Distance: Pseudo-documentary Framing in Near-Future Fiction," *Science-Fiction Studies* 17 (1990): 25-39.

Chapter 5

1 〈전자 프론티어 재단〉(EFF)의 자문 변호사인 고드윈(Mike Godwin)은 자신의 글에서 EFF에 대해 기술했다. "The Electronic Frontier Foundation and Virtual Communities," *Whole Earth Review* (Summer 1991): 40-42. 많은 방식으로 EFF에 참여하는 사람들은 전자 네트워크의 민주적 이용을 보장하기 위해 애쓰고 있으며, 참여자들은 내가 이 장에서 기술한 것과 동일한 포스트모던한 스키조 하위문화에 참여하고 있을지라도, 그들의 목적은 1960년대 대항문화의 해방적 수사학과 유사하다.
2 John Perry Barlow, "Crime and Puzzlement: In Advance of the Law on the Electronic Frontier," *Whole Earth Review* (Fall 1990): 44-57. 45쪽에서 인용.
3 여기서는 "정부, 산업 및 학계의 수많은 컴퓨터 사이트를 서로 연결하는 광대한 네트워크 가운데 하나"인 인터넷의 요소들을 기술한다. "인터넷은 일차적으로 전자 메일 서비스에서 출발해서 정보 교환과 협력 작업을 위한 아주 광범위한 서비스 기반시설로 발달했다. 인터넷의 핵심은 컴퓨서브처럼 전세계적으로 메시지를 주고받고, 이에 응답하는 참여자들로 이루어진 뉴스그룹의 광대한 집합이다"(46). Pamela Samuelson and Robert J. Glushko, "Intellectual Property Rights for Digital Library and Hypertext Publishing Systems: An Analysis of Xanadu," *Hypertext '91 Proceedings* Dec. 1991: 39-50.
4 '가상현실'이라는 용어는 '인공지능'이라는 용어처럼 불가능한 설계를 나타낸다고 생각하는 일군의 컴퓨터 과학자들로부터 공격을 받고 있다. 그들은 가상성의 공간에 대한 대안적인 명칭으로 '가상세계'라는 용어를 제안한다. 로렐(Brenda Laurel)은 장소보다는 매개물을 의미하는 '원격현장

감'(telepresence)이라는 용어를 제안한다. Brenda Laurel, *Computers as Theatre* (Reading, Mass.: Addison-Wesley, 1991).

5 가상현실의 하위문화는 『가상현실: 이론, 실천 그리고 전망』(*Virtual Reality: Theory, Practice, and Promise*) (Multimedia Review 1990년 여름호 재판)이라는 책의 편집자가 1989년에서 1990년 사이에 가상현실에 관심이 있는 회사와 개인들의 목록을 모두 수록할 수 있을 정도로 매우 적었다. 목록은 모두 63개다. Sandra K. Helsel and Judith Paris Roth eds, *Virtual Reality: Theory, Practice, and Promise* (Westport, Conn.: Meckler, 1991).

6 William Gibson, *Neuromancer* (New York: Ace Science Fiction, 1984). [『뉴로맨서』, 김창규 옮김, 황금가지, 2005.] 비록 김슨이 사이버펑크라고 부르는 SF의 새로운 하위장르를 보급하고 대중들에게 사이버공간을 소개한 것으로 유명할지라도, 그는 현실 과학의 새로운 개척지에 대해 언급한 사이버사색가 중의 한 명일 뿐이다. 몇몇 학자들은 빈지(Vernor Vinge)가 하나의 대안적인 전자 매개 평면이라는 개념을 자신의 소설 『진실한 이름들』(*True Names*) (New York: Dell, 1981)에서 처음으로 도입했다고 주장한다. (스프링(Michael B. Spring)의 "Informating With Virtual Reality," Helsel and Roth, *Virtual Reality* 3-17을 보라.) 그러나 나는 더 앞선 선구자로서, 딕(Philip K. Dick)의 소설 『앤드로이드는 전기 양을 꿈꾸는가?』(*Do Androids Dream Of Electric Sheep?*) (New York: Doubleday, 1968)에서 등장한 감정이입 상자를 생각하고 있다. [『앤드로이드는 전기 양을 꿈꾸는가?』, 정태원 옮김, 글사랑, 1992.]

7 김슨은 컴퓨터 해킹과 관련된 데이터 뱅크, 네트워크 작동 및 다양한 실천을 묘사하기 위해 컴퓨터 은어와 폭넓은 기술적 은유를 사용한다. 사이버공간의 역사에 대한 그의 설명은 종종 인용된다.

> 음성이 말하길, "매트릭스는 원시적인 전자게임, 머리에 잭을 꽂는 초기 그래픽 게임 및 군사 실험에 연원을 두고 있습니다." "사이버공간. 모든 나라에서 수학적 개념을 배우는 어린이들과 수백만의 정규직 기술자들은 매일 공감각적 환각을 경험합니다. … 데이터의 그래픽 재현은 인간 체계의 모든 컴퓨터 은행으로부터 추출됩니다. 상상할 수도 없는 복잡함. 빛의 선들은 데이터의 마음, 성운 및 성좌의 비공간에 걸쳐 있습니다. 도시의 불빛처럼, 희미해지는…" Gibson, *Neuromancer*, 51.

8 레이니어(Lanier)는 가상현실의 잠재력에 관한 수많은 예언의 원조이다. 예를 들어 다음을 보라. Kevin Kelly, "An Interview with Jaron Lanier: Virtual Reality," *Whole Earth Review* Fall 1989: 119; Steven Levy, "Brave New World," *Rolling Stone* 14 June 1990: 92-100; John Perry Barlow, "Life in the DataCloud: Scratching your Eyes Back In" (interview with Jaron Lanier), *Mondo 2000* 2 (Summer 1990): 44-51.

9 맥루한식 비평을 외연적으로 혹은 암묵적으로 계속해서 생산하는 몇몇 문화 비평가들—특히 크로커와 보드리야르—이 있다. 그러나 비록 크로커의 '공황적 포스트모더니즘'이 근접했을지라도, 그들 중 누구도 하나의 완전한 하위문화를 생산하지는 못했다. 특히 "기계 신부"라는 제목의 장을 보라. Marshall Mcluhan, *The Mechanical Bride. Folklore of Industrial Man* (Boston: Beacon, 1951).

10 이러한 주제 목록은 『먼도 2000』 4호의 다음 기사들을 가리킨다. "Winnelife: An Interview with Steve Roberts" by Gareth Branwyn, 32-35; "Durk and Sandy: Read This or Die" (on antioxidants),

42-44; "Avital Ronell on Hallucinogenres," interview by Gary Wolf, 63-69; "Antic Women"(로넬Avital Ronell, 아커Kathy Acker, 그리고 주노Andrea Juno의 새로운 『리서치』(ReSearch) 발간에 대한 발표), 71; "Freaks of the Industry: An Interview with the Digital Underground," by Rickey Vincent, 88-92; "The Carpal Tunnel of love, Virtual Sex with Mike Saenz," interview by Jeff Milstead and Jude Milhon, 142-145. 또한 이 호는 버러우와 리어리의 대담, 그리고 올리버 스톤(Oliver Stone)의 영화 『더 도어스』(The doors)의 개봉에 즈음하여 모리슨(Jim Morrison)의 기사를 싣고 있다. ("Orpheus in the Maelstrom," by Queen Mu, 129-34.)

11 기사는 실제로 고어위츠(Shalom Gorewitz)가 큐레이트한 춤극장작업장(Dance Theater Workshop) 비디오 상영 기획인 "Cyberspatial Intersections," (1991년 3월 23-25일)을 비평했다. 기자회견에서 묘사했듯이, 그 시리즈들은 컴퓨터 그래픽 아트뿐만 아니라 〈VPL〉 상품들에 관한 비디오 연출들과 헐리우드 F/X회사들의 특수 효과를 포함했다. Eric Davis, "Virtual Video," *Village Voice* 26 Mar. 1991: 41-42.

12 이미 1980년대 문화비평가가 예술과 기술이 상호 배타적인 주제로 구축되어온 이유를 설명했더라도, 예술가와 시각 예술가의 [가상현실산업] 참여는 매우 초기부터 가상현실산업의 일부분이었다. 예술과 엔터테인먼트의 결합은 〈ACM-SIGGRAPH〉(Association for Computing Machinery-Special Interest Group on Computer Graphic)의 회의에 있어서 핵심 쟁점이었으며, 예술적 매개로서 가상현실의 학제적 가능성의 중요한 초기 작업은 1989년 〈SIGGRAPH〉 회의 과정에서 나왔다. 가상현실과 예술적 표현의 결합은 심지어 기계-인간 경계의 기술적 개발과 관련 있는 더 진지한 쟁점들에 집중하는 덜 스펙터클한 회의에서도 지속적으로 다루는 하위주제다. 예를 들어 "가상현실: 현실 도전"이라는 연구 회의는 예술과 엔터테인먼트 응용프로그램에 대한 섹션과 건축방식, 원격조정 그리고 생체의료적 응용에 대한 분과를 포함한다. 1991년 6월 17-18일에 개최된 이 회의는 〈SRI international〉, 〈데이비드 사노프 연구 센터〉(the David Sarnoff Research Center)와 〈VPL 연구회사〉(자론 레이니어가 1985년에 설립한 회사)가 공동후원했다. 〈SRI〉와 〈데이비드 사노프 연구센터〉는 전자연구기관이다. 다른 행사들 역시 가상현실에 대한 주제를 다뤘고, 사람들을 끌어 모으기 위해 리어리, 굴리첸(Eric Gullichsen, 센스8의 회장), 〈메사추세츠공과대학 매체 연구실〉(MIT Media Lab)의 연구자들과 같은 가상현실 "스타들"에 의존했다. 그 행사들은 〈반프 센터〉(Banff Center)가 가상 기술을 예술 매체로 새롭게 기획하기 위해 개최한 공공 심포지엄인 "예술과 가상환경", 1차 및 2차 인공회의(Artificial Conference) 심포지엄, 컴퓨터 학습에 대한 〈펜 스테이트〉(Penn State)의 심포지엄 그리고 〈인간 공장 사회〉(Human Factory Society)의 특별 세션들이 있었다. 번햄(Jack Burnham)은 다음 글에서 20세기에 이루어진 기술과 예술이 분리되어온 역사를 검토한다. "Art and Technology: The Panacea that Failed," *The Myth of Information: Technology and Postindustrial Culture* ed. Kathleen Woodward (Madison, Wis.: Coda, 1980) 200-15.

13 캐드리(Richard Kadrey)는 레인골드(Howard Rheingold), 〈WER〉의 켈리(Kevin Kelly), 『옴니』(*Omni*)의 딜티(Steve Diltea) 그리고 〈오토데스크〉(Autodesk)의 왈서(Randal Walser)와 함께 사이버 공간을 담당하는 정기 통신원들 중의 한 명이다. 캐드리의 글은 다음에서 인용했다. "Cyberthon No. 1: Virtual Reality Fair in San Francisco," *Whole Earth Review* Winter 1990: 145.

14 이러한 반어법은 신문에서도 나타난다. 『뉴욕타임즈』(*The New York Times*)의 1면 헤드라인은 다음과 같이 보도했다. "'가상현실'이 현실세계에서 자리를 잡다" ("'Virtual Reality' Takes its Place

주석

in the Real World"). 또한, 『전자구비평』(*Whole Earth Review*), 『옴니』, 『먼도 2000』의 정기 리포트와 다음의 신문 기사들을 포함한다. Erik Davis, "Virtual Video," *The Village Voice* 26 Mar. 1991: 41; Philip Elmer-Dewitt, "Through the 3-D Looking Glass," *Time* 1 May 1989: 65-66; "(Mis) Adventures in Cyberspace," *Time* 3 Sept. 1990: 74-76; Trish Hall, "'Virtual Reality' Takes Its Place in the Real," *New York Times* 8 July 1990, sec. 1: 1, 14; Jim Harwood, "Agog in Goggles: Shape of Things to Come Reshaping Hollywood's Future," *Variety* (56주년 특별호) 1989: 66; Steven Levy, "Brave New World," *Rolling Stone* June 1990: 92-98; A. J. S. Rayl, "The New, Improved Reality," *Los Angeles Times Magazine* 21 July 1991: 17-20+; Sallie Tisdale, "It's Been Real," *Esquire* April 1991: 36; G. Pascal Zachary, "Artificial Reality: Computer Simulations One Day May Provide Surreal Experiences," *Wall Street Journal* 23 Jan. 1990, sec. 1: 1; Gene Bylinsky, "The Marvels of 'Virtual Reality'," *Fortune* 3 June 1991: 138-43; D'arcy Jenish, "Re-creating Reality," *Macleans* 4 June 1990: 56-58; Peter Lewis, "Put on Your Data Glove and Goggles and Step Inside," *New York Times* 20 May 1990: 8; Douglas Martin, "Virtual Reality! Hallucination! Age of Aquarius! Leary's Back!" *New York Times* 2 Mar. 1991: 2; Edward Rothstein, "Just Some Games? Yes, But These Are Too Real," *New York Times* 4 Apr. 1991: B4; Richard Scheinin, "The Artificial Realist," *San Jose Mercury News* 29 Jan. 1990: 1-2; Julian Dibbell, "Virtual Kool-Aid Acid Test," *Spin* 4 Mar. 1991.

15 David L. Wheeler, "Computer-Created World of 'Virtual Reality' Opening New Vistas to Scientists," *Chronicle of Higher Education* 37.26 (13 Mar. 1991): A6.

16 가상현실에 대한 문헌목록 24쪽에 인용된 가장 초기의 참고자료 중 하나는 다음과 같다. *Proceedings of a Symposium on Large-Scale Calculating Machinery* (Jan. 1947). 다음 책에서 재출간되었다. Charles Babbage Institute Reprint Series for the History of Computing Vol. 7 (Cambridge: MIT P, 1985) Norbert Wiener, *Cybernetics of Control and Communication in the Animal and Machine* (New York: Technological Press, 1948); 그리고 *The Human Use of Human Beings: Cybernetics and Society* (New York: Doubleday, 1950).

17 Myron W. Krueger, "Artificial Reality: Past and Future," Helsel and Roth, *Virtual Reality* 19-25; 22쪽에서 인용. 크뢰거는 서덜랜드(Ivan Sutherland)의 저작이 1960년대 후반에 시작해서 1970년대에 발전된 인공현실에 대한 자신의 작업에 영향을 미쳤다고 말한다. 비록 크뢰거의 책 『인공현실』(*Artificial Reality*) (Menlo Park, Calif.: Addison-Wesley, 1983)은 1980년대 중반까지 출판되지 못했더라도 말이다. 다른 자료들에 따르면 서덜랜드의 박사학위논문인 『스케치북: 남성-기계적 그래픽 소통 체계』(*Sketchpad: A Man-Machine Graphical Communication System*)는 1963년에 출판되었다. 1960년대 중반에 출판된 서덜랜드의 다른 논문은 머리에 쓰는 3차원 디스플레이에 관한 주제를 다뤘다. 1974년에 버튼(Robert Burton)과 함께 한 작업으로, 그는 3차원 컴퓨터 입력장치에 대한 저작을 출판했다. Ivan Sutherland, "The Ultimate Display," *Proceedings IFIP Congress* (1965): 506-08; Ivan Sutherland, "A Head-Mounted Three-Dimensional Display," *Fall Joint Computer Conference* 33 (1968): 757-64; Robert P. Burton and Ivan E. Sutherland, "Twinkle Box: A Three-Dimensional Computer Input Device," *Proceedings of the National Computer Conference* (1974): 513-20.

18 비록 〈VPL〉이 이미 데이터글러브 기술을 개발했더라도 그들이 생산자원을 찾는 데 어려움에 처함에 따라 그 기술은 닌텐도 비디오게임용 '파워 글러브'를 생산하는 〈매텔〉(Mattel)사의 데이터글러브 버전으로 특허를 얻었다. 이외의 예들은 산업 생산품 책자(VPL, 사이버웨어Cyberware, 센스8, 오토테스크)와 〈VPL〉의 소식지인 『가상세계뉴스』(Virtual World News)에서 발췌했다.

19 Randal Walser, "Elements of a Cyberspace Playhouse," Helsel and Roth, Virtual Reality 51-64. 59쪽에서 인용. 헬젤과 로스 책에 있는 기고자 설명에 따르면, 왈서는 오토텍 사이버공간 기획의 매니저로 인공지능의 수많은 영역에서 일을 해왔기 때문에 18년이 넘는 기간 동안 사이버공간에 관심을 가져왔다고 한다.

20 A. J. S. Rayl, "Making Fun," Omni Nov. 1990: 42-48. 1990년부터 '닥틸 악몽'(Dactyl Nightmare)과 '닥틸 악몽 Ⅱ'(Dactyl Nightmare Ⅱ) 같은 몇몇 특색 있는 가상현실 아케이드 게임이 미국 전역의 쇼핑몰에서 출시되었다. 시카고에는 18개의 게임 '꾸러미'(pods)를 포함하는 전투기술(Battle Tech)게임 전용 가상현실 아케이드가 있다. 애틀랜타에는 가상현실 게임 장비, 가상 골프, 스키 볼, 여러 가지 핀볼, 블랙잭 테이블을 갖춘 성인 아케이드이자 레스토랑인 '데이브 앤 버스터스'(Dave and Busters)가 있다. 앨버커키(Albuquerque)에서, '블록 파티'(Block Party)라고 부르는 블록버스터의 성인 아케이드 버전이 출시되었다. 블록 파티는 가상현실 게임('닥틸 악몽 Ⅱ'와 '버츄 앨리'(Virtu Alley))뿐만 아니라 '움직이는 좌석 영화'(Go Motion Pictures) 같은 쌍방향 게임 그리고 (잡지 『와이어드』(Wired)에 성인을 위한 테크노 햄스터 터널이라고 묘사된) '파워그리드'(The PowerGrid)라고 부르는 새로운 엔터테인먼트 장치를 포함한다. "Romper Room for Grown-Ups," Wired June 1995: 43.

21 Jack Zipes, "The Instrumentalization of Fantasy: Fairy Tales and the Mass Media," in Kathleen Woodward, ed., The Myths of Information: Technology and Postindustrial Culture (Madison, WI: Coda, 1980) 88-110. 101쪽에서 인용.

22 헬셀(Sandra K. Helsel)과 로스(Judith Paris Roth)도 자신들의 책 『가상현실: 이론, 실천 그리고 전망』의 서문에서 비슷한 문제를 제기한다. 그들은 답변하지는 않지만, 사실상 자신들의 논문들에서는 이러한 관점이나 시각에 대해 관심이 부족했다고 언급한다. "많은 페미니스트 역사학자들은 지금까지 써온 역사는 백인 남성에 의한 역사라고 주장한다. 어떻게 특정 개인이나 집단들이 신중하고 민감하게, 문화적, 인종적, 종교적 그리고 젠더적 선입견에 대한 깊은 인식을 가지고, 가상현실체계를 창출할 수 있을 것인가? 그들은 계속해서 다음과 같이 묻는다. "가상현실체계가 개인들 사이에 문화적, 인종적 그리고 젠더적 장벽을 부수는 수단으로 사용될 것인가? 그에 따라 '인간 가치'를 증진시킬 것인가?" 가상현실체계는 자연 속에서 다문화적일 것인가? 아니면 가상현실은 단지 지식을 동질화시키는 서구적 방식들을 제공할 것인가? 가상현실체계는 우리를 풍요롭게 하는 우리 삶의 보완물로 봉사할 것인가? 아니면 자신의 일상적 존재가 매우 비참한 개인들은 먼저 사이버 공간에서 강박적 피난처를 찾을 것인가?"(ix-x). 모든 이에게 좋은 질문들이다.

23 Andrew Ross, "Hacking Away at the Counterculture," Technoculture, ed. Constance Penley and Andrew Ross (Minneapolis: U of Minnesota P, 1991) 107-34. 126쪽에서 인용. 로스는 해커 하위문화가 문화 비평가들에 의해 해석되는 방식들을 설명한다. 그의 의도는 기술을 보다 해방적으로 사용하지 못하게 하는 새로운 정보 기술의 전체주의적 설명에 저항하고자 문화비평가들의 해석을 혼란스럽게 만드는 것이다. 그는 독자들에게 모든 기술의 의미는 경쟁하는 이해 체계 사이의 투쟁을 통해서 구축된다는 점을 상기시킨다. 그러한 이해 체계는 개개인들의 주체적 조우를 통해 생산된

이해체계뿐만 아니라 보다 넓은 사회적이고 문화적인 세력들에 의해 결정된다. 결론적으로, 그는 우리가 건강한 '기술회의주의'(technoskepticism)를 유지할 필요성이 있는 동시에, 또한 "기술이 우리들의 일상생활에서 사람들을 위한 살아있는 해석적 실천으로 간주되어야만 한다"는 점을 이해해야 한다고 주장한다(131-32). 그는 문화 비평가들에게 현대문화에 관해 해커와 같은 지식을 발전시키라고 권장한다. "문화 프로그램을 다시 쓰고 새로운 기술을 위한 공간을 만드는 사회적 가치를 재프로그래밍 … 할 수 있는 … 인간 독창성을 대안적으로 사용하는 것에 입각하여 새로운 대중적 로맨스를 창출하는 것 또한 할 수 있는 … 기술문화에 관한 우리의 지식을 해커의 지식과 같은 것으로 만들기"(132).

24 웰터(Therse R. Welter)의 기사에 실린 왈서(Randal Walser)로부터 인용. "The Artificial Tourist: Virtual Reality Promises New Worlds for Industry," *Industry Week* 1 Oct. 1990: 66. 가상현실을 건축 설계 도구로 사용하고, 그런 다음 공간이 지어지기 전에 모형공간을 구축하는 건축 도구로 사용하는 것은 그것을 보다 즉시 실천적으로 응용하는 것 가운데 하나이다.

'트라우마베이스'(Traumabase)라고 부르는 또 다른 사이버공간 환경은 베트남 전쟁 기간에 수집된 정보에 접근하기 위해, 그리고 텍스트, 그림, 영화 및 소리에서 전쟁의 현실을 분명히 보여주기 위해, 3차원 그래픽을 사용한다(70). 이 경우에, "컴퓨터 그래픽 구축물을 창조하는 것 … 중요한 차원들, 즉 부상의 위치와 심각성, 부상 유형별 집단화, 부상 유형별 빈도, 생존 유형에 따라 저장된 정보를 재현하는 것"이 정보 데이터베이스를 조직한다(71). Joseph Henderson, "Designing Realities: Interactive Media, Virtual Realities, and Cyberspace," Helsel and Roth, *Virtual Reality* 65-73.

25 굴리첸(Eric Gullichsen)은 소규모 소프트웨어 회사인 〈센스8〉의 사장으로, 그 회사의 생체 장치와 가상현실프로그램을 내가 시험해볼 수 있도록 허락했다. 머리에 쓰는 장치는 약간 원시적이어서, 낚시핀과 먼지테이프로 고정했다. 그리고 월드툴스(WorldTools)라고 부르는 소프트웨어는 약간 실망스러웠다. 가상현실 기술이 여전히 유아 상태에 있다는 사실 때문이었지만, 월드툴스가 프로그래머들에게 가상현실을 창조할 수 있게 하는 전문가용 프로그램이라는 사실 때문이기도 했다. 이와 같은 프로그램들에 대한 예상 고객으로는 아트 갤러리 연출가들, 인테리어 기획자들, 건축가들 그리고 기술자들을 포함한다.

26 보드리야르(Jean Baudrillard)에 따르면, 문화적 전환은 '현실적인 것'과 상상하는 것 사이의 관계가 반영 관계에서 모방 관계로 변형될 때 이미 발생했다. 즉 최근 이미지 양상은 "어떤 현실관계도 낳지 않는다. 그것은 그 자신의 모사물(simulacrum)이다"(11). 보드리야르의 문화 비평은 환기적이며, 미국 미디어 문화를 이해하도록 돕는 모사물의 논리를 설명한다. 그러나 내 생각에 그는 가상현실 기술의 문화적 영향에 대한 페미니즘적 분석을 위한 확실한 출발점이 아닌, 상상하는 것과 탈체현된 것의 논리 안에 머문다. Jean Baudrillard, *Simulations* (New York: Semiotext(e), 1983). [『시뮬라시옹』, 하태환 옮김, 민음사, 2001.]

27 볼튼(Richard Bolton)은 모더니즘을 "합리주의에 대한 믿음, 과학과 기술의 등장 그리고 자본주의의 성장"을 포함하는 인식론적 입장으로 설명한다(35). 그는 "근대 과학, 인식론 그리고 예술을 특징짓는 시각적인 은유"와 연관 있는 문제를 계속해서 논의한다. 그는 그 문제들을 통해 "우리의 세계 이해가 합리주의로부터 물려받은…'관찰자적 지식이론'(spectator theory of knowledge)의 제약을 받는다"고 주장한다(35). 그의 요점은 포스트모더니즘이 어떻게 대안적인 인식론적 틀을 제공하는지 기술하는 것이다. Richard Bolton, "The Modern Spectator and the Postmodern Participant," *Photo Communique* Summer 1986: 34-135.

젠더화된 몸의 기술: 사이보그 여성 읽기

28 서드나우(David Sudnow)는 퐁게임(Pong)의 2차원적 공간에 갇혀서 미시세계를 여행 했을지라도, 그러한 현상의 기초적인 묘사를 제공했다. David Sudnow, *Pilgrim in the Microworld* (New York: Warner, 1983).

29 스프링(Spring)은 사유의 역학, 자신이 '정보 처리 과정'이라고 부르는 것 그리고 그것이 시각적 은유 및 모델과 관련되는 방식에 관한 몇 가지 질문을 제기한다. 그의 질문 중 하나는 "어떻게 관념들의 상호연결이 시각화되는가?"이다(14). 또한 다음을 보라. Randal Walser, "Elements of a Cybernetic Playhouse."

30 예를 들어, 스프링은 언어를 "단어와 정보를 가지고서 다양한 정보 로딩을 수신자에게 재현해주는 현실의 추상화"로 규정한다(11-12). Spring, "Informating With Virtual Reality." 크뢰거는 자신의 논문 "인공 현실: 과거와 미래"(Artificial Reality: Past and Future)에서 "인공 현실의 미래는 소통을 포함해야 한다"고 주장한다. "왜냐하면 소통은 두 사람 사이에 있는 모든 것을 이전에는 전혀 불가능했던 방식들로 잡아낼 수 있기 때문이다"(24).

31 Randal Walser, "Elements of a Cyberspace Playhouse." 51.

32 트루두(Gary Trudeau)는 자신이 연재한 1990년 2월 24일자 만화에서 "깜짝 놀라는 이라크의 생산 관리자들을 지나", 화학무기 시설로 날아가고, "시설 책임자의 사무실로 날아가는" 폭탄을 폭탄의 시선 관점으로 한 장면씩 묘사했다. 다음 장면에서 폭발을 보여주고, 해설자(다음 장면의 장군)는 이렇게 말한다. "불행하게도, 폭탄은 열린 창문을 통해서 날아가, 주차장 근처에서 폭발했다." 라슨은 걸프전쟁에 대한 텔레비전 특집에서 우리가 보지 못한 것들이 암시하는 바를 검토했다. Ernest Larsen, "Gulf War TV," *Jump Cut* 36 (1991): 3-10.

33 Tisdale, "It's Been Real" 3.

34 Scott S. Fisher, "Virtual Environments: Personal Simulations and Telepresence," Helsel and Roth 101-10; 109쪽에서 인용.

35 Fred Pfeil, *Another Tale to Tell: Politics and Narrative in Postmodern Culture* (London: Verso, 1990) 88.

36 사이버공간의 밖에서, 대안적인 세계에서, 또는 몇몇 미래의 후기묵시록적 지구에서, 이성애적 접촉은 성적 장면을 지배한다. 스털링이 편집한 『선글라스: 사이버펑크 걸작선』(*Mirrorshades: The Cyberpunk Anthology*)의 두 단편소설을 참조하라. 레이들로(Marc Laidlaw)의 단편소설 "400명의 소년"에서 '갤러그'(Galrogs)라고 부르는 소녀갱들이 속해있는 펀 시티(Fun City)의 갱들은 도시를 통제하려는 새로운 갱인 '300명의 소년들'을 몰아내려고 연합한다. 스털링과 샤이너(Lewis Shiner)의 단편소설 "선글라스를 쓴 모차르트"(Mozart in Mirrorshades)에서 주인공 라이스(Rice)는 마리 앙투아네트에게 매료된다. 그녀는 "검정 레이스가 달린 손바닥만한 속옷을 입고, 보그(Vogue)지를 넘기면서 핑크주단이 깔린 침대에 드러누웠다." … "가죽 비키니를 입고 싶어." 그녀가 말했다. … 라이스는 알았다면서 그녀의 단단한 허벅지를 베고 누워 그녀의 엉덩이를 가볍게 두드렸다(231). Bruce Sterling, ed. *Mirrorshades: The Cyberpunk Anthology* (New York: Ace, 1986) [윌리엄 깁슨 외, 『선글라스를 쓴 모차르트: 사이버펑크 걸작선』, 최종수 편역, 한뜻, 1996에 부분 번역되어 있다.]

37 러커와 윌슨은 '이상한 끌개(들)'(Strange Attractor(s))이라는 제목의 글 서문에서, 세 가지 유형의 작가를 서술한다. (1) 오래된 뉴 웨이브(New Wave)의 환상: 발라드(J. G. Ballard), 유릭(Sol Yurick)

주석

그리고 버러우(William Burroughs) (2) 때때로 '사이버펑크'라고 불리는 느슨하게 정의되는 일군의 청년 작가들. (3) "제록스마이크로진(xerox microzines)과 미국 삼지닷(samzidat)의 언더그라운드 세계"에서 온 작가들: "매우 급진적으로 주변화된 작가들. 그들은 동료도 없었고, 재기할 수 없었으며, 인정받거나 출판되어 팔리는 것이 불가능했다"(13). Rudy Rucker, Peter Lamborn Wilson, eds., *Semiotext(e)* SF 5. 2 (1989).

38 Andrew Ross, "Cyberpunk in Boystown," *Strange Weather: Culture, Science and Technology in the Age of Limits* (London: Verso, 1991).

39 터클과 페이퍼트(Sherry Turkle and Seymour Papert)는 컴퓨터 기술이 인식론적 다원주의의 발전을 촉진할 수 있다고 주장한다. 가상현실 기술에 관한 가장 낙관적인 예언이 그들의 주장에서 일관되게 나타난다. 그러나 그들은 독자들에게 컴퓨터 문화가 그러한 가능성의 실현을 억제할 것이라고 계속해서 상기시킨다. Sherry Turkle and Seymour Papert, "Epistemological Pluralism: Styles and Voices within the Computer Culture," *SIGNS* 16.1 (Autumn 1990): 128-57.

40 자기공명화상장치(MRI)와 같은 새로운 이미지화 장치들을 사용하면서 과학자들과 외과 의사들은 두뇌 활동에 관한 정보를 추출하기 위해 두뇌 속을 들여다볼 수 있다. Jon Van, "Understanding the Body through Imaging," *Chicago Tribune* 2 Aug. 1987: sec. 2, 1.
양전자방사단층촬영법(PET)은 두뇌 '처리' 정보인 신진대사 기능을 측정하기 위해 방사능 추적기를 사용하는 또 다른 새로운 이미지화 절차이다. 몇몇 과학자들은 새로운 이미지화 기술들이 정신의학 진단을 명확하게 할 것이고, 따라서 누군가 '잘못되었음'을 진단하는 것이 더 이상 추측으로 이루어지지는 않을 것이라고 주장한다. 라졸라(LaJolla)의 〈스크립스 클리닉 연구소〉(Research Institute of Scripps Clinic)의 선치료 신경과학 및 내분비학 분과의 책임자인, 블룸 박사(Floyd E. Bloom)는 다음과 같이 설명한다. "우리는 다른 시간대의 두뇌의 차이와 비슷한 조건들 아래 다른 두뇌들 간의 차이에 관해 아주 정확하고, 기계적이며 양적인 측정을 할 수 있을 것이다. 그러한 종류의 정보는 정신질환에서 무엇이 잘못되었는지 예측하는 데 전적으로 유용할 것이다." Ronald Kotulak, "Mind Readers: The Wondrous Machines That Let Scientists Watch Us Think," *Chicago Tribune* 9 May 1988: sec. 2, 2.
자기두뇌사진(MEG)은 생각이 발생하고 있는지 아닌지를 결정하기 위해 두뇌 내부를 살펴보기 위해 컴퓨터를 이용하는 기법이다. 최근의 한 논문("미스터리한 두뇌 속 들여다보기")에서는 MEG와 여타의 이미지화 기술들이 '경이적'이라고 주장한다. 왜냐하면 "그것들은 본질적으로 두뇌를 유리로 바꿔서, 우리는 내부를 들여다 볼 수 있고, 무엇이 진행되고 있는지 알 수 있기 때문이다…. 이러한 전례가 없는 관찰방식은 정신질환을 진단하는 것, 행동과 성격을 예측하는 것, 정신 능력을 평가하고, 근본적으로 두뇌가 잘 작동할 때와 그렇지 않은 때를 평가하는 것에 대한 방법을 주도할 것으로 기대된다." 예를 들어 이 기법은 혼수상태의 환자를 치료하는 데 에는 명백히 유용하겠지만, 몸 프라이버시라는 측면에서는 불길한 의미를 가진다. Ronald Kotulak, "A Look Inside the Mysterious Brain," *Chicago Tribune* 8 May 1988: sec. 1, 1, 12. 또한 다음의 두 기사를 보라. Ronald Kotulak, *Chicago Tribune*: "Down Memory Lane: The Ability to Learn Is Mankind's Greatest Possession," 8 May 1988: sec. 2, 1, 3; "Mind Readers," 9 May 1988: sec. 2, 1-2.
한 사람이 햄버거에 대해 생각할 때 어떤 영역이 작동하는지를 알기 위해 두뇌 속을 자세히 보는 것은 비만을 '진단'하는 모호한 방식일지도 모르지만, 그것은 또한 주관적인 생각들을 살펴보는 방식이기도 하다. 두뇌 스캔 장치들에 대한 연구자들은 "인간의 선천적인 정신 능력뿐만 아니라 그들의 내면 생각을 밝히는 방법을 찾기를 원한다"고 뻔뻔스럽게 주장한다. 군대는 탱크 운전병과 전투기 조종사를 선발하기 위해 이러한 능력에 관심을 가지고 있다. (Kotulak, "A Look Inside the Mysterious Brain," II). 알츠하이머 질환에 대한 연구에서, 알츠하이머 환자의 뇌파 스캔은 '건강한' 사람의 두뇌 스캔과 비교되며 알츠하이머 환자의 뇌파는 알파파가 더 적고 델타파는 더 많은 것으로 발견된다. 그러나 누군가를 '건강한' 상태로 진단하는 과정은 두뇌 이미지에 대해 보도하는 어떤 대중매체에서도 거의 논의되지 않는다. Kathleen Doheny, "Alzheimer's Disease: Science Struggles to Ease the Nightmare," *Los Angeles Times* 5 June 1989: sec. 2, 7; Jon Van, "New Image Scan's Value Is Unproven, AMA Says," *Chicago Tribune* 10 June 1988: sec. 2, 3.

이러한 신기술들은 '질병'이나 '정신 질환'을 치료할 가능성보다는 사람들을 두뇌 활동 양상에 의해 분류하기위해 바로 그 기술을 사용할 가능성과 관련하여 중대한 윤리적 문제를 제기한다.

Chapter 6

1 샤프(Virginia Scharff)는 자동차의 젠더화에 대한 자신의 역사적 연구에서, 미국에서 최초로 운전면허증을 취득한 여성은 1899년 시카고의 존 호웰 필립스(John Howell Phillips)였다고 말한다. 이는 여성들이 자동차의 역사가 시작된 때부터 자동차(어떤 면에서는 '첨단 기술'인)와 관련되어 왔음을 시사한다. Virginia Scharff, *Taking the Wheel: Women and the Coming of the Motor Age* (New York: Free, 1991) 25.

2 이렇게 단축된 역사에서 30년을 건너뛰는 것은, 몇몇 줄거리를 미결로 남겨둔다. 제1차 세계대전에서 제2차 세계대전이 끝날 즈음, 시카고는 몇몇 중요한 산업적·문화적 변형의 무대였다. 수천 명에 이르는 새로운 이민자들처럼 나의 할아버지 일가는 남부 이탈리아에서 이주했고, 다른 사람들은 리투아니아에서 이주했다. 각각의 가족들은 민족적으로 동질적인 시카고 근린지역에 정착했고, 이미 시카고의 정치와 경제를 지배하고 있는 몇몇 대기업 고용주들 중 한 명을 위해 일을 시작했다. 할아버지는 〈인터내셔널 하베스터〉(International Harvester)에서, 마틴스(Martins) 할머니는 〈하트, 샤프너 및 맑스〉(Hart, Schaffner and Marx)에서, 그리고 반스(Barnes) 삼촌은 〈스위프트〉(Swift) 가축사육장에서 일했다. 노동사가인 코헨(Lisabeth Cohen)은 다음과 같이 추정한다. "1920년대에 시카고의 전형적인 산업 노동자들은 시카고의 대량생산산업에서 직업을 찾기 전에 약간의 사전 훈련 정도만 필요로 했었다. 열악한 조건에서 장시간을 견뎌내는 인내력만이 도시에서 제공하는 직업 대부분의 유일한 필요조건 이었다"(3). 코헨은 『뉴딜의 형성』(*Making New Deal*)에서 전쟁 기간에 시카고 노동 계급의 사회적·문화적·경제적인 역사를 조사했다. 그녀의 목적은 1919년과 1939년 사이에 "노동 계급의 삶이 변화한 다양한 방식을 면밀히 살펴보는 것"이었다. 그녀는 20세기에 대한 그 밖의 역사적 연구들 속에서 "사람들의 노동 경험, 공동체에서의 경험 그리고 정치적인 경험 사이에, 상이한 민족과 인종 집단 사이에, 그리고 20년대와 30년대와 같은 그러한 10년 사이에 인공적인 장벽을 세우는" 하나의 경향을 비판한다(6). 그녀의 의도는 사람들의 삶이 경계를 넘는 방식을 연구하는 것이다. 그녀만의 개념에 따르면, 자신의 연구는 사람들이 스스로 새로운 종류의 집합적인 행동을 떠맡도록 하는 방식들 속에서 어떻게 자신들의 복합적인 정체성을 재조합하는지를 소개한다. 예를 들면 민족 및 노동자

계급으로서 노동자들의 자아상이 어떻게 '대공황'의 격변의 결과로서 더 양립하게 되는지를 설명한다 (6-7). 코헨의 기획은 재조합된 사회적 정체성의 역사적 패턴을 연구하기 위해 사이보그 논리를 실행한다. 거기서 우리는 어떻게 대중문화가 이전에 공통점이 없었던 집단들을 단일화하는 데 중요한 역할을 했는지를 읽을 수 있다. Lisabeth Cohen, *Making a New Deal: Industrial Workers in Chicago, 1919-1939* (Cambridge: Cambridge UP, 1990).

3 스트롬(Sharon Hartman Strom)에 따르면, "시카고의 〈펠트 앤 타란트〉사가 개발한 컴프토미터는 일반계산기보다 더 유명했다. 왜냐하면 그 컴프토미터는 열쇠 구동형이었고, 무게가 가벼웠으며, 가격이 저렴했기 때문이다. ⋯ 컴프토미터의 가장 큰 약점은 계산과정을 볼 수 없다는 점이었다. 즉 컴프토미터는 각각의 입력된 항목을 보여주는 인쇄 테이프가 없었고, 오직 합계가 나타나는 화면만 있었다"(70). Sharon Hartman Strom, "'Machines Instead of Clerks': Technology and the Feminization of Bookkeeping, 1910-1950," *Computer Chips and Paper Clips: Technology and Women's Employment*, Vol. 2: *Case Studies and Policy Perspectives*, ed. Heidi I. Hartmann (Washington, DC: National Academy P, 1987) 63-97.

4 로즈 발사모(Rose Balsamo)는 〈제4항공단〉(Fourth Aviation Brigade)에 임명된 800명의 군인들 중 한 명이었다. 그녀는 다른 미군과 쿠르드족 망명자들에게 치료 지원 역할을 하는 NCO의 보좌관이었다. 그녀와 그녀의 대원들은 설사, 콜레라, 탈수증, 영양결핍을 치료했다. 그녀는 자신이 치료한 쿠르디스탄인들이 얼마나 많은지 알 수 없었다. 왜냐하면 그녀가 그곳에 배치된 6개월 동안 계속해서 '끊임없이' 환자들이 있었기 때문이다. 비록 또 다른 군대(제8단 소속)가 치안과 인도주의적 지원을 위해 후방에 남아 있었지만, 제4항공단은 1991년 10월에 떠났다. 그녀는 공로패, 인도주의 봉사 리본, 제3보병대 전투 수장(袖章) 그리고 서남 아시아 캠페인 리본이라는 훈장을 받았다. 그러나 서독으로 갔을 때나 최종적으로 미국으로 돌아왔을 때 그녀와 동료 군인들을 환영하는 '노란 리본' 행렬은 없었다. 심지어 그들이 걸프만에 있었을 때조차도, 미디어에서는 이러한 인도주의적 노력이 공공연한 전투 지대의 중심에서 수행되었다는 사실에 대해서는 전혀 언급하지 않았다. 기지를 지키기 위해 완전한 전투 장비를 갖추라고 명령받았을 때 수많은 저공비행 폭격이 있었고, 두 번의 경계경보가 울렸다. 그녀는 걸프전의 후유증을 '청소하기' 위해 급파된 많은 군인들(대부분 의료진) 중의 한 명이었다. 그녀가 마주친 것은 전쟁의 희생자들이었다. 그것은 유도탄과 스커드 미사일을 스펙터클한 기술적 표현으로 보도한 대부분의 미디어의 시야에서 가려진 결과물이었다.

5 '최첨단'은 현대문화 내의 특정 배열에 대한 가장 최근의 명명들 중 하나이다. 베니거(James Beniger)는 "근대사회의 변형들이 1950년대 이래로", 말하자면 "이데올로기의 종말"(Bell)로 또는 "기술 사회"(Ellul)로 확인되어온 방식에 대해 철저한 목록을 구축했다. James R. Beniger, *The Control Revolution: Technological and Economic Organs of the Information Society* (Cambridge: Harvard UP, 1986) 485. 베니거의 인용은 다음을 보라. Daniel Bell, *The Coming of Postindustrial Society* (New York: Basic, 1973) and to Jacques Ellul, *The Technological Society, trans. John Wilkinson* (New York: Knopf, 1964).

나의 관심은 문화적 표현의 형식, 사회 조직의 양식 그리고 미국의 기술적 하부구조의 물질성 사이의 역사적 국면에 대한 문화적 분석에 있다. 위의 자료들 이외에 다음을 보라. Norbert Wiener, *The Human Use of Human Beings: Cybernetics and Society* (New York: Basic, 1964); Marshall McLuhan, *Understanding Media* (New York: Basic, 1964); Amitai Etzioni, *The Active Society*

(New York: Free, 1968); Raymond Williams, *Television: Technology and Cultural Form* (New York: Schocken, 1974); J. David Bolter, *Turing's Man: Western Culture in the Computer Age* (Chapel Hill: U of North Carolina P, 1980); Yoneji Masuda, *The Information Society as Post-Industrial Society* (Washington, D.C.: World Future Society, 1981); Ithiel de Sola Pool, *Technologies of Freedom: On Free Speech in an Electronic Age* (Cambridge: Harvard UP, 1983); Gilles Deleuze and Félix Guattari, *Anti-Oedipus: Capitalism and Schizophrenia* (Minneapolis: U of Minnesota P, 1983) [『천개의 고원』, 김재인 옮김, 새물결, 2001]; Paul Virilio and Sylvere Lotringer, *Pure War* (New York: Semiotext(e), 1983); Jean Baudrillard, *Simulations* (New York: Semiotext(e), 1983); Jean-François Lyoicotard, *The Postmodern Condition: A Report on Knowledge*, trans. Geoff Bennington and Brian Massumi (Minneapolis: U of Minnesota P, 1984); Sol Yurick, *Behold Metatron, The Recording Angel* (New York: Semiotext(e), 1985); Hakim Bey, *The Temporary Autonomous Zone, Ontological Anarchy, Poetic Terrorism* (New York: Autonomedia, 1985); Arthur Kroker and David Cook, *The Postmodern Scene* (New York: St. Martins, 1986); Andreas Huyssen, *After the Great Divide: Modernism, Mass Culture, Postmodernism* (Bloomington: Indiana UP, 1986); Jennifer Daryl Slack and Fred Fejes, eds., *The Ideology of Information Age* (Norwood, N.J.: Ablex, 1987); Tom Forrester, *High-Tech Society: The Story of the Information Technology Revolution* (Boston: MIT P, 1987); Shoshana Zuboff, *In the Age of the Smart Machine: The Future of Work and Power* (New York: Basic, 1988); Jerry L. Salvaggio and Jennings Bryant, eds., *Media Use in the Information Age: Emerging Patterns of Adoption and Consumer Use* (Hillside, NJ: Lawrence Erlbaum, 1989); Marshall Mcluhan and Bruce R. Powers, *The Global Village: Transformations in World Life and Media in the 21st Century* (New York, Oxford UP, 1989); Raymond Kurzweil, *In the Age of Intelligent Machines* (Cambridge: MIT P, 1990), Mark Poster, *The Mode of Information: Poststructuralism and Social Context* (Chicago: U of Chicago P, 1990); Mike Featherstone, *Consumer Culture and Postmodernism* (London: Sage, 1991); Paul Virilio, *Lost Dimension* (New York: Semiotext(e), 1991); Fredric Jameson, *Postmodernism, or, The Cultural Logic of Late Capitalism* (Durham, NC: Duke UP, 1991); Andrew Ross, *Strange Weather: Culture, Science, and Technology in the Age of Limits* (London: Verso, 1991); Celeste Olalquiaga, *Megalopolis: Contemporary Cultural Sensibilities* (Minneapolis: U of Minnesota P, 1992).

6 Pat Cardigan, *Synners* (New York: Bantam, 1991) 3. 카디건의 첫 번째 소설, 『복심술사들』(*MindPlayers*) (New York: Bantam, 1989) 그리고 가장 최근의 작품인 『바보들』(*Fools*) 역시 사이버펑크 SF 장르에 속한다. 『바보들』은 그 서사 구성에 있어서 훨씬 더 실험적이며, 서사의 정체성인 '나' 자신이 유동적이고 파편적인 루스(Joanna Ruth)의 『여성스러운 남자』(*The Female Man*)와 다소 유사하다.

7 로레티스는 다음과 같이 말한다. "그러므로 글쓰기와 읽기의 양식으로서, 기호들과 의미들의 텍스트적이고 맥락적인 생산물로서 SF는 기술적 상상물 안에 우리의 인식적이고 창조적인 과정들을 각인한다. SF는 현대 기술적 풍경의 물리적이고 물질적인 현실을 통해 인지적 경로를 추적하고 사회적 현실의 새로운 지도들을 설계하는 데 있어서 아마도 우리의 가장 혁신적이며 허구적인 역사적 창조성의

양식이다." Teresa de Lauretis, "Signs of Wa/onder," *The Technological Imagination: Theories and Fictions*, ed. Teresa de Lauretis, Andreas Huyssen, and Kathleen Woodward (Madison, Wis.: Coda P, 1980) 169.

8 그로스버그(Lawrence Grossberg)는 문화적 형성물의 구조적 정의를 기술하면서 다음과 같이 설명했다. "[문화적] 형성물은 실천들의 역사적 절합, 축적이거나 조직이다. 의문점은 특정 문화적 실천들이 어떻게 본래적이지 않고 명백한 관련이 없을지라도 새로운 정체성을 구성하기 위해 함께 절합되는가에 있다. … 이것은 텍스트 덩어리를 해석하거나 그것들의 상호텍스트성을 추적하는 것에 대한 질문이 아니다. 그보다 형성물은 불연속적인 일련의 사건들의 절합으로 독해되어야 하고, 단지 그것의 일부만이 담론적이다." Lawrence Grossberg, *We Gotta Get Out of This Place* (New York: Routledge, 1992) 70.

9 만약 우리가 담론 형성물을 독자들이 독해하고, 토론하고, 재생산하고, 우회하는 방식을 포함하는 차원까지 확장시킨다면, 어떤 형식의 대중 소설에 대한 절대적인(Archimedian) 비평을 생산할 가능성은 거의 전무하다. 이리하여, 사이버펑크는 우리의 정보 과부하 문화의 중심에 놓여있는 핵심 쟁점 중의 하나를 설명한다. 수빈(Darko Suvin)이 주장했듯이, "사이버펑크 SF에 대한 총괄적인 대규모 조사는… 실질적으로 불가능할 뿐만 아니라, 방법론적으로도 모호하다"(41). Darko Suvin, "On Gibson and Cyberpunk SF," *Foundation* 46 (1989): 40-51.

SF 출판률과 수명 때문에, 담론적 확산 또는 적절한 역사적 계보와 비교하여 어떤 종류의 정통성을 주장하기는 점점 어려워지고 있다. 특정 스타일의 모든 작가들을 추적하는 것이 어려울 뿐만 아니라, 작가의 모든 작품을 추적하는 것도 마찬가지로 어렵다. 극소수의 도서관이 SF를 소장하고 있다. 심지어 초기 SF잡지 또는 지난 10년간 [SF] 팬을 대상으로 한 수많은 잡지들에 대한 소수의 장서목록, 문학작품과 시집의 출판이 줄어드는 상황 때문에, 출판 및 도서관 소장에 대한 경제학 및 정치학은 '가치', '통합' 혹은 '장르'라는 어떤 메타문학적(metaliterary) 관심이 아닌, 문제 있는 저작들에 대한 가치평가와 보다 관련이 있다. 그 분야는 패턴화되지 않고 분산된 형태로 존재한다. 이러한 분야들은 인터넷처럼 완전히 지도를 그리는 것이 불가능하다. 인터넷 뉴스그룹인 알트-사이버펑크(Alt-Cyberpunk)를 읽는 독자들은 사이버펑크 소설의 몇몇 목록들이 지난 3년 동안 유포되어 왔다고 말한다. 나는 1993년 2월 23일에 드러미(Jonathan Drummey)가 만든 91명의 작가 목록을 가지고 있다. 여기에는 오직 논픽션만을 쓰는 몇몇 작가가 포함되어 있다. 하이퍼카드 서고 『사이버펑크를 넘어서』(*The Beyond Cyberpunk*)에는 100권 이상의 책들, 단편소설 및 시집이 목록화되어 있는 반면에, 호킨스(Andy Hawkins)가 만든 퓨처컬처(FutureCulture)라는 목록은 200개가 넘는다. 나는 독자들의 커뮤니티가 어떻게 담론적 영역을 구성하는지를 설명하기 위해 이러한 팬들의 서지(bibliography)들을 목록화했다. 독자들이 누가 내부 인물이고 누가 아닌지를 결정하는 방식과 이유를 연구하는 것은 흥미로울 것이다.

10 『먼도 2000』은 흥미로운 출판 내력을 갖고 있다. 『먼도』는 해커잡지로 출발해서, 최근에는 높은 생산율과 좀 더 고급광택지를 사용한, 시각적으로 빼빽한 테크노-팝 팬 잡지로 변형되었다. 1호에서 8호까지의 선집이 『먼도 2000 사용자들을 위한 최첨단 가이드』에 실려 있다. 각 장의 주제는 자능향상약(smartdrug), 컴퓨터 그래픽, 카오스 이론, 전자음악/자유, 힙합, 로봇, 스트리트 테크, 가상현실, 가상섹스, 컴퓨터인간(Wetware), 멀티미디어 및 네트(여타의 것들 사이에 있는)와 같이 최첨단 사이버펑크를 규정하는 모든 편견들을 포함한다. 이 책은 "쇼핑몰"이라는 지면을 포함하고 있는데, 이것은

당신이 "최첨단에 관해 읽고 들을 수 있는 생산물, 프로그램, 음악, 잡지 및 책의 목록이다. *The Mondo 2000 User's Guide to the New Edge*, ed. Rudy Rucher, R. U. Sirius, and Queen MU (New York: HarperPerennial, 1992).

11 비록 명백히 이 논문의 범위를 넘어서는 것이지만, 그러한 분석은 특히 스타 트렉(Star Trek)의 팬들, 펑크 락의 정서구조, 폰프릭[Phone Phreak 전화를 공짜로 사용할 수 있도록 개조해주는 사람] 및 판타지 롤플레잉게임의 컴퓨터화라는 문화적 형성물로서 최첨단의 출현/수렴을 실행하는 조건들에 대한 추적도 필요로 한다. 이러한 대중적인 형식을 융합하는 것은 그 자체로 중요한 문화 현상으로 연구되는 신기술들의 범위에 속한다. 여기서 나는 극장으로서 컴퓨터에 대한 로렐(Brenda Laurel)의 연구와 가상현실에 대한 울리(Benjamin Woolley)의 연구를 참조했다. Brenda Laurel, *Computers as Theater* (Reading, MA: Addison-Wesley, 1991); Benjamin Woolley, *Virtual Worlds: A Journey in Hype and Hyperreality* (Oxford, Eng.: Blackwell, 1992).
 신기술, 뉴아트 그리고 신문화형식을 포함하는 다른 안내서는 다음과 같다. Stuart Brand, *The Media Lab: Inventing the Future at MIT* (New York: Viking Penguin, 1987); Constance Penley and Andrew Ross, eds., *Technoculture* (Minneapolis: U of Minnesota P, 1991); Michael Benedikt, ed., *Cyberspace: First Steps* (Cambridge: MIT P, 1991); Linda Jacobson, ed., *Cyberarts: Exploring Art and Technology* (San Francisco: Miller Freeman, 1992); 『사이버엣지』(*Cyberedge*), 『레오나르도』(*Leonardo*) 그리고 『프레즌스』(*Presence*) 등의 학술지를 참조하라. 『버붐』(*Verbum*), 『와이어드』(*Wired*), 『먼도 2000』, 『보잉 보잉』(*bOING bOING*) 그리고 『인터텍』(*Intertek*) 등의 잡지를 참조하라. 『컴퓨터 언더그라운드 다이제스트』(*Computer Underground Digest*), 『디지털 자유 신문』(*Digital Free Press*), 『레리 엘』(*Leri L*), 『프랙』(*Phreck*), 『서프펑크』(*Surfpunk*) 그리고 『미래문화』(*FutureCulture*) 등등의 전자잡지와 서지를 보라. 그리고 『생체장치』(*Bioapparatus*)와 같은 예술전시회의 카탈로그(Banff Arts Center, 1991)와 데이치(Jeffrey Deitch)의 『포스트휴먼』(*Post Human*) (New York: DAP, 1992)을 참조하라.

12 De Lauretis, "Signs of Wa/onder" 160, 167, 170. 로레티스는 SF 문학사에서 핵심적인 시기를 확인하면서, SF의 기호작업을 "글쓰기 양식과 독해방법"으로 논의하기 위해서 시대구분의 쟁점은 제쳐놓는다. 그녀는 하나의 예술 형식으로서 SF의 특이한 두 가지 의미화 양식을 지적한다. (1) "SF는 언어와 서사기호들을 정확한 방식으로 사용한다." (2) "기술은 그것의 산만한 풍경이다."

13 Suvin, "On Gibson and Cyberpunk SF" 49. 수빈은 깁슨의 소설을 사이버펑크 SF의 '최고 작품'으로 간주하는 반면에, 스털링의 작품은 '무가치한' 예로 간주한다. 그러나 수빈이 두 저작을 대립시키는 것은 그가 두 작가의 최근 소설들을 고려할 때는 다소 상반된다. 수빈은 깁슨의 세 번째 소설인 『모나리자 오버드라이브』(*Mona Lisa Overdrive*)에 대해 "사이버공간에 대한 비판에서부터 도피수단으로 사용하는 깁슨의 패도를 확인하면서 그것을 견고히 하고 있다"고 주장한다.

14 대부분의 이러한 저작들은 깁슨 소설의 탈근대적인 특성에 특히 초점을 맞춘다. 다음을 보라. David Porush, "Cybernauts in Cyberspace: William Gibson' Neuromancer," *Aliens: The Anthropology of Science Fiction*, ed. George Slusser (Carbondale: Southern Illinois P, 1987) 168-78; Miriyam Glazer, "'What Is Within Now Seen Without': Romanticism Neuromanticism, and the Death of the Imagination in William Gibson's Fictive World," J*ournal of Popular Culture* 23,3 (Winter, 1989): 155-64; Glenn Grant, "Transcendence Through Detournement in William Gibson's

Neuromancer," *Science-Fiction Studies* 17 (1990): 41-49; Peter Fitting, "The Lessons of Cyberpunk," *Technoculture*, ed. Constance Penley and Andrew Ross (Minneapolis: U of Minnesota P, 1991) 295-315. 다른 저자들은 사이버펑크와 대중매체 사이의 연관성을 구체적으로 설명한다.: Brooks Landon, "Bet on IT: Cyber/Video/Punk/Performance," *Mississippi Review* 47/48 16.2/3 (1988): 245-51; George Slusser, "Literary MTV," *Mississippi Review* 47/48 16.2/3 (1988): 279-88. 사이버펑크의 장르 특성을 주제화한 첫 번째 서술 중 하나는 스털링이 편집한 『선글라스: 사이버펑크 걸작선』*Mirroshade: The Cyberpunk Anthology* (New York: Ace, 1986)의 서문이다.

15 Veronica Hollinger, "Cybernetic Deconstructions: Cyberpunk and Postmodernism," *Mosaic* 23.2 (Spring 1990): 29-44, 31쪽에서 인용. 만약 홀링거가 신중하게 독해하면서 놓친 것이 있다면, 그것은 자본주의 공간의 확장에 관한 것이다. 사이버펑크 풍경(도시뿐만 아니라 사이버네틱의 확장)의 미장센인 자본주의 공간은 단지 표면의 과다를 의미하지 않으며 그보다는 기업 영역화의 과다를 의미한다. 이러한 의미에서, 깁슨이 브랜드 이름을 의도적으로 사용하는 것은 다국적 자본주의가 사이버네틱으로 확장하는 하나의 증거이다. 이러한 점에 대해서는 홀링거와 로젠탈(Pam Rosenthal)을 보라. "Jacked In: Fordism, Cyberpunk, Marxism," *Socialist Review* 21.1 (1991): 79-103.

16 Hollinger, "Cybernetic Deconstructions" 33.

17 Hollinger, "Cybernetic Deconstructions" 42.

18 Cadigan, *Synners* 386-87.

19 Jameson, *Postmodernism* 38.

20 Cadigan, *Synners* 109.

21 Fred Pfeil, *Another Tail to Tell: Politics and Narratives in Postmodern Culture* (London: Verso, 1990), 86.

22 같은 책.

23 Cadigan, *Synners* 52-53.

24 Cadigan, *Synners* 194.

25 Jean Baudrillard, *In the Shadow of the Silent Majorities ... or the End of the Social*, trans. Paul Foss, Paul Patton and John Johnston (New York: Semiotext(e), 1983) 95.

26 Carolyn Marvin, "Information and History," *The Ideology of the Information Age*, ed. Jennifer Daryl Slack and Fred Fejes (Norwood, N.J.: Ablex, 1987) 49-62, 51쪽에서 인용.

27 Cadigan, *Synners*, 351.

28 같은 책, 7.

29 같은 책, 41.

30 같은 책, 239.

31 같은 책, 243.

32 같은 책, 213.

33 같은 책, 216.

34 같은 책, 232.

35 같은 책, 325.

36 기술적 환각에 대한 헐리우드식 재현은 기술적으로 야기된 주관적인 상태를 보여주기 위해 시간이 갈수록 놀라운 시각적 유사성, 아웃포커스(out of focus) 샷의 사용, 웜홀(worm hole)을 통해 이동하는 시점 시퀀스(sequence)를 포함하는 뒤섞인 이미지들, 빠른 편집 그리고 비논리적으로 병렬된 샷들을 보여준다. 특히 다음을 보라. 『여행』(The Trip, 1967), 『브레인스톰』(Brainstorm, 1983), 『회로 인간』(Circuitry Man, 1989), 『프리잭』(Freejack, 1992), 『세상의 끝까지』(Until the End of the World, 1991).

37 Cadigan, *Synners* 400.

38 같은 책, 435.

39 Pfeil, *Another Tale* 89. 프로벤조(Eugene Provenzo)는 닌텐도 비디오게임에 대한 자신의 연구에서, 여성이 비디오게임에서 캐릭터로 등장할 때, 그들은 "주동자가 아니라 동행인들로 캐스팅된다"고 말한다(100). 그들은 공주로 묘사되거나, 고난 속에서 홀로 행동하는 남성 영웅이나, 파이터/마법사 팀의 지도자인 남성 영웅에 의해 구출되어야만 하는 여자친구로 묘사된다. 여성 캐릭터들은 명백히 비디오 탐험, 여정 그리고 싸움 서사를 고무하는 모티브를 제공하지만, 그들은 스스로는 탈출할 수 없는 희생자로서만 그렇게 한다. 다른 게임 체계들로 고안된 비디오 게임들 역시 여성 캐릭터들에 대해 비슷한 고정관념을 보여준다. 예를 들어 세가 제네시스(Sega Genesis)의 게임인 판타지 스타 3(Fantasy Star Ⅲ)에서는 비디오 사용자가 여성 사이보그들을 자신의 모험팀의 멤버로 선택할 수 있다. 이 게임 과정에서 영웅 팀은 매혹적인 여성으로 묘사되는 수많은 강력한 괴물들과 마주친다. 심지어 게임들이 여성 캐릭터를 싸움/여정 팀에 포함시킬지라도, 그들은 여전히 게임 서사 속에서 진짜 행위자인 남성 전사의 명령에 따른다. 비디오 게임을 하는 소녀들은 예쁜 공주를 구출하는 남성 주인공을 하거나, 닌텐도의 매니악 맨션(Maniac Mansion)의 경우에는 치어리더인 샌디(Sandy)를 플레이하는 것 말고는 다른 선택의 여지가 없다. "따라서 게임은 여성을 의존적으로 사회화할 뿐만 아니라, 남성에게 지배적인 젠더 역할을 가정하도록 조건 짓는다"(100). Eugene F. Provenzo, Jr., *Video Kids: Making Sense of Nintendo* (Cambridge: Harvard UP, 1991).

40 Andrew Ross, *Strange Weather: Culture, Science, and Technology in the Age of Limits* (London: Verso, 1991) 145.

41 항들이 서로 맺는 미묘한 관계에 대해 풀 수 있도록 도와준 쉬레이퍼 씨에게 감사를 전한다. 다음을 보라. Ronald Schleiffer, A. J. *Greimas and the Nature of Meaning: Linguistics, Semiotics, and Discourse Theory* (Lincoln: U of Nebraska P, 1987).

42 가상섹스의 에로틱한 가능성에 대한 브라이트와 로우렐 사이의 아주 통찰력 있는 논쟁에 대해서는 다음을 보라. "The Virtual Orgasm," *Susie Bright's Sexual Reality: A Virtual Sex World Reader* (Pittsburgh: Cleis, 1992) 60-70.

43 Allucquére Rosanne Stone, "Will the Real Body Please Stand Up? Boundary Stories about Virtual Cultures," *Cyberspace: First Steps*, ed. Michael Benedikt (Cambridge: MIT P, 1992) 109. 또한 다음을 보라. Sally Pryor, "Thinking of Oneself as a Computer," *Leonardo* 24.5 (1991): 585-90.

44 Stone, "Real Body" 113. 나는 물질적 몸에 대한 억압은 테크노 바디의 바로 그 자능 때문에 일부분은

담론적으로 성취된다고 말하고 싶다. 마치 차를 운전하는 것이 생리적인 직관이 되는 것처럼, 가상현실 장비 역시 마찬가지이다. 새롭게 출현한 대중문화 형식처럼, 가상현실과의 육화된 만남은 이 지점에서는 현실보다 더 실제적(virtual)이다. (5장을 보라.)

45 컴퓨터 소통의 윤리적/정책적 차원에 대한 논의에 관해서는 다음을 보라. Jeffrey Bairstow, "Who Reads Your Electronic Mail?" *Electronic Business* 16.11 (11 June 1990): 92; Bob Brown, "EMA Urges Users to Adopt Policy on E-mail Privacy," *Network World* 7.44 (29 Oct. 1990): 2; Pamela Varley, "Electronic Democracy," *Technology Review* Nov./Dec. 1991: 40-43; Laurence H. Tribe, "The Constitution in Cyberspace," *The Humanist* 51.5 (Sept./Oct. 1991): 15-21; Willard Uncapher, "Trouble in Cyberspace," *The Humanist* 51.5 (Sept/Oct. 1991): 5-14.
컴퓨터 소통의 새로운 방식에 대한 이외의 연구는 다음을 보라. Magoroh Maruyama, "Information and Communication in Polyepistemological Systems," *The Myths of Information: Technology and Postindustrial Culture*, ed. Kathleen Woodward (Madison, Wis.: Coda, 1980) 28-40; Lee Sproull and Sara Kiesler, "Replacing Context Cues: Electronic Mail in Organizational Communication," *Management Science* 32 (1986): 1492-1512; R. E. Rice and G. Lover, "Electronic Emotion: Socioemotional Content in a Computer-Mediated Network," *Communication Research* 14 (1987): 85-108; James W. Chesebro and Donald G. Bonsall, *Computer-Mediated Communication: Human Relationships in a Computerized World* (Tuscaloosa: U of Alabama, 1989).

46 소통 기술들의 젠더화된 특성에 대한 논의들에 대해서는 특히 다음을 보라. Lana Rakow, "Women and the Telephone: The Gendering of a Communications Technology," *Technology and Women's Voices: Keeping in Touch*, ed. Cheris Kramarea (Boston: Routledge, 1988). 컴퓨터 사용의 젠더화된 특성에 대한 이외의 연구는 다음을 보라. Sara Kiesler, Lee Sproull, and Jacquelynne Eccles, "Poolhalls, Chips and War Games: Women in the Culture of Computing," *Psychology of Women Quarterly* 9.4 (Dec. 1985): 451-62; and Sherry Turkle and Seymour Papert, "Epistemological Pluralism: Styles and Voices within the Computer Culture," *SIGNS* 16.11 (1990): 128-57.

47 The Jargon File, version 2.0.10, July 1992. ftp.uu..net에서 온라인으로 볼 수 있다. 해커사전(The Hacker's Dictionary)에도 수록되었다.

48 특히 다음을 보라. Sherry Turkle and Seymour Papert, "Epistemological Pluralism"; and Dannielle Bernstein, "Comfort and Experience with Computing: Are They the Same for Women and Men?" *SIGCSE Bulletin* 23.3 (Sept. 1991): 57-60.

49 이러한 토론들은 1992년 후반에 며칠 동안 이루어졌으며 대부분 자신들의 투고 내용을 남성중심주의로 표시한 12명이 넘는 참여자들이 포함되어 있다.

50 Hoai-An Truong, "Gender Issues in Online Communication," CFP 93 (Version 4.1). 온라인 ftp.eff.org에서도 볼 수 있다.

51 Carolyn Kay Steedman, *Landscape for a Good Woman: A Story of Two Lives* (New Brunswick, N.J.: Rutgers UP, 1987) 6.

52 Steedman, *Landscape* 6-7.

젠더화된 몸의 기술: 사이보그 여성 읽기

53 Steven Best and Douglas Kellner, *Postmodern Theory: Critical Interrogations* (New York: Guilford, 1991) 274. [『탈현대의 사회이론』, 정일준 옮김, 현대미학사, 1995.]

54 컴퓨터의 역사에 대한 커즈와일(Raymond Kurzweil)의 설명에서, "배비지(Charles Babbage)와 세계의 첫 번째 프로그래머"라는 장의 제목에서 "세계의 첫 번째 프로그래머"의 정체성은 빠져 있다. 우리는 다음 장에서 다음과 같은 설명을 발견한다. "배비지는 프로그램할 수 있는 컴퓨터에 대한 자신의 비전에 사로잡혀 있는 외로운 남자였지만, 그는 시인인 바이런 경의 유일한 합법적 자식인, 아름다운 러브레이스(Ada Lovelace)와 만났다. 그녀는 배비지만큼 그 기획에 사로잡히게 되었고, 프로그래밍 회로와 서브루틴의 발명을 포함해서 기계를 프로그램하는 많은 생각에 기여했다"(167). 러브레이스는 배비지의 기계인 분석적 엔진(Analytical Engine)에 대한 서술을 번역했고, "지적인 인간 활동에 필적할만한 프로그램 테크닉, 샘플 프로그램들과 이 기술이 지닌 잠재력에 관한 확장된 토론들에 참여했다"(167). 러브레이스는 미국 국방부가 그녀의 이름을 따서 ADA라는 프로그램 언어의 이름을 지었을 때 국방부로부터 훈장을 받았다. 러브레이스와 후퍼(Grace Murray Hooper)팀장 (프로그램 언어인 COBOL을 개발한 소유권자)은 컴퓨터의 역사에서 등장하는 단 두 명의 여성이다. 다음을 보라. Raymond Kurzweil, *In the Age of Intelligent Machines* (Cambridge: MIT P, 1990). 러브레이스(1815-1852)의 간략한 전기에 대해서는 다음을 보라. Teri Perl, *Math Equals: Biographies of Women Mathematicians* (Menlo Park, Calif.: Addison-Wesley, 1978).

55 나는 내가 강의한 "과학, 기술 및 젠더"(Science, Technology, and Gender) 수업에서, 첫 번째 과제로 학생들에게 오길리비(Ogilivie)의 『과학에서 여성』(*Women in Science: Antiquity through the Nineteenth Century-A Biographical Dictionary with Annotated Bibliography*) (Boston: MIT P, 1986)의 부록에 있는 350명의 이름들 중 한 명을 정해서 전기/참고문헌을 써오도록 했다. 나는 학생들로 하여금 자신의 조사 과정, 특히 잘못된 실마리나 막다른 결말을 작성하도록 했다. 그러면서 여성이 발견되지 않는다는 것을 발견하는 것이 여성들이 어디서 발견되는가를 발견하는 것만큼 흥미롭다고 설명했다. 특히 그들이 "과학/수학/천문학의 위인"들의 백과사전 등등의 자료에서 언급되지 않는 경우에 말이다.

56 Joan Rothschild, "Introduction," *Machina Ex Dea: Feminist Perspectives on Technology* (New York: Pergamon, 1983) ⅹⅷ. 맥고는 그녀가 1982년에 여성과 미국 기술사를 검토하면서, 1976년 기술의 사회사 모임에 대한 코완의 설명을 기술에 대한 페미니스트 연구의 중요한 발견 계기로 평가한다. 그것은 또한 기술사에서 여성 조직(Women in Technological History)에 대한 **문자 그대로의** 발견 계기였다. Judith A. McGaw, "Women and the History of American Technology," *Signs* 7.4 (1982): 798-828.

여성과 기술사 사이의 관계에 대한 또 다른 논문집들은 다음을 보라. Annie Nathan Meyer, *Woman's Work in America: Images and Realities* (New York: Henry Hold, 1891); Susan B. Anthony Ⅱ, *Out of the Kitchen—Into the War: Women's Winning Role in the Nation's Drama* (New York: Stephen Daye, 1943); Elizabeth Faulkner Baker, *Technology and Women's Work* (New York, Columbia UP, 1964); Martha Moore Trescott, ed., *Dynamos and Virgins Revisited: Women and Technological Change* (Metuchen, NJ: Scarecrow, 1979); Delores Hayden, *The Grand Domestic Revolution: A History of Feminist Designs for American Homes, Neighborhoods, and Cities* (Cambridge: MIT P, 1981); Marguerite Zientara, *Women, Technology and Power: Ten Stars* and the History They Made (New York: American Management Assoc., 1987); Barbara Drygulski Wright, ed., Women, Work and Technology: Transformations (Ann Arbor: U of Michigan P, 1987).

57 Autumn Stanley, "Women Hold Up Two-Thirds of the Sky: Notes for a Revised History of Technology," Rothschild, Machina Ex Dea 3-22. 또한 여성이 어떻게 기술사에서 사라지는지에 관한 와츠맨의 논의로 그녀의 책 『페미니즘과 기술』(Feminism Confronts Technology)을 보라. [『페미니즘과 기술』, 조주현 옮김, 당대, 2001.] 이 주제에 대한 좀 더 대중적인 접근은 다음을 보라. Ethlie Ann Vare and Greg Ptacek, Mothers of Invention: From the Bra to the Bomb, Forgotten Women and Their Unforgettable Ideas (New York: Quill William Morrow, 1987). [『브래지어에서 원자폭탄까지: 잊혀진 여성들의 잊을 수 없는 아이디어』, 장석영 옮김, 현실과미래, 2002.]

58 특히 다음을 보라. Cynthia Cockburn, Machinery of Dominance: Women, Men and Technical Know-How (London: Pluto, 1985); Wendy Faulkner and Erik Arnold, eds., Smothered by Invention: Technology and Women's Lives (London: Pluto, 1985); R. Arditti, R. Duelli-Klein, and Shelly Minden, eds., Test-Tube Women: What Future for Motherhood? (Boston: Pandora, 1984); Gina Corea, The Mother Machine: Reproductive Technologies form Artificial Insemination to Artificial Wombs (New York: Harper and Row, 1985); Michelle Stanworth, ed., Reproductive Technologies: Gender, Motherhood, and Medicine (Minneapolis: U of Minnesota P, 1987); H. Patricia Hynes, ed., Reconstructing Babylon: Essays on Women and Technology (Bloomington: Indiana UP, 1991); Ruth Schwartz Cowan, More Work for Mother: The Ironies of Household Technology from the Open Hearth to the Microwave (New York: Basic, 1983) [『과학기술과 가사노동』, 김성희 외 옮김, 신정, 1997]; Marion Roberts, Living in a Man-Made World: Gender Assumptions in Modern Housing Design (London: Routledge, 1991). 기술에 대한 이러한 연구의 대부분은 과학, 과학적 지식 그리고 과학적 증거에 의해 지탱되는 사회적 배치에 대한 페미니즘 연구와 매우 밀접한 관련이 있다. 지면의 한계상 이 자료들의 참고문헌은 생략한다.

59 다음의 "기술 변화의 역사적 패턴"(Historical Patterns of Technological Change)이라는 장을 보라. Heidi I. Hartmann, Robert E. Kraut, and Louise A. Tilly, eds., Computer Chips and Paper Clips: Technology and Women's Employment (Washington, D.C.: National Academy P, 1986) 40.

60 여성과 작업장 기술에 대한 이외의 연구는 다음을 보라. Margery Davis, Woman's Place Is at the Typewriter: Office Work and Office Workers 1870-1930 (Philadelphia: Temple UP, 1982); Judith S. McIlwee and J. Gregg Robinson, Women in Engineering: Gender, Power and Workplace Culture (Albany: SUNY, 1992); and Uma Sekaran and Frederick T. L. Leong, eds., WomanPower: Managing in Times of Demographic Turbulence (Newbury Park, Calif.: Sage, 1992).

61 작업장 기술과 여성의 관계에 대한 연구에서 가장 최근에 투고된 것은 1990년에 출간되었고, 그 연구는 여성과 컴퓨터를 주제로 한 페리(Ruth Perry)와 그레버(Lisa Greber)가 편집한 『사인즈』(SIGNS)지의 특별호에 실렸다. 그들이 검토한 것은 여성의 고용에 있어서 컴퓨터의 영향과 컴퓨터 교육에 대한 여성의 접근성을 제한하는 구조적 힘들에 관한 것이었다. Ruth Perry and Lisa Greber, "Women and Computers: An Introduction," SIGNS 16.1 (1990): 74-101.

젠더화된 몸의 기술: 사이보그 여성 읽기

여성, 컴퓨터사용 및 컴퓨터 과학 교육 간의 관계에 대한 다른 연구는 다음을 보라. Diane Werneke, *Microelectronics and Office Jobs: The Impact of the Chip on Women's Employment* (London: International Labour Office, 1983); R. Deakin, *Women and Computing: The Golden Opportunity* (London: Macmillan, 1984); Agneta Olerup, Leslie Schneider, Elsbeth Monod, eds., *Women, Work and Computerization: Opportunities and Disadvantages* (North-Holland: Elsevier, 1985); Barbara Garson, *The Electronic Sweatshop: How Computers are Transforming the Office of the Future into the Factory of the Past* (New York: Simon and Schuster, 1988); Jill Lippitt, "The Feminist Face of Computer Technology," *Woman of Power: A Magazine of Feminism, Spirituality, and Politics* 11 (Fall 1988): 56-57; Sally Hacker, Pleasure, *Power and Technology: Some Tales of Gender, Engineering and the Cooperative Workplace* (London: Unwin Hyman, 1989); Karen A. Frenkel, "Women and Computing," *Communications of the ACM* 33.11 (Nov. 1990): 34-46; Pamela E. Kramer and Sheila Lehman, "Mismeasuring Women: A Critique of Research on Computer Ability and Avoidance," *SIGNS* 16. 11 (1990): 158-72; J. Webster, *Office Automations: The Secretarial Labour Process and Women's Work in Britain* (Hemel Hempstead: Harvester Wheatsheaf, 1990); Gillian Lovegrove and Barbara Segal, eds., *Women into Computing: Selected Papers 1988-1990* (London: Springer-Verlag, 1991); Inger V. Eriksson, Barbara A. Kitchenham, and Kea G. Tijdens, eds., *Women, Work and Computerization: Understanding and Overcoming Bias in Work and Education* (North Holland: Elsevier, 1991); Dannielle Bernstein, "Comport and Experience with Computing: Are They the Same for Women and Men?" *SIGCSE Bulletin* 23.3 (Sept. 1991): 57-60; Gill Kirkup and Laurie Smith Keller, eds., *Inventing Women: Science, Technology and Gender* (Cambridge, Eng.: Polity, 1992).

62 5장을 보라. "Conclusions and Recommendations," in Hartmann, Kraut, and Tilly, eds., *Computer Chips and Paper Clips: Technology and Women's Employment*.

63 레비도우(Levidow)는 "값싼 칩에 대해 지불된 가격"을 말레이시아 여성들이 견디는 괴로움과 통제의 형식이라는 측면에서 탐색한다. 다음을 보라. Les Levidow, "Women Who Make the Chips," *Science as Culture* 2 10 (Part 1: 1991): 103-24. 또한 옹(Aihwa Ong)의 민족지학적 연구를 보라. *Spirits of Resistance and Capitalist Discipline: Factory Women in Malaysia* (Albany: SUNY UP, 1987).

64 Nancy Tosta(버지니아주 레스톤의 미국 지질학적 데이터, 국가 지도 제작 분과 제작부서의 책임자), "Who's Got the Data?" Geo Info Systems Sept. 1992: 24-27. 지리정보체계(GIS)를 구축하려는 미국 정부의 노력에 대한 또 다른 진술이 토스타의 예견을 뒷받침하고 있다. 지리정보체계는 "모든 공적 정보가 위치에 의해 조회될 수 있다"는 것에 기반한다. 지리정보체계를 가장 적절히 사용하는 것은 국가와 사적인 것 양자에서 국지적, 지역적 그리고 국가적 조직들의 협력을 돕는 것이다. 다음을 보라. Lisa Warnecke, "Building the National GI/GIS Partnership," *Geo Info Systems* Apr. 1992: 16-23.

데이터를 관리하는 것, 새로운 데이터를 획득하는 것 그리고 원데이터를 보호하는 것은 GIS 관리자들의 관심사이다. 새로운 데이터를 획득하고 원데이터를 보호하는 비용 때문에 GIS 관리자들은 때때로 정보 제공 수수료를 부담한다. 이러한 부담 과정은 "그들을 데이터, 프라이버시 및 저작권들의 가치 및 책임 그리고 부유하는 정보에서 공사 부분의 역할들이라는 공적 기록과 정보의 자유에 대한

주석

쟁점들의 곤란함에 빠지게 한다." Nancy Tosta, "Public Access: Right or Privilege?" *Geo Info Systems* Nov./Dec. 1991: 20-25+.

65 Kenneth B. Allen, "Access to Government Information," *Government Information Quarterly* 9.1 (1992): 68.

66 하나의 지원책으로, 헌터(Teola P. Hunter)는 아프리카계 미국 여성이 모든 정부 층위에서 이미 "시의원 자리, 국가 위원회, 학교 위원회와 상공회의소 및 많은 자문 회의들에서 나타나고 있는, 잠재력 있는 정치 후보자들"을 찾아야 한다고 주장한다(49). 이러한 여성들이 가지는 성공을 위한 열쇠는 그들이 "시민권 집단, 교육 집단 및 교회 집단"과 접촉하는 것이다. 헌터는 계속해서 "소수자 여성이 이러한 접촉과 연대를 이용할 때, 중요한 지원 기반을 가질 수 있다"고 주장한다(52). Teola P. Hunter, "A Different View of Progress —Minority Women in Politics," *Journal of State Government* Apr./June 1991: 48-52.

67 Council of State Governments, *Suggested State Legislation* 51 (1992): 17-19.

68 Jennifer Terry, "The Body Invaded: Medical Surveillance of Women as Reproducers," *Socialist Review* 39 (1989): 13-44.

69 1991년 『에센스』(*Essence*)에 등장한 하나의 광고는 모르간(Garrett Morgan)의 신호등 발명을 실었다. 그 광고는 또한 기술적 과정의 이데올로기적 신화를 지탱하는 흑인 행위자의 미묘한 전유를 설명한다. 그 광고에서 인종주의체계는 기술적 조절로 그럭저럭 극복될 수 있다. 그 광고는 〈암트랙〉(Amtrek)이 후원했고, 신호등 그림과 "당신은 어떻게 당신 앞의 길을 보나요?"라는 문구를 실었다. 광고의 나머지 부분을 읽어보면 다음과 같다.

> 앞서나갈 기회는 항상 적색 또는 녹색의 문제는 아니다. 역사적으로 그것은 종종 흑과 백의 문제였다. 운 좋게도, 모르간은 색깔을 장애물로 보지 않았다. 대신에 예전에 노예의 아들이었던 그는 이 세기에 가장 중요한 미국인 발명가들 가운데 한 사람이 되어 엄청난 편견을 극복했다. 그의 발명은 헤어 스트레이트 크림부터 제1차 세계대전 때 수천 명의 생명을 살린 가스마스크에까지 이른다. 그러나 모르간의 삶을 가장 뛰어나게 상징화하는 것은 아마도 교통 신호등 개발일 것이다. 1923년에 자동차 수는 증가했고, 그래서 불행하게도 자동차 사고가 발생했다. 모르간은 자신의 집에서 도로에서 난 사고를 목격한 후 세계의 모든 교차로에서 우리가 보는 신호등의 선구인 교통 안전등을 개발해서 〈제네럴 일렉트릭〉사에 특허를 판매했다. 그 신호등은 모든 곳에서 사람들의 안전에 대한 그의 관심을 상징한다. 그는 인내했고, 피부색을 그의 능력의 지각대상으로 보는 것을 거부했다. 그것은 우리에게 모르간의 참된 교훈을 가져다준다. 그는 교통 신호를 발명했었는지도 모른다. 그러나 그는 결코 빨간불을 보지 않았다. *Essence* Feb. 1991: 95.

70 영국에서 더 높은 교육의 기술적 전수에 대한 논의에서, 지금 현재 미국에서 즉각 진행되고 있는 것으로 인문학과 사회과학에서 기술과 경영 분야로의 전환에 대한 통찰력을 제공하는 글로는 다음을 보라. Kevin Robins and Frank Webster, "Higher Education, High Tech, High Rhetoric," *Compulsive Technology: Computers as Culture*, ed. Tony Solomenides and Les Levidow (London: Free Association, 1985) 36-57.

에필로그

1 Elizabeth Grosz, "Notes towards a Corporeal Feminism," *Australian Feminist Studies* 5 (Summer 1987 special issue on "Feminism and the Body"; guest editors Judith Allen and Elizabeth Grosz): 1-16

2 나는 몸에 관한 주석에 달린 참고 문헌과 논평 글에서 광범위한 몸 연구를 검토한다. "Reading the Gendered Body in Contemporary Culture: An Annotated Bibliography." *Women and Language* 13.1 (1990): 64-85.

3 Elizabeth Grosz, *Volatile Bodies: Toward a Corporeal Feminism* (Bloomington: Indiana UP, 1994) ix.

4 여기서 그로츠는 브라이도티(Rosi Braidotti), 프로빈(Elspeth Probyn), 싱어(Linda Singer), 개턴스(Moris Gatens), 버틀러(Judith Butler)와 같은 여타의 페미니스트 집단과 함께한다. 이들은 상이한 방식으로 특수하게 유물론적 육체페미니즘의 토대를 재개념화하려고 노력해왔다. 다음을 보라. Rosi Braidotti, "Organs Without Bodies," *differences* 1. 1 (Winter 1989): 147-61; Elspth Probyn, "This Body Which Is Not One : Speaking an Embodied Self," *Hyptia* 6.3 (Fall, 1991): 111-24; Linda Singer, *Erotic Welfare: sexual Theory and Politics in the Age of Epidemic* (New York : Routledge, 1993) Moris Gatens, *Feminism and Philosophy: Perspectives on Difference and Equality* (Cambridge, Mass.: Polity, 1991); 그리고, Judith Butler, *Gender Trouble: Feminism and The Subversion of Identity* (New York: Routledge, 1990).

5 Grosz, *Volatile Bodies* 189.

6 Grosz, *Volatile Bodies* 208.

찾아보기

[인명]

ㄱ

겔브, 아담(Adam Gelb) 177
고어위츠, 샬롬(Shalom Gorewitz) 196, 303
그로스버그, 로렌스(Lawrence Grossberg) 275, 312
그로츠, 엘리자베스(Elizabeth Grosz) 31, 38, 259-261, 276, 321
그리피스-조이너(Griffth-Joyner) 83-85, 282
그린, 멜라니(Melanie Green) 164-166, 174, 297
길먼, 샤롯 퍼킨스(Charlotte Perkins Gilman) 186, 300, 301
깁슨, 윌리엄(William Gibson) 193, 196, 212, 213, 302, 307, 313, 314

ㄷ

다니엘스, 신시아(Cynthia Daniels) 166
더글라스, 메리(Mary Douglas) 31, 44, 52-54, 58, 277
더피, 토니(Tony Duffy) 84
던랩, 칼라(Carla Dunlap) 93
데이비스, 수 메리(Mary Sue Davis) 162, 163
돈, 메리 앤(Mary Ann Doane) 100, 101
둘, 다이아나(Diana Dull) 118, 289
듀든, 바바라(Barbara Duden) 152, 294
드 로레티스, 테레사(Teresa de Lauretis) 47, 225, 275, 311, 313

ㄹ

라이트, 메리 루스(Mary Ruth Wright) 113, 114, 290
라쿼, 토마스(Thomas Laqueur) 45, 54, 55
라클라우, 에르네스토(Ernesto Laclau) 38, 276

랜달, 테리(Teri Randall) 172
랭, 프리츠(Fritz Lang) 42
러브레이스, 에이다(Ada Lovelace) 317
레비도우, 레스(Les Lebidow) 254, 319
레이니어, 재런(Jaron Lanior) 194, 195, 197, 198, 201, 209, 302, 303
렌스키, 헬렌(Helen Lenskyj) 79-81
로그리, 폴(Paul Logli) 165
로드, 앙드레(Andre Lorde) 274-275
로렐, 브렌다(Brenda Laurel) 243, 301, 313
로버츠, 도로시(Dorothy Roberts) 180
로스, 앤드류(Andrew Ross) 202, 215, 239, 305
로스, 주디스 파리스(Judith Paris Roth) 305
로스차일드, 조안(Joan Rothschild) 252
루커, 루디(Rudy Rucker) 215
리어리, 티모시(Timothy Leary) 195, 196, 198, 303
리차드슨, 게일(Gale A. Richardson) 178

ㅁ

마빈, 캐롤린(Carolyn Marvin) 231, 232
마허, 리사(Lisa Maher) 171, 172
맥루한, 마샬(Marshall Mcluhan) 31, 58-61, 195, 272, 278, 280, 302
맥리쉬, 레이첼(Rachel McLish) 87, 89, 93
모건, 캐더린 폴리(Kathryn Pauly Morgan) 115, 291
모스, 마르셀(Marcel Mauss) 52, 277
무페, 샹탈(Chantal Mouffe) 38, 276
미드, 마가렛(Margaret Mead) 156, 295
밀러, 프랭크(Frank Miller) 42, 43

ㅂ

바렛, 미셸(Michele Barrett) 259, 276
바르데, 앤 루이스(Ann Louise Bardach) 108, 286

바인스, 게일(Gail Vines)   78
바트코우스키, 프랜시스(Francis Bartkowski)   48
발로우, 존 페리(John Perry Barlow)   191, 195
버크, 린다(Lynda Birke)   78
버틀러, 주디스(Judith Butler)   202, 215, 239, 305, 321
버틴스키, 패트리샤(Patricia Vertinsky)   79-81
베스트, 스티븐(Steven Best)   250
베이트슨, 그레고리(Gregory Bateson)   30, 275
보드리야르, 장(Jean Baudrillard)   63, 231, 302, 306
본, 나폴레옹(Napoleon N. Vaughn)   107, 285
볼프, 피터(E. Peter Volpe)   138, 154, 293
블레이어, 루스(Ruth Bleier)   32, 68-71, 74

ㅅ

사위키, 자나(Jana Sawicki)   158-160, 277, 284, 295
살츠만, 린다(Linda Saltzman)   172, 173
서덜랜드, 이반(Ivan Sutherland)   304
서머렐, 아더(Arthur Sumrall)   107
수빈, 다코(Darko Suvin)   225, 238, 312, 313
슐라이만, 수잔(Susan Suleiman)   49-51
슐츠, 로리 제인(Laurie Jane Schulze)   282
스코필드, 롭(Rob Schofield)   164
스탠리, 오텀(Autumn Stanley)   252
스탠워드, 미셸(Michele Stanworth)   159, 160
스텝토, 패트릭(Patrick Steptoe)   154
스톤, 샌디(Sandy Stone)   243, 303, 319
스티드만, 캐롤린(Carolyn Steedman)   249, 250
스티븐슨(P. A. Stephenson)   179, 180, 300
스팰룬, 패트리샤(Patricia Spallone)   158, 292
스피잭, 캐롤(Carole Spitzack)   100

ㅇ

앤더슨, 로리(Laurie Anderson)   41, 276
앨버리, 리베카(Rebecca Albury)   157
앳우드, 마가렛(Margaret Atwood)   34, 137, 139, 140, 144, 184, 187, 188, 266, 293
어니, 윌리엄 레이(William Ray Arney)   149, 150
에드워즈, 로버트(Robert G. Edwards)   154
오웰, 조지(George Orwell)   140
와그너(M. G. Wagner)   179, 180, 300
와츠맨, 주디(Judy Wajcman)   29, 158-160, 295, 318
왈서, 랜달(Randal Walser)   200, 343, 305-307

웨스트, 캔다스(Candace West)   118, 289
위너, 노버트(Norbert Wiener)   31, 199, 279, 280
윌리엄스, 레이몬드(Raymond Williams)   225
윌슨, 피터 레임본(Peter Lamborn Wilson)   215, 307

ㅈ

자딘, 앨리스(Alice Jardine)   63, 64
자빅, 로버트(Robert Jarvik)   15, 16
제임슨, 프레드릭(Fredric Jameson)   19, 20, 227
지프스, 잭(Jack Zipes)   202

ㅊ

칭, 안나 로웬하우프트(Anna Lowenhaupt Tsing)   165, 297

ㅋ

캐드리, 리차드(Richard Kadrey)   197, 303
커즈와일, 레이몬드(Raymond Kurzweil)   317
켈너, 더글라스(Douglas Kellner)   250
코레아, 지나(Gena Corea)   156-159, 296
콜린스, 패트리샤 힐(Patricia Hill Collins)   166
쿤, 안네트(Annette Kuhn)   95
크로커, 아서(Arthur Kroker)   31, 58-61, 63, 240, 241, 278, 279
크뤼거, 메리온(Myron W. Krueger)   199, 304, 307

ㅌ

터너, 브라이언(Bryan Turner)   45
테리, 제니퍼(Jennifer Terry)   171, 256, 298, 320
트라이쉴러, 폴라(Paula Treichler)   32, 68, 71-74, 151, 294
티스데일, 샐리(Sallie Tisdale)   210

ㅍ

파웰, 넬슨(Nelson Powell)   104, 107, 285
팻 카디건(Pat Cardigan)   37, 222, 311
페른호프, 폴(Paul M. Fernhoff)   177
페어, 미셸(Michel Feher)   18, 77, 271
페일, 프레드(Fred Pfeil)   210, 212, 229, 230, 231, 239, 240
푸비, 메리(Mary Poovey)   55-57, 70
푸코, 미셸(Michel Foucault)   6, 18, 31, 44-51, 55, 59, 71, 100, 160, 202, 260-262, 275, 277, 295

프랜치, 베브(Bev Frances) 89, 92, 93
프로벤조, 유진(Eugene Provenzo) 315
프로이트, 지그문트(Sigmund Freud) 250, 260
플래킹거, 티나(Tina Plackinger) 81, 82
피셔, 스콧(Scott Fisher) 211
핀켈슈타인, 노마(Norma Finkelstein) 175, 299

ㅎ
하라햅, 마웰리(Marwali Harahap) 109
하토우니, 발레리(Valerie Hartouni) 165
해러웨이, 도나(Donna Haraway) 17, 32, 44, 64-68, 74, 217, 239
햄너, 잘나(Jalna Hamner) 158
허칭스, 도날드(Donald E. Hutchings) 176, 299
헉슬리(Huxley) 140
헌터, 테올라(Teola P. Hunter) 320
험프리스, 브라이언(Brian Humphreys) 104, 107, 285
헤드룸, 맥스(Max Headroom) 42, 43
헬셀, 샌드라(Sandra K. Helsel) 305
호아이-안 투룽(Hoai-An Truong) 248
홀(Hall), 웹스터(Webster), 드브로스키(Dubrowski) 108
홀링거, 베로니카(Veronica Hollinger) 226, 314
홀트, 리차드(G. Richard Holt) 112, 288
홀트, 쟝 에드워즈(Jean Edwards Holt) 112, 288
훅스, 벨 (bell hooks) 96

[개념]

ㄱ
가부장적 기술 186
가상공간 9, 10, 35-37, 210, 215
가상적인 몸 35, 36, 191, 206, 207, 209, 212, 216, 243
가상현실(Virtual Reality) 9, 10, 30, 35, 36, 192-194, 196-213, 215-219, 226, 228, 229, 232, 235, 241-244, 263, 265, 301-306, 308, 312, 313, 316
경계적 형상(boundary figure) 21
공적 임신(public pregnancies) 34, 135, 136, 162
공중 보건 162

과시적 소비 60
기술국가(techno-state) 221
기술적 인간(technological human) 21
기술적인 실천 98, 263, 280

ㄷ
담론 7, 9, 10, 18-20, 22, 27, 28, 30-34, 38, 39, 45-51, 55-75, 77, 80, 95-102, 112, 119, 124, 131, 132, 136, 137, 139, 140, 171, 184, 189, 208, 209, 212, 217, 223, 224, 227, 232, 240, 248, 250, 262, 263, 265-268, 275, 276, 279, 286, 312, 316, 324
대리모 34, 138, 153, 160, 162, 165, 264, 293, 294,
대중매체 7, 19, 121, 136, 139, 162, 165, 166, 169, 181, 309, 314

ㅁ
모니터링 기술 151
모니터링 장치 151, 294
모성성 139, 159, 166, 171, 180, 292
모성의 감시 162, 189
모성적 몸 241
몸의 의료화 101
몸의 형태학 260
문화기술지 45, 118, 140, 145, 148, 188, 289
문화적 서사 29, 34, 35, 58, 73, 88, 135, 136, 139, 165, 169, 188, 203, 204, 211, 242, 266
문화적 실천 7, 19, 188, 189, 210, 312
문화적 정체성 23, 132, 216
물리적인 몸(physical body) 21, 52, 53, 202, 203, 211, 227
미용성형수술 7-9, 13, 33, 34, 99-107, 110, 112-115, 117, 119, 121, 285, 288, 289

ㅂ
분절화된 몸 99
비디오 이미지 125-130, 271

ㅅ
사법유전적(juridogenic) 법 권력 171
사이버공간 7, 9, 191-194, 196, 197, 200, 201, 203, 204, 206-210, 212-214, 216, 223, 226, 227, 232-235, 237-239, 242, 243, 248, 249, 302, 303, 305-307, 313

젠더화된 몸의 기술 : 사이보그 여성 읽기

사이버네틱 체계(cybernetic system)   31, 275, 276, 280
사이버문화   223, 242
사이버펑크   37, 44, 132, 192, 193, 195, 196, 198, 200, 201, 212, 215, 223, 225, 226, 227, 229, 232, 237-240, 243, 244, 246, 257, 258, 265, 266, 302, 307, 308, 311-314
살   17, 27, 33, 50, 51, 99, 102, 110, 115, 117, 236, 237, 264, 290
살덩어리   76, 139, 213, 223, 236, 246
상징체계(symbolic system)   6, 31, 52, 53
생명기술   21, 27, 28, 295
생식 공학   157
생의학적 담론   71, 72
생체권력(biopower)   17, 33, 46, 49, 55
생체정치(biopolitics)   22, 36, 64, 193, 206, 207, 241, 242
스키조-문화   217
시각화 기술   8, 22, 33, 99, 101, 102, 139, 155, 192, 206, 207, 216, 218, 263
시각화 장치   99, 101, 139, 155
시험관 아기   152
신생식기술   8, 9, 34, 35, 137, 139, 153, 156-162, 164, 171, 252, 264, 294-296
섹스화된 몸   259, 261

ㅇ
약물복용   165, 167-169, 171, 174, 175, 179, 182, 299
영속성(persistence)   60
오토피아(Autopia)   245, 247
유연성(malleability)   98, 208
육체 페미니즘   31, 38, 259-261, 276
의료적 감시   57, 171
의료화된 시선   101
이미지화 기술들   99, 218, 308
인공성(artificiality)   98
인공지능(AI)   69, 198, 199, 227, 233, 305
인종적 정체성   19, 78, 94, 95, 97, 98, 215, 240, 257

ㅈ
재건수술(reconstructive surgery)   102, 103, 109, 110
재생산권   163, 179
전자 프론티어   36, 191, 192, 195, 301
젠더화된 몸   7, 9, 19, 20, 28, 29, 31, 32, 34, 35, 38, 53, 61, 72, 80, 85, 102, 115, 119, 131, 132, 204, 213, 262, 266, 277, 292
젠더화된 몸의 기술   6, 23, 28, 47, 115, 131, 261, 293
주체성   58, 133, 144, 145, 202, 207, 209, 218, 226, 260, 261

ㅊ
체외수정(IVF)   9, 35, 152, 153, 155, 157, 162, 296
출산통제   156

ㅋ
크랙 베이비   164, 177, 178

ㅌ
탈근대적 몸   31
탈육체적(postcorporeal) 세계   60
태아 학대죄   180
태아권   166, 179
테크노 주체   243
테크노-바디(techno-body)   21, 22, 124, 260, 262, 267
테크노-센스   265

ㅍ
파편화된 몸   23, 100, 131
페미니즘 문화 연구   31, 38, 188, 189, 258
페미니즘적 보디빌딩   32, 77, 78
페미니즘적 비평   149
페미니즘적 상상력   239, 240

ㅎ
하위문화(subculture)   32, 36, 86, 87, 192, 194, 195, 197, 200-202, 207, 224, 244, 301, 302, 305
횡단코드화(transcoding)   19, 20, 188
휴먼하이브리드   41

찾아보기

325

■ 감사의 글

이 프로젝트는 1988년에 학위 논문을 작성하며 시작되었고, 샴페인-어바나에 소재한 일리노이대학교를 비롯한 여러 곳에서 동료, 친구 그리고 선학들의 통찰과 격려에 힘입어 완성되었다. 특히 래리 그로스버그, 놈 덴진, 캐리 넬슨에게 이 자리를 빌려 큰 감사를 표하고 싶다. 그들은 내가 이 프로젝트의 불확실함에 대해 걱정할 때 지속해서 집중할 수 있도록 많은 도움을 주었다. 놈은 제일 먼저 이 주제를 제안했고, 래리는 이론의 틀을 발전시킬 수 있게 지도해주었다. 캐리 넬슨은 열정적인 학자의 본을 보여주었고 이는 많은 도움이 됐다. 루스 블레이어, 도나 해러웨이, 캐서린 홀은 일리노이대학교를 직접 방문해 이와 유사한 주제에 관심을 갖는 여러 페미니스트 학자 및 선학들과 나의 작업에 대해 함께 토론할 수 있는 기회를 제공하기도 했으며, 장 래드웨이, 짐 벌린, 앤드류 로스, 셰릴 콜은 이 프로젝트가 진행되는 동안 많은 측면에서 도움을 주었다. 카렌 포드, 브래드 웨그리치, 라나 라코우는 프로젝트 시작부터 함께 했으며, 작업이 중반에 이르면서 제프레이 드셀, 빅토리아 해리스, 론 스트릭랜드, 데보라 윌슨, 커티스 화이트와 같은 일리노이대 동료로부터 학문적 지지와 도움을 받기도 했다. 또한 1991년부터 리차드 그루신, 알란 라우치, 스튜어트 몰스롭, 필립 오스랜더, 제이 볼터, 캐롤 콜라트렐라, 켄 뇌스펠, 테리 하폴드, 레베카 메렌스와 같은 조지아 공대의 동료들과 학문적인 교류를 이어왔는데 조지아 공대의 '열정적인' 분위기 덕택에 이 연구가 진전될 수 있었다. 이 외에도 작업을 마무리할 수 있게 도와준 리비 케이트-로빈슨, 로비네트 케네디, 킴 하우더밀크, 매리 혹스 그리고 특히 나의 남편 데이비드 화이트에게도 감사드린다.

　이 지면을 빌려 커다란 감사를 전해야 할 사람들이 또 있다. 지혜로운 지적, 지적(知的)이고 비판적인 통찰, 지칠 줄 모르는 정서적인 지지를 준 케야 강굴리, 조지안느 런발드, 안젤라 왈, 캐롤린 화이트, 찰스 애크랜드, 존 어니가 바로 그들이다. 특히 마지막으로 이 프로젝트를 전개하면서 나의 사고, 글쓰기, 감정 처리 등과 관련하여 폴라 트라이쉴러와 마이클 그리어는 많은 도움을 주었다. 이 자리를 빌려 두 분께 감사드리고 싶다. 폴라는 내가 대학원 교육의 한계를 느꼈을 때 지적으로나 정서적으로 힘을 북돋아주었고 적절한 시기에 페미니즘과 페미니즘 이론으로 가는 문을 열어주었으며, 특히 내가 어려움에 직면해 대학원을 그만두려 할 때 이를 만류하기도 했다. 폴라의 학문적 업적에서 나는 지적인 영감을 얻곤 한다. 더욱이 그녀의 우정과 격려는 내가 지금까지 살아오는 데 큰 힘이 되었다. 마이클 그리어는 처음에 공저자로서 이 책의 제작에 관여했다. 이 책의 제작이 항상 쉽게 진행되지는 않았지만, 나의 작업과 재능을 변함없이 믿어 준 그에게 커다란 감사를 보낸다. 그는 이 프로젝트에 대한 나의 부족한 감각을 향상시켰고 조심스럽고 비판적인 통찰로

감사의 글

이 프로젝트와 관련된 모든 사안을 검토해주었다. 그의 사려 깊음과 지지에 감사드린다.

이 책의 각 장은 이미 다른 곳에서 발표된 바 있다. 1장은 "Reading Cyborgs Writing Feminism"라는 제목으로 *Communication* 10 (1988) 331-344에 발표됐다. 2장의 인용구들은 "Feminist Bodybuilding"라는 제목으로 *Women, Sport, and Culture*, ed. Susan Birrill and Cheryl Cole (Champaign, IL: Human Kinetics Pub., 1994) 341-352에 발표됐다. 2장의 초고에 관한 수잔 그린도르퍼와 존 로이의 논평에 감사드리고 싶다. 킴 샤프는 여성 보디빌딩에 대한 유용한 정보를 제공해주었다. 3장은 원래 "On the Cutting Edge: Cosmetic Surgery and the Technological Production of the Gendered body"라는 제목으로 *Camera Obscura* 28 (1992): 207-237에 발표됐다. 리사 카트라이트는 이 글에 대한 몇 가지 유용한 논평을 제공했다. 5장 "The Virtual Body in Cyberspace"는 *Journal of Research in Technology and Philosophy* 13 (1993): 119-139에 발표됐다. 조안 로스차일드는 통찰력 있는 편집자적 조언을 제공했고 몇몇 동료는 초고에 대해 조언을 해주기도 했다. 특히 글렌 배리는 인터넷과 유닉스의 운용에 대한 유용한 정보를 제공했다. 6장 "Feminism for the Incurably Informed"는 *South Atlantic Quarterly* 특별판 "The Discourse of Cyberculture" 92.4 (Fall 1993): 681-712에 발표됐다. 특별판의 초빙 편집자 마크 데리의 의견과 격려에 감사드린다.

마지막으로 색인 작업을 해 준 히더 켈리, 꼼꼼하게 편집해 준 팜 모리슨, 끊임없는 지지와 격려를 보내 준 레이놀즈 스미스 등 이 책의 제작에 도움을 준 모든 분들께 감사드리고 싶다.